[MIRROR]
imaginist
055

为了人与书的相遇

M 译丛序

“如果没有翻译，”批评家乔治·斯坦纳（George Steiner）曾写道，“我们无异于住在彼此沉默、言语不通的省份。”而作家安东尼·伯吉斯（Anthony Burgess）回应说，“翻译不仅仅是言词之事，它让整个文化变得可以理解。”

这两句话或许比任何复杂的阐述都更清晰地定义了理想国译丛的初衷。

自从严复与林琴南缔造中国近代翻译传统以来，译介就被两种趋势支配。

它是开放的，中国必须向外部学习；它又有某种封闭性，被一种强烈的功利主义所影响。严复期望赫伯特·斯宾塞、孟德斯鸠的思想能帮助中国获得富强之道，林琴南则希望茶花女的故事能改变国人的情感世界。他人的思想与故事，必须以我们期待的视角来呈现。

在很大程度上，这套译丛仍延续着这个传统。此刻的中国与一个世纪前不同，但她仍面临诸多崭新的挑战。我们迫切需要他人的经验来帮助我们应对难题，保持思想的开放性是面对复杂与高速变化的时代的唯一方案。但更重要的是，我们希望保持一种非功利的兴趣：对世界的丰富性、复杂性本身充满兴趣，真诚地渴望理解他人的经验。

M译丛主编

梁文道　刘瑜　熊培云　许知远

[美] 贾森·斯特恩斯 著　　郭丹杰　吕赛赛 译

刚果战争：失败的利维坦与被遗忘的非洲大战

JASON STEARNS

DANCING IN THE GLORY OF MONSTERS: THE COLLAPSE OF THE CONGO AND THE GREAT WAR OF AFRICA

广西师范大学出版社
·桂林·

Dancing in the Glory of Monsters
by Jason Stearns

图书在版编目(CIP)数据

刚果战争：失败的利维坦与被遗忘的非洲大战 /
(美) 贾森·斯特恩斯著；郭丹杰, 吕赛赛译. -- 桂林：
广西师范大学出版社, 2022.5

ISBN 978-7-5598-4859-8

Ⅰ. ①刚… Ⅱ. ①贾… ②郭… ③吕… Ⅲ. ①战争史
-研究-刚果 Ⅳ. ①E464.9

中国版本图书馆CIP数据核字(2022)第065440号

著作权合同登记图字：20-2022-053
地图审图号：GS（2020）5648号

广西师范大学出版社出版发行
广西桂林市五里店路 9 号　邮政编码：541004
网址：www.bbtpress.com

出 版 人：黄轩庄
责任编辑：揭志勇
特约编辑：魏钊凌
装帧设计：陆智昌
内文制作：李丹华
全国新华书店经销
发行热线：010-64284815
山东临沂新华印刷物流集团有限责任公司印刷

开本：965mm×635mm　1/16
印张：30　字数：418千字
2022年5月第1版　2022年5月第1次印刷
定价：108.00元

献给卢松古

目 录

第三部分　第二次战争

第四部分　既非战争亦非和平

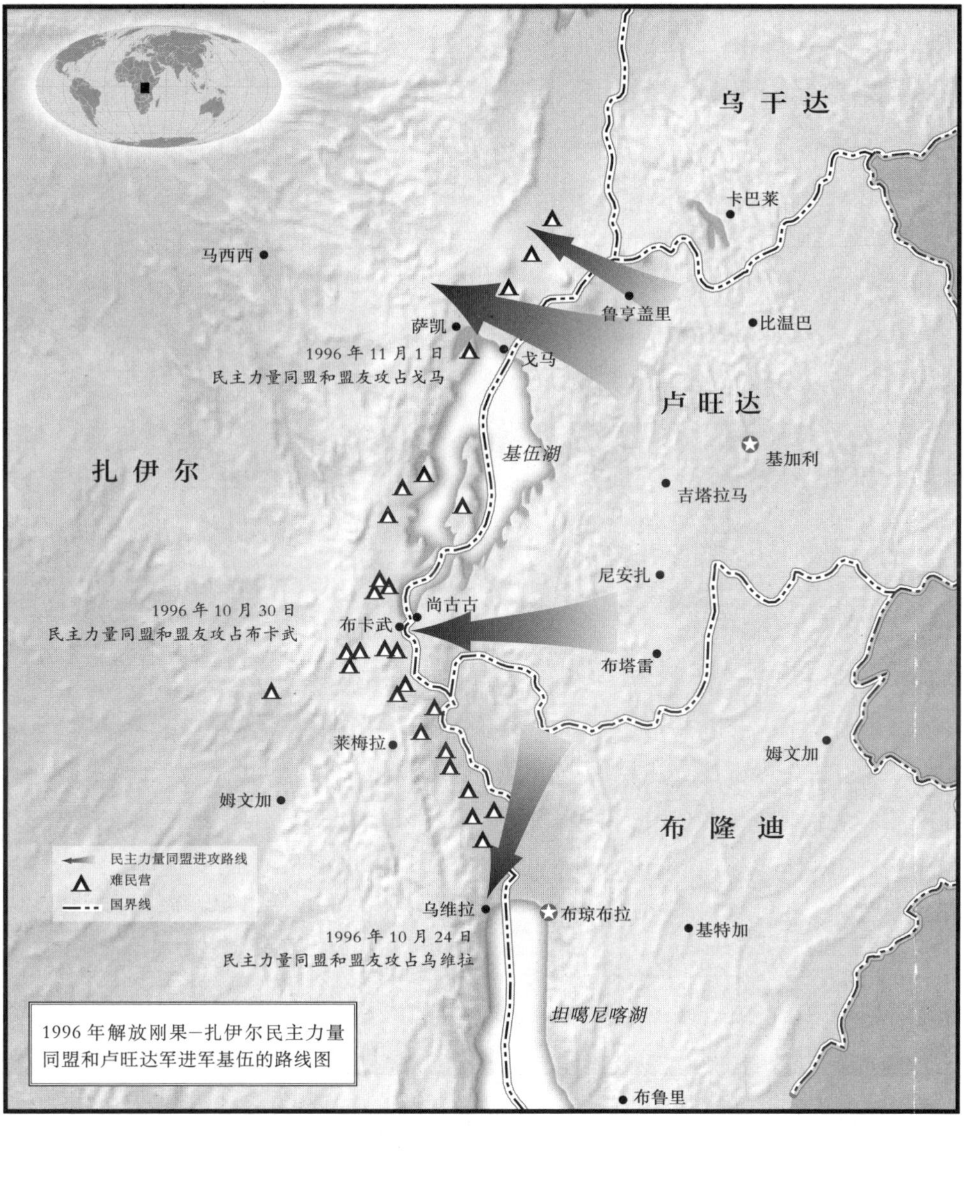

1996 年解放刚果—扎伊尔民主力量同盟和卢旺达军进军基伍的路线图

1996—1997年解放刚果-扎伊尔民主力量同盟及盟友穿越扎伊尔的进攻路线图

1996—1997 年卢旺达难民穿越扎伊尔的路线图

2002年和平谈判期间各武装力量在刚果的势力范围

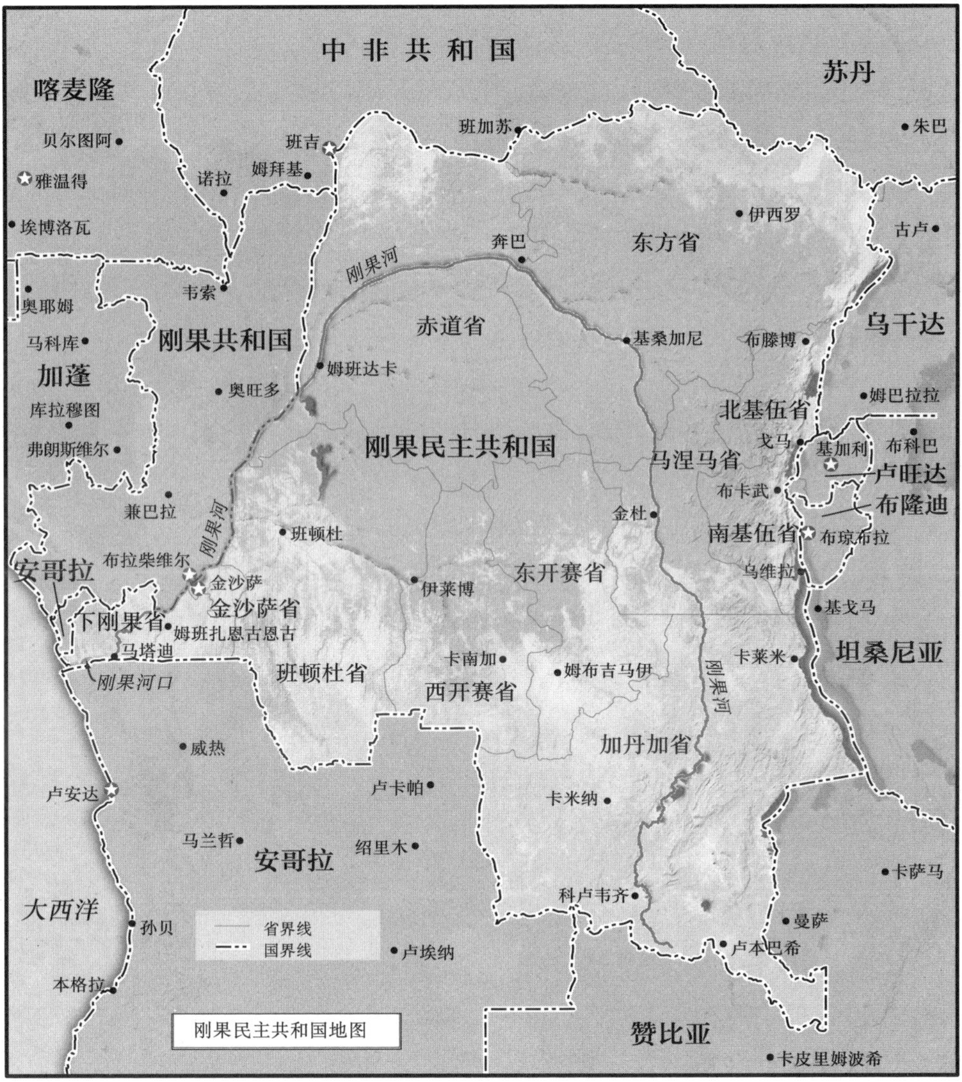
中 非 共 和 国
苏丹
喀麦隆
贝尔图阿
班吉
班加苏
朱巴
雅温得
诺拉
姆拜基
埃博洛瓦
伊西罗
东方省
古卢
奔巴
刚果河
奥耶姆
韦索
乌干达
赤道省
基桑加尼
布滕博
马科库
刚果共和国
加蓬
姆班达卡
奥旺多
姆巴拉拉
库拉穆图
北基伍省
刚果民主共和国
戈马
基加利
布科巴
弗朗斯维尔
马涅马省
卢旺达
布卡武
布隆迪
兼巴拉
刚果河
金杜
南基伍省
班顿杜
布琼布拉
布拉柴维尔
安哥拉
乌维拉
金沙萨
东开赛省
伊莱博
金沙萨省
基戈马
下刚果省
姆班扎恩古恩古
马塔迪
卡南加
卡莱米
坦桑尼亚
姆布吉马伊
刚果河口
班顿杜省
西开赛省
刚果河
威热
加丹加省
卢安达
卢卡帕
卡米纳
马兰哲
绍里木
安哥拉
卡萨马
大西洋
科卢韦齐
孙贝
省界线
国界线
曼萨
卢埃纳
卢本巴希
本格拉
赞比亚
卡皮里姆波希
刚果民主共和国地图

序

创作者们被毫不宽恕地和自己创作的历史牢牢捆绑在一起。刚果战争由许多故事构成，这些故事中又套着更多故事。一旦你提起笔，就难免囿于其中一个画面、一条故事线，不能兼顾其他部分。因此在这本书中，我们必然会为疏忽和省略而感到遗憾。

在本书首次出版之后，我两次回到刚果东部，调查将于 2011 年 11 月这个关键时刻举办的大选，跟踪它的准备工作。在刚果东部地区旅行的途中，我越发为这本书的两处遗憾感到烦恼。首先要提的就是，我担心我没有突出刚果人的许多优点，只是强调了这里的悲剧和血腥。

刚果不仅有鲜血和痛苦。它还有一种炙热的、原始的能量，一种坚韧的忙碌喧嚣，无论是在路边的贩夫走卒还是衣着光鲜的部长高官的身上，都能看得到。这种魅力有点像美国那传说中的狂野西部，到处是杀手、狂热的传教士、妓女、混混和奸商。这就是刚果的矛盾之处：虽然它有着悲剧的过去，但或许部分是因为政府腐败造就的自力更生与心灵手巧，它是我知道的最有活力的地区之一。

这种活力在我最近前往刚果东部的边境城市布卡武（Bukavu）

的途中随处可见。我去那里是为了观察大选的动向，并和我的朋友齐武（Tshivu）住在一起，他是一名联合国驻当地的人权官员。晚上，在穿过泥泞的街道回家的途中，我们会在街角碰到一群表情严肃的士兵，手持 AK-47，身旁放着火箭筒。齐武抱怨道，就在几天前，这些士兵四处乱跑，阻断交通，威胁说如果领不到兵饷、得不到晋升的话，他们就发动兵变。早上，我会在天刚亮的时候被隔壁五旬宗教会里的布道声和唱诗声吵醒。齐武睡眼惺忪地抱怨说："如果我们的经济全靠哇哇乱叫式的祈祷，我们现在就会和韩国一样了。"

xx 刚果人对选举表现出了同样的智慧。总统竞选已经只剩下两名候选人。一位是现任总统约瑟夫 · 卡比拉（Joseph Kabila），他在 2001 年他的父亲遇刺后上台当政，他的竞选口号是"五个建设"（Cinq Chantiers）：水电网络建设、基础设施建设、就业岗位建设、健康保障体系建设和教育体系建设。他眼窝深陷、棱角分明的年轻脸庞贴满了布卡武的大街小巷，但他在布卡武的支持率已经因为安全情报部门的胡作非为和业已失控的腐败局面而大幅下跌。每当城里停电，或者我们走在一条坑坑洼洼的路上时，我的刚果朋友们就会抱怨说："瞧！这就是五个建设！"有些人甚至开始挖苦说这哪是五个建设，明明是"五首小调"（Les Cinq Chansons）：唱得好听，不见动静。

说到歌曲，这里的歌声真是不绝于耳。刚果人痴迷音乐，而卡比拉总统成功说服了国内的大部分明星歌手来给他唱赞歌。看到这种唯利是图的投机分子真是让人心寒，不过你要是认真听了那些林加拉语歌词，你就会怀疑，这些歌手是不是话里有话。就拿刚果的伦巴之王科菲 · 奥隆米代（Koffi Olomide）来说，这位以夸张的造型和热辣的伴舞女郎闻名的流行巨星在支持卡比拉竞选的时候含蓄地唱道："如果有人给你一只蛐蛐，接受吧！这总好过许诺给你一头大象但却从不兑现的人！"我的朋友塞尔日（Serge）笑道："那我们就活该接受这只烂蛐蛐？我觉得我还是等那头大象吧。”于是，我的朋友们心血来潮，在摆满了啤酒瓶的酒吧桌子上决定成立他们的政党：象人党（Batu ya nzoku）。

唯一有机会击败卡比拉赢得大选的是已经年届七十八岁高龄的反对派领袖艾蒂安·齐塞克迪（Etienne Tshisekedi）。如果你跟不同的人交谈，会发现有的人说他是个有道德操守的梦想家，为了自己的信仰甘愿忍受折磨，把牢底坐穿；但还有一些人则说他是个顽固的煽动者，根本不了解自己的国家。这两种特点在他的竞选活动中都被表现了出来。在南非接受治疗时（传言有的说他得了糖尿病，有的则说他的心脏有问题），他就自封总统了，这时距离他的刚果同胞投票还有两个星期呢。“我们不用等待大选结果，”他说，“在民主国家，谁代表绝大多数人民，谁就掌握权力。而绝大多数刚果人民都选择和信任我齐塞克迪。”

对一个曾多次因要求选举总统而被丢进大牢的人来说，发出这样的宣言是很奇怪的。随后，齐塞克迪造访了刚果东部，并继续散 xxi
布他这套煽动性言论，他告诉民众，卡比拉实际上是个卢旺达人，是一个来奴役和剥削他们的外族候选人。这种排外言论是为了弥补他在刚果东部低迷的人气，这里很多人都不熟悉他。他在一些地方取得了成功——浓烈的反卢旺达情绪令一小群人对他十分买账。在一些边境城镇的集会上，人们见到他时会指着卢旺达的方向说：“我们会把卡比拉送回他的老家去。”电脑和手机上广泛流传着一张被软件处理过的照片，照片上的齐塞克迪变成了一个身材魁梧的警察，铐着卡比拉把他押回卢旺达。“我们要选举，不是‘雄起’”，一些齐塞克迪的狂热支持者用这样低俗的笑话攻击对手，因为卢旺达人说话时 l、r 不分，常常把这两个词弄混。*

这场选举展现了刚果最好和最坏的一面。人们会排几个小时的队去投票。我见过妇女们用毛毯裹着婴儿，离投票站开门还有好几个小时的时候就在门前排队等着，也见过为了投票从数英里外蹒跚而来的老人。最重要的是，即使刚果人内心深感怀疑，依然能寻找到幽默和希望。但这里也有贪婪作祟。政客们用现金拉拢选民，而一些地区的军队则威胁农民，要么选卡比拉，要么选战争。

* * *

这本书的第二个遗憾——更贴切的词可能是恼人——之处在于，总有一些人想用几句简单的话讲清楚这本书的“精华”，想把它的主要内容提炼出来。“这本书是写什么的？”许多人会这样问，这完全可以理解，但问过之后就得忍受我的恼怒。

原因很简单。我写这本书的主要目的之一就是要消除“刚果问题简单化”的态度——人们往往把这里的冲突简单地看作残暴的军阀、贪婪的商人和无辜的受害者上演的一出歌舞伎。一些人认为，这场战争仅仅是卢旺达人在兴风作浪；还有人认为，这场战争不过是因为西方国家垂涎于当地的矿产资源。一位原本可能负责这本书的编辑（幸亏不是这本书最终的编辑）劝我把这场冲突描绘成“全球化”导致的恶果。最近，有人呼吁说要单纯地从性暴力和“冲突

---

* “雄起”的英文是 erection，有“勃起”“建造”“建筑物”等多种含义，而“选举”的英文则是 election。此处意在讽刺卡比拉“五个建设”的竞选口号。——译注（本书脚注若无特别说明，均为译注）

矿产”(conflict minerals)[*] 的角度来看待这场战争。

但刚果的冲突没法契合这些简化模式。我并没有什么“刚果战争的统一理论”，因为这样的理论是不存在的。这场冲突错综复杂，包含数十个不同的角色。由于刚果政府长期性、系统性的腐败——或者更准确地说，由于刚果无法建立强有力的体制机构——参战势力大量涌现，在缺乏一个强力政府的情况下争夺权力和资源。在战 xxii
争的白热化阶段，仅仅在东部地区就有超过四十支不同的刚果武装力量，同时还有九支来自其他非洲国家的武装。这种复杂局势让记者和外交官之流望而却步，但这本书想告诉大家的是：要警惕将这里的问题简单化的行为，它会将你引入歧途。从这个意义上来说，我推荐一种跟奥卡姆的威廉(William of Occam)著名的“奥卡姆剃刀”理论截然相反的观点：我们不应该总是为了得到清晰明确的理论，试图简化问题。要深入掩盖故事的泥沙之中，厘清其中的来龙去脉。

强调这场冲突的复杂性是本书在哲学层面的动力。如果这里的暴力冲突和其他战争罪行——例如纳粹分子对犹太人的大屠杀——有本质上的不同，我们该如何界定其中的责任和罪行？刚果战争的大部分遇难者死于战争造成的饥荒和疾病。没有工业式的屠杀机器，没有灭绝该国公民的总体规划。我这样说并不是为了淡化这里遭受的沉痛苦难，也不是为了开脱许多骇人的罪行，这些罪行在书中有详细描述。我的意思是，这场战争犯下的很可能是另一种不同的罪行。

比如说外国势力扮演的角色。我对刚果和卢旺达的战争势力

---

* 指开采自冲突地区，因而会资助冲突各方致使战争延长的矿产。刚果东部正是国际上最具代表性的“冲突矿产”地区。2010 年，美国总统奥巴马签署了《冲突矿产法》，要求美国企业必须经独立的第三方审计上报和公布产品供应链中的矿产来源，确保相关产品不使用冲突矿产。

进行了数十次采访，并没有发现任何证据证明美国在背后对参战各方有任何直接支持，尽管美国的情报机构在冲突期间确实非常活跃。推翻蒙博托政权（1996—1997）的解放刚果–扎伊尔民主力量同盟（Alliance of Democratic Forces for the Liberation of Congo-Zaire）——有许多传言说他们背后有美国的军事支持——是从卢旺达、乌干达、坦桑尼亚、厄立特里亚和安哥拉获得充足的火力支持的。我在采访中也没有发现什么国际组织在暗中支持这场战争，尽管确实有不少外国公司在战争期间发了大财。他们或许是过失犯罪，但大多数时候都不是故意杀人。

可悲的是，美国以及某些时候欧洲针对刚果的外交政策大多是目光短浅的，尤其是它们支持卢旺达以自卫的名义对刚果进行军事干预。然而，总的来说，西方政府最大的罪过在于无知和无视，而
xxiii 不是直接的剥削。我们对这场复杂到无法用一句金句概括（而且遥远到与地缘政治无关）的危机根本漠不关心。这导致我们经常制定单调的政策，用正义对抗邪恶的简单目光来看待这场远比黑白分明要复杂得多的战争。

* * *

当我写下这些话时，金沙萨（Kinshasa）正在准备迎接 2011 年总统大选的胜利者。当外交大使和记者们会集于选举委员会总部时，一股怪异的情绪正弥漫在这个拥有九百万人口的反对派重镇里。在一些街区，有传言说反对派领袖齐塞克迪已经赢得了大选——吵闹的庆典和颂歌已经开始了。在另外一些地方，认为卡比拉赢得了大选的人们有的闷闷不乐，有的在偷偷庆祝。当天深夜，委员会决定再次推迟宣布竞选结果，最终结果将在第二天公布。终于，12 月 9 日，大选结果被公之于众——卡比拉以 49% 的得票率赢得了大选，

他的对手得票率是 32%。

这场大选就是愚笨的国际政策的一个典型事例。

从一开始，大选就陷入了争议。早在 2011 年 1 月，卡比拉的执政联盟就修改了宪法，取消了大选中的第二轮投票，即决胜轮投票。这意味着只要他能击败排在自己后面的男人（没有女性候选人参加选举），哪怕他的得票率只有 30%，他也能赢得大选。这一招非常聪明，总统卡比拉认为，这样可以让他的对手们自相残杀。果然，四分五裂的反对派无法团结一致，反卡比拉势力的票数被分化了。

几个月后，卡比拉在国会的盟友修改了选举法，从而掌握了大多数选举专员的任命权。总统的亲密盟友和精神导师丹尼尔 · 恩戈伊 · 穆伦达（Daniel Ngoy Mulunda）成了选举委员会的总负责人。总统的另外一些盟友则掌握着最高法院——选举中的所有争议都要经由最高法院裁决——和媒体委员会，现任总统有着明显的优势。

或许，总统卡比拉最大的资本还压在箱底。在大选的准备阶段，政府抛售了总价值相当于约五十八亿美元的矿产公司股份。问题在于，从随后公开的政府和公司文件来看，购买这些矿产股份的公司仅仅支付了总价值大约十分之一的合同款，然后就转手将股份在国际市场上以全价售出，赚了一笔钱。这笔交易的受益方全都是在英属维尔京群岛（The British Virgin Islands）注册的无名公司，其中 xxiv
一些公司还是在交易前几个月才刚成立的。这些公司多数跟一个名叫丹 · 格特勒（Dan Gertler）的以色列商人有关，他是总统卡比拉的亲密伙伴。尽管无法证实这些交易的利润最终被投入了卡比拉的竞选活动中，但是总统身边的一位工作人员私下向我透露说，丹 · 格特勒还参与过类似的交易，这些交易的收益曾被用来支持卡比拉在 2006 年参加的总统大选。

尽管手握这些优势，卡比拉依然面临着严峻的挑战。他能赢得 2006 年的大选，靠的是刚果东部极高的民众支持率，那里的民众感激他统一了国家，赶走了卢旺达军队。但在那之后，刚果东部的暴力升级，刚果和卢旺达政府签订了一项和平条约，在卡比拉的许可下，卢旺达将军队调入了这一地区。总统在刚果东部许多地区的民意支持率大幅下滑。除此之外，艾蒂安·齐塞克迪的回归给反对派打了一针强心剂。数万名群众聚集在金沙萨和其他地区聆听齐塞克迪的演说。

随着大选临近，局势越来越清楚地表明大选投票无法按照预期的时间表正常举行。许多事情都被拖延了：选票还没有被全部派发到民众手中，选民和投票站名单错误百出。但选举委员会急于完成选举，因为现任总统的任期截止于12月6日。因此，投票还是按预定的时间开始了。

在广阔的国土上，六万四千个投票站能够同时投入使用要完全归功于选举委员会。这是一项了不起的成就，涉及数十万面对各种艰苦条件的工作人员。但匆忙召集选举是有代价的：在一些地区，选民们在名单上找不到自己的名字，不得不花几个小时去一个又一个投票站找自己的名字。而另外一些人则干脆放弃投票直接回家了。在另外一些地区，直到大选结束后第二天投票箱才被送过来，或者在选举还没结束时选票就已经先用完了。

但是，许多不规范的操作不能归咎于物流运输的耽搁。在数十个投票点，有选民指责主持选举的工作人员伪造选票；其中最为明目张胆的情形或许是发生在赤道省（Equateur Province）的一幕，该省省长把反对派的选民全部赶出了投票点，然后据说他在投票间待了一个小时，填了不知道多少张选票塞到了投票箱里。当投票结果依然不能让他感到满意时，他威胁管理投票的工作人员去“修正”投票结果，这些工作人员最后不得不寻求联合国的保护。

xxv 在加丹加省（Katanga），该省选举专员的弟弟在哥哥的地方电台上宣称，无论民众同意与否，他都会被选入国会。他说，毕竟这场选举是他哥哥组织的。类似这样的事情有几百例，包括有一百六十万张选票凭空消失了，其中绝大多数选票都来自反对派阵营。

位于亚特兰大的卡特中心抨击了这次大选的结果，认为结果毫无公信力，同时欧盟也给出了类似的结论。尽管我们不清楚这种舞弊行为有多大规模，是不是足以改变大选的结果——卡比拉以得票三百万张的成绩宣布获胜——但在许多刚果人眼中，这位再次当选的总统无疑是不具备合法性的。

在这个过程中，国际社会都抱着隔岸观火的态度，尽管每年刚果会收到三十亿美元的国际援助，同时国际支持者也向这次竞选提供了数百万美元的资金支持。在刚果政府火速出售手中的矿产资源时，世界银行和国际货币基金组织一共帮助他们争取减免了约一百二十亿美元的债务，同时国际货币基金组织还向他们提供了五亿五千一百万美元的贷款，并特别要求刚果政府进一步提高矿产业的透明度。

或许最惊人的是，尽管有大量的证据表明此次投票应该延期进行，驻刚果的联合国最高官员和其他外交官依然支持选举委员会做出的在 11 月 28 日举行选举的决定。甚至在投票站被烧毁、大量选票被伪造的情况下，外交官一开始依然公开坚称整个选举过程总体是和平合规的。私下里，他们虽承认选举存在舞弊行为，但却说他们不清楚这样的行为具体有多少。由于担心要裁决一场“三环马戏团般的闹剧”——一位外交官用这个词向我形容这场选举——他们一边高调地呼吁和平，一边对已经失控的选举过程睁一只眼闭一只眼。他们给人的印象就像是一个医生因为害怕惹上医疗事故官司而不愿意救助一个濒死的病人。

一个刚果的朋友告诉我说：“当年布什（Bush）在选举中以几百票的优势击败戈尔（Gore）后，所有人都疯了。然而他们竟然告诉我们不要对被偷走的几十万张选票太过于耿耿于怀？”

或许我是过于吹毛求疵了——对国际捐助人任何类似于“新殖民主义干预政策”的行为，刚果政府都会怒目以对，而且即使对最优秀的外交官来说，刚果问题都是一块烫手山芋。而且我也并不是说刚果人的命运掌握在外国人的手中，事实也并非如此。但是，刚果人民可以将他们的政府官员绳之以法，将命运掌握在自己手中的
xxvi 唯一机会已经被浪费掉了，而外交官们本可以做得更好，而不是束手无策。在和外交官们通电话时，“混乱”“困境”这样的字眼经常出现，这让我不禁在想，这些问题到底是谁的责任。你不能真的指望我们在一片混乱中仲裁，在一团乱麻中斡旋吧？我的朋友齐武说得更加到位：“如果你想在一场斗鸡比赛中做裁判，那就要做好被啄的准备。”然而没有一个人想被鸡啄。

在我写这篇文章时，这场选举争端将如何发展尚不明朗。约瑟夫·卡比拉和艾蒂安·齐塞克迪都声称自己获得了胜利。成百上千的反对派支持者已经集结起来，许多起肆意屠杀和酷刑事件已经发生，往往都是总统卫队所为。迄今为止，还没有发生大规模的民众运动，外交官和活动分子都被失败主义的情绪笼罩。

我不会对当前局势做任何预测。如果我们可以根据过去来做判断的话，刚果政治肯定会继续让我们感到意外、困惑、挫败和激励。正如科菲·奥隆米代唱的那样：谎言搭乘电梯飞速上升，真相虽然爬的是楼梯，却终将大白于天下。

2011 年 12 月，于布卡武

引言

理解暴力

权力就是赢家通吃。

——刚果谚语

事情通常是这样的：我会照着笔记本上的名单，给其中的一个人打电话，告诉他我正在写一本关于刚果战争的书，想听他讲述自己的故事。大多数人都喜欢谈论自己的生活，而且几乎所有人——刚果政府的部长们、军队指挥官们、以前的娃娃兵们、外交官们——都会接受我的采访请求。我们通常会选一个公共场所见面（因为他们不习惯在家中或办公室里谈论一些敏感话题），他们会把我打量一番：一个三十岁的美国白人。许多人问我，“为什么你要写这本书？”我告诉他们，我想了解这场自 1966 年爆发以来已经吞噬了整个国家的暴力，它的根源是什么，他们通常会反问我：“你凭什么认为自己能理解我要跟你讲述的东西？”

被采访者经常会流露出迷惑的眼神。一位军队指挥官在接受采访时，大部分时间都在问我怎么看待刚果，似乎想在讲述他的故事之前，先窥探我内心深处的偏见。“每个人都有自己的一套想法，”他问我说，“那你的想法是什么？”我还采访过一位目不识丁的地方军阀，他脖子上戴着一条贝壳、殖民时期的硬币和猴子头骨做成的避邪项链，当我给他拍照时，他朝我摇了摇头，要求我把照片删掉：“你会把我的照片拿到欧洲去给别的白人看。他们对我的生活又知
4 道什么？”他告诉我说他害怕那些白人会嘲笑他，把他当作丛林里的猴子看待。

他有充分的理由心存疑虑。脱离现实情景断章取义地理解非洲的故事和照片已经不是一天两天了。早在1904年，美国的一个传教士将刚果中部一个名叫奥塔·本加（Ota Benga）的俾格米（pygmy）小矮人带到了美国。奥塔·本加被关在纽约布朗克斯动物园的猴山里，凭着一嘴坏牙、比例异常的四肢和滑稽的行为，每天能吸引超过四万名游客来看热闹。人们把他跟红毛猩猩放在一起展览，让他跟猩猩一起做游戏表演，为的就是要突出表现非洲人和猿猴的相似之处。《纽约时报》（*New York Times*）发表了一篇评论文章，反驳要求将他释放的诉求，文章说：“俾格米人是一种低等人类……那种认为人类大多相同，只是有些人有机会接受书本教育，有些人没有的观点，早就已经过时了。”

从刚果发回来的报道尽管并没有这样惊人的种族歧视色彩，但通常还是将那里的冲突简化成脸谱化的戏剧。故事中的角色通常都是这样的：腐败分子、残暴的非洲军阀和野蛮的士兵，他们在这个国家胡作非为、烧杀抢掠。吸食安非他命和大麻的士兵的照片——有些人来自离刚果一千英里以外的利比里亚和塞拉利昂。可怜的黑人难民：孩子们脸上粘着一条条风干的鼻涕，身边苍蝇飞舞，他们通常是在难民营或者国内的安置所容身。在这些杀人凶手和受害者的形象之间，并没有留下什么空间可以挑战这种老掉牙的刻板印象，更不用说合理地解释一场实际上错综复杂的暴力冲突了。

刚果战争不是通过这些刻板印象就可以解释的故事。这些故事是一段深邃的历史造就的产物，这段历史往往鲜为外界的观察者们知晓。故事的主角绝不仅仅是野蛮人，不是无脑地杀人就是被杀，而是会思考、会呼吸的人类，他们的行为无论有多么可憎，背后都有着政治上的考量和动机。

* * *

刚果民主共和国是一个幅员辽阔的国家，国土面积和西欧相当，有六千万人口。几十年来，这里以丰富的地貌闻名，有储量巨大的钴矿、铜矿和钻石矿，同样著名的还有独裁者蒙博托·塞塞·塞科（Mobutu Sese Seko）穷奢极欲的个人生活，但它并不因暴力和堕落而知名。

之后，1996 年，一场冲突爆发了，总共有超过五百万人丧生。

刚果战争得和我们这个时代中几场重大的人类灾难放在一起： 5
两次世界大战、卢旺达和柬埔寨的种族灭绝屠杀。然而，尽管这场战争规模巨大，却没有在世界其他地区引起持续的关注。它造成的死亡人数庞大到了荒谬的地步，几乎失去了意义。在外界看来，似乎没有什么首要的叙事或者意识形态可以解释这场战争，没有简单的部落冲突或者意识形态革命可供新闻抓住做文章。在柬埔寨，有残暴的红色高棉；在卢旺达，人们可以给实施种族灭绝的胡图族武装扣上邪恶的帽子。而在刚果，这些角色很难找到对应的人。这里没有希特勒或墨索里尼。它是一场普通人的战争，许多参战人员都是无名之辈，他们战斗的原因很复杂，没法用一两句话说清——对国际媒体而言就更是头疼了。你如何报道一场至少有二十个不同的叛军集团和来自九个国家的军队参与，却似乎连明确的原因或者目的都没有的混战？你怎么给“四百万”——其中绝大多数遇难者死得并不轰动，他们是病死的，没有出现在电视上的镜头里——这样的数字安上一张脸谱？

关于这场战争的概念十分混乱，不可能简单地给它下定义，众多叙述相互交织，千头万绪。《纽约时报》是为数不多的对这场战争进行广泛报道的美国媒体之一，但在报道达尔富尔（Darfur）冲突时，它使用的篇幅是2006年报道刚果战争时的四倍，而因战争死亡的刚果人是达尔富尔的近十倍。[1] 就连为人道主义危机努力奔走的《纽约时报》专栏作家纪思道（Nicholas Kristof），一开始也用刚果的混乱作为借口来为关于它的报道数量偏少辩解——由于它意识形态色彩不强，因此不是那么邪恶。他这样写道：

> 达尔富尔是一场种族灭绝，而刚果是一场战争和贫穷的悲剧……武装分子们互相残杀，但这里的情况并非是政府里的某个族群利用它的军队屠杀其他的族群。这是达尔富尔发生的事：苏丹首都喀土穆（Khartoum）的阿拉伯政府把阿拉伯人武装起来屠杀当地的非洲黑人部落。我们每个人内心都有一根道德准绳，这根准绳为人类遭受苦难的程度所左右。我承认刚果经历的苦难要更深重。但我们的道德准绳也受人性的恶所左右，而这种恶在达尔富尔要更严重。没有比种族灭绝更加严重的罪行，这就是苏丹的特殊之处。[2]

* * *

6 那么，刚果的恶又是什么？我们怎样才能解释这场有数百万人遇难的惨剧呢？

1961年，哲学家汉娜·阿伦特（Hannah Arendt）前往耶路撒冷旁听对纳粹战犯阿道夫·艾希曼（Adolph Eichmann）的审判，艾希曼被指控谋杀了数十万犹太人。阿伦特自己就是犹太大屠杀的幸存者，她最为关心的是恶的本质。在她看来，针对犹太人的大规模屠杀之所以能够实施，原因在于一套庞大的官僚系统，它并不把受害者当人看，同时通过行政机器使责任得到了稀释。艾希曼并不是一个变态杀人狂，而是一个随大溜的人。“我只是在履行自己的职责。”他在耶路撒冷的法庭上这样说道。阿伦特将其称作“恶的平庸”*。

本书将以阿伦特的见解作为出发点。刚果显然没有第三帝国那样毫无人性的政府机器。大多数杀戮和强奸都是在肉搏战中发生的，凶手使用的往往是斧头、刀子和砍刀。我们很难不追究杀人者和战争领导人的个人责任。

然而，把这种恶视作一种个人行为，认为那些参与战争的人多少都有常人所没有的邪恶本性，对我们理解这场战争是没有任何帮助的。更有帮助的是质问是什么样的政治体制催生了这样的暴力冲突。本书试图通过战争参与者的视角来观察这场冲突，理解为什么战争比和平更说得通，为什么地方政治精英们看起来如此热衷于投机取巧，如此缺乏德行。

这些问题的答案就埋藏在这片土地的历史深处。但刚果的历史并非是一台残暴官僚机器的故事；事实恰恰相反，它的政府在数百年间一直遭到削弱，一旦发生战争，每个族群似乎都有属于自己的武装，为发动残暴的起义和镇压起义而互相残杀。它更像 17 世纪的欧洲和三十年战争，而不是像纳粹德国。

---

* “恶的平庸”英文为 banality of evil，字面意思是“恶的平庸性”，国内常译作“平庸之恶”。这两种中文译法体现出的意思稍有不同。本书因结合文意的理解需要，按字面意思译出。

* * *

几百年来，外界都对刚果痴迷不已。它位于非洲大陆的心脏地带，境内有整片大陆上最难穿越的热带雨林，长期与战争和不公相
7 关。1885年，当殖民势力阴谋瓜分非洲时，比利时国王利奥波德二世（King Leopold II）宣布刚果是他的个人领地。他成立了一家名为“刚果自由邦”的私人企业，在19世纪90年代橡胶贸易的高速增长期，刚果成了汽车和自行车轮胎生产所需的乳胶的最关键产区之一。殖民政府官员们建立了一套强迫劳动的残酷系统，其间致使数十万劳工死亡或伤残，并间接造成另外数百万人忍饥挨饿或死于疾病。

这一暴行推动了第一波国际人权运动，运动由传教士和社会活动家牵头，其中包括马克·吐温（Mark Twain）和阿瑟·柯南·道尔（Arthur Conan Doyle）等社会知名人士。迫于巨大的压力，国王利奥波德二世做出让步，在1908年将刚果移交给了比利时政府。尽管比利时政府建立了一套更为精细复杂的管理体系，包括覆盖面很广的基础教育体系，但殖民政府依然把心思放在掠夺资源上，从不推动国家的发展。军队和政府的高层是清一色的白人，他们通过制定法律将刚果人挡在上层社会的居住区外，而且只有极少数的刚果人才能获得受教育的机会。

在最终被迫交出统治权时，比利时政府已经将刚果引上了注定失败的道路。小说家阿希尔·恩戈耶（Achille Ngoye）曾经借自己小说中的人物之口愤怒地说道：“我不喜欢这些蘸蛋黄酱吃薯条的大叔*[3]，因为是他们给我们的国家带来了灾祸：七十五年的殖民统治；到1917年才有一个［刚果裔］牧师；到1960年，在一个满是［刚

* 搭配蛋黄酱吃薯条是低地国家的饮食习惯，恩戈耶借此暗讽比利时人。

果人做］中士和下士的军队里，才有五个刚果准尉；到独立时才有五名冒牌的大学毕业生。在可疑的标准下被选出来的少数特权阶层经过仓促的培训就成了这个国家的管理者，然后把这个国家搞得一团糟。”[4]

约瑟夫·蒙博托（Joseph Mobutu）就是这些中士中的一员。他早年受训成为一位实习打字员和随军记者，此后统治这个国家长达三十二年，促进了国家统一，培育了民族文化，并在 1971 年将国家改名为“扎伊尔”（Zaire）[5]，但也让政府机构陷入绝境。尽管蒙博托的统治一开始颇得民心，但却为扎伊尔的崩溃埋下了祸根。到了 20 世纪 80 年代，蒙博托（那时他已改名为蒙博托·塞塞·塞科）变得越发疑神疑鬼，不信任他的政府和军队；由于担心遭到来自他的一党制政府内部的反对，他一手摧毁了自己的机构和设施。政治干预和腐败腐蚀了司法系统、行政系统和安全保卫系统，蒙博托只能靠他在冷战时期的盟友和雇佣军来抵御各种军事挑战。随着冷战结束，就连这样的支援力量也越来越难找了。

* * *

之后，导火索在 1994 年被点燃了：邻国卢旺达的内战升级， 8
八十万胡图人（Hutu）和图西人（Tutsi）死于胡图族武装分子和军方主导的种族大屠杀。当权的胡图族政府倒台后，以保罗·卡加梅（Paul Kagame）为首的图西族卢旺达爱国阵线（Rwandan Patriotic Front）登上了权力王座，超过一百万胡图人穿越国境逃到了扎伊尔，一同逃走的还有参与过大屠杀的士兵和武装分子。溃败的卢旺达军队并非唯一一个寻求避难所的群体。不择手段的蒙博托为了成为当地的权力掮客，在他的领土上收留了十多支不同的外国武装力量，此举无端惹恼了几个邻国。到了 1996 年，安哥拉、乌干达和卢旺达领头建立了一个地区同盟，要推翻蒙博托的统治。

最后，除了国家层面和区域层面的原因，这场冲突还有地方层面的原因，最终导致了一场可能史无前例的流血事件。中央政府软弱无能，相互敌对的族群和冲突因而得以令腐败溃烂在刚果的土地上蔓延，尤其是与卢旺达和乌干达毗邻、人口稠密的刚果东部地区。在蒙博托当权的最后几年，他和政府的高官们为一己之私故意煽动这些族群相互仇恨，以使国内不再专注于挑战他们的执政合法性，并为自己招揽支持者。

* * *

本书讲述了由这些区域、国家和地方原因共同造就的，自 1996 年以来一直持续至今的冲突。这场战争可以被分成三个部分。第一阶段是第一次刚果战争，随着蒙博托 · 塞塞 · 塞科政权在 1997 年 5 月倒台而结束。在经过短暂的间歇期之后，新一任总统洛朗 · 卡比拉（Laurent Kabila）与之前的盟友卢旺达和乌干达失和，于 1998 年 8 月引发了第二次刚果战争，直到 2003 年一纸和平协议重新让国家实现统一。然而，基伍地区（Kivu）东部的战火直到今天都没有熄灭，这可以被看作这场战争的第三个阶段。

本书更多的篇幅关注的是加害者而非受害者，更关注政客和军队指挥官而非难民和强奸罪行的幸存者，虽然许多战争参与者的身份会在这些分类间变动。我不会在战争中的各种恐怖罪行上着墨过多，虽然这个话题是绕不开的，但我决定尽可能弄清这个体制的本质，正是这个体制让那些主角得以手握权力，限制了他们的选择空间，制造了这样的混乱和苦难。

9 这是怎样的一个体制呢？在我就要写完这本书的时候，我的一位刚果议员朋友告诉我："在刚果，为了生存，我们每个人都得腐败一点，冷酷一点。这就是这里的体制。这就是这里的现实。如果你不行点贿，不利用人们的偏见，那些愿意这样做的人就会取代你。”他眨了眨眼接着说，“即使是你，如果你被扔进这个体制里，你也会这么做的。你要是不这么做，下场会很凄惨。”

现实中有很多例子可以证实他的这种说法。前总理艾蒂安·齐塞克迪曾顽强地坚持政府必须尊重宪法，甚至为此短暂地退出政坛，尽管后来他又重返政坛参加选举。本书会提到的前叛军领袖万巴·迪亚·万巴（Wamba dia Wamba）对叛军应该是什么样子有着非常理想化的想法，致使他本人成了一个无足轻重的边缘人物。我们可以做一个有趣的设想：把年纪尚轻、还没什么名气的圣雄甘地（Mahatma Gandhi）丢到刚果，看看奉行非暴力不合作原则的他能否让这个国家出现什么变化。古巴革命家切·格瓦拉（Che Guevara）在 1965 年花了近一整年时间在刚果东部和叛军作战，最后放弃了斗争。因此营养不良、精神抑郁的他总结说，刚果人“还没有做好革命的准备”。刚果从来都没有理想主义者生存的土壤。

即使是洛朗·卡比拉，这位在许多人眼里是典型的强人政治家的总统，也尖锐地认识到刚果的社会危机有多么深重。作为一个爱说教的演讲者，卡比拉常常把自己的演讲变成道德讲堂。“你们哪，扎伊尔人……”他会用这句话开头，一根手指指向天空，斥责在场的群众竟然能容忍整个国家的道德在这么长时间内持续滑坡。“这个国家谁以前不是蒙博托党人？”在一次新闻发布会上他这样问道，“我敢说全国有四分之三的人都曾跟蒙博托同流合污！我看你们都是为虎作伥乐此不疲！”[6]

* * *

帕皮·卡曼齐（Papy Kamanzi）[7] 就是一个例子，他展示了道德堕落对一个人而言有多么容易。一个三十岁的年轻人，出身自图西族少数族群，在军队做到了中层指挥官的位置，为四个不同的武装团体效过力。我在两年多的时间里采访了他十几次，试图理解他的经历。我们成了朋友，他曾邀请我到家里认识他年轻的妻子和两个小孩。最终，在我们最后几次谈话中，他有一次情绪崩溃了，开始向我讲述他在 1997 年时在刚果东部边境城市戈马（Goma）为一个卢旺达敢死队效力的事情。他和另外六十名士兵一起奉命围捕异见分子，这里所说的“异见分子”通常指一切胡图族难民。帕皮每天最多可以杀死一百名这样的“异见分子”，有些还是老妇人和小孩子，通常是用绳子勒断他们的气管，把他们活活勒死。

“你为什么要这样做？”

“我没办法。如果我不这样做的话，他们就会怀疑我，”他回答说，但随后他看着我说，“你知道，很多时候这种事情是你没办法解释的。对我们士兵来说，杀人是轻而易举的事。这已经成了我们生活的一部分。我在战争期间失去了五个家人。你必须要理解这一点。你必须要了解我们家的过去——我们是怎样遭受迫害，然后受惠于蒙博托，我们是怎样被拒绝授予公民身份，在学校里受过怎样的嘲笑，他们是怎样朝我脸上吐唾沫的。然后你才可以指责我。”但很明显，在他心里我根本不可能理解他说的这些事。

不管怎样，我写这本书正是想要去理解：去解释让这样一个顾家的男人变成杀人狂的社会、政治和体制力量。卡曼齐，以及所有和他一样的人，并非骨子里就喜欢作恶。我们需要找到其他的合理解释。

第一部分

战前

第一章

屠杀的遗产

在 1994 年 4 月到 6 月的一百天里，大约有八十万名卢旺达人被杀害。大部分遇害者是图西人，而暴行的实施者则多为胡图人。

——BBC 纪录片《卢旺达：大屠杀是如何发生的》（*Rwanda: How the Genocide Happened*），BBC

1994年7月17日，卢旺达·吉塞尼

在刚果东边的非洲大陆中心，耸立着卢旺达的高地。这个非洲小国的国土面积和美国马萨诸塞州相当，是全世界人口密度最大的地区之一。这里并不是电影中描绘的那个遍地雨林、腐败滋生、政府失灵的非洲。在这里，一些山顶的气温低至冰点以下，牛羊在柔软的草场上吃草,政府紧紧掌控着社会生活的各个方面。在这个“千丘之国”，数百万农民在茶园和桉树林中间靠种植大豆、香蕉和高粱勉强维持生活。

刚果的暴力冲突有许多原因，但最直接的原因来自邻国卢旺达，这个国家很小，国土面积只有刚果的九十分之一。1994 年，那里发

生了比非洲现代历史上最惨烈的冲突还要严重许多倍的暴力事件，全国六分之一的人口因此丧命，还有六分之一被迫流落到难民营。这起种族大屠杀在邻国刚果引发了另外一场灾难，两场事件的死亡人数不相上下，但性质却大不相同。

* * *

14 保罗·卢瓦拉卡比耶（Paul Rwarakabije）是卢旺达警察部队的一位中校，他于 1994 年 7 月 17 日穿越边境逃到了扎伊尔。当时他已经十分狼狈和落魄。经过四年内战，胡图人领导的政府被卢旺达爱国阵线的军队击败。战争伊始，他曾对自己发誓，绝不会投降，也不会接受战败的命运。但现在他却和妻儿一起坐在一辆军用卡车里，带着一点点财物，穿越国境线进入刚果。这么做的并不只有他一个人。这是现代社会最大规模的人类迁徙活动之一，超过五十万人挤在一条四十英里长的双车道高速公路上。空气中回荡着成千上万双拖鞋和赤脚踩在炙热的柏油路面上的隆隆声。

卢瓦拉卡比耶等上层人士是乘坐数百辆汽车组成的车队逃亡的——他们把所有能找到的可以正常发动的机动车全都带了出来——而贫苦的农民则是背着孩子，头上顶着衣服和铺盖，面色惊慌，成群结队地行动。装着大喇叭的政府卡车在后面不停地聒噪：“留下来的人都会遭到爱国阵线的屠杀。”部队的士兵不断向天空鸣枪，催促着人群往前走。道路两边散落着无法继续前进的老弱病残。

这些民众正在逃离的，是人类历史上规模最大、速度最快的大屠杀之一。1994 年 4 月 6 日，卢旺达总统朱韦纳尔·哈比亚利马纳（Juvénal Habyarimana）的专机在就快要降落在基加利（Kigali）的时候被击落，脆弱的停火期就此戛然而止，内战重新爆发。[1] 卢旺达政府中的胡图族极端分子利用民众对图西族叛乱的恐惧，开始组织敢死队和民兵，并通过他们号召更多的人加入，声称要么杀人，要么被杀。

这些青年武装中最大也是最为臭名昭著的两支是联攻派武装（Interahamwe）和唯一目标派武装（Impuzamugambi），这群乌合之众大多由无业的年轻人组成，分别效力于两大胡图族激进政党。他们列出刺杀名单，在路上设置路障，通过检查身份证件或者只是根据对图西人外貌的刻板印象——比如瘦长的身材、高颧骨、鹰钩鼻等——来识别对方是哪个族的。实际上，胡图族和图西族这两个民族的身份历来不仅取决于外貌形体，也基于社会阶层。富有的、养牛的胡图人可以晋升为图西人，而且这两个民族间曾广泛通婚， 15
也就是说关于两族身体特征的固有观念已经没什么意义了。

在 1994 年 4 月到 7 月的仅仅一百天的时间里，有超过八十万图西人与温和的胡图人遭到屠杀。这场屠杀与第二次世界大战期间的种族屠杀不同，二战那场屠杀是由一群专门挑选出来的政府官员和军官实施的，很大程度上远离大众的视野，而卢旺达的这次是由上层人士组织，由普通老百姓执行的一次大屠杀。大约有十七万五千人到二十一万人参与了这场屠杀，使用的是砍刀、狼牙棒、锄头和斧子等武器。[2] 屠杀发生在公共场合：教堂、学校、市场、马路和田野等。卢旺达的所有人都被卷入其中，有的是组织者，有的是行凶者，有的是受害者，还有的是见证者。

矛盾的地方在于，胡图人占卢旺达总人口的 85%，却从这场暴力中逃走了，尽管屠杀的主要目标是占少数的图西人。这是因为这场屠杀使政府不再能抵御图西人领导的卢旺达爱国阵线。当最后的暴力事件终于爆发时，政府军队和警察系统随之分崩离析。一百万胡图族平民穿越国境线来到扎伊尔，伴随和驱赶他们的是三万名政府官兵和数万名民兵。

军队的出逃非但没有终结卢旺达的内战，反而在这种敌对态势中创造了一丝喘息之机。胡图人领导的卢旺达武装部队（Rwandan Armed Forces）利用国境线提供的保护，重新武装后打算夺回基加利的控制权。他们的领袖之一泰奥内斯特 · 巴戈索拉上校（Colonel Théoneste Bagosora）在一次采访中表示，他们会“发动一场伏尸遍野的持久战，直到少数民族图西人被解决掉，彻底从这个国家消失”。[3]

关键在于，他们得到了当时身体欠佳的扎伊尔总统蒙博托 · 塞塞 · 塞科的支持，他派兵支持卢旺达武装部队对抗卢旺达爱国阵线，并且他和卢旺达总统朱韦纳尔 · 哈比亚利马纳是至交。在一定程度上，刚果国内此后十年间发生的事实际是卢旺达内战的后续，因为卢旺达的新政府想要扩大清算大屠杀参与者和哈比亚利马纳残部的范围。

* * *

1994 年到 2003 年间，保罗 · 卢瓦拉卡比耶一直在打卢旺达内战。
16 后来他收合了流窜到扎伊尔的卢旺达士兵和民兵残部，也就是前卢旺达武装部队和联攻派武装的成员，将其纳入麾下。在卢瓦拉卡比耶的领导下，他们成了这一地区最令人生畏的武装力量。

2004 年我在卢旺达首都基加利见到了卢瓦拉卡比耶。他打了十年的游击战对抗卢旺达政府，随后便投降了，政府给了他一个卢旺达复员委员会中的高位，尽管是没有实权的虚职。[4] 虽然他领导发动了一场残暴的叛乱，夺去了数千名卢旺达平民的生命，但因为他没有参与 1994 年的种族大屠杀，所以政府决定不对他提出犯罪指控。

后来许多年中，我又见了卢瓦拉卡比耶将军十多次，每次都是在他略显寒酸的办公室里。他身材矮小，像个慈祥的长辈，腰带下挺着一个大肚腩，不管什么时候找他聊天他都愿意，永远都很礼貌和友善。他告诉我自己有糖尿病，他走路的时候步子很小很谨慎，除此以外他看上去十分健康；在放弃反抗政府回家之后，他的体重增加了四十磅。他说，自己在重新加入政府军的过程中没有遇到任何问题。他的军衔是少将，和总统保罗·卡加梅一样。他住在一所政府提供的房子里，有一辆公车和一名警卫员（尽管并不清楚政府是在保护他还是在监视他）。如今他的工作是教授关于镇压叛军的课程，并就如何处理国境线上残余的胡图族叛军问题提建议。

当我问他大屠杀之后逃往扎伊尔的事时，卢瓦拉卡比耶唯一能够记起的就是"混乱"。他没有表现出任何懊悔和悲痛，只有身为军人对社会失序的鄙夷。他是一个从战略、战术和伤亡人数等角度谈论过去的战争的职业军人。在他口中，意识形态在战争中似乎无关紧要；他曾经和卢旺达爱国阵线战斗过，失败了，然后他便成了现在这个样子，任由以前的敌人差遣。

"反图西人宣传是我们的一种战术，"他和蔼地笑道，"我们并不相信宣传的内容，但在一场游击战中，你必须要鼓舞士兵的斗志，给大众洗脑。"

尽管这位将军手上沾的鲜血要少得多，但他的态度还是让我想起了汉娜·阿伦特笔下的阿道夫·艾希曼。艾希曼是一位纳粹军官，曾下令把数不清的犹太人送进了死亡集中营，阿伦特认为他并不仇恨犹太人，从来没有谋杀他人的意愿。他的罪恶来自服从，来自不假思索地想要取悦上司。[5] 但是，卢瓦拉卡比耶和艾希曼之间的差 17
异远多于相似之处。这位卢旺达指挥官并没有正式的法律或者丧失人性的政府体制可以作为他这些行为的借口。卢瓦拉卡比耶并非只是一台他从未质疑的机器中的一颗螺丝钉而已。那么他的动机到底是什么？

* * *

卢瓦拉卡比耶出身于基加人群体（Kiga community），这个群体分布于卢旺达北部，名字的意思是“山民”，一直到20世纪，他们都在抵抗卢旺达中部势力和殖民统治者的兼并行为。当地骁勇的民风深深影响着他的家族，卢瓦拉卡比耶是在关于祖先英勇事迹的各种传说中长大的。在他小的时候，父亲给他讲述了他们的族人是如何一次次奋起反抗德国以及后来的比利时殖民统治者的，这些殖民者强迫当地的农民缴纳重税和充当苦力。后来，殖民统治者派来了图西人取代基加的长老们，在欧洲神职人员和统治者看来，图西人的血统要更高贵一些。慢慢地，基加人融入了卢旺达的文化。在殖民者发放的身份证上，他们被划分为胡图人，因为他们的身体符合个子矮鼻子宽的农民特征。和胡图人一样，他们的抱负因为殖民政府的族群偏见而受到了压抑。

随着1962年卢旺达独立，这一切都发生了改变。通过反抗图西人的统治，一群新的胡图人精英在大屠杀前夕掌权，数万名图西人和许多其他族人开始逃亡。超过三十万图西族难民流亡到了乌干达、刚果、布隆迪等邻国，成了那里的难民和二等公民。

考虑到政局如此动荡，卢瓦拉卡比耶认为去上大学毫无意义。权力掌握在军队手中，1973年通过军事政变上台的朱韦纳尔·哈比亚利马纳就是证据。卢瓦拉卡比耶那时二十岁，他立刻报名参加了著名的高级军事学院开设的军官培训课程。刚一毕业，他就被送往扎伊尔的热带雨林深处的科塔–科利（Kota-Koli），参加一个比利时军官开设的特种部队培训项目，他在那里学会了生存、绳降和基础战术等技能。回到卢旺达后，他立刻被分配到了宪兵队里，这是一支强化的警察武装，用来处理国内安全事件和法律与秩序事务。他是个喜欢给我讲战术和后勤的职业军人，但对政治问题则避而不谈。

“考虑到这个国家发生的一切，这么想会有些奇怪，但是我参 18
军时，军队还是一个纪律严明、秩序井然的地方，”他对我说，“那时能打动人们的是职业素养，而不是族群身份。”

20 世纪 90 年代后期，这个国家的政治局势急速恶化。这背后有一系列原因：卢旺达的主要出口商品锡和茶叶在前几年价格暴跌，导致国家财政预算缩水了百分之四十。同年，在维持了十七年的一党专政之后，哈比亚利马纳决定开放多党民主制，这一举动催生了大量拥有电台和报纸的政党团体，其中一些电台和报纸专门鼓吹赤裸裸的民族仇恨。

引发冲突的导火索是图西少数民族（通过卢旺达爱国阵线）决定发动内战，恢复身为卢旺达公民的权利。战争让人们的生活变得异常艰难，对北部地区的居民来说尤其如此，卢旺达爱国阵线总部就在那里。超过一百万居民流离失所。卢旺达爱国阵线对当地村民滥施暴行，在全国范围内引发了针对图西人的残酷屠杀，这是后来那场灾难的先声。农民听信了爱国阵线军队实施残酷屠杀的传言，散布这些传言的是那些新出现的狂热媒体，其中最为知名的是胡图极端主义者的千丘自由广播电台。

所有这些因素都加剧了族群间的紧张气氛，卢瓦拉卡比耶注意到这种氛围已经渗透到了他的军营里。“有些年纪较大的军官认为，我们应该把图西族军队的罪行算到全体图西人的头上。这和独立时的情况一样，那时图西人的游击队屠杀平民，也引起了报复。”他摇了摇头说，“军队开始不受纪律约束了。”

当然，这不是卢瓦拉卡比耶第一次见识到民族仇恨。尽管许多家庭都与其他民族通婚，有着相同的语言、文化和传统宗教信仰，但是自从独立之后，胡图人和图西人之间的裂痕就在不断扩大。“我上中学的时候，老师告诉我们，胡图人来自乍得和尼日尔，而图西人来自阿比西尼亚（Abyssinia），也就是今天的埃塞俄比亚。我们被灌输的就是这样的意识形态，甚至在军事学院也是如此：图西人更聪明，长得更好看，但都是骗子，靠不住。但是，”他大笑着说道，“他们告诉我们，是胡图人建设了这个国家，是他们在种田耕地。”

当哈比亚利马纳总统在 1994 年 4 月 6 日遇害时，当时还是宪兵队行动指挥官的卢瓦拉卡比耶加入了一个军事委员会，该委员会
19 负责任命新的指挥官，让国家保持正常运转。军队的总司令和哈比利亚马纳总统一起遇难了，因此需要一名新的司令来领导军队。卢瓦拉卡比耶和代理总司令关系非常密切，这位总司令反对屠杀图西族平民。他说：“总司令每天都会给我打电话，告诉我要确保没有宪兵屠杀平民。”

与此同时，卢瓦拉卡比耶专注于内战，抵御爱国阵线叛军，总统的专机刚被击落，爱国阵线就对基加利发起了大规模进攻。不过，部队里不只有一根指挥链条，卢瓦拉卡比耶的命令常常会跟极端分子相冲突。代理总司令对军队的许多单位失去了控制权。前总统哈比亚利马纳的亲信，泰奥内斯特·巴戈索拉上校掌控了军队中最重要的部门，开始策划实施大屠杀。总统卫队和各种青年武装开始系统性地屠杀图西族平民。有一次，卢瓦拉卡比耶派了几位下属去疏散他家隔壁的八位图西人，却遭到一群武装的袭击，说他们通敌。

“我知道一些警察也参与了屠杀，但我又怎么能阻止他们呢？”当我问卢瓦拉卡比耶将军有没有下令阻止屠杀时，他点了点头，举起手说：“当然。但我们又能怎么样呢？局势已经不受我们控制了。”他每天早上去上班都要经过一个哨卡，这个哨卡会把图西人抓起来当场砍死。基加利的空气里弥漫着尸体的腐臭；晚上，他的孩子们会在床上不停地哭闹。成群的乌鸦在空中盘旋，野狗在街上游荡，以死尸为食。

不过卢瓦拉卡比耶依然坚持每天到办公室上班，继续自己的工

作。和其他很多叛投爱国阵线的军官不同，卢瓦拉卡比耶下决心要打赢这场战争。他把家人送到了北方老家的村子，直到败局已定的时候自己才逃离基加利。在谈到大屠杀时，他强调的是军事的角度，而不是人性的角度："军队调动了大部分力量去屠杀平民，抽调了卡车、弹药和兵力来杀人。因为大屠杀，我们的抵抗溃败了。局面一片混乱，真是一团糟。"

"混乱""一团糟""乱成一团"这几个词在我们的对话中反复
出现。这与他不停地说他当时只是服从命令和维持纪律是自相矛盾 20
的。这两种自相矛盾的说法一方面是为了推脱个人责任，同时也是为了在道德和心理上接受身边的屠杀行为。

按照所有认识他的人的说法，在大屠杀中，卢瓦拉卡比耶完全变成了另外一个人。2009 年，卢瓦拉卡比耶因大屠杀的罪行出庭受审，但他以前的邻居和同事们很快站出来为他辩护。"我很高兴自己能面对法庭的审问，"他坚称，"这样我就可以彻底为自己正名。"一位被他救了的图西人出庭为他做证，还有一位被他派去疏散一群图西人的军官也为他说了话。

但是，他所属的是一个夺去了超过八十万条生命的组织，而他当时有能力拯救生命。我追问他对军队是否忠诚，尤其是当他的上司们明显参与了大屠杀时，卢瓦拉卡比耶摇摇头恼怒地回答："你这是在认死理！我们当时在打仗，根本没时间去思考我们是不是在参与一场屠杀——我们只是想活下来！"他说，他认为他们仍然有机会赢得那场战争。他们认为军队出逃到扎伊尔仅仅是一次战略转移而已。

但是，他的很多同僚确实做了逃兵，还从加拿大和比利时打电话给他，劝他和他们一起流亡。他拒绝了。他在警察部队里的一位指挥官同事接受了我的采访，这位指挥官在大屠杀期间叛逃了，不愿意我透露他的名字。他告诉我："卢瓦拉卡比耶骨子里是个纪律严明的人。他从来没有深究过自己为什么要战斗，那些是政客们要考虑的问题。当政客们逃跑后，他只是继续坚持战斗，像个机器人一样。”

不过即使他选择叛逃，也并非一件容易的事。卢瓦拉卡比耶的几个同事向爱国阵线投降后，就音信全无。还有很多传言说，哈比亚利马纳总统以前的一些部下官员自首后，尸体第二天就出现在香蕉林里，他们的双手被绑在身后，脑袋被打开了花。

“不要忘了这是一场战争，”这位慈祥的将军重复道，“如果当初我逃跑了的话，下场要么是被自己手下的指挥官处决，要么是死在爱国阵线的手里。”说完后他停下来，摆弄了一会儿自己的手表。“毫无疑问，大屠杀是一场惨剧，”他说道，“我认为那是一个天大的错误。”只是在当时，他从自己办公室的窗户看着外面的屠杀，看得真真切切，他在内心里否定了它，然后转身继续自己的工作。

看着他坐在几乎是空无一物的办公桌后面，我很难想象眼前的这个人曾经是非洲最为臭名昭著的叛军之一的领袖人物。他始终面
21 带微笑地向我解释说，自己在丛林中作战时一直都没学会怎么用电脑。在跟我谈话时，他用一支笔在一沓打印纸上时不时地写写画画，好像是在一边和我说话，一边向自己演示自己的想法。他对我说，现在他正在写一本书，讲述自己在这场战争中的经历，并给我看了一摞已经磨得很旧的笔记本。在我们谈话的时候，他不停翻看着那些笔记，想找出自己不确定的日期和名字。在一些重要的段落上，他用黄色记号笔标记了出来，或者用圆珠笔画了圈。当我问他打算什么时候出版这本书时，他微笑着回答：“现在还不是时候。这个国家还没准备好接受我要说的所有东西。现在还为时尚早。”

* * *

种族暴力最极端的形式就是种族大屠杀，而一提到发生在刚果

和卢旺达的两场战争，就不可避免地要谈到种族屠杀，因此，了解屠杀的成因是非常有必要的。我们往往将卢旺达的历史视为两个民族之间的斗争史，也就是农业民族胡图人和游牧民族图西人之间的冲突。但是，如果我们想要真正弄清楚过去发生了什么，首先就得抛弃这些粗糙的概念，或者至少对它们进行解构。今天这个在地理和政治意义上的卢旺达国直到20世纪才基本形成，在这之前的几百年间里，它一直处于敌对王国和土邦之间的混战之中。

在胡图人和图西人的裂隙背后，他们的民族身份认同随着政治、文化和经济图景的变化而经受着不断的挑战和重新定义。例如，一直到18世纪之前，民族身份都不如以阶级和部落为基础的身份来得重要，那时还存在多层的地区和社会身份。因此，卢旺达主要的二十个部落中，都既有胡图人又有图西人，而且每个族群中既有失地的贫苦农民，也有富有的特权贵族。如果简单把一个人贴上胡图族的标签，认为这就代表她身份的全部，你就会忽略她在社会语境下的更多身份，因为她可能更多把自己当作一个南方人，阿贝加（Abega）部落的一员，或者是一位五旬宗教会的信徒。这并不是吹毛求疵，因为当代卢旺达的政治局面在很大程度上都是由这些互相矛盾又相互重叠的身份塑造的。

卢旺达社会的胡图人和图西人两极对立的局面随着鲁朱基拉国王（King Rujugira）在18世纪统一卢旺达王国之后进一步加剧。他扩充了他的军队，开始征服今天卢旺达国土的大部分，包括之前这些族群很少发生摩擦的地区。他的军队发动的长期军事活动需要 22
更多的财政收入和对社会更深的控制。由图西人领导的军队成了官僚体系的基础，为他们管理国家和征税提供支持。渐渐地，胡图人和图西人之间本不太明显的差异开始变得日益明显，并形成了社会分层。到了19世纪晚期，当第一批殖民者踏上这块土地时，许多胡图人需要依靠图西人首领才能耕种土地，还要缴纳什一税，提供无偿劳力。即便如此，种族之间的差异依然不甚明显，双方还在互相通婚，而且富有的胡图人只要拥有众多牛群，在社会上有权有势，就有机会“晋升”为图西人，尽管这种机会很稀少。在地方上，胡图人依然富有影响力，尤其是在土地管理领域。而且，不同地区的社会状况有很大不同，其中一些直到很久以后才开始出现族群的两极分化，例如卢旺达东部的吉萨卡地区（Gisaka）。

德国和比利时先后对卢旺达的征服剧烈地改变了卢旺达的社会结构。一小群白人统治者得要管理一个复杂的，对他们来说几乎完全陌生的国家。和在非洲其他地区一样，这些新的统治者决定通过他们认为的完善的既有体制来统治这个国家。于是，他们扶植了图西族王室，因为在他们看来图西人是“天然的”精英阶层，并废除了对王室家族的限制和平衡，驱逐了胡图人首领，把所有权力集中于图西人掌控的政府手中，以提高地方管理体系的效率。与此同时，他们帮助王室征服了周边的王国和土邦，令国土面积增加了一倍。

农民与牧民、王室精英与底层农夫、穷人和富人之间微妙的社会平衡被粗暴地打破了。以前，胡图族农民在遭到政府的不公正对待时可以寻求亲族的帮助，或者至少可以挑拨族群领袖之间的矛盾，但如今，他们只能祈求图西政府格外开恩了。[6]

欧洲人的统治是以一种意识形态和民族志学理论为基础的，这种思潮受到当时欧洲和美国流行的种族理论的严重影响。约翰·汉宁·斯皮克（John Hanning Speke）是最早踏足这一地区的英国探险家之一，他在1863年曾撰文描写过他在当地碰到的具有明显“亚洲人特征”的人群，很可能就是图西人。他写道：“在这些国家，政府掌控在外国人的手中，他们侵略和占有了这些国家，把当地农
23 业社会的土著居民压制在社会的最底层。”涉足历史和宗教研究的斯皮克猜想，这些土著部落和埃塞俄比亚存在某种关联，并为他的观察提供了一项“历史”基础：“这些部落的传统可以追溯到《圣经》

中记载的大卫王时期。”

斯皮克的理论并非异想天开。欧洲人从中世纪就开始通过《圣经》研究非洲，试图寻找上帝为自然和人类社会设计的安排。其中最有意思的章节之一来自《创世纪》第九章和第十章。在描述洪水退去后诺亚的子孙如何在地球上生养众多遍布全地之前，《圣经》讲述了一个故事，喝醉酒的诺亚赤身裸体地睡去。他的两个小儿子闪和雅弗背对父亲，给他盖上了衣服，而另一个儿子含则盯着父亲的裸体看。诺亚醒来后，对含感到十分愤怒，并诅咒含的儿子迦南，让他去做奴隶，《圣经》上记载说他“必给他弟兄作奴仆的奴仆”。

尽管《圣经》并没有明确记载含和迦南后来的命运，但到了19世纪，圣经学者和相关研究人员把世界各国各民族都归类为诺亚的后代：中东地区是闪的后裔，欧洲是雅弗的后裔，而非洲则是含的后裔。这一理论适得其反地解释了人们在非洲发现的先进文明：岩石中开凿的水井、复杂的政治组织、灌溉系统，这些都是含米特民族（Hamite，即含的后裔）的发明，和中东同出一脉。在斯皮克看来，这种解释牢牢地确立了黑人民族在当时的地位：处于种族等级的最底端，没有能力创造先进文明，公开实行奴隶制。另外在伊斯兰世界，很多领袖也用这种含米特人的理论来为奴役非洲黑人做辩护。

卢旺达的第一任德国总督冯·格岑伯爵（Count von Goetzen）曾提出理论说，“图西人是来自埃塞俄比亚的含米特族牧民，他们曾经征服过一支黑人班图（Bantu）部落。”而天主教的高级神职人员勒·罗伊蒙席（Monsignor Le Roy）则有不同的看法：“他们拥有智慧和精致的外貌，热爱金钱，能适应各种环境，这说明他们有着闪米特（即闪的后裔）血统。”比利时统治者借助尺子和量具为原本边界模糊的图西人和胡图人在体貌特征方面制定了严格的区分标准。

这些殖民者的异想天开很快便在被殖民者的意识中生了根。一直备受比利时殖民者优待的图西族精英，牢牢抓住这一标准来为自

己的种族优越性提供理论支持，并将胡图人的典型形象——就如一位比利时牧师所宣扬的那样——定义为“黑人中最普通的一支，短
24 头颅，凸下巴，具有农业特质和技能，友善乐天……厚嘴唇，塌鼻梁，天性极其善良、淳朴且忠诚”。[7] 与此同时，胡图族的异见分子则认为图西人的代表形象是来自埃塞俄比亚的狡猾牧民，到此是来召集力量对抗“外来者”的。

* * *

如果说是忠诚度和权力激励着卢瓦拉卡比耶将军的话，那么人民大众则更多是被恐惧、意识形态和当地政治局势驱动。有一种广为流传的想象，说爱国阵线并非人类，而是魔鬼的化身。大屠杀开始的时候，内战已经持续了将近四年。超过一百万人口被迫离开该国北部，大部分是胡图人，许多人搬到基加利附近，同时带去了关于叛军暴行的传言。胡图极端分子将这种恐惧心理用于广播宣传中。一位图西族军官占领了一座村庄，有几个胡图人留了下来，其中一个让军官把衣服掀起来，好让村民们看看他是不是真的长了尾巴；而他们由此确信，他就是个魔鬼。[8] 即使是体弱多病的人也不惜跋涉数百英里逃往国境线，因为他们相信，一旦落到爱国阵线手中就必死无疑。在难民营中，不愿被遣返的难民主要是因为害怕爱国阵线。这种恐惧已经深深扎根在他们心里。

近些年来，关于大屠杀的研究发现，当地政治形势是决定一个地区是否会发生大屠杀的重要因素。例如，季节性劳力和失地农民更可能受乡村精英阶层的操控，而一旦胡图政权倒台，那些精英阶层势必要跟着一起遭殃。[9] 更为极端的政党在地方上的力量推动了屠杀的实施，逃离家园的布隆迪胡图难民也加剧了暴行。综合统计，约有二十万人出于各种原因参与了屠杀：[10] 有些人是被权力机关强

迫，有些人是为了钱，还有一些则一方面迫于社会压力，一方面认为如果不服从，自己也会丢掉性命。[11]

在卢旺达西南部，胡图人的战斗被一项联合国授权的军事任务
打断，这项任务由法国人执行，名为“绿松石行动”，旨在保护该
地区少数滞留的图西人和国际救援人员。这是卢旺达危机众多荒唐
之处中的一处：1990—1994 年，法国政府及其承包商向哈比亚利马
纳政府运送了三十六批武器，总价值为一千一百万美元，并向当地
派遣了七百五十名法国士兵，帮助卢旺达政府进行军事训练、规划 25
甚至审讯爱国阵线的俘虏。[12] 帮助联合进攻派完成军事训练之后不
过数月，法国人便从恶狼摇身一变成了牧羊人，宣布要进行人道主
义干预，结束这场屠杀。

法国军队的确拯救了图西人的生命。但是，他们却拒绝逮捕组织过种族屠杀、仍在境内的哈比亚利马纳政府和军队官员。宣扬种族仇恨的电台继续在法国控制区日夜不停地广播，煽动群众继续灭绝图西人。与此同时，在戈马的扎伊尔国境线上（这里是法国人的行动基地），至少有五批来自法国的武器被运给了从基加利逃出来的前卢旺达武装部队领导人。[13] 火上浇油的是，哈比亚利马纳的妻子，哈比亚利马纳总统最激进的亲信之一，为了逃避国内战乱来到了巴黎，法国总统弗朗索瓦·密特朗（François Mitterrand）亲自批准赠予她一笔四万美元的捐款，捐款的名义是“对卢旺达难民的紧急援助”。[14]

* * *

当卢瓦拉卡比耶穿越国境进入扎伊尔，于 1994 年 7 月抵达戈马时，他曾多日感到彷徨无措，失去方向，情绪低落。戈马是一座拥有三十万人口的城市，如今被羊群、车流和流民淹没了，这些人

从四面八方拥来，惶恐不安，身无一物。卢瓦拉卡比耶此前是和随行官员一起乘坐卡车来的，但所有人都各自去照看自己的家人了。最终，他设法在城市边缘从一个部落首领那里给自己的妻子和四个孩子租了一套房子。他和所有官员一样，在离开卢旺达之前洗劫了国库。他们需要这些额外的现金，因为汹涌而至的难民令市场上的物价飞涨。买一公斤肉差不多需要十美元，是正常价格的五倍。

食物的价格在飞涨，枪支弹药的价格却在暴跌，因为市面上的武器实在太多了。在边境哨卡，就在法国军队的眼皮底下，逃亡的卢旺达士兵将武器交付蒙博托总统卫队。机关枪和火箭筒堆成了小山。

然而，就在边境海关办公室的后面，一个军火市场自然地冒了出来，前卢旺达武装部队的军官通过这个市场把交付的武器又买回来。一支 AK-47 需要四五十美元，一支俄制的火箭筒不到一百美元。
26 其他的武器也没有一个被转交给扎伊尔政府的。卢瓦拉卡比耶见过成吨的弹药被装在卡车里、藏在大米和玉米袋下面走私过境。“我们给边境警卫队的人塞点钱，让他们睁只眼闭只眼。他们只是想要钱而已。”

戈马坐落在基伍湖（Lake Kivu，该湖天然构成了刚果和卢旺达国境线的一大部分）的最北端、尼拉贡戈火山（Nyiragongo）的山脚下，在鼎盛时期曾是一个备受欢迎的旅游胜地。戈马的酒店里住满了当地的比利时精英阶层、蒙博托的亲信和家眷、探险的背包客，这些酒店都是殖民地风格，有白色的外墙，耀眼的琉璃瓦，精心修剪过的繁盛花园。内地的肥沃土地可以提供廉价的优质蔬菜——包括比利时人最爱的西兰花、豌豆和韭菜——比利时神职人员带来的奶制品被做成大块的奶酪轮销往周边各地。旅行社提供北部维龙加国家公园（Virunga National Park）的导游线路，那里是珍稀的山地大猩猩的栖息之所。卢旺达境内离国境线不远处的一家软饮料和啤酒厂源源不断地为城里数不清的酒吧夜店供应啤酒、可乐和芬达。

扎伊尔国家的衰落和难民的拥入让这些美好的日子落下了帷幕。现在，这些酒店的住客可以说是鱼龙混杂。战败流亡的卢旺达军官和政客开始住进格朗拉克酒店（Hotel des Grands Lacs）和尼拉贡戈、卡里布（Karibu）、斯特拉（Stella）等地区的酒店，并在湖边租住奢华的别墅。记者们前脚从遍地死尸的难民营出来，后脚便走进军官政客们那爬满三角梅的别墅外墙，和他们一起坐在人造皮革沙发上。

* * *

在经过几个月的迷茫之后，卢瓦拉卡比耶参加了一场在戈马五旬宗教堂举办的前卢旺达军队高官会议。他和剩余的部队成员坐在教堂圣器室里的大十字架下面，一个个面色阴沉。士气已跌落到谷底。在场的大部分军官都已用专机把家属疏散到了肯尼亚首都内罗毕（Nairobi）、喀麦隆首都雅温得（Yaounde）和巴黎。“战争打输了，”卢瓦拉卡比耶回忆说，“有钱的最后都走了。”而卢瓦拉卡比耶本人可没那个福气。

这个流亡在外的战争委员会采取了一些紧急措施。他们迅速将武装部队重组为两个师，分别有七千六百八十人和一万零两百四十人，驻扎于基伍湖的南端和北端。此后又来了四千人的增援部队，
使总兵力增加到了两万两千人。卢瓦拉卡比耶麾下有数千名士兵， 27
组成了第四旅。

这些士兵的素质参差不齐。军官来自正规军部队，许多都曾在法国或比利时受训。他们建立了严格的管理体系，精心制定了预算。但有些队伍没有军事经验。数百名犯人被征召入伍，因为他们是这场骚乱中唯一的受益人群，士气比较高昂。许多小学生和初中生在威逼利诱之下加入了训练营，最小的甚至只有九岁，他们组成了第

二十六预备旅。

我向卢瓦拉卡比耶探问关于联攻派和唯一目标派武装的问题，这些武装令当时的人闻风丧胆，是大屠杀的罪魁祸首，他却瞧不起他们，嘲笑他们纪律散漫。“他们抽大麻，喝便宜的酒，抢劫平民，就是一帮恶棍，”他回忆说，“很多人都在战争中送了命。他们嗑嗨了药，喝醉了酒，踉踉跄跄地就上了战场，像僵尸一样，给敌人当靶子打。”在他看来，纪律严明的爱国阵线以推翻新政府为目标，而联攻派武装是种族仇杀，二者存在天壤之别。

为了鼓舞士气，战争委员会命令立即向所有政府雇员和士兵发放 6 月和 7 月的工资。委员会把卢旺达整个国库都搬到了戈马，总计价值三千万到四千万美元的卢旺达法郎被存在了市中心的一家银行。从一些报告来看，在大屠杀刚开始的时候，他们将超过一亿美元的资金转移到了私人账户；当时他们刚刚收了当年的税，国库资金十分充裕。[15] 最重要的是，军队指挥官们一致同意立刻对基加利新政权发动游击战。现在国民的期望空前高涨——在难民营中垂死挣扎的一百万难民的希望就压在他们的肩头。由于图西族武装被人称作“蟑螂”，这场进攻便名为“灭虫行动”。

* * *

卢瓦拉卡比耶在背出部队兵力、指挥官姓名、战斗日期的时候找到了快乐或者说是欣慰，但他却不愿意谈论历史更具人性的一面：情感、动机和道德。过去十年的这场灾难被简化成了冷冰冰的数据。

28 后来我在翻看自己的笔记时，有两种不同的将军形象在我脑海中碰撞着。一位是和善的老人，总是有时间接待我，回答我的许多问题，从未因我的询问感到气恼或者不耐烦。这也是他在手下官兵眼中的形象。我采访了他之前在卢旺达退伍军营时领导过的胡图族士兵，他们向我描绘的是一个备受尊敬、关怀部下的指挥官，许多军官将他当作父亲看待。在他们的记忆中，卢瓦拉卡比耶是个审慎明断的领袖，总是在做重要决定时先征求其他军官的意见。

另一个卢瓦拉卡比耶存在于人权调查报告和我对大屠杀受害者的采访中。从 1996 年到 2003 年，在他担任胡图族叛军指挥官期间，他的部队在卢旺达和刚果犯下了大屠杀、大规模强奸和频繁抢劫等罪行。考虑到有严格的纪律约束军队，很难想象这位将军本人对于部下的所作所为是不知情的。即便事先真的不知情，他在事后也没有惩罚他们。

2001 年，我第一次前往刚果东部，为边境城市布卡武的一个名为“正义之子”(Héritiers de la Justice)的当地人权组织工作。在那里，我每天都会听到有人被强奸或虐待，或者有人的家人被杀害。作恶的是一支叫作“联合进攻派”的武装，它是卢瓦拉卡比耶叛军的统称。我随后将一起起案件一条一条地记录了下来，收在一个蓝色硬皮账本里：

> 2000 年 8 月 10 日，布恩亚基里地区（Bunyakiri）恩科诺村（Nkono）的诺诺 · 马兰杜拉（Nono Marandura）先生在家中被联攻派武装枪杀。遇难者的遗孀和六个孩子到现在都没有人帮助。
>
> 2000 年 9 月 19 日，帕帕依 · 瓦 · 卡塔齐（Papayi wa Katachi）先生被联攻派武装杀害。遇难者年仅十七岁，家住布恩亚基里地区的卡洛巴（Kaloba）。他的哥哥遭遇枪伤，家中财产被抢。从收集的信息来看，施暴者针对目标遇害者的动机不明。

账本中记录了数百条这样的信息。

我再看自己的笔记，重读卢瓦拉卡比耶之前是如何回答我的问题的。在一页纸的上方，我曾潦草地写下“暴行？”，然后用一个箭头指向他的答案：

29 > 一开始我们并没有太多暴行。我们甚至还向士兵教授国际人道主义法律，我们的一些军官以前接受过这方面的培训。但是，当军队变得疲惫饥饿时，便开始用从民众手中强抢粮食。我们称之为“抢夺行动”——我们会在行动中袭击一座村庄，抢走所有的牲畜和钱财。

我让他继续讲下去，卢瓦拉卡比耶承认道：“你要知道，我们有一万名士兵和他们的家人要养活。一旦抢劫发生，士兵就会失控，会强奸，有时甚至会杀人。如果我们抓到他们，我们就会惩罚他们。一开始，我们处决了几个杀人的士兵，但这给我们惹来一些问题，于是我们开始动用鞭刑。我记得我们把一个强奸犯扒光了屁股，用棍子抽了三百棍，把他打得皮开肉绽，然后把他驱逐出了队伍。但是你怎么才能知道谁犯过强奸罪？村民们都害怕我们，不跟我们说。所以大部分罪犯都没受到惩罚。”

* * *

到了 1994 年 10 月，“无畏者”组织（Inzirabwoba）每个星期都在从难民营向卢旺达渗透。卢瓦拉卡比耶开始在国境线上领导夜间突袭。“我们摧毁政府大楼，杀掉当地的官员，”卢瓦拉卡比耶毫无悔意地解释道，“这是一场战争，而他们都是共犯。”

在大屠杀期间，所有图西人都被视为爱国阵线的帮凶。1994 年 10 月，叛军在凌晨 3 点翻过丘陵区，包围了一座距离国境线仅咫尺之遥的村庄。他们杀了三十七个人，大部分是儿童。“有些人杀人是因为恨图西人，有些人杀人是为了防止大屠杀的幸存者说出他们的罪行。”卢瓦拉卡比耶回忆说。在爱国阵线把卢旺达武装部队赶出卢旺达之后的头两年间，联合国观察员记录了数百起杀害图西人的案件。

受伤害的不仅仅是图西人。如果胡图族难民胆敢从难民营返回家园，他们就会被当作叛徒。阿纳托尔·苏辛多尔（Anatole Sucyendore）是一名胡图族医生，他跟随其他难民一同逃到了戈马，但几个月后，他不顾多次死亡威胁，依然返回卢旺达到吉塞尼（Gisenyi）的一家医院工作。1995 年 2 月 25 日，胡图族叛军闯入他的家中，枪杀了这名医生，并捅死了他年仅两岁的孩子，还把他的妻子和另外一个孩子打成重伤。

从胡图族武装在难民营中散发的匿名宣传册中，我们可以一窥 30
他们当年使用的宣传话术：

> 你们这些胡图蠢货，你们交的钱都让敌人拿去买武器屠杀你的同胞了。你说你是在学习。难道你们不知道那些学习的人在哪吗？卡加梅学过什么吗？你们把钱交给他，他却领导了这场大屠杀。
>
> 还有你们图西人，你们别以为自己有靠山，就一个个趾高气扬的！你们只敢支持爱国阵线的凶手们灭绝胡图人，却不敢和我们正面交锋。我们会一直追杀你们，直到你们放下臭架子，明白自己必须学会怎样跟他人共处。[16]

这位将军知道，只靠游击战没有用。“我们挑衅他们，骚扰他们，但并没有真正触动他们的权力根基。”卢瓦拉卡比耶回忆说。他们需要利用一种更强大的手段：勒索。

一位前政府高官在戈马的舒适别墅里对记者吹嘘说：“即使爱国阵线取得了军事上的胜利，也不可能掌握权力。他们只有子弹，而我们有人民。”[17] 既然没办法打败敌人，他们就用扎伊尔上百万难民当人质，威胁逼迫基加利方面和他们谈判。

流亡的领导们采用了和之前在国内类似的组织架构。过去的卢旺达政府是一张严密的机构网，从首都基加利到地方各省机构，再向下到各乡镇、社区、村落，直到每家每户，正是这样一根权力链条，让他们可以在短短一百天内屠杀八十万人。他们把这套体系照搬到了难民营，按照难民在卢旺达的籍贯将他们重新编组，指派可靠的官员进行管理，这些官员通常都是在国内参与过大屠杀的那些人。

* * *

我向卢瓦拉卡比耶询问匿名宣传册的事，他摇了摇头。

“确实是这样的。我们都被洗脑了。有很多极端分子利用了人们的恐惧心理。”

31 “你有没有用过这种风格的语言？”我问他。

“用过，但是我们从没说过传单上说的那些话。我们需要吓唬吓唬他们。确实有极端分子想要杀掉图西人，但那是不对的。我们难民营里就有图西人！有一些曾在卢旺达军队服役的图西族军官和我们一起逃了出来。我的护卫里就有一个图西人。我们必须得跟他们讲，不要离开营区太远，不然可能会被人杀死的。”

“你有没有下过屠杀平民的命令？”

“没有，从来没有。”

“但是很多平民确实被杀了。”

卢瓦拉卡比耶叹了口气，又开始摆弄松垮垮地挂在手腕上的手表。“权力链条……我不确定它在我们叛军中是不是管用。”

“你没办法完全控制自己手下的指挥官吗？”

“我可以控制我的军队。但是平民煽动家和极端分子我就没法控制了。军队里的很多军官都不支持大屠杀政策。大屠杀完全是一些民间人士和极端的指挥官联合组织的。”

卢瓦拉卡比耶闪烁其词，回避责任，把大屠杀的账算到别人头上,用目的来为手段开脱。他说道,“大象打起架来难免会践踏草地。”这是个很好用的比喻。我在这一地区采访过的军官，几乎每一位在被问起针对平民的暴行时都会用到这个比喻。

冷静平和的卢瓦拉卡比耶似乎跟一个被仇恨冲昏头脑的杀手毫无关系。所有熟悉他的人都说，他对图西人从没表现出过任何特别的仇恨。他在叛乱中的一位营长就是图西人，而他更愿意自己被叫作基加人而不是胡图人。显然，他加入并领导所谓的胡图叛军并不是因为种族沙文主义，虽然这场运动是被极端的种族仇恨驱动的。他加入运动是因为他当时在军队，内战爆发时，他理应这么做；他是可以尽力改变局面，但这么做对他来说太难了，太冒险了。回头看看艾希曼的审判词：“停止思考，恶就会发生。它抗拒思想，因为当思想试图与恶交锋时，便会一无所得，因为思想在恶之中找不到任何东西。这就是恶的平庸。”[18]

我见过的许多普通士兵也是一样的。很多人之所以参军，是因为生活贫困，没有工作，或者是“想做个男人”，而一杆枪、一身军装是最能表现社会权力的东西。种族身份是这场运动的基础。我已经不记得多少次听到人们说刚果战争的起因是“图西人的残暴”，你在读到本章开头引用的那段 BBC 的话时可能也会这样认为，但 32
它并非这场冲突的根源。如果我们仅仅局限于“胡图族武装杀死了五十万图西人”这种说法，就意味着我们认为这些暴力冲突的起因就是种族身份，是“胡图人”和“图西人”的身份标签导致了这场灾难。虽然种族身份或许是该地区最强有力的社会组织形式，但我们必须要透过表面现象，深入理解种族身份背后的历史，看清是谁在利用它，谁在被它利用，以及为什么。

33 第二章

救援和教唆

1994年10月，扎伊尔·因内拉难民营

卢旺达有上百万人逃到了扎伊尔，贝亚特丽斯·翁泰希（Beatrice Umutesi）就是其中之一。她比绝大多数人都要幸运。1959 年，她出生于卢旺达北部地区的胡图族农民家庭，一直以来都是个品学兼优的好学生，曾经获得前往比利时学习的奖学金，主修社会学，回国后在一家农村合作发展机构工作。1994 年 4 月，卢旺达首都基加利爆发战争，贝亚特丽斯和她体弱多病的母亲以及其他的家人一同逃离了基加利。经过数周的长途跋涉，她成功穿过边境抵达扎伊尔，在基伍湖畔的因内拉（Inera）难民营安了家。一夜之间，这堆烂泥地突然冒出一座肮脏棚屋构成的贫民窟，里面住着五万五千名难民。

难民营里有一些非营利性的机构，得益于专业背景，贝亚特丽斯很快便成了这些机构的领导人物。她组织了一个小额信贷项目，让难民们得以在难民营谋生，还协助发布了两份通讯稿，帮助难民妇女们传达心声，诉说她们遇到的问题。

贝亚特丽斯有一份微薄的工资，和其他难民一样，住在肮脏的

窝棚里，大小和狗窝差不多。每个家庭被分给一块五米长四米宽的篷布，上面印着联合国难民署的标志：一个被月桂花环围起来的家庭。他们将这块篷布绑在用桉树树苗做的披屋上。如果运气好，有足够剩余的篷布，还可以把它铺在寒冷潮湿的地上。他们有一些粗糙的羊毛毯，几口锅，一个用来从井里打水的黄色油桶。

贝亚特丽斯逃离卢旺达时是三十五岁。她没有结婚，和六十七 34
岁的母亲、四个姐妹一起穿过了边境。后来她的家庭又有了新成员：维尔日妮（Virginie）、阿苏姆普塔（Assumpta）、马塞利娜（Marcelline）以及巴孔达（Bakunda）。前三个是被人遗弃的女孩，贝亚特丽斯在难民营地遇见了她们，便将她们当作侄女收留了下来；巴孔达是一位十三岁的男孩，1993 年爱国阵线的叛军入侵卢旺达北部地区，致使数千人流离失所，贝亚特丽斯在那时收留了他。慢慢地，贝亚特丽斯收容了七个流浪的孩子，他们都是在战争中失去家人的孤儿，在逃往扎伊尔的途中遇见了贝亚特丽斯。

* * *

难民营是在 7 月建立的，持续存在了两年多的时间。一些营区扩大到了足以容纳四十多万人的规模，成了世界上最大的难民营，比扎伊尔东部的所有城市都大。所有难民营的人加在一起足足有一百万。奇怪的是，这些难民营调动了大屠杀都没能调动的国际资源。第一批救援人员到达没几天便察觉到霍乱暴发的迹象。致命的寄生虫在肮脏狭窄的营房里迅速传播。如果没有合适的医疗条件，体弱的难民在几天之内便会染病死亡。得了这种病，人会不停地腹泻和呕吐，身体的水分大量流失，直至器官衰竭。1994 年 7 月 28 日，仅一天之内，便有一千具难民尸体被收集起来，由翻斗卡车倒进石灰坑里，什么仪式也没有。

大屠杀期间，外国电视台的工作人员根本无法进入卢旺达，现在他们在戈马地区建立了营地。数百具撒着石灰的尸体被倒进万人坑的照片与最近的屠杀形成了一种奇怪的道德关联，不过这次的灾难更容易解决：之前那场暴力冲突错综复杂，如果加以军事干预，会让局面变得混乱和血腥，而这场危机只要花钱就可以解决。接下来的两年，扎伊尔东部难民得到的捐助超过了十亿美元，比卢旺达新政府获得的资助还要多两倍。[1] 爱国阵线十分愤怒。副总统保罗·卡加梅说道，“我个人认为，难民问题正在掩盖我们面临的所有其他问题。我们不再谈论孤儿、寡妇、（卢旺达的）受害者，我们只会谈难民、难民、难民。”[2]

在营地里，活着的人和死的人躺在一起，没人有力气或办法把尸体搬走。医务人员在病人之间奔跑忙碌着，尽可能快地为他们输
35 液，却经常找不到胳膊上的静脉。腹泻让人们的破衣烂衫肮脏不堪，空气中弥漫着粪便和死尸的气息。一个月后，五万人失去了生命。

* * *

贝亚特丽斯来到戈马南边的一个小难民营，有幸躲过了最为严重的霍乱流行。但是，她还得面对其他的挑战。每天她都要在漫长的队伍里等待食物分配，其间还要和她的妇女组织开会，访问卫生诊所。她后来在书中写道：“最糟糕的是觉得自己派不上用场。”[3] 男人可以尝试赚些外快，例如在当地的农田里干活，或者为市场运送甘蔗和木薯，而女人则忙着清洗从卢旺达随身带来的一点衣物和锅碗瓢盆。

难民营里的外围出现了热闹的市场，在这里可以买到从卢旺达掠夺来的赃物，还有一些日常物品，如中国制造的牙刷、肥皂、廉价的腈纶服饰以及扎伊尔、卢旺达和西方音乐的盗版磁

带。一名联合国官员将戈马附近五处营地的基础设施分了类：有两千三百二十四家酒吧、四百五十家餐厅、五百八十九家不同的商店、六十二家理发店、五十一家药店、三十家裁缝铺、二十五家生肉铺、五家铁匠和机械修理铺、四家摄影棚、三家电影院、两家酒店和一座屠宰场。[4] 市场里有打着广告的袋子，里面通常是些过期或者无效的药品，有装着传统药粉、草药和混合药品的罐子。营区存货丰富，引来很多本地人的光顾。从布卡武和戈马赶来的扎伊尔人大老远地跑到营区来买汽车、音响和电视等赃物。具有创业精神的难民建起了户外滨湖酒吧，布卡武的年轻人到了周末会到户外的滨湖酒吧喝酒，他们会在天黑前回家，以防被四处游荡、寻找猎物的暴徒盯上。布卡武的人至今仍然很怀念烤肉串（mishikaki），这是一种难民们用牛羊肉做成的烤肉，就着当地的佩里姆斯啤酒一起下肚，实在美味。

但是，绝大多数难民，比如贝亚特丽斯，在逃离卢旺达的时候除了衣物什么也没带，根本吃不起这样的美食。他们每天只吃一顿，吃的是从供应处领取的：一把美国人剩下的玉米面、一杯豆子、几滴菜油、一小撮盐。

在贝亚特丽斯的难民营，难民生活已经对社会结构产生了严重破坏。一份营区通讯反映，难民营地童婚数量的增长令人担心，这种现象在卢旺达是相当罕见的。年轻的小伙子或年龄更大的男人娶的女孩只有十三四岁，有时候甚至是娶来做第三房或者第四房老婆。36
一些年轻人把从卢旺达抢来的货物和金钱带了过来，足以同时负担几位女孩的彩礼。这些年轻人往往已经家破人亡，结婚可以让他们重建破碎的生活。有时候，这些妻子得和其他女人共住一个小窝。这些婚姻大多短命，造就了许多没有父亲的孩子，加重了难民营的饥饿和疾病问题。[5] 贝亚特丽斯走过一个又一个营区，为妇女开办权利讲习班，听遭受虐待的妇女们倾诉一个又一个故事。许多年轻的女孩被迫卖淫，出卖身体的钱往往只够买一盘豆子或几个油炸面饼。因为难民（至少在理论上）被禁止去营地外的农田耕地或自由活动，无聊和无所事事就成了大问题，特别是对成千上万的失业者来说。男人们往往靠香蕉啤酒和自制的酒打发时光。酗酒、家暴和暴力令难民的万般苦难雪上加霜。

对贝亚特丽斯和许多其他人来说，生活充满了恐惧和猜疑。她和妇女们在通讯和声明中谴责爱国阵线的暴行。她觉得自己的名字上了基加利的黑名单，一旦她回去，就会被逮捕或者陷入更可怕的处境。爱国阵线的军队数次突袭基伍湖的难民营，杀害了数十名可疑的武装人员和难民。另外，由于贝亚特丽斯组织了妇女自助团体，营区的胡图极端分子也将她视为了眼中钉。不久，有人说她是爱国阵线的人，有图西族人的特征。暴徒袭击了她的几个朋友，声称他们支持湖对岸的新政府，虽然真正的动机可能只是想抢走他们的微薄财产。她在日记中写道："人就是这样，当他害怕的时候，他看谁都是敌人，觉得想要活着就得消灭他们。"

战争催生了一批新的暴徒和罪犯。不法之徒成群结队地在营地里游荡，骚扰妇女，靠偷窃为生。一名卢旺达的牧师来营地看望他的家人，结果被暴徒殴打致死，尸体被扔在了营区边上。还有一位妇女和她五岁的孩子被一颗扔进帐篷的手榴弹炸死。[6]

仅仅只是怀疑某个人可能是间谍，便足以召集来一群手持木棍、锄头和大刀的暴徒。1994 年 10 月 25 日，在基图库（Kituku）营
37 区，难民们在水库边逮捕了四名男子，指控他们想在水井里下毒。其中三人逃跑了，剩下的那个则被石头活活砸死。几天后，在附近的一个营区，五名图西族人被暴民追捕并遭杀害。其中一人已经顺利逃到了"无国界医生"（Doctors Without Borders）的卫生所，却在医务人员面前被打死。据另一个救援组织称，"9 月的穆贡加（Mugunga）难民营每天早上都能发现新的尸体。"[7] 一项调查估计，

各营区共有四千名难民死亡，凶手多是前政府雇用的各类武装。[8]

难民营就像高压锅一样。一千人住在和一座足球场差不多大的地方。这儿根本没有隐私，因为几十个人可以轻易听到每个窝棚里的人做爱、争吵和闲聊的声音。帐篷太小立不住，在九个月雨季里，帐篷里外一片泥泞。晚上，气温有时会骤降到十摄氏度。贝亚特丽斯只有一张薄毯子和几块曾经当衣服穿的布料（kikwembe），平时给孩子当襁褓，睡觉时铺在地上。早晨醒来时，她身上都是凝结的水珠。

女人们还有别的问题。难民营的援助组织并不提供卫生巾，妇女们不得不用碎布或撕开的床单来代替。营地没有肥皂，这些布料沾了血以后就会变硬结块。为了脸面，妇女们只能用做饭的锅清洗这些血布。“血水如小溪般在帐篷间蜿蜒流淌，小水坑里的血水随处可见。”[9]

贝亚特丽斯的隔壁住着身材瘦小、营养不良的姆哈维（Muhawe），他今年三岁，是个孤儿，他的母亲在逃往扎伊尔的途中难产死了。当她第一次见他时，他身体干瘪，顶着个大脑袋，看上去像是走不了几步路便会摔倒。卫生所给他分发了营养牛奶，但他喝不下去，照顾他的祖母没钱买别的食物。贝亚特丽斯便买了一些牛肉碎末和土豆，将它们捣碎熬成粥，喂给他吃。经过两百英里的逃亡之旅和扎伊尔难民营地的苦难生活后，不知怎的，姆哈维的痛苦遭遇成了压倒贝亚特丽斯的最后一根稻草。她对自己的生活满怀厌恶和愤怒，开始趁着夜间在她的小窝棚里写作。“姆哈维和那些死在难民营的几千个卢旺达孩子做过什么？他参与过大屠杀吗？凭什么他就活该忍受这样的命运？”她开始写她自己的故事，写屠杀图西族的恐怖， 38
时常在痛哭声中睡着。

* * *

对于人道主义组织来说，这样的困境让他们痛苦不堪。前政府官员在难民营里设立了行政机构，救援人员必须通过这些机构实施救援工作。难民营里每天有五千人死亡，救援组织必须要采取救援行动，但除非把无辜的平民与士兵以及前政府官员彻底分开，不然就只能和这些种族灭绝罪犯合作，为他们出钱出力。援助组织发起了一场非洲历史上规模最大的人道主义行动，仅戈马地区就来了四十五个组织和一千六百多名救援人员。1994 年底，联合国难民署每天要为难民营花费一百万美元。付出的努力是有效果的：救援工作展开几周后，死亡率急剧下降，数千人的生命得到了挽救。然而，援助显然也同时拯救了种族灭绝的肇事者。正如“无国界医生”秘书长阿兰 · 代泰克斯（Alain Destexhe）所说：“医生援助难民就得帮助杀人凶手，你让他们怎么继续自己的工作呢？”

他们确实在帮杀人凶手。半年多以来，营区的领袖一直拒绝让难民署统计难民的数量，他们虚报难民人数，为的是私吞多余的食物、毯子和衣服。在恩加拉（Ngara）和坦桑尼亚，一万两千名“虚报难民”的食物被人揩了油水，而布卡武难民营的营区领袖私吞了五万名难民六个月的援助物资。[10] 甚至在人口得到统计之后，他们还是会偷走给最急需帮助的人的食物，导致数千名儿童严重营养不良。保罗 · 卢瓦拉卡比耶告诉我，“我们从不为食物担心，联合国那儿有的是。”当各家没有饭吃的时候，绝望的母亲会在晚上将婴儿遗弃在营里的孤儿院，因为那里会有人给他们吃的。

凄惨的遭遇颠覆了难民甚至士兵的道德立场——士兵成了受害者，而非杀人犯。救援人员和当地团体与难民们一起生活交流了几个月，逐渐形成一种修正式的观念：屠杀是双向的，一方是卢旺达哈比亚利马纳政府，另一方是卢旺达爱国阵线，双方杀害的人数比

例不相上下。天主教明爱会为布隆盖（Bulonge）和潘济（Panzi）
的卢旺达国防军士兵们提供了食物，声称“士兵们必须要吃饭，他 39
们并不全是杀人犯”。天主教会辖下的刚果人权组织“耶米利会”（Groupe Jeremie）还出版过一系列作品，收录了流亡政府的声明和报告。[11]

营区首领也会采取更微妙的赚钱手段。他们向数千名协助人道主义组织的难民征税。一名救援人员估计，仅一个营区的一个组织，其工作人员每个月被征的税就达一万一千美元。[12] 他们还收地租，控制市场、公共汽车线路和发廊，同时运营着一个用卢旺达货币交易的黑市，牟取暴利。

* * *

1994 年至 1996 年的两年间，国际社会、卢旺达和扎伊尔错过了将危机扼杀在萌芽阶段的最佳时机。他们在 1994 年的时候没能阻止种族灭绝的发生，现如今又没能将士兵和难民们分离开，尽管从 1996 年 2 月开始，基加利政府一再扬言会对难民营采取军事行动。一位联合国官员回忆道：“这就好像是看着一辆破烂火车在慢吞吞地向前拱。”[13]

事后看来，当时唯一的办法就是动用武力将军队和平民分开。早在 1994 年 8 月，联合国秘书长布特罗斯·布特罗斯·加利（Boutros Boutros Ghali）便开始研究各种保护难民营的方案。军事专家起草的第一种方案建议，将三万名前卢旺达武装部队士兵及其家属送往距离卢旺达边界数百英里外的扎伊尔军营，跟难民们分离开来。这个迁移方案一方面有可能会遭到前卢旺达武装部队领导层的抵制，另一方面需要联合国授权派遣至少八千名国际部队，耗费的成本在九千万到一亿两千五万美元之间。但是，这项提议缺少参与者的动力，布特罗斯 · 加利的请求遭到了拒绝。联合国安全理事会的成员让他寻找其他解决方案，尽管此次行动的成本和国际社会在 1996 年敌对冲突再次爆发时花费的数十亿金额相比根本不算什么。[14]

怎样才能解开这一困境呢？ 8 月 17 日，一丝曙光出现了。顶着国际社会和国内反对势力的压力，扎伊尔总理肯戈 · 瓦 · 东多（Kengo wa Dondo）在 8 月 17 日开始亲自着手解决这些问题。就在前一天，国际援助组织刚刚取消了对卢旺达的武器禁运，肯戈预
40 料到接下来会发生什么。他告诉外交官：他别无选择，只能强行遣返难民。四天之后，扎伊尔的士兵将一万两千名胡图难民遣送到了边境上。这次行动出人意料的顺利：许多难民很高兴能有借口摆脱前卢旺达武装部队的控制，主动帮助扎伊尔的士兵护卫遣送行动。扎伊尔地方当局恨不得这些麻烦不断的来客赶紧走，也帮助遣送，让它顺利进行。难民营的士兵没有暴力反抗，两万名难民（大多是被当作武装人员的年轻人）担心遭到扎伊尔当局的逮捕，逃到了附近的森林里。没有武力抵抗，这出乎所有人的预料。但是，四天之后，蒙博托和外交人员发出谴责，认为这种强制遣返行为违反了国际法，行动遂告终止。[15]

但是，到底怎样才算得上强力遣返，还存在着争议。毕竟，考虑到前卢旺达武装部队对难民营的控制，难民可能自愿返回吗？就连向来不爱担风险的联合国法律顾问都开始质疑，这种特殊情况是不是可以“打破常规”。1996 年 4 月，联合国难民署国际保护处处长丹尼斯 · 麦克纳马拉（Denis McNamara）表示，由于扎伊尔方面的压力和资金的缺乏，必须将难民们强行遣返。他说：“我们预料到这么做肯定会备受批评。但这就是现实，无法避免。”[16]

* * *

这件事得到的是一个该地区经常得到的回应：朝人道主义危机砸钱，而不是根除引发危机的政治根源。这种奇特景象完全没道理，尤其是国际社会在大屠杀期间毫无作为。美国一度拒绝介入卢旺达大屠杀，甚至还阻止联合国干涉，这次派出了三千名士兵，但严格限制他们只能辅助救援工作。法国曾经为卢旺达军队提供训练和武装，并在大屠杀最严重的时期接待过卢旺达政府的官方代表团，现在则将在卢旺达进行“绿松石行动”人道主义干预的几千名士兵调往扎伊尔东部。坦桑尼亚难民营的“无国界医生”组织领导人菲奥娜·特里（Fiona Terry）说过一番雄辞：“[这是一场]突发的、广为人知的人类灾难，在这场灾难中，敌人是病毒，救星是人道主义援助。在政治危机中陷入瘫痪的军事力量被突然调动起来参与到这场‘人道主义’灾难的救援当中，将这场屠杀变成了一场‘复杂的 41
紧急事件’，其中没有好人也没有坏人，只有受害者。”[17]

在灾难发生的第一年间，卢旺达的新旧政府忙于储备物资和巩固权力，此后形势迅速恶化。虽然国际社会认为这是一场人道主义危机，但实际上卢旺达内战持续在地下发酵，几近再次爆发。1995年7月，卢旺达针对扎伊尔的难民营发动了三次袭击，这是一次公开挑衅。

蒙博托并不在乎能否将卢旺达的难民与流亡政府的各种武装力量分开。当卢旺达新政府要求金沙萨方面交出哈比亚利马纳流亡政府逃离时卷走的国有资产时，蒙博托给了他们几箱生锈的弹药，两架不能用的直升机和一尊无法修复的重炮。[18] 这场难民危机为他那每况愈下的政权注入了新的生机。法国人以前将基加利“输”给了说英语的叛军，现在迫不及待地想延续他们在这个法语人口最多的非洲国家的影响力，他们需要蒙博托的允许，以便实施他们的“绿松石行动；而联合国也在尽力说服金沙萨，允许他们在卢旺达边境安排大型的人道主义行动。9 月 15 日，联合国驻卢旺达的特别代表拜访蒙博托，商讨难民危机问题。11 月 8 日，蒙博托抵达比亚里茨（Biarritz）参加法国非洲峰会。这位独裁者利用手中的筹码，重新获得了西方盟友的支持。

蒙博托与卢旺达流亡政府的关系更好。他过去就跟哈比亚利马纳总统是好朋友，曾在 1990 年派遣一个营的部队帮助哈比亚利马纳政府抵抗早期爱国阵线的进攻，并且在哈比亚利马纳总统死后迅速将他的尸体送回了他的家乡巴多利泰（Gbadolite）。总统的遗孀阿加特 · 哈比亚利马纳（Agathe Habyarimana）过去一直在总统背后操控大权，她也在巴多利泰加入了蒙博托一边，在大屠杀期间把蒙博托在雨林中的行宫当作她的大本营。1994 年 10 月，她和表弟塞拉芬 · 卢瓦布孔巴（Seraphin Rwabukumba）陪同蒙博托前往北京访问。媒体报道称，他们获得了有关政府资助的价值五百万美元的武器，把它们送交扎伊尔政府，成功规避了武器禁运。[19] 她丈夫的尸体被冷藏在蒙博托的宫殿。蒙博托向她保证，总有一天，哈比亚利马纳将在卢旺达入土为安。

* * *

42 1994 年 7 月至 1996 年 11 月期间，安理会就扎伊尔难民营的问题共发表了十项声明和决议，“表示强烈谴责”和“严重关切”，还批评了外交摇摆政策，认为这一政策令全世界不愿付诸行动。许多联合国规划团队访问了难民营，为首的是加拿大的军事顾问，讨论可能的干预手段。在纽约的联合国总部，工作人员们戏称授命前往的部队是“‘不会’部队”。和平行动部的一位官员彼得 · 斯沃布里克（Peter Swarbrick）告诉我，“这些部队不会进入营地，不会动强行解除非政府军的武装，它只是个幌子。”1995年底，布特罗斯·加利放弃了军事干预，专注于缓解当地的人道主义危机。

自从1993年联合国在索马里的部署搞砸以后，美国国会就立法禁止美军接受联合国的指挥。美国总统大选即将于1996年11月举行，比尔·克林顿（Bill Clinton）总统并不想派军队到中非的一个复杂混乱、不受待见的泥潭去。一位不愿透露姓名的国务院官员参与了此次决策，他告诉我：“想要确保难民营的安全实在是太难了，没人对这种行动感兴趣。回想起来，当时能不能做更多的事？肯定是可以的。”毕竟，他们在波斯尼亚就做了不少事：1995年，美国及其欧洲盟国向该地派遣了六万人的军队。

而且，美国政府在这个问题上和法国政府有着严重的分歧。法国政府的领导层认为大湖区（Great Lakes）*[20] 的冲突是法国与盎格鲁—撒克逊人竞争影响力的中心。难道不正是卢旺达爱国阵线这支讲英语的叛军从基加利的法国盟友朱韦纳尔·哈比亚利马纳手中夺取了政权，而且正忙着推翻另外一个统治者蒙博托·塞塞·塞科吗？正如一位匿名的法国高级官员说的那样：“我们不能让英语国家决定法语国家的未来。在任何情况下，我们都希望蒙博托能回来，他不能被除掉……我们现在要做的就是将卢旺达的商业经济发展起来。”[21] 法美双方在安理会就此问题争执不断：每当马德琳·奥尔布莱特（Madeleine Albright）提出，要对蒙博托采取强硬措施的时候，法国就扬言要否决提议；每当法国想要强硬对待爱国阵线侵犯人权的罪行时，美国就会站出来软化态势。

已经为国际社会在大屠杀期间的不作为感到深恶痛绝的爱国 43
阵线绝望地观望着。卢旺达情报头子帕特里克·卡雷盖亚（Patrick

* 指非洲中部维多利亚湖（Lake Victoria）、基伍湖、坦噶尼喀湖等湖泊的周边地区，也是刚果民主共和国、乌干达、卢旺达、布隆迪等国的交界处。

Karegeya）回忆称：“直到1996年初，我们才明白，国际社会根本不会采取行动。”1996年8月，副总统保罗·卡加梅访问华盛顿。在与美国国防部长以及国家安全委员会负责人谈话时，他警告道，如果国际社会还不真正协助解决问题的话，他不得不采取行动。一位参加会议的国务院顾问说道：“我们并不明白他究竟想告诉我们什么，当然也没有意识到他说的采取行动就是入侵。”尽管他们如此辩解，但你很难相信曾向基加利派遣军事训练和排雷部队、为新政府提供非军事性援助的美国官员，会对这次入侵一无所知。驻扎在基加利的美国国防部联络官里克·奥思（Rick Orth）说：“我们知道将要发生什么，但我并不认为我们曾支持卢旺达政府的这一行动。”

最后，在1996年10月，为了不被批评，卢旺达军队伪装成刚果本地叛军发起了入侵。刚果东部边境地区难民营里的记者和救援人员报道了“穆伦盖叛军”（Banyamulenge rebels）的袭击。他们是刚果图西族人，与蒙博托政府有矛盾。攻击的第一个目标是地处鲁济济平原（Rusizi plain）的难民营。这是一片延绵数百英里的辽阔草原和稻田，又恰是刚果、卢旺达和布隆迪的交界处。那儿的难民营里住着约二十二万名难民，联合国从蒙博托的军队里雇用了几百名士兵保护他们。入侵的军队迅速攻破了这些营地，一些难民被迫逃到布隆迪，而大部分人则逃到了更远的刚果。10月22日，位于坦噶尼喀湖（Lake Tanganyika）北端的乌维拉（Uvira）并未对卢旺达支持的联军做出抵抗便沦陷了。部队沿着东非大裂谷（Great Rift Valley）继续向北行进，大裂谷连接着坦噶尼喀湖和基伍湖，将刚果与西部的卢旺达和布隆迪分隔开来。10月底，他们已控制了基伍湖南部末端城市布卡武，驱散了约三十万的难民，这些难民别无选择，只能逃到远离卢旺达的山上。

人道主义官员们十分担忧，因为在过去的两年里，这些虚弱的难民需要依靠他们援助的食物才能生存，如今他们却都逃到了条件恶劣的内陆地区。欧洲人道主义援助专员艾玛·博尼诺（Emma Bonino）警告道，“五十万到一百万的难民即将面临死亡。”[22] 外交官们再次燃起了一个想法：派遣一支国际部队，建立一条“人道主义通道”，既可以让难民们返回家园，又可以保护救援人员。然而，44
这样的争论很快又陷入了另一场外交口角，即法国人与盎格鲁–撒克逊人之间的争执。法国外交部长埃尔韦·德·沙雷特（Hervé de Charette）催促部署武力，关注胡图难民的困境：“我们是在照顾我们自己的国家利益……但是那里足足有一百万人正身处险境。”[23] 法国敦促美国“停止拖延”。英国海外发展部大臣林达·乔克（Lynda Chalker）认为法国的立场“愚蠢可笑”。[24] 谣言在法国政府官员耳中广为流传，高级政策顾问怀疑，盎格鲁–撒克逊人故意拖延干预措施，以便让卢旺达的入侵行动取得进展。

在基伍湖北端的戈马城，卢旺达军队在 11 月 2 日越过了边境，将六十万难民赶入了穆贡加难民营，这座难民营在基伍湖畔，距离边境有十几英里远，这些难民的到来使得这座营地成了该地区最大的城市。加拿大政府表示愿意牵头发起一项多国任务，帮助保护难民和救援人员；英国派遣了一支特种部队随时待命。

11 月 16 日，当卢旺达军队和叛军准备进攻穆贡加难民营时，美国终于同意通过联合国安理会的决议，授权派遣三千至四千人的国际部队前往基伍地区，该地区位于刚果东部，毗邻卢旺达、乌干达和布隆迪。

次日，卢旺达军队分别从西边和湖边袭击了穆贡加难民营，将大多数难民围困起来，赶往东部返回卢旺达的大道。五十万人在短短的三天内就回到了家。在曼哈顿东河（East River）西岸的联合国总部里，彼得·斯沃布里克回忆起加拿大莫里斯·巴里尔将军（General Maurice Baril）当时的反应，他那时刚刚被指派领导这场军事干预行动，他说："可以松口气了，松口气。国际社会终于走出困境了。"

当加拿大和美国的军事侦察队开始收拾行李时，有四十万到六十万名难民正在逃往刚果东部的丛林。

第三章

废墟中的国家

非洲的形状就像是一把手枪，而刚果就是它的扳机。

——弗朗茨·法农（Frantz Fanon）

1994年7月至1996年9月，卢旺达·基加利

大屠杀之后的几个月，为数不多的游客到达卢旺达后，看到的是一片灰烬和废墟。全国三分之一人口逃亡到了坦桑尼亚、扎伊尔和布隆迪，躲避卢旺达爱国阵线——保罗·卡加梅领导的图西族叛军——并在实施大屠杀的军队和武装的驱赶下一路前行。在首都基加利，房子被翻了个底朝天，衣服、厕纸、毛绒玩具和垃圾被胡乱扔在街上。因为不知道何时才能重返家园，抑或是因为仇恨日益逼近的叛军，逃亡的武装分子和平民拆掉了门，卸掉了窗户玻璃，甚至把埋在地下的下水管道和电线都挖了出来。空弹夹散落在街上，联合国的车辆在这里巡逻——除了几辆爱国阵线的皮卡和平民的汽车以外，就只有这些车了。

在乡下，无人收割的庄稼烂在了地里，成千上万的尸体堵塞了

灌溉渠道，空气中弥漫着尸体腐烂的恶臭，几个月都散不去。红十字会和救援人员徒步翻越丘陵地区，给没有掩埋的尸体撒上石灰，以免发生瘟疫。

46 国家的新统治者们麻木地检查了布满弹孔的政府大楼。在司法部，浑浊的水里漂着文件柜和文件。国会大厦的走廊里散落着垃圾、砖头和吊着的电线。与此同时，爱国阵线把指挥部设在了艾美酒店，酒店的下水道系统完全瘫痪，没有照明的酒店前台和游泳池边还堆着沙袋，爱国阵线的军官、联合国工作人员和记者们都挤在这里工作。

新政府的前景一片黯淡。国库被搬得分文不剩。新政府没有汽车、电脑、电话可用，甚至连文具和回形针都没有。国内许多地区都没有供电和自来水，医院里每天只有在做手术或急诊时，才会开几个小时的发电机。大约有十一万四千名儿童在大屠杀中成为孤儿，需要人照料，有十五万所房屋被毁。

最惊人的短缺问题是人口。基加利成了一座鬼城：四成的人口或死亡或流亡。首都居民的人数从三十万锐减至八万，其中许多人是爱国阵线士兵及其家属，或者在几十年的流亡后返回基加利的图西族流民。

新的统治者们试图在一片瓦砾中重建秩序。爱国阵线为新政府指定了一个背景多元的内阁。总统和总理都是胡图族，多位部长是政党出身而不是爱国阵线成员，尽管军队和副总统卡加梅还掌握着大部分权力。在全国范围内，公务员和志愿者组成的工作小组开始清理废墟、掩埋尸体，并重建重要的设施。

没有一个家庭幸免于这场暴力事件。九成以上的青少年亲眼见证了暴力事件的发生，相信自己也会被杀死，而亲历死亡的家庭所占比例仅比这一比例低一点。一份心理学期刊的研究预计，有四分之一的卢旺达人有创伤后应激障碍综合征。[1] 他们称这些人为“无肺人”，或者“害怕到不能呼吸的人”。他们在大街上走路的时候精神高度紧张，会因为汽车喇叭声或者背后突然来人而受到惊吓。许多家庭收养了大屠杀中的孤儿，或者接济遭难的亲戚。保罗·卡加梅自己就收养了五个孩子。[2]

大屠杀是爱国阵线准备进攻刚果的阴暗背景。卢旺达此后发生的一切都是由此开始：政治、文化、经济——一切的一切。它改变 47
了社会面貌，并主导了政府对于未来的想象。更重要的是，那些空空如也的房屋和被遗弃的村庄提醒着国家领导人，战争还没有结束。在该国西部与刚果接壤的地区，人们可以从收音机里听到流亡政府从难民营中发出的广播，声称自己才是这个国家的合法政府。许多大屠杀的幸存者都经历过失去亲人的苦痛，屠杀的凶手就在难民营这个事实对他们来说是活生生的侮辱。

* * *

毋庸置疑，卢旺达真正的统治者是保罗·卡加梅。虽然这位时年三十七岁的年轻人的官方身份是副总统和国防部长，但是他在叛乱早期就开始领导卢旺达爱国阵线，并牢牢掌控着政府。卡加梅身材消瘦，戴着一副丝边眼镜，讲话很有条理，能给人留下非常深刻的印象。他不抽烟，不喝酒，对奢华的服装和漂亮女人也没什么兴趣。他不习惯于辞藻华丽的演说和繁文缛节。他的衣柜里显然只有颜色单调的、挂在他消瘦的身躯上来回晃荡的双排扣西服，朴实无华的 polo 衫和作战服。似乎他唯一的娱乐就是打网球，通常他会在体育俱乐部和爱国阵线的同事以及外交官们一起打球。过往的路人会被配备着机枪站在一旁护卫的士兵吓住。

卡加梅对秩序和纪律十分执着。他曾亲自没收手下部长的配车，因为他认为这些公帑可以被用到更好的地方。他满怀雄心，会因为他的部长们没有达到自己的期望威胁他们。他曾对记者抱怨说："在一些事情上，我不能向这里的这些人妥协。这些人在该走快时慢慢悠悠，在本可以把事情做得更好时马虎了事。我感觉他们不上心，没有一点想要做得比现在更好的压力。我手下的整个班子都是这个风气。"[3]

他这种艰苦作风是在严酷的流亡生涯中炼成的。卡加梅最早的记忆是自家在山坡的房子着了大火，他的母亲惊慌失措地爬进一辆车里，身后有一群当地的暴徒在追赶她。那是 1961 年，卢旺达有望摆脱比利时的殖民统治实现独立，在殖民政府治下享受各种特权的图西人因而成了被屠杀的对象。大约有七万八千名图西人逃到了乌干达，还有二十五万八千人逃到了周边其他国家。[4] 和许多爱国阵线领袖一样，卡加梅以难民的身份在乌干达长大，住在一间草房里，靠着一份奖学金上了学。

48 "你会一直听到我强调尊严的重要性，"他后来说，

> 尊严对人的生命真的很关键，很明显对我来说，它让我想起难民营，想起排队领吃的，想起定额配给。开始上小学时，我们是在一棵树下上课。我们用硬的干草在大腿上写字，老师会走过来看你的大腿，然后用另一根干草打分。你心里会出现问号，会感到不公，你会问："为什么我要这样活着？为什么人得这样活着？"[5]

难民营的恶劣环境和身边乌干达人的敌意让他始终意识到，这里并不是他真正的家园。他的母亲出身于卢旺达王室，他的姨姥姥以前是王后，他们的显赫家世和他们在难民营中依靠联合国施舍的生活有若云泥。当同学们都去玩耍的时候，他更愿意和以前的图西族游击战士坐在一起，听他们讲述在 20 世纪 60 年代英勇对抗胡图

人政权的故事。[6]

高中毕业后，卡加梅冒险穿过国境线，想去亲眼看看传说中的家园变成了什么样子。他因为身为图西人而受到骚扰，但他为能和他的族人一起生活在他的土地上感到无比兴奋。他坐在酒吧里，喝着一杯软饮料，听人们闲聊。他花了几个下午的时间在基加利的总统府邸周围溜达，深深地为致使他流亡乌干达的权力王座而着迷，直到警卫开始生疑，让他滚蛋。

回到乌干达，他的难民同伴们告诉他，一支乌干达叛军正在坦桑尼亚集结，试图推翻独裁者伊迪·阿明（Idi Amin）的统治，多年以来，阿明政府一直歧视难民。约韦里·穆塞韦尼（Yoweri Museveni）领导的全国抵抗运动（National Resistance Movement）从图西人难民中征召了大量兵力。二十二岁的卡加梅正渴望摆脱肮脏的难民营，这对他来说是个绝佳的机会。严谨自律的性格让他获得了为军队情报部门效力的机会，这段工作经历塑造了他的政治观。他先后受训于坦桑尼亚、古巴以及多年以后的美国莱文沃思堡（Fort Leavenworth）。

全国抵抗运动在 1986 年掌权之后，卡加梅凭借严格的自律作风在军事法庭领导层赢得了一个职位，负责调查和处理违纪的士兵。49
他的反对者和支持者称他为“彼拉多”，得名于古罗马总督本丢·彼拉多（Pontius Pilate），这两人都对违纪行为严惩不贷。士兵若抢劫平民财物、贪污私吞军队仓库的油料，就会被关禁闭，更严重的违纪行为则可能交给行刑队处决。“他无法容忍贪赃枉法、目无法纪的行为——这种行为让他感到的几乎是生理上的厌恶。”一位当时认识他的乌干达记者回忆说。[7]

卡加梅很快就晋升为乌干达军事情报头子，这个职位为他提供了绝佳的优势来实现他的真正抱负：推翻卢旺达政府。他和其他已经爬到乌干达军方领导层的卢旺达难民合谋，囤积军火，秘密招募其他卢旺达人参与他们的大计。

1990年，他们发起了进攻。

游击队在卢旺达的斗争以自我牺牲和条件艰苦著称。在反叛早期，爱国阵线被击退到高海拔山区的竹林和卢旺达西北部的火山地带，那里的气温在夜里会跌到零摄氏度以下，食物和柴火稀缺。卡加梅军纪严酷，有涉嫌开小差的士兵都会被处决。[8] 他在“打一枪换一个地方”的游击战术上日益精进，骚扰敌军，攻击卫队，但从不卷入传统的大型战斗。

那一时期，见过卡加梅本人和他的爱国阵线同志们的人，都对这些叛军的献身精神印象深刻。难民营和国外流亡的多年生涯锻炼了他们，使他们相互依靠。这种精神在他们的文化中并不是什么新鲜事物。前殖民时期的卢旺达王国就是一个经过几百年战争历练的皇权政府，由图西人领导，高度集权化，拥有大量的常规部队。关于伟大图西勇士的故事被不断美化，代代相传。最著名的卢旺达舞蹈“英托利”（intore）就是一种战斗舞蹈，爱国阵线的士兵有时会围着篝火，跺着脚，用手中的武器模仿牛角，练习这种舞蹈。

卡加梅的英勇和纪律为他在全世界范围内赢得了称赞。美国参谋长联席会议主席约翰·沙利卡什维利（John Shalikashvili）将军研究了卡加梅的战术，称赞他是几十年来最伟大的游击战领袖。[9] “卡加梅是个聪明人。我认为他是作战能力一流的战士，”一位美
50 国陆军高级军事学院的前教官评价说，“他懂纪律，懂速度，懂机动性。”[10]

* * *

在推翻哈比亚利马纳政府之后，爱国阵线的领袖们在基加利庆祝胜利；乌干达的“瓦拉吉”（Waragi）酒是他们庆祝时的不二之

选——这是一种用粟米酿造的烈性琴酒。把它跟可口可乐混合后，可以调成一款被爱国阵线将领称为“解放基加利”的鸡尾酒。

然而，卡加梅保持着一贯的克制。他对自己手下的将领说，战争还没有结束。现在只是在和扎伊尔接壤的国境线上实现了停火。依然有三分之一的人口生活在国外的难民营中，在基加利的主要市场上，总是能抓到带着手榴弹和被拆解的武器的叛军士兵。每个月都会有几起地方官员被刺杀和军队遭袭击的事件发生。

与此同时，卢旺达对国际援助的不满也在发酵。他们不仅当初没能介入大屠杀，如今更是在扶植大屠杀的凶犯，任他们重新武装。尽管流亡政府遭到武器禁运，但仅仅在大屠杀发生几个月后，军火商们就给败逃至戈马和布卡武的卢旺达军队空运去了价值八百万美元的武器。成百上千新招募来的士兵在难民营旁边的足球场上接受训练，常常就在扎伊尔士兵的眼皮底下。尽管卢旺达大屠杀最终得到了西方各国的注意，但它的惨绝人寰仍未能阻止国际社会再一次抛弃卢旺达。卡加梅对媒体愤怒地控诉：“我想，我们已经充分认识到，那些声称他们希望世界变得更好的人，有多么虚伪，多么‘双标’。”[11]

1995 年初，通常以冷静和深思熟虑著称的卡加梅开始情绪失控。“每次我们提及难民营的问题时，他就会抬高声调，用拳头砸桌子。”一位政府前顾问回忆说。

每天，情报部门的工作人员都会向卡加梅汇报扎伊尔的局势。卢旺达的特工已经渗透到了难民营和蒙博托的军队中，刺探关于武器运输、军队调度、政治局势发展的详细情报。

1995 年 2 月，卡加梅回到了自己老家的社区坦布韦（Tambwe），他把村民召集起来，告诉他们：“我真心希望他们能发动进攻！让他们试试看！”几个星期后，他在基加利对记者说，他的政府将全力抓捕那些攻击卢旺达的罪犯，他们藏在哪个国家，政府就打哪个 51

国家。[12]

“我们已经公开要求蒙博托把难民营搬离边境地区。他拒绝了。我们让联合国把难民营搬走。他们拒绝了。于是，我告诉他们，我们会自己寻找一个解决方案。”乌干达总统约韦里·穆塞韦尼说。[13]

* * *

大屠杀发生后不到一年，卡加梅就开始策划针对难民营的军事行动。但他知道自己必须要小心行事，而且不能单打独斗。在一个政府的一半开支都要依靠国际援助，法国、美国和俄罗斯的强权政治仍具有强大影响力的地区，公然侵犯别国领土必须要经过周密细致的策划。

幸运的是，对卡加梅来说找到同盟并不难。蒙博托惹恼了不少非洲国家，这些国家很容易就能形成一个反对他的同盟。到了 1995 年，一群鱼龙混杂的反叛运动势力利用扎伊尔脆弱的守卫部队和蒙博托支持邻国敌对势力的意愿，在这一地区建立了一个复杂的联盟和代理运动网络，连密切关注这一地区的观察家都看不明白：

驻扎在扎伊尔的叛军团体

安哥拉籍

争取安哥拉彻底独立全国联盟 National Union for the Total Independence of Angola	2,000—15,000 人
卡宾达飞地解放阵线 Front for the Liberation of the Enclave of Cabinda	1,000—3,000 人

乌干达籍

西尼罗河岸解放阵线 West Nile Bank Liberation Front	1,000—2,000 人
乌干达穆斯林解放军 Uganda Muslim Liberation Army	100—1,000 人
民主同盟运动 Allied Democratic Movement	100—1,000 人
解放乌干达国民军 National Army for the Liberation of Uganda	100—1,000 人

布隆迪籍

保卫民主力量 Forces for the Defense of Democracy	1,000—3,000 人
民族解放力量 National Liberation Forces	人数不详

卢旺达籍

前卢旺达爱国阵线	30,000 人
联合进攻派和其他民兵组织	20,000—40,000 人

然而对于蒙博托来说不幸的是，他在意识形态方面已经跟不上 52
时代了。非洲的政治领导层正在发生变化，新一代上台掌权的领导大多自己就是叛军出身。1986 年到 1994 年间，受意识形态鼓舞的叛军组织陆续推翻了埃塞俄比亚、厄立特里亚、乌干达和卢旺达的独裁政府。欧洲各国和美国从大使馆收到的加密电报中了解到一群新的非洲领袖，他们显然不同于自独立后统治非洲大部分地区的腐败残忍的独裁者。尽管他们曾以社会主义者的身份开启政治生涯，但掌权后他们便主动支持自由市场和开放民主的原则，得到了西方

领导人的热情欢迎。美国前国务卿马德琳·奥尔布赖特曾欣喜地说："非洲的新一代领导人非常优秀，为你们的国家带去了希望和成就的新精神——这种精神正在席卷整个非洲大陆……他们都拥有一种能量、一种自力更生的精神和创造自身命运的决心。"[14]

* * *

卡加梅最显而易见的盟友就是乌干达。他曾经和乌干达总统穆塞韦尼并肩作战了七年，然后又在他手下做了四年情报头子。这两个人上过乌干达南部的同一所高中，在卢旺达内战时期，当卡加梅不在前线时，会跟乌干达军官们待在一起。另外还有许多卢旺达的指挥官也都是在乌干达出生长大。

不过，他们两人不只有私人关系。在20世纪90年代早期，穆塞韦尼总统卷入了一场与北部邻国苏丹之间的代理人战争。1993年，穆塞韦尼开始为苏丹叛军——苏丹人民解放军（Sudan People's Liberation Army）——提供军事支持，这是一项为推翻苏丹政府的区域战略（背后的支持者是美国）的一部分。喀土穆政府以牙还牙，资助并武装了乌干达境内的五六支叛军组织，其中就包括前卢旺达爱国阵线。[15] 除此之外，正在庆祝自己执政第一个十周年的穆塞韦尼一直在这一地区为他的政府寻找经济机会。多年以来，他一直梦想着增进扎伊尔西北部和乌干达的贸易往来——该地区值钱的木材、钻石和棕榈油必须要借道乌干达才能进入国际市场，而发展迅速的乌干达制造行业可以将它的香皂、床垫和塑料制品兜售给生活在那里的数百万扎伊尔人。

53 卡加梅开始跟同事和朋友们讨论采取行动的事。他频繁地出入坎帕拉（Kampala）的乌干达政府大楼，前往乌干达南部的乡间小屋向他以前的导师和上司穆塞韦尼讨教。总统穆塞韦尼比卡加梅更熟悉国际政治的阴谋和陷阱，他提醒卡加梅不要轻举妄动。他尤其担心法国政府，因为法国依然与流亡政府有联系，可能会阻挠他们的进攻。这位老人提醒卡加梅：你需要世界强国的支持——美国、南非或者英国——才能彻底改变非洲的势力版图。穆塞韦尼和卡加梅两人从各自的军事斗争经历中总结出一条经验：国际社会敌视侵略外国的行为，却对国内自称解放斗争的叛乱视而不见。

穆塞韦尼告诉卡加梅，去找刚果叛军，他们能为卢旺达的介入打掩护。穆塞韦尼把他介绍给一位资深的刚果叛军领袖。这位叛军领袖来自达累斯萨拉姆（Dar es Salaam），这座城市位于印度洋沿岸，是坦桑尼亚的经济中心。这位领袖身材富态，十分健谈，与穆赛韦尼相识于 20 世纪 90 年代，他的名字叫洛朗 · 卡比拉。[16]

* * *

第二个盟友人选是安哥拉。这个与扎伊尔南部接壤的前葡萄牙殖民地已经在美国和南非的支持下打了超过二十年的起义战争，这支起义军名为“争取安哥拉彻底独立全国联盟”（后文简称为“独立全国联盟”），领导人是若纳斯 · 萨文比（Jonas Savimbi）。自从冷战结束以后，美国就停止了对萨文比的支持，但是萨文比仍在坚持他的斗争，靠扎伊尔边境附近的大型钻石矿为继。蒙博托是萨文比余下的主要生命线。多年来，他一直允许安哥拉叛军借道扎伊尔向外运送钻石，并从这笔生意里揩了不少油水。1993 年，国际社会对独立全国联盟实施武器禁运，蒙博托向东欧的军火商提供了伪造的文件，使萨文比得以继续购买武器。[17] 这个长着大胡子的叛军领袖经常出现在金沙萨，乘着专机降落在国际机场，身穿挂满勋章的军装与蒙博托会面。

与独立全国联盟之间的战争无疑为安哥拉政府带来了困扰。

1966 年，安哥拉有一百二十万人流离失所，占全国总人口的 10%，
54 政府超过一半的预算都花在了军费上。[18] 若纳斯 · 萨文比每年靠钻石买卖能赚数百万美元，他还掌控着一个庞大的地下网络，非法从事珠宝和军火贸易。[19] 尽管独立全国联盟和安哥拉政府在 1994 年签署了一份和平协议，但谁都不相信和平局面能够持久。他们在此之前就签过一次协议，后来由于萨文比拒绝承认对手在大选中获胜，首都罗安达（Luanda）爆发了血腥的冲突。

1996 年秋天，卡加梅派他的情报头子前往罗安达，劝说安哥拉政府加入他的计划。安哥拉政府在国内要面对萨维比的威胁，无力承担被拖入刚果东部战争泥潭的后果。“他们拿不定主意，我们得做大量的说服工作。”一位代表团成员回忆说。[20] 安哥拉极度依赖国际货币基金组织和世界银行的贷款，如果公然侵犯他国，可能会影响它的国际声誉。[21]

安哥拉总统多斯桑托斯（Dos Santos）提出了一个折中方案。他们会派遣一支加丹加猛虎军（Katangan Tigers）参加战斗，并提供运输方面的支持。猛虎军（他们更喜欢自称“魔鬼军”）是来自刚果南部的部队，曾在 20 世纪 60 年代参与加丹加省的独立战争，战败后，部队的数千人逃到了安哥拉北部，在接下来的许多年里，他们先是为葡萄牙殖民政府卖命，1975 年安哥拉独立后又开始为政府效力。

* * *

1996 年年中时，穆塞韦尼和卡加梅已经拉起了一个广泛的非洲政府同盟，支持他们推翻蒙博托政府。1996 年 9 月扎伊尔境内爆发的战争并不是一场内战。这是一场地区冲突，是新一代富有远见的非洲领袖向非洲大陆的霸主蒙博托 · 塞塞 · 塞科发起的挑战。之前从没有这么多非洲国家为了一项事业在军事上联合在一起，因此一

些人称这场战争为非洲的世界大战。不过和第一次世界大战不同，刚果战争不会是一场战壕中的持久战，也不会有数百万的军队伤亡。在这场战争中，战斗都是速战速决，阵亡士兵也只有几千人，远不及死亡的平民。和第二次世界大战不同，这些抱团的非洲盟国并不是为了抵抗敌国扩张，而是为了打击敌人的软肋。

这场战争的领导者是同盟中最年轻、最小的国家：卢旺达。这是卢旺达爱国阵线一贯的特点，它已经几次像《圣经》中的大卫一样杀死巨人歌利亚，之后还会故技重施。一开始，这场战争似乎是 55
正义之战的完美化身：根据现实且合理的安全顾虑，基加利似乎成了最后一个避难所。

一些后来很明显的事——蒙博托的军队已沦为笑柄，蒙博托自己已经失去了对权力的掌控——在当时爱国阵线情报部门的报告中还只是模糊的假设。卡加梅对手下军官说，他们将一路攻进金沙萨，这些人礼貌地点头称是，私底下却连连摇头。这可是一场超过一千英里的征程，得穿过大片未知地貌，如同穿越沼泽、雨林和十几条大河，从纽约走到迈阿密。他们得和蒙博托的五万大军以及前卢旺达武装部队与联攻派的大概五万人作战。这似乎是一项不可能完成的任务。“我们从来没想过能一路打到金沙萨。”卢旺达情报头子帕特里克·卡雷盖亚对我说。

因为各类新闻报道认为该地区的冲突是因贪婪和劫掠而起，人们很容易忘记它的起源深深植根于意识形态。卢旺达支持的这场入侵可能是非洲复兴运动的巅峰，是趁着南非结束种族隔离，厄立特里亚、埃塞俄比亚和卢旺达摆脱独裁统治的群情高涨之势而起的。参与联盟的部分动机是各政府的战略利益和一种更宏大的泛非洲主义精神。南非种族隔离最严峻的那段时期之后，非洲大陆再没有像这样被一项事业动员起来。对于这场运动的领导人来说，这是非洲历史上一个值得骄傲的时刻，面对西方国家和联合国的支吾搪塞，非洲人自己动起了手。津巴布韦为叛军提供了价值数千万美元的军事装备；厄立特里亚从海军里派遣了一个营，在基伍湖上用快艇执行秘密任务；埃塞俄比亚和坦桑尼亚派遣了军事顾问。总统穆塞韦尼回忆说："非洲的进步思想振奋起来了。"[22]

南非领导人塔博·姆贝基（Thabo Mbeki）总结了非洲当时的乐观情绪，在战争开始的几个月前，他为支持泛非主义发表了一段著名的讲话：

> 我是一名非洲人。
> 我出身于非洲大陆的人民之间。
> 暴力冲突为利比里亚、索马里、苏丹的人民
> 56 为布隆迪、阿尔及利亚的人民带来的痛苦，也是我承受的痛苦。
> 我的大陆上的贫穷、苦难和非人虐待的耻辱
> 是我们共同承担的重负……
> 无论现在有什么样的挫折，都不能阻止我们前进！
> 不论面对什么困难，非洲终将实现和平！
> 不论在质疑者看来多么不可思议，非洲必将走向繁荣！[23]

然而，这席话没有提到刚果人。他们的国家还没有解放，仍被对他们毫不了解的外国殖民者统治着。当然，这些外国殖民者很快就在摇摇欲坠的蒙博托之外培植出了其他利益。

过不了几年，刚果就会埋葬姆贝基、奥尔布赖特等人宣扬的非洲新领袖的崇高理想。自由斗士沦为烧杀抢掠的叛匪，自卫战争更像是中饱私囊的借口。新领袖曾批评非洲的大佬们掌权数十年，现在却开始变得越来越像他们花了几十年坚决反对的那些人。

然而，在 1996 年，未来看上去还是一片光明。

第四章

六天

1996年10月8日，扎伊尔·布卡武

所有的穆伦盖人都记得1996年10月8日。这一天，副省长卢瓦西·卢瓦班吉（Lwasi Lwabanji）乘车前往布卡武上任，同行的是一辆装满士兵的卡车。城市中，卢旺达人即将入侵的谣言已经传遍大街小巷。

布卡武是刚果东部的一个边境城市，建在基伍湖南端的五个丘陵半岛之上，离卢旺达仅隔一条狭窄的河道。站在主街道上，可以看到部署在东面山上的卢旺达军，士兵们在低矮隐蔽的营地里来回走动。几周前，扎伊尔军与这些卢旺达军刚用大炮交过火，迫击炮弹和机枪子弹打到了布卡武的住宅区。南方的游客带来消息说，卢旺达军队在夜晚偷偷横渡鲁济济河，与扎伊尔军队和反政府武装军队战斗。

卢瓦班吉有着一副中等身材，在金沙萨学习的时候培养出了温文儒雅的举止习惯。因为军事首脑在千里之外的首都金沙萨，处理该省日常管理事务的重担落到了他的肩上。一场攻击行动吓不倒他，

他曾在广播中吹嘘扎伊尔军英勇善战。“只要他们敢来，我们就会碾碎他们。”他仗着布卡武居民对卢旺达的不满情绪打包票说。没
58 人会认为，只有扎伊尔九十分之一大的卢旺达，可以真的造成什么严峻的挑战——就大小来说，这就好比瑞士想征服整个西欧。[1]

在省长办公室，一群国际和当地的记者在等候着他，还有几十位身着西装和领带的立法委员。这栋大楼的会议室和扎伊尔的多数设施一样年久失修。窗户要么破破烂烂，要么干脆没有，漆成黄色的墙皮已然剥落，走廊隐约有一股臭水沟的味道。副省长来这儿是为了那个所有人都在牵挂的问题：逼近的叛军，也就是大多数人口中的“穆伦盖人”。

穆伦盖人是一个小规模的图西族团体，是卢旺达的少数民族，在 18 世纪和 19 世纪间从卢旺达和布隆迪迁移到了刚果，定居在布卡武南边偏僻的高原牧场上。几年前，布卡武的大多数人都没听说过他们。但是，这场战争突然令他们蒙上了民族耻辱，后来人们将这场战争称为“穆伦盖战争”。

卢瓦班吉利用了很多刚果政客一贯仇视图西族的态度，他说：“穆伦盖人在一些高地村庄经常对平民斩尽杀绝，百姓已经开始用拳头、钢刀和偶尔从对方手里缴获的军火反抗了。”他清了清嗓子说：“我要求高地上的人都下到湖岸地区。我们会将留在高原上的人视为叛军。”之后，卢瓦班吉从走廊中大步走出来，一名记者突然拦住他问，他们会给穆伦盖人多长时间收拾行装。“我认为一周时间就够了，”他说，“六天。”[2]

在局势紧张的时期，许多扎伊尔人都有收音机，这是获得可靠消息的唯一方法。每天村里响起的第一个声音往往是一台短波无线电接收器发出的刺啦声，甚至比鸡打鸣还要早，这是清晨 5 点的人们在调频收听法国国际广播电台或者英国广播公司斯瓦希里语的广播，这个时段没什么天电干扰。布卡武的人在上班的路上惯来会把

收音机捧在胸前或者举在耳边收听新闻。

许多穆伦盖人是围在收音机旁听卢瓦班吉的演说的，还有人则是靠别人口耳相传，经过反复的转述，演说的细节早已失真。没过几天，消息在散播时变成了副省长已经下了一个为期六天的最后通牒，所有的穆伦盖人必须离开，前往卢旺达，否则就会被攻击。卢 59
瓦班吉后来澄清说，此次的迁移安排是为了保护他们，而且是针对扎伊尔而不是卢旺达。他的解释徒劳无功，对于穆伦盖人来说，他的名字从此和他们被赶出家园的遭遇绑在了一起。[3]

* * *

把穆伦盖人拎出来的并不只有卢瓦班吉一人。随便问一个刚果人,这场战争的根源是什么？他或她通常都会回答“卢旺达”或“穆伦盖”。战争拖得越久，他们的名声就越臭，从他们在刚果东部高地的家乡传到更远的地区。尽管他们的规模不大，只占刚果全部人口的一小部分:全刚果有六千万人,而他们只有十万到三十万。但是，穆伦盖人与卢旺达新政府都同属图西族人，民族关系密切，这场战争将他们的领导人推向了这场政治风波的风口浪尖。他们从完全默默无闻变成了这个国家最招恨的群体，教会领袖、人权活动家和政客之流都对他们恨之入骨。

本杰明·塞鲁基扎（Benjamin Serukiza）在这场战争中脱颖而出，成为穆伦盖人的领袖人物。整个战争过程中他都是南基伍省（South Kivu）的副省长，在他们省，他就是整个穆伦盖人的最高代表。2007 年 11 月，我在金沙萨市中心的公寓里与他见了面，那时他已经卸任，离开了政坛。他穿着一件粉色开领的衬衫，脚上穿着一双塑料拖鞋，他告诉我说，他厌倦了政治，“它帮不了我们什么”，他打算离开刚果，到国际组织找一份工作。[4]

塞鲁基扎的特点符合许多刚果人对穆伦盖人抱有的成见。他身高一米八以上，高颧骨，有着细细的鹰钩鼻和略微突出的牙齿。在刚果的法语中，不识字的农民会使用一些受过教育的比利时人和法国人很少使用的词。形态（Morphologie）这个词就是其中之一；穆伦盖人在小的时候就会学到这个词，知道它隐含着一种脆弱、危险的意思。有时候会听到人们说，“他的形态很可疑”，意思是怀疑这个人是图西人。就好像你可以根据一个人的骨架或者鼻形判断出这个人的好坏。

叛军在战后的住房情况足以说明一切。塞鲁基扎住的是三居室，
60 紧邻司法部门，房子空荡荡的，残破不堪，比起他前同事家的华丽装潢，简直有天壤之别。窗户上挂着有些脏的纱窗帘，桌子上盖的是廉价的塑料布。厕所没法冲水，一度让我很尴尬；门扇的铰链松了，是卡在门框里的。最关键的是，在这个国家，一个人的重要性是以他有多少手机、多久接一次电话来衡量的，而塞鲁基扎只有一部电话，在我们长达三小时的谈话中，电话从始至终都不曾响过。

我向塞鲁基扎问到这场战争，他似乎很厌倦这个话题，像是一个被审讯了十几次，但并不怎么相信正义的证人。不过，他不是从1996年，而是从四代人以前开始讲起，那是他的祖先来到这个国家的时候。和其他受迫害的少数民族一样，穆伦盖人有一种执着的历史感，执着于名字和日期。“事实上，我们不知道是什么时候离开卢旺达的。历史学家认为是19世纪中期。我只知道我的曾祖父出生在刚果。但他们还是叫我们卢旺达人！想想看，把美国人叫作英国人，会是什么样子。”

* * *

围绕穆伦盖人的争议主要在于他们是什么时候来刚果的。诋毁

他们的人认为他们是最近才来的，是卢旺达人，不是刚果人。这些人常常依据部落的殖民地图指出：在1996年国家独立之前，就没有标记为“图西人”或“穆伦盖人”的部落。但是大多数的学者以及成千上万的穆伦盖人并不同意这个观点。刚果的一流历史学家伊西多尔·恩达伊韦尔（Isidore Ndaywel）在他的《刚果通史》（*General History of the Congo*）中写道：“来自卢旺达的口述材料证实，[这些卢旺达移民]是卢旺达基尼亚加（Kinyaga）的后人，他们在19世纪离开了卢旺达，来到南基伍省穆伦盖（Mulenge）安顿了下来。之所以迁徙，据说是为了寻找更好的牧场，尤其是为了逃避基盖里·卢瓦布吉里国王（King Kigeri Rwabugiri，1853—1895）发动的攻击，这位国王决定结束基尼亚加的自治。”[5]

游荡的牧民可能已经是在几个世纪以前就来到了这片高原上，躲避人口稠密的布隆迪和卢旺达不同部落间的频繁争斗，为他们的牛群寻找新的牧场。19世纪卢旺达的战争更加速了这些移民进程。[6]此外，还可能有其他的因素导致他们的离去，包括一场毁灭性的牛瘟病，这种病在卢旺达的部分地区杀死了多达百分之九十的牛，还有欧洲人同时期带来的天花等疾病。[7]大多数穆伦盖人对于祖先们何时来到刚果只有一个模糊的概念，是一辈一辈传下来的。到了非 61
洲大战爆发前，几乎已经没人在卢旺达有认识的亲戚了。

起初离开卢旺达的穆伦盖人是养牛的牧民，他们穿过鲁济济平原，进入了今天的刚果境内。移民们和他们的牛群在这里躲过了流行于低海拔地区，并扩散到伊通布韦山脉（Itombwe Mountains）的疟疾。他们定居在穆伦盖小镇，并以此给自己的族群起了名字。不久，他们和邻居的关系紧张了起来。这些图西族人都是牧民，他们的牛践踏了邻居的田地。新来者与当地人的饮食也有所不同，有他们自己的信仰，且遵循自己的婚姻习俗。穆伦盖诗人穆延盖扎（Muyengeza）在一节诗中概括了这种紧张关系和同胞的反抗行为：

他们跨境而来
他们跨过了坦噶尼喀湖岸
他们被一条蟒蛇吞下
它发现他们太过强壮难以消化。[8]

和非洲的许多地区一样，刚果东部的土地由传统的酋长管理。起初，富利洛（Fuliro）部落的当地统治者很乐意将土地租给这些新来的人换取牛群；20 世纪 20 年代，双方的关系发生恶化，酋长哄抬租金，促使穆伦盖人搬到了海拔更高、人迹罕至的草场，脱离了酋长的控制。另外，比利时的殖民者拒绝让穆伦盖人设立自己的行政单位，担心这会疏远邻近群体的关系，进一步加深了穆伦盖人的不满。

对于土地权利的渴望成了穆伦盖政治和宗教关注的核心问题。在 20 世纪 60 年代的剧变中，几位福音派先知挺身而出，声称他们收到了关于应许之地的预言，他们会有属于自己的迦南地（Canaan）*。1972 年，一群祷告者收到神谕，指示他们去往一处叫作恩亚比布耶（Nyabibuye）的地方，在那里，上帝让他们依次向东西南北看去——“地平线内，你们眼睛看到的这片土地，便是你们的居所。”[9]

* * *

独立后的刚果处在一个动荡时期，独立运动领袖、第一任总理帕特里斯·卢蒙巴（Patrice Lumumba）被暗杀后，刚果便陷入了混乱。

---

* 即《圣经》故事中上帝赐给以色列人祖先的“应许之地”，《旧约 · 出埃及记》中摩西带领以色列寻找的地方。

1964 年 4 月 1 日，叛军打到了刚果东部，为首的是卢蒙巴的追随者，62
声势因地方团体对中央政府的不满而越发浩大。其中有一位领袖从邻近的布隆迪前来动员当地人，他就是来自加丹加省的洛朗 · 卡比拉，当时这位青年领袖还没什么名气。在黑白照片中，二十五岁的卡比拉满面笑容，留着长长的鬓角和刚长出来的黑人圆形鬈发，穿着喇叭牛仔裤，和修长的身形相得益彰，原本就胖乎乎的脸相较之下显得更大了。

塞鲁基扎就是出生在 1964 年的这种紧张局势中。他记得母亲曾跟他讲过：当年叛军们手持竹竿、机枪和大砍刀，大喊着“Mai”（这是一种圣水，他们相信召唤这种水可以让他们刀枪不入）浩浩荡荡穿过他们的村庄。母亲还跟他讲了一帮白人士兵的故事，这些士兵说的是一种外语，人们只知道用他们到达刚果的顺序来称呼他们：moja、mbili、tatu（斯瓦希里语的一、二、三），等等。塞鲁基扎笑道，“很久之后，我母亲才弄明白这些士兵是古巴人，而 tatu，也就是第三个来到刚果的人，就是切 · 格瓦拉（Che Guevara）。”冷战时期的世界是国际代理战争的世界，穆伦盖的山区已然成为古巴和美国交火的战场。

随着卡比拉的叛军开始猎捕穆伦盖人的牛群，族群间的紧张局势加剧了。塞鲁基扎说，“这是某种奇怪的马克思主义思维：谁家有牛，谁就是富人，就是资本家，就和金沙萨关系密切。可我们都只是农民啊！”数千名穆伦盖人逃到了坦噶尼喀湖畔，以为在那里可以寻求保护和援助，但是许多人却死于疟疾、营养不良和炎热气候下的水土不服。走投无路之下，他们派了一支代表团，其中包括塞鲁基扎的叔叔，去说服蒙博托的军队来拯救他们。

穆伦盖人和蒙博托站在一边的那一刻标志着他们跳进了区域政治的泥潭，开启了与邻近族群间的公开仇视。1966 年，卡比拉的叛军袭击了穆伦盖人的一座村子，将数十名村民赶进教堂，然后尽数屠杀。这起事件促使数百名穆伦盖人加入了蒙博托的扎伊尔武装部队（Forces Armées Zairoises），击退了高原牧场上的叛军。[10]卡比拉军队的各种暴行让特别重视牛的穆伦盖人给卡比拉起了个绰号：奶牛屠夫。塞鲁基扎的母亲告诉他，卡比拉到哪儿，哪儿的牛就不会再产奶了。

63 “我们的历史上有不少讽刺的事，”塞鲁基扎乘着刚果河上吹来的一阵凉爽的清风，故作深沉地说道，“谁会想到多年以后，卡比拉竟会带领我们推翻蒙博托呢？”

* * *

当被问到关于种族歧视的问题时，刚果的许多图西族人立马就会想到校园里的奚落。和其他地方一样，学校是个社会化的地方，有它的基本规则。最常见的侮辱是骂一个人是“bor”，这是当地的俚语，意思是“东西”或者“阳具”。塞鲁基扎回忆，“对他们来说，我们这些人还不如一个物件。”在国境线那边的布隆迪，也就是许多穆伦盖人逃离的地方，他们被称作“基朱朱”（kijuju），指当地一种类似木薯却不能吃的植物，也就是没什么用、容易让人上当的东西。塞鲁基扎说，“他们有一些歌是有关我们的，虽然花样繁多，但意思不外乎是‘穆伦盖人，滚回卢旺达的老家’。他们还将我们称为‘RRR’，意思是‘卢旺达人回卢旺达去’（Rwandans Return to Rwanda），还叫我们‘卡非利’（kafiri），意思是未受割礼的人——这个词对我们来说是非常大的侮辱。我们不是卢旺达人。”对于刚果东部和非洲其他地方的许多族群而言，隆重的割礼仪式标志着一个人正式成年，而穆伦盖人一般都不会行割礼。

穆伦盖人大多住在高原上的偏僻村庄，那里的歧视没有那么明显和恶毒。但是因为没有好的高中、医院和行政机关，所有的穆伦盖人不得不定期上城，去乌维拉、巴拉卡（Baraka）和卡莱米（Kalemie）这些湖滨城市，在这些地方，他们便会遭到鄙视。塞鲁基扎说，“你如果想开一份出生证明，参加一场国家考试，办一张身份证，就得花三天的时间走到城里。那里的人会扔石头砸我们，喊我们的名字。”

一位来自本贝部落（Bembe tribe，附近的族群，是该地区的多数群体）的社会学家基莫尼·基查（Kimoni Kicha）简洁地概括了这种偏见：“本贝人觉得图西人没有一个好东西，都是些软蛋，没行过割礼，是低等族群，无所事事，整天只知道喝牛奶，亲人逝去时不流一滴眼泪，牛死的时候倒哭个不停。”[11]

* * *

塞鲁基扎坐在米色的人造革沙发上，像拨念珠一样数着干枣，用手指抚弄着它们安定心神，谈话继续的时候便又从头开始数起。
他点头说，1990 年 4 月 24 日是个大日子。蒙博托是个很迷信的人， 64
在不同的时候分别信过西非的伊斯兰隐士、印度上师和天主教神父；他选择 4 月 24 日这一天，是因为其中带有数字“4”，这是他的幸运数字。他出生于 1930 年 10 月 4 日，他首次发动政变是在 1960 年 9 月 14 日，第二次发动政变则是在 1965 年 11 月 24 日。

但这个日子却像对别人一样，是蒙博托倒霉的日子。在施行了二十五年的专制暴政之后，蒙博托失去了对权力的掌控。冷战期间，他巧妙地成了西方的盟友，获得了数十亿美元的援助，如今这条路已经走到了尽头。几个月前，他的朋友罗马尼亚总统尼古拉·齐奥塞斯库（Nicolae Ceauşescu）因滥用职权罪与妻子一同上了死刑场，这件事深深地触动了蒙博托。当他在电视上看到罗马尼亚的士兵拖着尼古拉瘫软血腥的尸体前行时，心中感到万分惊愕。多年来一直支持他的美国、比利时和法国都已在向他施压，要求他进行改革。经济停滞不前。刚果人的工资比三十年前刚独立时还要低。通货膨胀率已经超过了 5%。

“请理解我的激动情绪。”这句现在已经很有名的话，是他在国家电视台一边擦拭着眼镜下的眼泪，一边向全国人说的。在恩塞列党（Nsele Party）总部，他的支持者们一排排地整齐地站着，一听到这个消息，顿时发出一片惊讶的声音：他们不敢相信自己的耳朵。二十三年的一党执政后——无论男女老少，哪怕是死人，按照宪法的要求都是人民革命运动（Popular Revolutionary Movement）的成员——他将其他政党合法化，让出了自己的权力宝座。几个月后，在国内和国际的持续压力下，他听从要求设立了一个公民领袖组成的全国大会，大会将任命一位新的总理，起草一部新宪法，为选举铺平道路。

塞鲁基扎说，“你知道，对于西方人而言，民主是个好东西。但我不认为，对你对我们来说，这个美妙的词就意味同样的事情。”20 世纪 80 年代末，随着塞鲁基扎权力的削弱，蒙博托开始挑起族群之间的纷争，使之无暇反抗他的政权。民主到来后，民众被大规模动员了起来，且动员往往以族群为界，而独裁者企图利用这种族群分歧瓦解反对派。对于穆伦盖人来说，这种分而治之的策略主要针对的是他们的公民身份，是他们参加选举的资格。早在 1982 年，
65 他们的候选人就被禁止参选人民革命运动中央委员会的席位，理由是他们的“公民身份很可疑”。塞鲁基扎大笑道，“上帝啊，这种说法让我们备受煎熬！”

向多党民主制的转变让穆伦盖人的日子更不好过了。1989 年，蒙博托趁着东部地区的反图西族情绪高涨，承诺将一劳永逸地解决公民身份问题，在东部地区实行公民身份鉴定。这个政策无视了该国其他几十种跨境族群的存在——比如，刚果人就频繁往返于刚果

和安哥拉，南德人则往返于刚果和乌干达。

1989 年的人口普查引发了极为恶劣的后果。金沙萨的图西族人和基伍省某些村庄的居民领到了公民身份证，其他人则没有。乌维拉的数千名穆伦盖人的公民身份遭到了否认。[12] 塞鲁基扎说，当局试图强行在他的村子推行一种特殊的身份证，给他们冠上一种模糊的身份。“这种身份证没说我们是外国人，但也不是通常的那种身份证。”当时，塞鲁基扎刚刚从卢本巴希（Lubumbasi）大学国际关系专业毕业，他召集了十五位穆伦盖族的首领抵制身份注册。当局派遣军队逮捕了这些首领，不过塞鲁基扎逃脱了，他从军用卡车上跳了下来，躲在当地的一家民宅里，后来又逃到了邻国布隆迪。

被广泛认为成功终止蒙博托独裁统治的国家主权大会（National Sovereign Conference）也给刚果的图西族带来了障碍。在基伍省其他族群的要求下，所有图西族代表被禁止参加大会。在这场大会上，三千名代表共同讨论着这个国家的未来。大会成立了一个处理公民身份问题的分会。反对党起初还对图西族的恳求表示同情，此时却为了获得庞大和重要的基伍省代表团的支持而变了卦。

* * *

要是没有扎伊尔东边两个小国的发展，图西族的困境可能就得不到解决了。自独立以来，卢旺达和布隆迪的命运就截然不同。两国都曾是比利时的殖民地，胡图族人多，图西族人少。但是，布隆迪的图西族精英在独立后掌握了权力，而北边的邻国卢旺达则是由一个胡图族政府在统治。在卢旺达，胡图族政府针对图西族展开大
屠杀。而在布隆迪，军政府则在 1972 年和 1988 年组织屠杀胡图族 66
人。这些政治动向相互影响：看到南边布隆迪的胡图族兄弟被屠杀，卢旺达的胡图人就知道，一旦图西人在卢旺达上台，自己便很可能

也会遭到屠杀；而布隆迪的图西族领导想法则正好相反。

1993 年 10 月，布隆迪首位经选举产生的胡图族总统梅尔希奥·恩达达耶（Melchior Ndadaye）在就职数月后便遭刺杀，引发了一轮族群暴力，数万胡图人逃到了扎伊尔。不到一年后，卢旺达大屠杀又把一百万胡图族人送进了边境对面的难民营。

塞鲁基扎回忆，“我们的生活变得难以忍受，联合国难民署的帐篷让鲁济济平原（它构成了扎伊尔、布隆迪和卢旺达三国边界）变得一片雪白。难民打出了标语：‘他们还活着吗？’”在乌维拉，很多穆伦盖人遭到骚扰和威胁。他回忆说，他的母亲无法出门去市场，只能拜托邻居给他们买食物。

考虑到卢旺达的五十万图西族人遭到了屠杀，刚果的图西族人面临的威胁并非臆想。胡图武装在尚古古省（Cyangugu）和布卡武的边界线上立了个提醒告示：“扎伊尔人和班图人请注意！图西族人派出了杀手来消灭我们。几个世纪以来，这些忘恩负义、残忍无情的图西族利用手中的权力、女人和金钱腐化的手段奴役班图人。但是我们是了解图西族人的，他们都是阴险虚伪之人。我们决不允许他们在基伍实现他们的野心。”[13]

难民的拥入进一步恶化了图西族和其他族群的关系，而金沙萨的政客们自私地利用了反图西族的情绪来提升自己的人气。蒙博托的政府先是派了一个委员会前往基伍调查该怎么处理难民营，然后于 1995 年 4 月 28 日就公民身份和难民危机进行投票决议。[14] 决议要求“无条件地立刻遣返所有卢旺达和布隆迪难民和移民”。[15] 为防误解，乌维拉市长向官员发布了一份通告，回应了穆伦盖人的一封抗议信：“我有幸传达这份报告，它来自一个在扎伊尔鲜为人知的民族，叫穆伦盖……我还得补充一点，最迟到 1995 年 12 月 31 日，他们就会被赶出我们的国土。”[16]

67 金沙萨政府要求行政官员将属于这群“难民和移民”——基

伍地区的官员显然认为穆伦盖人位列其中——的物资和房产登记分类，以便他们征收。在布卡武，官员们将生活在各个街区的所有图西族人都登记在了名单上。

反图西族的情绪因一起事件而愈演愈烈：一小拨穆伦盖族年轻人为了寻刺激，也为了响应边境对面的同胞的召唤，在 20 世纪 90 年代离开当地，加入了卢旺达爱国阵线。有三百到一千名穆伦盖人参与了叛乱，虽然大多数人都是偷偷进行的，甚至从家里偷了些钱财，然后趁着夜色悄悄溜出了边境。[17] 对于许多刚果人来说，这些人加入爱国阵线就是叛国，因而内心更加相信，穆伦盖人就是卢旺达人。

1994 年，乌维拉城里已经挤满了来自卢旺达和布隆迪的胡图族难民，塞鲁基扎决定带着妻子和姨子一同离开，前往卢旺达。他笑道，“我们不得不给我的姨子换了个名字写到巴士的旅客名单上。”他大笑道：“她的真名是尼拉 · 巴图斯（Nyira Batutsi），根本无法通过检查。”他们将她的名字改成了尚塔尔（Chantal）。在布卡武边境，蒙博托的士兵拦住了他，夺走了他的扎伊尔身份证和公文包，包里装着他的大学毕业论文，写的是穆伦盖族的历史，论文就只有这么一份。他们对他说，“你不再是扎伊尔人了，不需要这东西了。”

69 第五章

洋葱瓣

1993年10月，扎伊尔·穆沙基和卢旺达·基加利

刚果战争就像一层层洋葱瓣一样，大大小小的战争层层相扣。刚果战争不是一场战争，甚至不是两场，而是至少四五十场紧密相连的战争。当地冲突影响地区冲突和国际冲突，而地区冲突和国际冲突又反过来影响当地冲突。要梳理出冲突的源头，可能会陷入一个死循环。在采访中，我常犯的一个错误就是让被采访者从战争的一开始讲起。“从一开始？”他们的脸上随即露出一副困惑的表情——这个年轻的外国佬对我们战争的一开始知道什么啊？有些人会回答说：“问得好。嗯，1885 年，在柏林会议上……”另外一些人则会从蒙博托 1965 年发动的军事政变，或者 1960 年的独立开始讲起。

德奥格拉蒂亚斯·布盖拉（Deogratias Bugera）给了一个大概的时间：1993 年 10 月。[1] 就在那个月——他记不清具体的日期——他在东部高地城市穆沙基（Mushaki）泥泞的市场用十辆大卡车将年轻的图西族士兵送往前线加入卢旺达叛军，去推翻哈比亚

利马纳总统的政权。三年后，布盖拉和他招募的年轻刚果图西族士兵将成为第二轮叛军起义的先锋：解放刚果–扎伊尔民主力量同盟（Alliance of Democratic Forces for the Liberation of Congo-Zaire，后文简称为“民主力量同盟”）。在解放了卢旺达之后，他们现在又想借着卢旺达盟军的强力支持，在自己的祖国也完成相同的大业。

布盖拉是民主力量同盟的四个创始人之一，该同盟于 1996 年旱季时在基加利创建。“我是唯一一个还活着的创始人。”他曾提醒过我，当时我在南非桑顿（Sandton）的奢侈品商场和他见面，这座商场是该地戒备森严的社区之一，是约翰内斯堡上流社会生活的 70
中心。他笑道：“和我一起的创始人到 2001 年 1 月的时候就全被杀光了。”民主力量同盟成立之后几年，布盖拉就跟洛朗·卡比拉和卢旺达人闹翻，到南非过上了舒适的流亡生活，在这里，他重操旧业，做了一名建筑设计师。”如今他刚过五十岁，已经谢了顶，身穿一件蓝色 polo 衫，肩上搭着一件米黄色的羊毛衫。他说话语速很慢，不慌不忙，脸上则是一副茫然的表情。

对布盖拉和许多刚果的图西人来说，政治并不是他们主动选择的事业；他生来就注定要卷入其中。“它是我们生活的现实。不论你喜不喜欢，你都会被卷进去。”他的祖父，一位北基伍省（North Kivu）的部落首领，在 1924 年的一场绝食行动中死去，为的是反对比利时殖民者的移民安置计划。布盖拉五岁时刚果独立，他的父亲死于一场族群暴力事件，事件的起源是附近的族群抵制卢旺达的移民。布盖拉亲眼看着父亲被人用棍棒活活打死，尸体被扔进了湖里。父母们把他和另外几十个孩子赶到了附近的沼泽地，希望那里的芦苇和水声可以遮住婴儿的啼哭，掩盖他们的气味。“他们放狗追我们，”布盖拉回忆说，“我现在还记得狗当时狂吠的声音。”

一开始，他想逃离北基伍省的乱局，前往一千英里以外的金沙萨，进入金沙萨大学学习建筑设计。但即使到了金沙萨，他发现自己依然摆脱不了政治。1982 年，一群来自基伍的蒙博托支持者发起了 R-B 行动（Operation R-B），针对他们所谓的来自卢旺达和布隆迪的学生。许多图西人被迫躲了起来，有的被一群愤怒的学生暴打。一些同情他的朋友让布盖拉躲在汽车后排的地板上，把他从家里偷偷救了出来。

20 世纪 80 年代中期，布盖拉回到基伍，并再次试图远离政治，追求建筑设计师的事业。他接到一个加拿大慈善组织的邀请，开始跟马西西（Masisi）的农民一起设计建造一座畜牧场，他还成为戈马一家大型银行的地产顾问。布盖拉以前的一位同事告诉我："布盖拉从来就不是一个政客。他是个商人，被迫进入了政坛。但是他没有从政的敏感度。刚果的政治和生意账本可不一样，不是加加
71 减减就能算出一个合逻辑的结果的。你得懂政治阴谋，玩得过你的对手。"他的前同事告诉我，布盖拉认为他可以强迫刚果人达成和解。"你怎么能用枪指着别人的脑袋让别人爱你呢？这样是行不通的。"[2]

* * *

"你真觉得自己能把这一切厘清吗？"晚饭时，布盖拉指着我写在笔记本上的东西问我。和许多我采访过的人一样，布盖拉十分怀疑我能否把他的历史的复杂性呈现出来。

"没错，图西人是杀了人，"有一次布盖拉对我说，"但是我们所有人都有兄弟、同学、长辈被杀害。这是一整个故事的一部分。你能跟你在亚利桑那或者柏林的读者们讲清这个事实吗？你能让他们明白有人为什么会杀人吗？"

* * *

北基伍省图西人的历史和南基伍省穆伦盖人的历史有着天壤之别，尽管其他刚果人都称他们为“图西人”。虽然这两个族群规模都很小，但却在刚果战争中扮演了重要角色。

北基伍省的问题可以追溯到1908年，那时新的比利时殖民政府刚刚从刚果自由邦手中取得统治权。在这个新政府的统治下，数千名比利时人逃离了家乡工厂里繁重单调的工作，来到北基伍的高地建设种植园和畜牧场。1928年，殖民政府成立了基伍全国委员会，它实际上是一家特许公司，自称拥有该地区的“所有空地”。在实际操作中，这意味着所有无人耕种的土地都归该政府所有。而在过去，是部落酋长拥有该地区的所有土地，包括森林、休耕的农田和荒地，因此，这个公司无异是在进行大规模抢劫。这些新来的人得到了大部分最好的农田和牧场，侵占了一片比整个比利时还大的土地。[3]

随后，比利时人面临着劳动力短缺的问题。当地的洪德人（Hunde）和尼扬加人（Nyanga）想要耕种自己的土地，而比利时人担心，如果在当地掠夺过多劳工的话，会引起农民暴动。1937年，他们找到了一个解决办法：他们引进了数万名长期以来以勤劳著称的卢旺达人，为自己培养了一大批忠诚的劳工。这一措施还缓解了 72
卢旺达人口过剩和周期性的饥荒问题。在接下来二十年间，卢旺达人移民计划（Mission d’Immigration des Banyarwanda）共向基伍高地输送了大约十七万五千名卢旺达人，其中大部分是胡图人，但也有许多图西人。[4]

* * *

1959年到1964年间，独立前后卢旺达国内的骚乱又迫使十万名卢旺达人逃亡到了刚果。起初，他们被联合国安置了下来，但最终融入了当地族群。独立前后的这第二波移民中有许多生活富裕、受过良好教育的图西人，后来成了戈马精英阶层的重要组成部分。1970年的人口普查显示，一共有三十三万五千名卢旺达人生活在刚果，其中大部分在马西西境内，占当地人口总数的70%以上。[5] 到1990年，预计有五十万卢旺达移民的后裔生活在北基伍省。[6]

这种大规模的人口流入使移民与已经在马西西当地生活了几百年的洪德族间的关系变得紧张起来。比利时人用极低的代价从当地酋长手中租下了土地，然后创建了一个独立却短命的酋邦基沙利（Gishali），由一位图西族移民统治。土地的租用变成了永久性行为，胡图族农民和图西族牧场成了当地的经济支柱。

这些新来者形成了一个强大的游说团体，能够显著影响蒙博托，而蒙博托则把他们当作可以利用的同盟。1969年到1977年间，卢旺达移民、蒙博托的总统办公室主任巴泰雷米·比森吉马纳（Barthélémy Bisengimana）为推动卢旺达移民的利益做出了重要贡献。1971年，蒙博托实行了一项法律，向从1960年开始就居住在刚果的所有卢旺达移民和布隆迪移民授予完全的公民身份。或许最为重要的是，当蒙博托在1973年没收所有的外资企业时，受益最大的就是北基伍的图西族精英们。在马西西，90%的大型种植园——几乎占全国的一半——都归了这些移民或者他们的后代。而南基伍的穆伦盖人则大多是农村人，没受过教育，相对较穷。

北基伍图西人的权势地位可以解释他们后来受到的激烈报复。蒙博托深谙马基雅维利的思想——他的书桌上常摆着《君主论》（*The Prince*）——精通“分而治之”的政治手腕。1981年，蒙博托取消

了之前的移民法，下令公民身份必须经由个人申请才能获得，并且 73
只授予祖上追溯到 1885 年居住在刚果的移民。从理论上说，这不但会剥夺马西西绝大部分胡图人和图西人的公民身份，而且还会没收他们的大部分财产，因为在新法律下，只有刚果人才能拥有大型的特许经营权。[7] 对于“移民”来说，尽管大多数人并没有失去自己的土地，但是这种法律上的出尔反尔只会凸显出他们的社会地位是多么脆弱。

* * *

对于穆伦盖人来说，民主化进程使得公民身份问题凸显出来，成了北基伍的核心政治议题。1993 年 3 月，当地政客提醒他们的族群成员，是卢旺达移民、洪德人和恩扬加人霸占了他们的土地，受政客煽动的暴民向胡图人和图西人发起攻击，而后者则凭借自己的武装力量和雇用的政府军发起反击。截至年底，大约有三千到七千人在这场冲突中死亡。[8]

德奥格拉蒂亚斯 · 布盖拉此时已经成为当地图西族精英阶层的一员，他协助统筹了图西人的军事抵抗。卢旺达爱国阵线参与了一场针对哈比亚利马纳政府的大规模军事行动。大多数穆伦盖人都已经和卢旺达的亲戚失去了联系，但北基伍的图西人依旧有家人在国境线的另一边。随着扎伊尔越来越仇视他们，加入图西族解放军的诱惑也越来越大。布盖拉参与了招募年轻图西人加入爱国阵线军队的工作，希望他们能在卢旺达开辟一处安全的避难所，有可能的话，最好回到北基伍也开辟一处。

爱国阵线在招募新兵时花言巧语，组织有方。自反叛战争伊始，爱国阵线的灯塔电台就用短波信号在整个北基伍播放广播，站在爱国阵线的立场讲述这场战争，鼓励年轻人拿起武器推翻哈比亚利马纳政府。在卢旺达和刚果的村落层面，他们建立了名为“家族”（umuryango）的单位组织，动员招募新兵，为叛军募集资金。“我们家族的每个人都把所有可以贡献的东西拿了出来，支持这场运动。我们举办民俗舞会募集资金，收听从境外偷运过来的爱国阵线的磁带上面的歌曲和讲话。”布盖拉微笑着回忆说。

布盖拉第一次和爱国阵线接触是通过一个家境优越的朋友，他们家从叛军成立起就一直在出资相助。1993 年，布盖拉把招募的第
74 一批一百七十二名士兵送过边境线，并给了足够的钱用于置办制服和武器。他和这支队伍一起来到边境上，用一万一千美元贿赂了驻防的扎伊尔士兵，使这些新兵得以顺利过境。讲到这个故事的时候他大声笑了起来：“他们在我回来的路上把我抓了起来！因为其中一个士兵没有分到钱。一切都只是钱的问题，他们只认钱。”

每逢周五，穆沙基这座高原城市都会举办一场大型集市，许多图西人带着牛、牛奶、奶酪到这里来卖。爱国阵线开始招募新兵以后，这里也成了想要加入叛军的年轻图西人的集散地。每周，布盖拉都会拉着满满两三辆卡车的年轻人，送他们穿越国境线。[9]

* * *

在金沙萨，我终于找到了帕皮 · 卡曼齐（Papy Kamanzi），他是布盖拉在 1993 年为卢旺达叛军招募的数百位年轻图西人中的一个，后来加入了解放刚果-扎伊尔民主力量同盟。

帕皮来到金沙萨后被归入了代表图西人的卢旺达爱国阵线军，我来到一家坐落在一个繁忙、热闹的社区里的酒吧，在二楼的阳台上跟他碰了面。“他们知道你是图西人吗？”我一边招呼在旁边走来走去的服务员，一边问他。他狡黠地笑了笑说：“他们不知道。这里的人根本看不出来。他们以为所有图西人都长得像保罗 · 卡加

梅那样，高个子细鼻梁。”我见他的时候已是 2007 年，金沙萨已经爆发过几场反图西人的暴力事件，看到他放松地在闹市和小巷里逛来逛去，我感到十分诧异。不过话说回来，他长得跟人们对图西人的刻板印象确实不一样：他身材不高，宽鼻梁，说着还算流利的林加拉语，这是刚果首都本地通用的语言。即便如此，当酒吧服务员走近我们的时候，他还是会停下来不再讲话，直到服务员给我们倒完饮料走开后才又打开话匣子。他讲话时会把脸稍稍转离我，朝着外面熙熙攘攘的街道，好让旁桌的人听不到他在说什么。

帕皮的家人是在 20 世纪 50 年代离开卢旺达，由一个比利时特拉普派修士带着来到北基伍高地的。这个修道士的比利时名字十分拗口：让·德·贝尔特斯费尔德（Jean de Bertersfeld）。帕皮的父亲帮助修士照看牲口和种植园，还娶了当地一个图西族女人为妻。在这样动荡不安的地区作为少数族群的一员，就像是生活在一个高压锅中，家族忠诚就是一切，而帕皮可以背诵往上六代的族谱。

一开始，这种紧张气氛是存在于“移民”（包括胡图人和图西人在内）与当地土著居民洪德族之间的。每次收割粮食时，帕皮的家人都要向洪德族的酋长缴纳一笔什一税，且大多数税吏和农田测 75
量员都是洪德族人。帕皮的父亲和亲戚向来受比利时修道士的照顾，比许多洪德族农民还要富裕。帕皮记得其他小孩曾在学校里和市场上叫他“蛇”和“卑鄙的图西人”。

相反，一直到 20 世纪 90 年代，他们与胡图族都还保持着良好的关系。小时候，帕皮在离家五十多英里的一所寄宿学校上学。当他走路回家过大周末时，常常会有胡图人叫他到家里，给他吃的喝的。“那时候，我们是一个大家庭；我们都讲卢旺达语，所有卢旺达人都使用这种语言。是政治让我们陷入了这场混乱。”他皱了皱鼻子说，“邪恶的政治。”一直到 1990 年卢旺达内战爆发以后，胡图人和图西人的关系才开始恶化。当时狂热的气氛蔓延到了基伍地区，使得生活在北基伍的不同族群之间产生了裂隙。胡图族的年轻人，尤其是生活在边境附近的人，站到了哈比亚利马纳政府一边，而图西人则加入了卢旺达爱国阵线的阵营。

帕皮微笑着回忆起爱国阵线的动员活动。“那真是个好时候，”他说，“我们组织舞会和大型派对筹募资金。甚至白人神父也会参加，为我们的事业捐款。”我很好奇在那样一个充斥着暴力和动荡的年代，他怎能有如此美好的回忆，他摇了摇头说：“没有什么能比得上拥有自己国家的那种感觉。Il fallait tupate adresse——我们需要有一块属于自己的地方。”突然，他哼起了一曲小调，歌词他也慢慢想起来了：

> Humura Rwanda nziza, humura ngaho ndaje!
> （不要害怕善良的卢旺达人，不要害怕我来了！）
> Isoko y'ubumwe na mahoro.
> （从此以后只有统一与和平。）

帕皮微笑着回忆说：“1991 年时我试图离开，但那时候我只有十三岁，征兵的人拒绝了我——那时候我还太小。”

按照要求，每个家庭都要出一名十五岁以上的男孩参军上前线。他已经有四个哥哥加入了爱国阵线，他自己也非常想去。他的父亲总是呵斥他，说如果他不和哥哥们一样加入叛军，就不会有女孩愿意嫁给他，别人会觉得他不是男人。帕皮感到十分沮丧，但他在继
76 续自己学业的同时加入了当地的童子军，这是一个当地的图西族领导开办的类似预备役的课程。他和其他图西族青少年在那里学会了搭建露营地、紧急救护、拆解和组装 AK-47 等技能。在空闲时间，他会做一些名叫“曼达齐”（mandazi）的油炸面点，拿到当地市场

去卖，为叛军筹募资金——这算是刚果版本的邻里烤饼义卖 * 活动。

终于，在帕皮十六岁时，他如愿加入了爱国阵线。他的父母非常高兴，父亲甚至把家里养的几头牛卖掉了一只来凑路上带的盘缠。母亲拥抱和亲吻了他，说她为他和几个哥哥感到十分骄傲。“我们知道，我们现在离开，是为了最终回来解放我们的国家。”帕皮和另外几十个年轻人坐在卡车的货箱里，趁着夜色到了戈马，经过沿途哨点时，被事先已收过贿赂的蒙博托士兵放了过去。当卡车远离村庄之后，年轻人们低声唱起了爱国阵线的歌曲打发时光。

他的军队生涯一开始可谓苦乐参半。他精神抖擞，身边都是想法一样的年轻人，每个人都因为目标和理想精神高涨。因为上过学可以认字和写字，他比其他年轻人受到了更多优待。但是战争也露出了它严酷的一面。他得知两个哥哥的死讯，二人战死在 1994 年爱国阵线向基加利发起最后总攻的战争中。然后就发生了大屠杀，乡下到处都是发臭的死尸，甚至连井水都没办法再喝，因为有很多尸首被扔到井里，污染了地下水。每个人好像不是杀人凶手就是受害者，或者既是杀手又是受害者。

那是一个充满愤怒和痛苦的世界，好像所有纯洁的东西都已不复存在。当爱国阵线把他和一个朋友送回卢旺达的学校时——他们想让一些年轻士兵回学校把落下的课补上——这个朋友有一天晚上袭击了一位胡图族教师，用绳子把他勒死了，说他是参与大屠杀的刽子手。有段时间，帕皮在一个五旬宗教堂寻求短暂的安慰，在教堂里，他整晚都会用方言跟别的士兵聊天、唱歌，但没多久他就离开了，因为他发现，他很难理解和同情这些教会成员。

---

* Bake sale，指通过出售自己手工制作的饼干、甜甜圈等点心募集资金的活动。

* * *

布盖拉留在了戈马，等待爱国阵线发起进攻，尽管这里到处都是前卢旺达武装部队和联合进攻派的武装人员。“只要你晚上别出门，或者不要到乡下去，事实上还是相对安全的。”他回忆说。

布盖拉有一家建筑公司，随着人道救援组织的拥入，他获得了
77 几单利润颇丰的合同。从 1994 年 8 月开始，爱国阵线攻占了前武装部队位于卢旺达西北部最后的阵地，布盖拉利用自己的公司，为爱国阵线建立了一个严密的间谍情报网络。他告诉我说：“爱国阵线刚刚攻占卢旺达，马上就开始打算进攻扎伊尔，大多数人这时完全还没有意识到这一点。”一夜之间，他就用三十个胡图族爱国阵线士兵替代了以前的砌墙工人。另外一些爱国阵线的军官则变身摩托计程车司机，拉着前武装部队军官和流亡政客往返穿梭，收集情报，或者在难民营的市场里工作。布盖拉记得，他的一个朋友看到自己在卢旺达军队做军官的哥哥出现在电视上，身份却是难民营中的一个商人时，大声惊呼表示无法相信。“爱国阵线可以精准地在地形图上标注出所有敌军驻扎的位置，”布盖拉对此表示非常敬佩，“就好像有 GPS 定位一样。”到了 1995 年，年轻的图西族士兵开始潜入戈马，手里就拿着清晰标记出前武装部队据点和其他战略目标的地图。“这些人太棒了。他们表现得就像摩萨德（Mossad，以色列情报及特别行动局）一样厉害。”布盖拉微笑着说，脸上洋溢着骄傲的神情。

爱国阵线如敢死队一般的高效率，和扎伊尔政府的腐败形成了鲜明的对比。布盖拉参加了在蒙博托的地区军事指挥官扬甘达韦莱·滕贝莱将军（General Yangandawele Tembele）家里举办的夜间会议，在会议上他能听到关于军队调遣和政治局势变化的最新消息。根据一位联合国官员的回忆，滕贝莱以“害怕自己手下的士兵”

和从难民营中偷窃汽车而闻名，他被卢旺达人收买后，甚至给布盖拉派了一名自己的副官做联络官，从而坐实了自己的叛国罪行。[10] 1996 年，在滕贝莱的帮助下，布盖拉搭乘一班飞往金沙萨的飞机，从那里的腐败军官手中为叛军购买弹药。他把弹药装在一个冰柜里，上面放上餐盘做伪装，并在冰柜盖子上写上:“戈马，滕贝莱将军收。”机场的搬运工抬冰柜时不堪重负，对他抱怨说：“老板，这里面装的什么？石头吗？”布盖拉大笑起来。

* * *

到了 1995 年，帕皮和爱国阵线中其他扎伊尔士兵变得焦躁不
安起来。难民的拥入让当地的暴力冲突急剧升级。直到那时，生活
在马西西的胡图人和图西人之间还维持着脆弱的同盟关系，因为两
个族群都是在殖民时期从卢旺达移民而来，在当地遭受同样的歧视。
随着前武装部队成员的抵达，扎伊尔和卢旺达的胡图人联合在了一
起，共同对抗图西人，为的是抢夺图西人手里成千上万的牛。不过， 78
依然有一些图西族家族坚守在戈马，或者聚居在周边的山区。“你
的祖祖辈辈都埋在这片土地里，要抛弃它可没那么容易。”帕皮对
我说。

通过从他们的间谍和情报网络中收集的信息，爱国阵线得知前卢旺达武装部队准备发起一场大规模进攻。[11] 1996 年初，时任副总统的卡加梅下令在卢旺达西部的吉塞尼和尚古古省建立两个军营，重新整编包括帕皮在内的扎伊尔图西族士兵，把他们训练成精锐部队，在即将到来的军事行动中担任先锋。“我从没在同一个地方见过这么多士兵。”帕皮回忆说。就是在这次训练中，他得知前武装部队和当地的胡图族民兵袭击了他的故乡——马西西南部的恩古恩古（Ngungu）。

“那天夜里我正坐在军营里，跟另外几个士兵一起吃一锅大蕉和豆子煮的晚饭，这时，我一个从恩古恩古来的朋友跑过来大声喊着：‘他们进攻恩古恩古了，他们进攻恩古恩古了！’当时他就反复喊着这句话。我知道我的家人已经都被杀害了。”帕皮回忆说。他的两个兄弟和另外几个表亲都被杀害了，另外还有几十个图西人也惨遭毒手。

1995 年到 1996 年间，共有三万四千名图西人从北基伍省逃亡到了卢旺达。由于爱国阵线禁止士兵私自拥有收音机，帕皮和朋友们只能从逃过边境线的难民嘴里打听关于自己家人的零星消息。

* * *

我一直不知道该怎么形容帕皮。他友善开放，但很少开怀大笑或表现出强烈的情感。他的声调非常单调少有起伏，身体也缺乏刚果人常用的各种肢体动作。“战争耗尽了我的生命。”他告诉我说。

他用身上一道道伤疤的来历讲述这场战争的故事——后脑勺一个亮闪闪的斑点，是 1999 年津巴布韦的榴霰弹留下来的，大腿根一条鼓起来的粗粗的伤疤，是 1996 年一颗前卢旺达武装部队的子弹留下的痕迹。他掀起身上的 T 恤，给我看一颗打穿肺部的子弹留下的印记。不过他现在依然抽烟。“反正我也不会活得很长，所以就不用费心给我讲癌症的危害了。”

2007 年，帕皮离开军队来到金沙萨找工作，不过他的很多图西族同胞依然拒绝离开北基伍，在那里坚持对抗中央政府。他对我说，
79 是对金钱的渴望和对战争的厌倦促使他离开了那里。我问他那些还在为叛军效力的同志的问题时，他回答说：“我们图西人有自己的问题。我们会不惜一切代价保护自己的族人，而且确实有很多人想要彻底毁灭我们。但是，我们族人中间也有一些阴谋家，他们利用

我们的恐惧为自己谋利。‘啊，我们必须要战斗，不然胡图人会杀死我们的！啊，拿起你的武器，不然我们会被卡比拉灭种的！’但是后来你发现这些都不是真的。我们不可能余生都活在对其他族群的恐惧之中。我们必须要迈出第一步。”然后他摇了摇头说：“但愚蠢的是，刚果政府似乎不想接收我们。而且，还有一些投机分子利用图西人威胁论来煽动老百姓。我们就这样被夹在了两派极端分子中间。”

* * *

起源于卢旺达的族群刻板印象和冲突对该地区其他部分的影响程度令人叹为观止。在刚果人的想象中，没有什么形象比图西族侵略者更为骇人了。在刚果，也没有其他任何情绪像反图西族的意识形态一样，导致了如此大规模的严重暴力。在刚果国内一轮又一轮的暴力冲突中，图西人总是处于舞台的中央，同时扮演着受害者和施暴者的角色。这种对抗情绪一方面由于在土地产权、公民身份和资源控制等问题上的争夺而愈演愈烈，另一方面也更直接地因大众持有的偏见和报复产生的恶性循环而激化。

1993 年发生在刚果东部的战争成了这种偏见的载体和传播媒介，自那以后，每一次卢旺达人支持冲突和叛乱时，图西族士兵和政客都是主导者。如果说之前的反图西族情绪还只是局限于南北基伍的部分地区，如今则已经大面积爆发了。从枕边私语到街头酒肆再到电视辩论，这种仇视情绪无处不在。2001 年我初到布卡武时，大部分时间我都跟当地一家人待在一起。家里的母亲是个二十七岁说话温柔的女性，她那时还在当地一所大学上学，和城里大部分人一样，她极力反对她所谓的“图西人对刚果东部的占领”。当时正处于战争期间，布卡武和周边地区都有重兵部署。生活中，你很难

完全避免卢旺达军队和当地盟军的骚扰——包括征税、辱骂、酷刑以及更残酷的刑罚。有一天，我提出说你必须要理解图西人恐惧和
80 偏执的根源，因为在大屠杀期间，卢旺达有多达八十万图西人被杀害，而她的回答是：“八十万人？显然还不够。因为现在不是还有这么多图西人还活着。”

与此同时，这个地区被大批政治宣传单淹没，这种用廉价的机器复印的传单号召当地人起来对抗图西人。不论是在大学、市场或者人群聚集的港口，到处都在散发这些传单。其中一份 2000 年 10 月的传单中这样写道：

> **注意！注意！注意！**
>
> 北基伍省的人民们，
>
> 在卡武穆（Kavumu）、马克博拉（Makobola）、博西尼（Burhinyi）、姆文加（Mwenga）和布亚基里（Bunyakiri）等地犯下令人发指的罪行之后，卡加梅、穆塞韦尼和皮埃尔·布约亚（Pierre Buyoya）等几位刽子手又准备对爱好和平的布卡武居民发动一场大屠杀……
>
> 历史就是明证。20 世纪伊始，图西族国王所犯下的残暴罪行已经充分证明他们就是杀害亲兄弟的该隐的后代。想一想：一个图西族国王，每当他要站起来时，就必须扶着一根插在胡图人大腿上的长矛。这把长矛无比锋利，矛尖还抹了毒药。想想这是多么的残暴！
>
> **战斗还在继续**
>
> **胜利终将属于我们！**
>
> **我们的事业是正义的：**
>
> **爱国和自卫！** [12]

这些传单的内容一份比一份极端。刚果人想要把事情弄清，理解这个国家经历的暴力动荡，将思想落脚在社会最基础的组织单位上：族群。两边族群的一代代领导不但没有试图化解种族间的隔阂和误解，反而为一己私利煽风点火。

81 第六章

“长者” *

1996年初，卢旺达 · 基加利；

1960年，刚果 · 卢本巴希；1965—1980年，刚果 · 菲济

在首都金沙萨，总统卡比拉的存在随处可见。城中心矗立着一座四十英尺高的卡比拉雕像（这座雕像由精通为领袖竖碑立像的朝鲜雕塑家所铸），雕像的手指指向天空，威严又仁慈地为那些迷途中的刚果人指明他为这个国家设定的路线。城市里数不清的广告牌上印的都是他的形象，身上穿着那件标志性的棕色无领狩猎装。他的眼睛向着高处眺望，用他的支持者们的话说，他是在“望向耀眼的未来”。在政府中心附近有一座大理石陵墓，里面展示着卡比拉闪闪发光的灰色棺木，旁边摆放着假花和丝带。在许多个下午，身着蓝色和白色制服的小学生们会来这儿参观游览，他们心不在焉地聊着天，丝毫不受荷枪实弹脾气暴躁的总统卫队的影响。

尽管卡比拉无处不在，但是有关他的传说却依然扑朔迷离。他

---

* “长者”（Mzee），斯瓦希里语，在非洲部分地区用于年长者的尊称和头衔。

的真实性格已然隐没于诋毁与神化之中。对于他之前的一些同志来说——也正是他们给卡比利立雕像、打广告和建陵墓——正是他的坚持不懈，才让这个国家从蒙博托的独裁统治下获得解放，继而摆脱了卢旺达的控制。对于许多其他人来说，卡比拉的形象和刻板印象中典型的非洲领导人并无二致：凶残、专制的“大人物”，为了维护自己的权力不择手段；刚果两个邻国的军事独裁者，中非共和国的让–贝德尔·博卡萨（Jean-Bedel Bokassa）和乌干达的伊迪·阿明，跟卡比拉是一丘之貉。

* * *

刚果独立前，卡比拉曾经一直是村里比较叛逆的孩子。他的父 82
亲是一名循规蹈矩的公务员，卡比拉由于早熟，很不服管教，显得与众不同。他的父亲坚持在家里和他的孩子说法语，所以他儿子有一口流利文雅的口音，听起来像个接受欧式教育的非洲人。他的求学生涯频频被打断，既有国家动荡的原因，也有家庭纠纷的因素，因为他父亲奉行的是一夫多妻制，与母亲的关系日益紧张。十岁之前，他的父母便分开了，在成年之前，卡比拉便一直往返于父亲和母亲的住所之间。他是否完成了高中学业尚不明确，但是据他儿时的同伴所言，他的身影常常出现在卢本巴希的公共图书馆里，这里是矿藏丰富的南部省份加丹加省的首府，他常常在那里埋头看书。像笛卡儿和卢梭这些法国启蒙运动哲学家的书似乎是他的最爱。[1]

根据那段时间为数不多的资料来看，他的野心在小时候就已经初见端倪了。尽管小时候的他腿脚有些不好，但凭着力气大，赢得了“楚马”（Chuma，铁人）的称号。他的一位朋友描述了他在足球场上的表现，这让人想起此后卡比拉的特征：“洛朗·卡比拉非常霸道。当他指责说你没认真在踢的时候，他绝不会改变自己的意见。踢足球的时候，我们很尊敬他，因为他不会瞎踢。卡比拉不接受失败，他果断而坚决，他比我们厉害。我们很怕他。”[2]

1960 年爆发的动乱冲击了卡比拉的家乡加丹加省，卡比拉由此开启了他的政治生涯。该省拥有一些非洲地区储量最为丰富的矿藏，在刚果独立时，比利时商人曾为此想要将加丹加省从刚果独立出去。然而，卡比拉的卢巴卡特（Lubakat）部落控制着该省北部，拒绝将加丹加省分裂出去，该省因此一分为二。此次起义是全国各地爆发的众多起义之一，引发起义的是总理帕特里斯 · 卢蒙巴遭遇刺杀和当地民族权力集团，他们不再受一个强力中央政府的束缚，便公开为自身利益争斗起来。卡比拉很快便投身于这一波暴力事件之中，二十岁时便成了一支青年武装的指挥官。

政治生活为卡比拉提供了一种使命感和归属感，这种感觉是他在自身所处的庞大的家庭中（十九个同父同母和同父异母的兄弟姐
83 妹，至少五位以上的小妈）感受不到的。叛乱也使他开始反抗勤勉工作却身为殖民管理员的父亲。1960 年末，整个加丹加省北部的卢巴卡特青年开始叛乱，他们逮捕了数十名前殖民地军官，其中就包括卡比拉的父亲。这位六十岁的老人遭遇了绑架、殴打，最终被和他儿子隶属同一支队伍的一个武装分子用私刑处死。据说卡比拉听到父亲去世的消息时反应很是冷静。

后来，叛乱被南非和比利时的雇佣军镇压，这位年轻的革命者在接下来的几年里一直在四处奔走。他曾作为一个社会主义代表团的成员先后前往莫斯科和贝尔格莱德（Belgrade），有人说，他曾在那儿短暂地上过一阵子大学。最后，1964 年 1 月，叛军的领导派卡比拉前往布隆迪与有关政府进行接触，并在穆伦盖人家乡邻近的基伍省境内的高地发动叛乱。在那里，当地族群的领导人多年来一直带领着当地人用弓箭、殖民时期的毛瑟手枪和 AK-47 与政府进行斗争。

叛军自称是反对殖民主义和反对掠夺本国自然资源的民族主义

者。然而，马克思主义思想很难扎根于独立后遍布全国的叛军之中。在刚果，80%以上的人口生活在自给自足的农业经济之下，工业劳动人口很少，不懂政治，且大部分未曾受过教育，因此马克思主义理论中的剩余劳动力和无产阶级受压迫受剥削的主张在叛军中毫无市场。最重要的是，共产主义通过工会和农民合作社来动员城市和农村社会网络，但这样的社会网络在刚果很大程度上是不存在的。1964 年初，在占领了半个国家之后，叛乱集团迅速分裂，腐化堕落，纪律涣散。

误判社会主义力量的不只是中国人。1965 年，切 · 格瓦拉带领一支队伍深入刚果东部支持卡比拉武装起义。刚刚当权的菲德尔·卡斯特罗（Fidel Castro）新政府立即着手向海外输出革命思想和反帝国主义理论。从许多方面来看，刚果都是一个合适的目标。美国中央情报局协助刺杀了卢蒙巴，同时美国和南非还帮助组建了一支白人雇佣军于 1964 年前去镇压占领了几乎一半国土的各类叛军。

雇佣军的种族主义和野蛮暴行进一步激起了格瓦拉的决心，一位意大利记者是这样描述那些暴行的：“占领一座城镇意味着要用火箭炮火力炸开一道道大门，闯进商店，拿走任何能带走的东西…… 84
抢劫完之后就是屠杀。枪击声持续了三天，三天的处决、酷刑、折磨、尖叫和恐怖。”[3] 一些照片泄露了出来，照片上，白人雇佣军吸着烟，大笑着，他们身后的树上随意地挂着叛军尸体，但只有一家非裔美国人的报纸愿意发表这些照片。[4] 还有一件让卡斯特罗感到恼火的事就是中情局曾雇用古巴流亡飞行员向雇佣军提供空中支援。

切 · 格瓦拉将刚果的行动视为一项个人挑战。于他而言，这不仅仅是让这个国家摆脱帝国主义的问题。他在日记中写道，“我们认为刚果问题是一个世界性的问题。”[5] 1965 年初，切在非洲待了三个月，其间其他一些反叛运动要求他提供支援，但他仍然坚持回到刚果。他写道：“刚果的胜利将对整个大陆产生影响，刚果战败亦是如此。”他将自己与其他国家叛军的交流写了下来：“我试图让他们明白真正的问题不在于解放某个特定的国家，而是一场抵抗共同敌人的共同战争。”[6]

然而，格瓦拉的经历和这场起义结局悲惨。他的刚果日记开头第一句就是：“这是一段失败的历史。”由于内部分裂、缺乏组织以及军事经验不足，叛军对政府军的攻击在众多古巴人和刚果人的伤亡中分崩离析。七个月后，切被迫撤离，他疾病缠身，心情沮丧，双脚因营养不良而浮肿。

这段时期，卡比拉向世人证明了他是个老谋深算，有时还冷酷无情的政客，懂得巧妙地驾驭身边的政治风向。从那段时期格瓦拉所写的日记可以得出结论，格瓦拉对这位刚果领导人有着复杂的感情：

> 在我看来，唯一具有真正领袖气质的人就是卡比拉。最纯粹的革命者无法领导一场革命，除非他有某种领袖的气质，但是一个有领袖气质的人，仅靠领袖气质是无法发动革命的。关键是要有革命的严肃性，要有一种能够指导行动的思想，要有一种伴随行动的牺牲的精神。到目前为止，卡比拉还没有展现
> 85 出他具备这些品质……我非常怀疑他能否在他行动的环境中克服他的缺点。[7]

* * *

从格瓦拉离开刚果，到卡比拉重新执掌推翻了蒙博托政权后成立的联合政府，其间是三十年晦暗不清的历史。卡比拉从未停止谈论革命，他偶尔会动员士兵，在地区的大使和政府间寻求支持。但他早年的光环已经褪色，这位曾经魅力十足的革命者失去了光芒，

开始变得越来越像一个普通的强盗。他的声望谷底也许是 1975 年，那年，卡比拉的部队潜入了珍妮 · 古道尔（Jane Goodall）* 位于坦桑尼亚西部的黑猩猩研究站，绑架了四名美国和荷兰的研究人员。他们强迫人质以马列主义为题发表演讲，同时提出五十万美元的赎金。此前，坦桑尼亚总统朱利叶斯 · 尼雷尔（Julius Nyerere）出于对蒙博托的鄙夷，一直容忍叛军的各种恶行，而这件事成了打破他忍耐极限的最后一根稻草。他一度向古巴大使抱怨，说那些叛军的使官们“总是喝得醉醺醺的，带着女人，整日花天酒地，隔三岔五地就跑去开罗”。[8]

在刚果国内，卡比拉的种种行径也同样不受欢迎。20 世纪 70 年代末，卡比拉为了巩固他的权力，发起了一场打击巫医的运动，因为他认为巫医的存在妨碍和挑战了他的统治。他下令调制一种强效草药，号称是一种“真身药水”，只要喝下的人是巫医，就会感到晕眩和恶心。当然，药草本身效力很强，任何人喝了都会出现这种反应。据目击者称，有数百名老人和妇女被绑在木桩上烧死。[9]

随着他的叛乱前景日益黯淡，声誉败坏，卡比拉撤退到坦桑尼亚首都达累斯萨拉姆，他和那里的坦桑尼亚情报部门关系不错。他们为他提供了一栋房子和外交护照，使他过上了一种更自在的生活。他有一台老式打字机，可以用这个给地区领导人和他在前线战斗的指挥官写信。从这一时期留存下来的少数信件上看，他试图用华丽的文字和马克思主义的术语将自己塑造成一名革命知识分子。

政治活动家是最让他感到如鱼得水的角色：辗转于整个地区，夸耀自己的战绩和英勇事迹，给非洲和海外友好的左翼政府写信。 86
他很少待在丛林里，更愿走访各个社会主义国家，为他的叛军寻求

* 著名的英国动物学家和人类学家。1960 年，古道尔前往坦桑尼亚，从此对野生黑猩猩开展了长达六十年的研究，被广泛认为是全世界最杰出的黑猩猩专家。

援助。他在中国待了七个月,然后又去了开罗、内罗毕和贝尔格莱德。

在家里，他的家庭生活很复杂，因为他喜欢女人。他跟两位住家的刚果女佣武米利娅（Vumilia）和克西娅（Kessia）发生了关系，把她们“晋升”成了妻子，两人争吵不断，还和卡比拉的第一任妻子西法（Sifa）发生口角，家里气氛异常紧张。卡比拉总共跟六个女人生了至少二十四个孩子，制造了无数家庭阴谋和闹剧，成为总统之后更是变本加厉。他在军队里的作风也差不多。从他手下的指挥官那里可以得知，卡比拉会使用蒙博托的奸诈手段，经常和手下指挥官的妻子发生关系，以此展示他的权威，羞辱这些指挥官。[10]

* * *

1995 年夏，卡比拉时来运转。他心中焦躁不安，每天收听英国广播公司从卢旺达和扎伊尔东部数次播报的新闻，打电话骚扰坦桑尼亚情报部门的朋友，打听他们可能知道的情况。他经常跟这些朋友说，没有外援，刚果的起义不可能成功。最后一次外援是 20 世纪 60 年代由中国和古巴提供的。现在，卢旺达和另外几个国家似乎正蓄势待发。

然后，一天下午，卢旺达情报头子帕特里克 · 卡雷盖亚在几个坦桑尼亚官员的陪同下出现在达累斯萨拉姆市绿树成荫的牡蛎湾附近，来到了卡比拉家中。那天，这位经验丰富的刚果反叛者话很多，新的援助希望令他颇有精神。他解释说,他在南基伍省的菲济(Fizi)还有几千名士兵可以调动。卡雷盖亚回忆道，“他很高兴有人来拜访他，询问他的想法。”这位年纪渐大的叛军领袖可能以为来访者是和他同一战线的，在谈话中提到了自己的反帝斗争，抨击了蒙博托与西方国家的关系。他从成箱的文件堆里面翻出了他的革命宣传小册子，甚至还谈到了军事策略，提出包抄难民营和战术佯攻。

卡雷盖亚和他的大多数卢旺达爱国阵线的同事一样，那时已经 87
认同了自由市场资本主义理论，对于他来说，“这个老家伙就像一件历史遗产”。卡比拉并没有说服卡雷盖亚，不过对卡雷盖亚来说，“我们不是在寻找一位叛军领袖。我们只需要一个人让整个行动看起来是刚果的行动就可以了。”

后来卡雷盖亚派人到菲济找卡比拉的叛军。他的手下花了几个星期的时间翻山越岭，徒步穿越茂密的丛林，带路的向导承诺说第二天叛军就会出现。几个月后，他们放弃了。但是卡雷盖亚依然坚持和卡比拉站在一边。许多刚果人，尤其是那些和资深反对派领袖艾蒂安·齐塞克迪（Etienne Tshisekedi）关系亲近的人，于是指责卢旺达有意选择一个弱势和无足轻重的傀儡，好在背后操控他。但是，卢旺达政府的确尝试过与其他领导人（包括齐塞克迪）联系，只是没有成功而已。[11]

当我质疑他们对叛军领导的选择时，卡雷盖亚笑了起来：“你说得就好像我们有很多选择似的！到 1996 年，蒙博托已经拉拢或者监禁了几乎所有反对他的人，可能齐塞迪克是个例外。卡比拉可能为人比较老派，但他没有被收买。我们多少是因为这个而选他的。”

* * *

1996 年 7 月，卡比拉几乎两手空空地从达累斯萨拉姆来到卢旺达首都基加利。他提着几个手提箱便来到基加利市中心的富人区基约武（Kiyovu），住进了一座安全的屋子。一位卢旺达官员说，唯一陪在他身边的就是到哪儿都跟着他的儿子约瑟夫·卡比拉和以前的几位叛军指挥官，一位卢旺达军官说，他们“进进出出的，看起来就像丢了扫帚的看门人”。

卢旺达人挑选了四位各怀心思的伙伴来领导叛乱。除了卡比拉之外，另外三位是：北基伍的建筑师德奥·布盖拉；在刚果和乌干达的边界鲁文佐里山（Ruwenzori Mountains）领导着一支叛军的刚果大胡子老将安德烈·基萨塞·恩甘杜（Andre Kisase Ngandu），和卡比拉一样，他参与叛军运动的历史可以追溯到20世纪60年代，不过至少当时他手下还有数百名活跃的叛军士兵听他调遣；来自布卡武的安塞尔姆·马萨苏（Anselme Masasu），二十多岁，寡言少语，母亲是卢旺达人，当时他在卢旺达军队中担任中士。几年后，当听到马萨苏的名字时，布盖拉笑了。“你知道，后来他成了一名受欢
88 迎的指挥官，非常受欢迎。但那个时候，他还只是个小孩！有人说他自己成立了一个党派，但这个党只有他自己一个成员。”

布盖拉记得他与卡比拉首次见面时的情景：“他穿了双凉鞋和一套狩猎装。他脚指甲没有剪，黑黢黢的——我不骗你，黑的！——伸到凉鞋外。我心里想，真是个怪人！他跟你说话的时候不会看着你的眼睛。”布盖拉私下里似乎希望自己能成为叛军领袖，他在80年代听说过一些卡比拉的事迹，但从那以后就再也没有他的消息。根据布盖拉的说法，卡比拉很缺钱，布盖拉甚至在当地市场上给他买了几双鞋子和一套狩猎装。

这四个人——两个年事已高、大势已去的游击队指挥官，一个二十出头的中士和一个建筑设计师——将要扛起把刚果从政治困境中解救出来的重任。

* * *

在基加利，卢旺达开始和这些初来乍到、还很生疏的叛军领袖拉起了关系。

“卢旺达人很奇怪，”布盖拉说道，“他们让我们一起在一所房子里待了整整三四天，睡在那里，吃在那里，为战事做准备。他们

希望我们能成为一个团队。”

那几天肯定很奇怪。在布盖拉的记忆中，卡比拉大部分时间都很沉默，倾听和观察着他的新战友。他像个过时的教授一样，给他们分发廉价的绿色小册子，上面印着他的七节革命思想理论课。马萨苏穿着熨得笔挺的迷彩服，鬼鬼祟祟地四处转，大多数时候是跟那些进进出出的卢旺达军官说话，和那两位年长他三十岁的叛军领袖保持着距离。布盖拉与其他图西族领导人凑在一起，愤愤地嘀咕着 20 世纪 60 年代卡比拉针对穆伦盖人的大屠杀。这个联盟刚成立就如此不顺了。

几天后，他们终于按卢旺达人的要求，起草了一页成立文件。他们将文件拿给卢旺达总统卫队司令詹姆斯·卡巴雷贝上校(Colonel James Kabarebe) 看，他当时正在筹备这项刚果任务。他帮助他们把文件润色了一下，添加了一条刚果时间线，掩盖卢旺达在幕后操纵的痕迹。该文件后来被称为《莱梅拉协议》(Lemera Agreement)。[12] 这份文件从头到尾都是卡比拉那陈腐冗长的文字：文件提到四个政党联手解放扎伊尔“迫在眉睫的必要性”，并任命洛朗 · 卡比拉作 89
为他们的发言人。文件悲观地评论了当今的经济形势，称其“停滞不前、财政混乱、政府腐败，生产资料遭到破坏”。

四位领导人与副总统卡加梅会晤了三次，卡加梅一直在备战，似乎很了解刚果政治的复杂性。这位卢旺达爱国阵线的铁腕人物似乎对叛军运动比对这几位领导人更感兴趣，敦促刚果人要明白他们在斗争中的责任，强调卢旺达爱国阵线等力量都是在帮助他们解放他们的国家。他说：“我们打赢这场战争，所有人就都是赢家！这是我们共同的胜利！”

* * *

于是，解放刚果—扎伊尔民主力量同盟成立了。对于一个一开始在政治和军事上没有任何重要性，不过是为卢旺达和乌干达参与战争打掩护的组织而言，这真是个浮夸的名字。

起初，卡比拉感觉有些尴尬，觉得自己受到了排挤。他在20世纪60年代曾与图西族反叛分子合作过，当时有些人为了逃避卢旺达大屠杀来到刚果，但是他并没有接触过后来这些新兴的、国际化的、年轻一代的反叛者。他们用笔记本电脑和卫星电话工作，模仿英军组织自己的队伍。卡比拉注意到，甚至连他们的军队行进姿势都不一样。

他心里还有一种优越感。毕竟，他比这些卢旺达军官大至少二十岁。他们还在穿开裆裤的时候，他就已经是刚果游击队的领导人了。

卡比拉也比大多数人想的要聪明。他意识到，他当时没有多少可以做的事，只能耐心等待，试着确立自己的地位。毕竟，卢旺达人起初的野心只是军事上的，他们并未过多考虑过在夺取领土后成立政府的事情。鉴于卡比拉的资历，卢旺达人让他担任该运动的发言人，并开始为运动设立一个政治部。

他亲自拿起卫星电话，开始打电话给曾与他合作过的刚果侨民。
90 他在战场上没有自己的士兵，需要在身边聚集一些忠实的顾问。于是他联系了一位20世纪60年代的前战友，在马德里的一家夜总会当老板。还有一位在比利时做律师，第三位曾和他在坦桑尼亚待过。随着反叛运动越发显眼，加之卡比拉开始在广播和电视上露面，其他重要的侨民也开始联系他，他的政治影响力逐步增强。

洛朗·卡比拉意外地成了民主力量同盟的领袖，并最终在刚果解放后成为总统。举一个例子说明卢旺达人的傲慢之处：卢旺达爱国阵线的策划者极力试图将他们的思想意识形态和诚意强加给他们亲自挑选的刚果代言人。他们和卡加梅身边那些自认为足智多谋的军事策略家一样，最终提出的政治策略过于简单、目光短浅。对于长期努力以和平的方式推翻蒙博托政权却没有成功的许多刚果人来说，卡比拉就是国外势力干预他们国家的活生生的象征。这成了刚果历史上的一起讽刺事件，因为卡比拉一度被视为爱国主义和抵抗卢旺达入侵的堡垒。

第二部分

第一次战争

第七章

战争中的战争

1996年8月至10月，扎伊尔·基林耶、卢韦巴和阿巴拉

1996 年 8 月 30 日，扎伊尔战争的第一场战斗打响了。一小队七十名穆伦盖士兵离开卢旺达的营地，穿越河流进入扎伊尔，到了布隆迪、扎伊尔和卢旺达三国交界处的海关口岸南边不远处。已经有几个星期没有下雨了——这个短暂的旱季是发动进攻的绝佳时机，因为这时候道路状况良好——这支小队在齐腰深的象草中悄无声息地前进。在平原的另一边，他们可以看到高耸入云的伊通布韦山脉环绕着他们出生长大的高原草场。

清晨，他们躲进一个名叫基林耶（Kiringye）的小村庄附近的香蕉林。正在休息时，一个到自家木薯田地干农活的妇女撞进了他们的临时营地，一看到用 AK 突击步枪和火箭筒把自己武装到牙齿的图西族士兵，妇女吓得惊声尖叫起来。他们本打算把她杀掉，最后还是把她给放了。这位妇女跑到附近的军事基地向蒙博托的军队通风报信。蒙博托的军队闻信前来，包围了叛军，开枪打死了十人，俘虏了五人。这是蒙博托军队在这场战争中少有的几场胜仗之一。

在基加利，这场战争仍处于策划阶段，此时就这样擦枪走火了。[1]

这场伏击迅速演变成了公开冲突。被俘虏的士兵出现在电视镜头前，被展示给全国各地的观众。五个身穿军装、形容憔悴的年轻人被置于聚光灯下，相机的闪光灯照亮了他们深陷的双眼。这就是敌人。对很多扎伊尔人来说，这是他们第一次把图西人和他们的外貌特征对上号。金沙萨订阅量最大的报纸《潜力报》（*Le Potentiel*）
94 在 9 月 1 日以“卢旺达入侵！”（Rwanda invades!）为头条报道了这一事件。

在布卡武，国家电台播报了一则题为《扎伊尔的历史性机遇》（“A Historic Chance for Zaire”）的社论。播音员劝告听众不要相信图西人关于公民身份的谎言，并用了一个比喻，在此之后，每当发生关于穆伦盖人永远不可能成为扎伊尔人的争论时，这个比喻都会被人提起:“一根树干不会因为在水里泡了几天就变成鳄鱼。同理，图西人永远是图西人，不可能改掉他们背信弃义、阴险狡诈、说谎成性的本性。”[2]

到这个时候，已经可以清晰地观察到越来越多的穆伦盖族军队正在进入高原地区，叛军开始在这里囤积武器，准备下一次进攻。一队队叛军头顶着金属箱里的军火沿着山坡往上爬，农民和商人躲进了山区小路旁边的丛林里。另外一个方向的军事动向也十分明显：越来越多的穆伦盖年轻人开始趁着夜色穿越鲁济济河进入布隆迪，那里的向导会迎接他们，把他们带到卢旺达的军事训练营。

* * *

刚果人大多把 1996 年的入侵称为“解放战争”。国人已经受够了蒙博托政府。尽管他们怀疑背后有卢旺达的支持，全国老百姓还是像欢迎救星一样欢迎叛军的到来。然而，在地方层面，这种爱国主义的英雄形象就站不住脚了。在东部，叛军在进军途中陷入了不同族群因权力、土地和身份认同而结下的宿怨。反图西族的政治煽动家教唆暴徒屠杀无辜的平民，穆伦盖族叛军以牙还牙，把这笔血债算到了所有族群的头上。成千上万人在冲突中丧生。

一个典型的代表是扎伊尔国民议会副主席安朱卢尼·本贝（Anzuluni Bembe），他组织了一支年轻的武装，起了个低调的名字：安朱卢尼·本贝支援团（Group to Support Anzuluni Bembe）。这位身材矮小、体形微胖的煽动家在坦噶尼喀湖畔组织了一场集会，号召人们拿起武器对抗侵略者。在菲济一所当地学校的集会上，他振臂高呼：“菲济的儿女们，你们睡着了吗？穆伦盖人正在占领我们的国家！我希望你们拿起武器奋起反抗，干掉他们，干掉那些穆伦盖人！”[3]

在乌维拉，穆伦盖人的领袖们遭到追捕，被关进监狱，市长
还组织青年团伙把这些领袖的家人赶出了他们的房子。在和入侵者
爆发首次冲突的几天后，当地官员重新整编了军营里的穆伦盖人，
说是“为他们个人安全考虑”。一位当地的穆伦盖人领袖后来用文 95
字记录了自己被捕的经历：“他们把我们痛打一顿，然后丢进了监
狱……每分钟都有新的穆伦盖人被他们送进狭小拥挤的牢房，那里
散发着地狱般的恶臭，遍地屎尿，氧气匮乏。（几天后）他们把现
在已经亡故的鲁肯努瓦（Rukenurwa）揪了出来，把他打得像蛇一
样在地上抽搐。听到他悲惨的哭声时，我们都哭了。”[4]

不仅仅在扎伊尔东部，在金沙萨和卢本巴希，也有数百名图西人遭到骚扰和殴打。当这种疯狂达到白热化的程度时，所有长着细鼻梁、鹰钩鼻和高颧骨的人都成了袭击的目标。在与卢旺达交界处的一座边防站，一群年轻人袭击并砍死了一个马里商人。[5]

到了1996年，年轻人领导暴力活动的社会条件已经成熟。在蒙博托政府的巧取豪夺和灾难般的经济政策下，国家的基础设施和

工业体系已经完全崩溃。截至1996年，国家的经济已经经历了连续七年的萎缩。和1990年相比，如今扎伊尔人的收入只有当时的一半多一点。根据联合国的数据，有足足两千七百万人，也就是整个国家人口的百分之六十，都处于营养不良的状态。即使人们能挣到钱，钱也不值钱了：1996年，通货膨胀率已经高达5,000%。

这种悲惨处境为族群偏见提供了肥沃的土壤。在民众中，年轻人可以把他们的愤怒都倾泻到一个看得见的已知敌人身上。像安朱卢尼这样的领袖们更是火上浇油，给他们的组织者提供免费酒水和可观的工资等物质激励。穆伦盖人虽然贫穷，但却拥有一种不受通胀影响的诱人资产：奶牛。在战争初期，士兵和青年团伙偷走了成千上万头家畜。

* * *

我们怎么才能解释此类暴行呢？你很难形容，一个无法正常运转的暴虐政府会对战争肆虐之下的人产生什么样的心理影响。

2008年3月，我造访了该地多处大屠杀现场。我每到一处，人们都会用怀疑的眼神看我，当地政府官员则要求我出示证件。尽管战争在多年前已经正式结束，但该地区的氛围依然十分紧张。卢旺达和刚果依然正在基伍打一场代理人战争，两个国家分别支持不同的非政府武装。

一天早晨，我正在收拾行李准备前往马克博拉（该地可能是名声最臭的屠杀现场），一个在当地人权组织工作的朋友给我打来了电话。

“别收拾了，快打开收音机。”他在电话里说。

96 我马上打开收音机，调到一个地方新教频道，听到一名地方政党成员正在广播里讲：“大家注意了！美国总统乔治·布什（George

Bush）要到卢旺达访问了。”当时，布什正在访问基加利，这是他巡访非洲之旅中的一站。“恩孔达退出了和平进程，美国总统却正好在此时到访，难道这只是个巧合吗？而且现在还有个叫约翰逊的美国走狗，正在布卡武招募年轻人，这是在支持卢旺达的下一次入侵吗？”他把我的名字搞错了，但根据接下来的描述可以推断，他说的这个人无疑就是我。他说他掌握了我所作所为的证据，并会把证据拿出来展示给公众。

当地民间组织的朋友帮助我澄清了这个谣言，那位分析人士也收回了他的指控。然而，我还需要充分的理由来面对在边远地区碰上的骚扰。一个非营利组织同意为我开一份“工作函”，这是一种殖民时代遗留下来的类似介绍信的东西，表明持信人的雇主会对员工的此次出行负责。把这封带有抬头和公章的工作函拿给地方官员看，是为了表明我不是像一些人显然认为的那样，是为美国中情局效力的。

我还采取了第二个也是更加重要的预防措施：出行时，我会找雷米·恩加博（Remy Ngabo）做伴，他是当地土生土长的人权活动家，常常组织族群间的足球比赛，以此推动本贝和穆伦盖青年的和解与融合。每个月，穆伦盖族选手都会步行五个小时下山，挑战当地的一支本贝足球队。球员会两两一组，到对手的家里过夜。其中一些穆伦盖族球员是 1996 年大屠杀的幸存者，雷米希望他们会敞开心怀，讲述他们的故事。

* * *

足球比赛还没开始，我们的计划就被打断了。由于一个外国面孔出现在村子里，当地的情报官员以有可疑行为为理由把我和雷米逮捕了。

“你难道不知道今天是国际妇女节吗？害得我不得不扔下城里那些重要的活动，跋山涉水在后面苦苦追你。”这个女情报官怒目圆睁，把我们带到了她的办公室：一棵芒果树下的长凳。“这儿的一切活动都要经过我的批准！”当我们深一脚浅一脚穿过木薯地的时候，她训斥我们。

在就好处费讨价还价时，这位地方官员手中最主要的筹码就是时间。现在我们得知她的名字叫普鲁登丝（Prudence），她其实没
97 有任何理由拘留我们，只是因为她负责该地的治安。她没有别的事情可做——当然，除了国际妇女节的庆祝活动——可以随便跟我们耗着。回到镇上以后，她让我们坐在一棵芒果树下，从卢旺达入侵的威胁，到国际超级大国针对刚果的阴谋，给我们上了长篇大论的一课。

“你自己说你来自美国，”她怒视着我说道，“战争期间难道不是美国在背后支持卢旺达，打听我们的矿产资源？别以为我们是黑人没文化，什么都不知道！你，说话，说话啊！”她显然被我的沉默给激怒了，认为这样做很傲慢。“你没听说前些天乔治·布什还去了卢旺达了吗？”她对旁边的一位同事说道，那位同事点了点头。“我们必须要提高警惕！”我弱弱地指出自己不是为了美国政府工作，向他出示了自己的证件和文书。“这都是你的一面之词！”她反驳我说。

我们几乎已经商定了一份“罚款”，或者说“对她长途跋涉的补偿”——这是两种关于贿赂的不同托词——大约五美元，这时候，一位当地村子的酋长出现了。

他过来跟我握手时，我可以闻到他嘴里有一股当地酒的恶臭。他目光呆滞，说话时唾沫星子会喷到我的脸上。当地人管这种酒叫“可口酒”（Kotiko），是一种棕榈酒，当地人把棕榈树的树冠砍掉，早晨从树干上接一些棕榈树的汁液，汁液中的糖分会随着时间的流

逝逐渐发酵成酒精。尽管当时才上午 11 点，大部分村民却已被棕榈酒搞得东倒西歪了。

“Hapana, hapana。”他嘴里含混不清地说着斯瓦希里语，不停地摇头。这句话的意思是“不不不”。“这个白人在这儿干什么？你不知道我是这儿的酋长吗？你为什么要找这个女人说话？”情况变得更糟了。“你没听说上周布什去了基加利吗？你觉得这是个巧合吗？”这个酋长摆弄着手上的电子表，这块表相对于他那瘦骨嶙峋的手腕来说太大了，而且指针似乎早就已经不转了。“就在地震刚刚把我们的家园毁灭之后，他就来了！”布卡武坐落在大陆板块的裂缝附近，几周前刚刚经历了一系列非常严重的地震。这个酋长向我靠过来，悄声说道：“美国人把地震当作战争武器，想要搞乱这片土地！”

* * *

一个小时以后，再加上另外二十美元“罚款”，我们终于来到两支足球队的面前，他们在学校门前的长凳上等我们。我们与地方官员的冲突引起了其他人的注意，我们与球队会面时，雷米认出其
中几人是情报探子。在这种场合下，显然不能让坐在我们对面的一 98
排穆伦盖族球员讲述他们的大屠杀故事，以及他们的邻居们是如何虐待他们的。雷米巧妙地转移了话题，告诉大家我这次来是为了考察他的足球项目促进族群和解的成效。他悄声对我说：“随便问两句就行。”

我先说了几句民族和解的老生常谈，然后问本贝足球队员，他们在街上碰到穆伦盖人时有什么感觉。球队队长回答说：“我们感到害怕。在战争期间，我们分不清谁是平民，谁是士兵。对我们来说，每个图西人都是士兵。每当爆发暴力冲突时，他们都会从床底下拿

出枪投入战斗。”

一个身穿阿森纳队服、名叫亚历克斯（Alex）的穆伦盖男孩抗议道:“我不懂，为什么我们要为我们的父辈和兄长犯下的罪恶负责。在他们看来，我们都是有罪的。”他停顿了一下，然后补充了一句：“我们都是被打击的目标。”[6]

我问亚历克斯，有没有听说过卢旺达或者穆伦盖士兵在这一地区针对本贝人犯下的屠杀罪行。他小心地点了点头，看了一眼在旁边偷听的那几个人。“当然。我们听到过许多这方面的控诉。”

“你觉得这些控诉是真的吗？”我追问道。

他顿了一下，回答说：“我不清楚。我并没有在场。”

他的话在另一条长椅上引起了一阵骚动。“这些不只是传言，”一个带着坦桑尼亚口音的人说道，“我们所有人都有家人被穆伦盖人杀害或者强奸。”

“那你有没有听过针对穆伦盖人的屠杀？”我问那个队长。

“针对他们？”他看了看身边的队员，大家都摇了摇头，“没有，我们从没听说过这些。”

* * *

会面结束后，雷米提出开车把穆伦盖族的球员送到检查站，他们可以顺着那里的路返回山里。他友善而坚决地告诉村子的酋长和情报人员，车上已经没有位置，就不能捎上他们了。这些队员一个摞一个，挤进了我们吉普车的后座和货厢里。

“我们的问题在领导身上，”雷米在车里说道，“想象一下，假如我们是美国中情局特工，想在这里发动一场新的叛乱。我们可能只需要二十美元就能把他们全都收买了。”

99 雷米在路上找了个借口，停下来下车给队员们买饮料，这就给了我和亚历克斯在车里独处的时间。亚历克斯在后座上挤在几个队友的中间，他悄声对我说自己已经二十五岁了，这就意味着战争刚开始的时候他才十二三岁。外面几个小孩儿把脸贴到玻璃窗上，嬉笑着围观一个白人与穆伦盖人交谈，但亚历克斯并不为之所动，依然继续用平稳的语气说着，眼睛一直盯着我前面的仪表盘。我不想让车窗外的村民听到我们的谈话，就把车窗给摇了起来，因为车里没有空调，不一会儿我们就在中午的热浪中变得汗流浃背。一开始，亚历克斯并没有给我讲述他或者是他家人的故事，而是给我讲了玛丽亚姆·金亚马鲁拉（Mariam Kinyamarura）的事。

玛丽亚姆是著名的基督教先知，是穆伦盖族群的传奇人物，本不太可能是战争的受害者，最终却遇难了。亚历克斯解释说，从我们停车的地方往山里走上一天，就能到达玛丽亚姆出生长大的小村庄，她年轻时是那里的农民。1956 年，在她还很年轻的时候，她生了一场大病，下半身从此失去正常功能。不过她依然维持着和丈夫的婚姻，并在后来生下了几个孩子。不久后，她开始看到幻象。她曾是卫理公会教派的一员，但在自己下半身瘫痪之前，对宗教并没有表现出特别的虔诚。没过多长时间，一些人开始来拜访她，给她讲故事。她会读心术，能看透你内心的想法，甚至能详细列举你曾经犯下的罪过。甚至你还没有到她家时，她已经知道你是谁，并知道你心里想的是什么。当地的卫理公会教会起初还担心她在宣扬迷信思想，就把她暂时列为观察对象。过了一个月，教会声明说她确实得了神谕，并指派了几个牧师去和她住在一起，并协助她生活。

“她会用手支着头，一整天都躺在床上。”亚历克斯说。小时候，他父母还曾带他一起去拜访过玛丽亚姆一次。他仍然记得她身上的魔力光环，当时有一群人挤在她狭小黑暗的房间里，听她的教诲。到了 20 世纪 70 年代中期，教会围绕玛丽亚姆打造了一个活动中心，包括客房、花园和一小块养鸡场等设施。时不时会有来自该地区各个地方各个民族的数百名信徒，到这里听她的预言和教诲。

就像刚果东部的所有事情一样，你很难说得清玛丽亚姆的事迹有多少是真实的，又有多少是传说。据说，20 世纪 70 年代末，有一段时间她不吃不喝也不上厕所。她还不睡觉，这一点亚历克斯可以证实，因为他父母通宵达旦地和玛丽亚姆聊天，而他则睡在地上，身子下面铺着香蕉叶。

100 1996 年，地方机关开始号召穆伦盖人返回卢旺达，这时卫理公会教会让玛丽亚姆的信徒（大多住在高地上）下山到湖边寻求庇护，认为让他们聚居在一起就安全了。正在他们思考和商讨要怎么办时，一天早上，扎伊尔的士兵把亚历克斯和他家人围困在他们山上的小土屋里，他们甚至还没来得及去牧场把放牧的奶牛牵回来。

“他们说要把我们带回卢旺达。”亚历克斯回忆说。那些士兵没给他们时间去收拾行李，匆忙中他们只顾带了基本的生活必需品：亚历克斯用头顶着一罐牛奶，另外还有一包衣服和一本家里的《圣经》。

他跟父母和七个兄弟姐妹一起离开家，加入了一个大约有五百名穆伦盖人组成的队伍，在士兵的押解下朝着坦噶尼喀湖行进。9 月 17 日，他们抵达卢韦巴小镇上一个临时搭建的宿营地。士兵告诉他们说，第二天会有一条船来把他们接回卢旺达的“家”。亚历克斯从没回过卢旺达，在那里也没有任何亲人。他记得当时感觉特别饿。在路上时他们把带的食物已经全部吃光了，那天晚上只好从湖里打了一点浑浊的湖水，喝了以后空着肚子就睡觉了。

到了夜里 3 点，宿营地里枪声大作。“我认为他们想在船到来之前就先干掉我们，”亚历克斯十分确凿地说，“他们从没想让我们活着回到卢旺达。”那天晚上没有月亮，也没有人来得及带上手电筒出门。亚历克斯记得当时人们在营地里四处逃窜，到处是哭声和尖叫声。一个人的尸体倒在他们的帐篷上，亚历克斯的父亲让一家人全都手拉手向上帝祈祷。那个人的尸体就倒在那里，像一根枯枝一样，靠在他们帐篷紧绷的油布上。其实即使他们逃跑，也不知该逃到哪去——因此，还不如全家人一起面对接下来可能发生的一切。于是，他们不停地大声祷告，声音盖过了外面的哭喊声。“趁着外面微弱的灯光，我们能看到其他村民在围观。有些人参与了那场杀戮。另外一些人则是冷眼旁观。没有任何人来帮助我们。”

根据亚历克斯的说法，当晚有一百五十三人被杀害。[7] 亚历克斯和他的家人是幸运的。他们全都幸免于难。当晚湖边其他地方也同样发生了大屠杀。在南部十四英里外的巴拉卡，几百名穆伦盖人被赶进了一个棉花加工场，在那里遭受了袭击。雷米的女儿当时只有十岁，她仍记得人们在大街上用大刀和斧子追杀穆伦盖人，而她的同胞只能逃命：“直到今天，这些经历依然会让她夜里做噩梦。”

先知玛丽亚姆也没能幸免。就在同一天晚上，就在不远处她自 101
己的村子里，她和她的信徒们被包围，并被分成了男女两队。暴徒们用棍棒、石头和大刀杀死了大多数男人，包括玛丽亚姆的门徒和亲戚。后来，暴徒开始攻击妇女和儿童，但玛丽亚姆的一些本贝族信徒恳求他们不要杀害她。她身受重伤，但还是逃脱了。“她说她自己命中注定不应该死在刚果；之前她曾有过这个预言，”亚历克斯摇了摇头说，“那些暴徒杀害了她的丈夫和几乎所有的孩子。她是对的：到了卢旺达以后，她才因伤去世。”

我问亚历克斯那些穆伦盖人的尸体被埋在了哪里，他又摇了摇头，说道：“谁知道呢？他们根本没给我们时间去埋葬那些死者。”他听说玛丽亚姆的墓在卢旺达，但他并不清楚具体方位。他的声音有些嘶哑，低头看了看自己的脚，接着说：“因为那些亡者没有坟墓，我们甚至都没有可供悼念他们的地方。我们只能把这种悲痛随时放在心里。”

虽然很不情愿，亚历克斯最后还是又回到了自己的故事。第二天，一条带着外挂马达的大船驶入港口，载着剩余的穆伦盖人穿过湖水，驶向卢旺达。甲板上没有遮阳棚，四个小时的航程中，所有人都忍受着烈日的暴晒。那晚，他们抵达了姆博科（Mboko），这个小渔村有条长长的白色沙滩。第二天清晨，蒙博托的军队又把男人跟女人和小孩分成了两队。“我们不明白，”亚历克斯说，“如果他们想要杀了我们，为什么要这样一点一点地折磨我们？为什么要一个一个地来，而不一次把我们全都杀了？”士兵们的枪都上了膛，大叫着让十四岁以上的男人全都站到另外一边。

作为一个个子偏高的十三岁少年，亚历克斯的处境很危险。他跟哥哥站在一起，一个士兵出于恻隐之心，把他从人群中拽了出来，狠狠推向他的母亲和姐妹，她们等在那里，双手紧紧抓着自己的裙摆。他们一起看着他父亲和哥哥被麻绳捆了起来，双手绑在背后，和两条腿捆在一起。然后，士兵们把他们“像一袋袋的木薯一样”丢进了船舱里，把船开向湖中心。那艘船很大，亚历克斯估计当时船上应该有三四十个人质。船开到离岸边大约两百米的地方停了下来，就在岸边那些悲痛欲绝的家人的视线范围内，这些人质被一个个扔进了湖里。亚历克斯看到他们被扔进水里时激起的水花，他们在水中徒劳地挣扎，让头保持在水面之上。有些人不停扭动着身体，
102 在水面漂浮了几分钟。岸边的家人们尖叫着，哭喊着，却无能为力。亚历克斯的母亲昏了过去。那些士兵扛着步枪，站在一旁冷眼旁观。

剩下的一群妇女和儿童被带到了位于卢旺达边境的卡马尼奥拉（Kamanyola），在这里他们和另外几百名穆伦盖人会合。武装部队用卡车将五六百名“难民”送到了边境线。另外三十个形容枯槁的穆伦盖族领袖也加入了他们的队伍，之前几个月他们一直在乌维拉的监狱里忍受折磨。黄昏时分，人群再次被分成妇女儿童和男人两队，然后被带到两国交界处一座三十米长的水泥桥上。卢旺达爱国

军（Rwandan Patriotic Army，卢旺达爱国阵线的武装分支）调遣军队镇守在阻断道路的铁门处，妇女和儿童们朝着影影绰绰的士兵和坦克跑去。

这次亚历克斯就没有那么幸运了，一名士兵和他就年龄问题简短争论了几句，抓住他凌乱的头发，把他留在了扎伊尔国境线这边那群男人的队伍里。他们被赶到了靠近国境线的一处临时监狱里，脱光衣服接受搜身，然后遭到一顿毒打。大约四十个人被塞进一个狭小的房间，其中有些人被打得连路都走不成了。一个年轻人发了高烧，脑袋发昏，向一名士兵讨水喝。那个士兵厌恶地摇了摇头，说他态度无礼。他呵斥着把那个年轻人赶到房间外，举起手里的AK-47，在亚历克斯惊恐的注视下，把那年轻人的脑袋打开了花。

这间小房子热得让人无法忍受。气压越来越低，他们能听到远处一场暴风雨正从卢旺达冲积平原呼啸而至。来自东边的暴风雨是最严重的，刚果人常开玩笑说，“所有的坏事都是从卢旺达来的。”

留下来看守的士兵并不多，其中有一个来自蒙博托故乡赤道省附近的年轻情报官，他在乌维拉值守期间和许多穆伦盖人成了朋友。就在暴风雨临近时，他悄悄对这些犯人说，第二天一早他们就会被处决，现在是他们逃跑唯一的机会了。亚历克斯还记得当时头顶的惊雷和闪电，之后就下起了瓢泼大雨。“那就是个奇迹，”他说，“我们从没见过那样的景象。”房子外面的卫兵们四处寻找躲雨的地方，那个来自赤道省的年轻军官把监狱门悄悄打开，把他们带出来后让他们赶紧往国境线的方向跑。“雨下得太大了，我们甚至都看不清楚眼前的路。”亚历克斯回忆说。看到犯人们逃跑了，扎伊尔的士兵们也跑出来追赶他们。

国境线上的卢旺达士兵看到了这场骚动，朝交界处的石桥推进，手中的枪上了膛。大雨中，扎伊尔士兵看到一队卢旺达士兵杀气腾
腾地站在道路中央，就撤了回去。回到监狱后，他们发现了身体过 103

于虚弱无法逃跑的囚徒，包括穆伦盖族群的首领，于是便把他们全都处决了。[8]

* * *

这场大汗淋漓的车中谈话结束后，我和雷米继续朝着巴拉卡进发，这是坦噶尼喀湖畔一座湿热的港口城镇。我想听听另外一些人关于这件事的说法。雷米曾经告诉我，亚历克斯经历过的那场大屠杀是由穆伦盖侵略者在附近村庄屠杀大量村民引起的。我们能找到目睹过这场屠杀的人吗？

雷米拍了拍自己的脑门。“啊！当然，”他大声嘬着牙花子，“我怎么会给忘了呢？我们必须得去见见马尔基亚·瓦·乌本贝（Malkia wa Ubembe）。”我跟他说自己从没听过这个名字，他的嘴角流露出一丝笑意，“没听过？好吧，你应该早点认识他。他就是耶稣基督再世的化身。”

宗教信仰在刚果人的生活中扮演着活跃且重要的角色。殖民主义者和蒙博托的党徒严重削弱了传统权威，给大众的日常生活造成了极大的不确定性。整个 19 世纪和 20 世纪，各个教派的教会在刚果各地如雨后春笋般蓬勃发展；在一些偏远乡村，仍然有大量的白人传教士开着破烂不堪的路虎越野车，操着流利的土著语或方言给人传播福音。

马尔基亚·瓦·乌本贝是另外一种不同的教派，这是一个小型的乌托邦运动团体，基本不参与政治活动。他们的首领和精神领袖是先知瓦西·塞里瓦（Wahi Seleelwa），他五十多岁，精神饱满，在 1983 年创立了这一教派。教会名字的意思是“本贝人的皇后”，先知本人就是本贝人。很多年前，天主教会里传出预言说，本贝人中将会出一个处子之身的圣人。和处女圣母玛利亚不同，他们中的圣人是瓦西·塞里瓦。

在星期五快到傍晚的时候，我们开车到了他的院子，当时太阳西下，刚刚落到遍布于巴拉卡沙质土地上的棕榈树树冠下。这个社区的每个村子看上去一模一样，是照着同一套设计蓝图建造出来的。
用泥砖建造后刷白，看上去没有分别的房子对称坐落在街道两旁， 104
街道一直通向远处先知的宅子，他的房子位于整个社区的正中心。在房屋后面，一大片社区的菜地一直蔓延到周边的棕榈林旁边。

这位先知（他也喜欢大家这样称呼他）在家门口的台阶上迎接了我们，他身穿一件白色T恤，上面印着他自己的头像，还戴着一顶黑色斯泰森毡帽。房子的正面有三扇巨大的玻璃门，嵌在白墙里，上方是彩钢瓦的屋顶。和这一地区绝大多数房子明显不同的是，他的房子看起来十分开放，窗户和门上都没有安装铁栅栏。

先知构成了这个社区里的身体和精神核心。他们坚定地相信瓦西·塞里瓦就是耶稣基督再世的化身，这是他从先人身上继承的荣耀，在他讲这个故事的时候，先人的照片就挂在身后的墙上。根据塞里瓦的说法，在他们前一任领袖过世之后，他就被耶稣基督的圣灵附体。在接下来的许多年里，他多次接到耶稣基督的启示，他的信徒们把这些启示记录下来，成了一本名为《传道笔记》（*Communication Notebook*）的经书，教会的主要教诲便是基于这本经书讲诵的。其中一些教义可能会让主流基督徒嗤之以鼻：他们允许一夫多妻制（先知本人就有三个妻子），实行自己独有的历法，每个月只有十二天，整个教派由几位长老统治，信徒们称之为“四活神”（Four Living Beings）。

塞里瓦迫切地想要跟我们讲述战争的开端。“从来没有人来听我们的故事，”他悲伤地说道，“联合国不闻不问，我们的政府视若无睹，从来没有人关心我们这里到底发生了什么。”他拿出一个皮质封套，里面夹着他亲笔写给各国总统和联合国秘书长的信件。“从来没有人回复过。”他抖着手里的信激动地说。

在他身后的墙上挂着一张黑白照片，照片里的一群人站在一个有茅草顶的白色教堂前。这群人大概有六十人，塞里瓦微笑着站在他们中间，他的毡帽稍稍向后仰起，看上去就像是一个神的光环；还有许多人也戴着帽子，塞里瓦解释说这象征着“即将到来的天国”。人群中差不多有一半是孩子，他们跪在第一排，神情严肃地盯着照相机的镜头。

“教会所有的成员都在照片里了，”他指着照片说道，“其中只有十几个人活了下来。我给你看看这些幸存者。”塞里瓦招呼一位助理给了他几个人的名字。

塞里瓦无疑赢得了会众对他的尊重。几分钟后，我们听到十几个人的声音，他们在屋外的台阶上打转，有三个男性和八个女性，其中一些还依然是孩子，一起来找我们聊天。先知咧着嘴笑了：“他们来了！”

为首的是个四十八岁的男人，名叫尼诺·伦迪拉（Neno Lundila）。他穿着一件过大的绿色外套，比塞里瓦的衣服寒碜许多。

* * *

105 尼诺的教堂位于阿巴拉，这是伊通布韦山脚下的一个小镇，距离先知的住所有两天的脚程。小镇的居民大部分是本贝人，靠种植玉米和木薯为生，他们是从之前生活的山区搬到这条连接湖岸和高原的大路旁的。战争开始前，穆伦盖人会把孩子送到阿巴拉上小学，活跃的贸易让两个族群相聚于市场、教会、婚丧嫁娶等活动中。

到了 1996 年 10 月底，两个月前开始的战争蔓延到了阿巴拉。衣衫褴褛的地方民兵开始跟穆伦盖军队不断交火，而穆伦盖军队持续朝着巴拉卡推进，导致沿途的当地居民大量逃亡。在阿巴拉，除了马尔基亚·瓦·乌本贝教会成员以外，所有人都外出逃难去了。“我们从没参与过政治，除了传播福音以外，我们并没有做其他任何事，为什么要逃呢？”尼诺说。

10月28日，教会信众聚集在教堂做晨祷。他们像平常一样把全家人都带来了。那天凌晨，教堂比平时更拥挤。“危急的局势给了我们去祷告的理由。”尼诺回忆说。一个小时后，在天色破晓前，当他们正齐声唱着最后一首歌时——“我们不会逃跑，我们不会害怕，我们始终和先知在一起”——就看到士兵把教堂包围了。透过教堂的窗户，借着微弱的晨曦，尼诺认出了一个穆伦盖人，他就在距离阿巴拉两个小时路程之外的地方出生长大，这里的人跟他很熟，直到此前他还是个礼貌友善的人。然而那一天，他却十分嚣张。

“别人都走了，你为什么不走？”他朝着牧师大吼。

“我们是上帝的子民，”尼诺记得牧师这样回答说，“我们无处可去。”

“那你们就得跟我们走！”

牧师拒绝了，他说他们在穆伦盖人的居住地不认识任何人，那里也没有教堂。

军队的指挥官失去了耐心。双方开始争吵，紧接着又开始撕扯。透过狭窄的窗户，尼诺看到一个士兵拿起步枪，指着牧师的脸，然后扣动了扳机。教堂里的人群惊声尖叫起来，外面的士兵走到门口和窗前，端起枪朝着教堂里面开火。一颗手榴弹在离尼诺不远的地方炸响，弹片扎进了好几个人的身体。妇女们把孩子从背上放下来
抱在怀里，跪地向上帝祈祷。他们试图藏在椅子中间的过道和祭坛 106
底下，尼诺感到不断有人倒在他身上：“这些人的尸体救了我的命，我能感到子弹打在他们身上，他们保护了我。”几分钟后，士兵停止了射击。尼诺可以听到他们在外面的争吵声。然后，一阵噼里啪啦的木头燃烧声打破了沉寂。“当时天还没有亮，但突然之间我从

尸体的缝隙中看到一缕亮光。”

原来是士兵点燃了教堂的屋顶，目的是杀死教堂里的幸存者，毁尸灭迹。尼诺听见士兵们说“咱们走吧”，便连忙从尸体堆的下面爬了出来。整个屋顶烧着熊熊大火，燃烧的稻草和房梁从头顶上掉下来。尼诺最后成功脱身，并把另外十七个幸存者一同拖出了起火的教堂。一共有一百零三人遇难，包括尼诺的两个妻子和六个孩子。

我们来到教堂门口的台阶上，其他幸存者依然坐在这里。妇女们面色阴沉，掀起破烂的笼巾给我看她们身上的伤疤。其中有个小女孩，现在有十七岁了吧，当年背起身边的小弟弟想要逃生，一颗子弹射穿了两个人的身体。十二年后的今天，她的腰部有个亮闪闪的疤痕，和弟弟的腹部被子弹射穿的伤疤刚好对得上。“他们两人被他们的伤连在了一起。”塞里瓦对我说。这个女孩红着脸拉起T恤给我看身上的伤痕。还有一个女孩的一条腿被迫截肢了。

“其余的尸体还在原处，埋在倒塌的教堂下面。”我们准备走的时候，尼诺对我说，“甚至没有人给那里立个纪念碑。你现在仍然能看到那些焦土和废墟。”他摇了摇头说，“我们连怀念逝去亲人的地方都没有。”

我问他有没有听说过被屠杀的穆伦盖人。他惊讶地看着我。“穆伦盖人？没有，从没听说过。”[9]

* * *

并不是只有南基伍经历过战争带来的灾难。整个国家都被侵略军劫掠。然而，屠杀却集中发生在东部地区，这里的图西族与其他民族长年不睦。在北基伍，入侵的卢旺达军队有组织地追杀了数千名胡图族村民，指责他们支持卢旺达大屠杀的凶手。许多显赫的胡图族商人和传统部落酋长也惨遭杀害。当然，图西族也有惨遭别人迫害和杀戮的回忆。

没有一场杀人事件受到法律指控，甚至没有调查小组来还原真 107
相，卸下这副历史的重担。遇难者的骸骨依然四处可见，在化粪池里，在蓄水池里，在厕所里，提醒着人们过去所发生的诸多惨剧。在布卡武，这一时期留下的万人坑上已经用钢筋水泥建起了炫目的购物中心。每一场新的暴力冲突都会唤醒这段积怨，以受害者的身份操控历史，无视其他族群的创伤。按照许多外交官和当地人的说法，和平要比正义更重要，尤其是当政府中满是昔日的军事领袖时。人们普遍认为，起诉这些领导人，他们就会再次挑起战争。还有一些刚果领导人说，战争是残酷的，本身就会有人死亡。一位博学的政客提醒我说："尤利西斯·格兰特将军（General Ulysses Grant）在美国南北战争之后不是赦免了南方军的士兵吗？西班牙人不是赦免了弗朗哥政府犯下的罪行吗？为什么到我们这里就要不一样呢？"不幸的是，赦免战争罪行迄今为止并没有带来和平，昨天的罪犯成了明天的惯犯。

109 第八章

推倒多米诺骨牌

你这泼猴，你正在摧毁的种子，可是你将来的食物！

——科菲·奥隆米代

1996年10月，扎伊尔·布卡武

1996年10月，普罗斯珀·纳比奥尔瓦中校（Lieutenant Colonel Prosper Nabyolwa）被派往靠近卢旺达边境的城市布卡武，成为蒙博托军队的行动指挥官。他的朋友们叫他“纳比”，他对这个城镇非常熟悉。他出生在布卡武城外不远的山上，曾在一所耶稣会中学读书，学校坐落在这座湖畔城市中间的一座小山丘上。这座拥有五十万人口的省会城市正要送走持续了三个月旱季，此时这里崎岖的山路上难得没有泥泞和水坑，尽管有些许扬尘，或笼罩在粉刷过的建筑物上，或沾在衣服和食物上。这里的海拔超过一千六百米，夜晚寒气逼人，无云的白天则酷热难耐。

这位经验丰富的伞兵指挥官曾经在比利时和俄克拉荷马州的军事院校接受过训练，他调查了当地的情况，结果不容乐观。卢旺达人仍在继续经过布卡武南边的鲁济济河潜入刚果。情报部门报告说，卢旺达的军队及其盟军解放刚果–扎伊尔民主力量同盟的队伍正在边境的另一边集结，准备进攻分散在城镇两边的难民营。纳比在受训时学过如何应对此类游击战。如果军队纪律严明，手中物资充足，110
他的任务是可以完成的。但纳比手下的军队却远非如此。

在过去二十年中，蒙博托已经将自己的国家——特别是他的军队——销蚀殆尽了。蒙博托认为对他威胁最大的是手下的官员，会确保他们没有足够的资金挑战他的权力，对一个通过政变夺取政权的领导人来说，这样做并不奇怪。他削弱了他的常规部队，克扣他们的物资和军饷，同时向相互独立的多支准军事单位——总统卫队和国民卫队——投了数百万美元，然后让他们彼此争斗，互相制衡。他将自己的亲信，通常是同属恩格班迪族群（Ngbandi）的同族安插到这些部队里面担任指挥官，并放任他们通过敲诈勒索、走私枪支和横征暴敛聚集财富。情报方面的情况也差不多，各种情报机构迅速膨胀，相互监视。纳比回忆道："我们没有一支统一的军队，我们有的是分散的个体。"[1]

当纳比奥尔瓦到达布卡武时，他估量了一下当前的局势。镇上共有八百名总统卫队、一千名国民卫队和二百名伞兵，而他们分别听从不同的指挥系统。伞兵已经走向没落，为了谋生放下身段，兼职为民营安保公司服务。总统卫队告诉纳比奥尔瓦说，他们已经和联合国达成协议，现在驻扎在这里是为了保护难民。虽然纳比恳求说，不要忘了他们曾经宣誓用自己的生命去捍卫扎伊尔，但他们依然拒绝把部队派往前线作战。

缺少情报让时局变得更加混乱。从 8 月和 9 月起，卢旺达的先头部队开始向部署在布卡武南部鲁济济平原和高原地区的纳比奥尔瓦部队发起进攻，但布卡武收到的安全情报却大多夸大其词且自相矛盾。纳比奥尔瓦回忆道："我并不知道活跃在那里的是三百人还是三千人的敌军。”他向金沙萨的军队指挥部发出报告，却没有收到任何答复。首都的政客正忙于明争暗斗，根本没时间注意千里之外的布卡武的局势。纳比奥尔瓦用无线电向金沙萨传去消息，说他迫切需要一支特种部队，总统卫队的司令却答道：“我们在金沙萨也
111 有麻烦，你知道吧。我们这里也需要士兵。”纳比奥尔瓦回忆称，蒙博托当权的时间太长了，几乎没人能想到他会失败，至少不会溃败给卢旺达这样只有弹丸之地的邻国。

卢旺达人对布卡武南部发起的攻击导致数千名难民和扎伊尔平民拥入城中，引发了该地市民的恐慌和抗议。9 月 18 日，天主教会和一些民间社会团体集结了数万人走上布卡武的街头举行抗议活动，抗议“图西族入侵者的侵略”。他们顺着城市主干道卢蒙巴大街游行，一路挥舞着旗帜，唱着歌。他们要求金沙萨政府“采取行动……将侵略者赶出国家领土,并一劳永逸地解决公民身份问题”。[2]

当然，这种政治挑衅的言辞可并不受国界另一边欢迎。此前已有数千名穆伦盖人为了逃避蒙博托的军队和武装力量进入卢旺达寻求庇护。抗议结束一周后，纳比奥尔瓦将电台调到卢旺达频道，收听巴斯德 · 比齐蒙古（Pasteur Bizimungu）总理的演讲。“这些联攻派民兵和扎伊尔当局没什么不同，”他愤怒地斥责道，“每次他们虐待我们，卢旺达人就会采取报复……如果他们一上来就想驱逐已在他们国家生活了四百年的人，我们只会欢迎穆伦盖人中的老妪和儿童。其他人必须留下来，给那些想赶他们出去的人一点教训。”[3]

* * *

没过多久纳比奥尔瓦就意识到自己遇上了大麻烦。也许莱梅拉医院大屠杀事件就是给他的第一个信号。这家医院坐落于陡峭的山丘上，从上面可以俯瞰整个鲁济济平原，是个理想的军事哨点。它

于20世纪30年代由瑞典的五旬宗传教士建立，战争期间这里已经是全省最大的一间医院，共有二百三十张床位，多名外国医生和先进的医疗设备。由于医院邻近战斗地点，几十名受伤的士兵被送了进来，包括胡图族武装和扎伊尔部队士兵。医院同意收治这些士兵，条件是需要得到扎伊尔政府的保护，于是大约一个连共一百名士兵便被部署在了这里。

10月6日凌晨，医院里的护士被军营传来的枪声吵醒。发电机已经关闭了一夜，但是几乎满月的月亮为医院提供了一些光亮。卢旺达人有一个广为人知的战术——殿后的部队朝天放空枪制造骚 112
乱，同时先头部队趁乱潜入目标地点，因此叛军有可能已经到了医院。护士看到附近的香蕉林里有人影攒动。医院一排排的病床一时间乱作一团，受伤的士兵为了逃命，把扎在胳膊上的输液管拔掉，能跑的跑，不能跑的一瘸一拐地走，不能走的就在地上爬。护士们躲在屋子里等待着。

第二天下午，几个村民壮着胆子来到医院里。眼前的场景让他们吐了出来。十七名病人被杀死，其中大多数是士兵，有的死在病床上，有的横七竖八地躺在地板上，不是被刺刀刺死就是被枪杀，四周满是碎玻璃、红药水和注射液。袭击者洗劫了药房，装有注射器和绷带的纸箱被扔得满地都是。在私人宿舍里，他们发现了三名穿着白大褂的护士——卡达古扎（Kadaguza）、辛比（Simbi）和马加尼亚（Maganya）——的尸体，她们全是被民主力量同盟和卢旺达的军队枪杀的。附近的天主教教区院子里躺着几名扎伊尔士兵，尸体已经扭曲变形。在房间里，他们发现两位身穿长袍的牧师也被枪杀了。[4]

鲁济济平原也遭到了同样的袭击，手段如出一辙：潜进来的卢旺达士兵攻击了军营和难民营，扎伊尔的军队和胡图民兵四散而逃，平民惨遭毒手。不久之后，二十二万担惊受怕的难民拥入布卡武，他们带来谣言说，还会有更多大屠杀发生。恐慌开始在城中蔓延。

纳比奥尔瓦决定亲自去鲁济济平原集结部队。他开着自己的路虎前往卢温吉（Luvungi），这里是扎伊尔军队驻扎的最前线，抵达时他发现士兵们正蜂拥着挤上一辆卡车，驾驶室顶上堆放着他们的随身物品和枪弹。其中一名士兵仓促地向他敬了个礼，说，“上校，您只能靠自己了。”

回到镇上之后，他向指挥官报告说他们急需增援。“他完全同意我的看法，”纳比奥尔瓦大笑着回忆道，“当他听到发生了什么时，突然感到一阵腹痛。他收拾好包裹，说要去金沙萨调集更多的军队，然后就搭乘下一班飞机飞走了。”

第二天，纳比奥尔瓦听到消息说，马上会有一架飞机带着之前承诺的援军抵达，他的精神为之一振。他匆忙赶到机场迎接，却只看到一架货机，从飞机上走下来的是一队带着妻儿和家当的国民卫
113 队。“二百名士兵衣衫褴褛，头上顶着锅碗瓢盆。许多山羊正绕着飞机跑道奔跑。他们问我在哪儿可以安营。”他双手抱着头，沮丧地咕哝道，“山羊啊！”

纳比奥尔瓦给金沙萨总部打了三次电话，敦促总部增派更多军队和资源。但总部什么也没派来。最后，当敌军距离布卡武只有几公里的时候，纳比最后一次拨通了陆军参谋长的电话：“将军，如果您再耽误片刻，您就要去红十字会的战俘营里接我们了！”

* * *

尽管卢旺达的种族大屠杀，以及屠杀的凶手与难民出逃扎伊尔是造成刚果战争的直接原因，但蒙博托政府和军队的腐败也脱不了干系。1996 年，扎伊尔已是风雨飘摇，《经济学人》（*The Economist*）刊登了一篇文章说，“他们说它是个国家。但其实它只

是非洲中央一个有着扎伊尔形状的黑洞罢了。”[5]

1973年纳比奥尔瓦参军时，军队内部已是矛盾重重，一片混乱。和其他国家机器一样，军队无处不在，侵扰百姓，横征暴敛，但却毫无作为。一方面，为了让扎伊尔成为对抗安哥拉、刚果共和国和坦桑尼亚等周边社会主义国家的桥头堡，西方国家给予扎伊尔武装部队数亿美元的军事援助。另一方面，虽然这些西方盟友如此大度，但是蒙博托的军队即使在面对一些最业余的武装力量的袭击时依然不堪一击。蒙博托曾多次被迫请求他的外国盟友或雇佣军来支援他那羸弱不堪的军队。

刚果军队的软弱来源于昔日的比利时殖民政府。这支军队当时被称为“公安军”（Force Publique），它的设立是为了维护法律和秩序，镇压任何威胁殖民统治的事件和团体。公安军既有军事职能也有警务职能，军事上的控制权十分分散，以便于地方上的政府可以利用军队处理民事任务、压制异见分子。比利时当局从来没有想过要建立一支强大的军队，直到20世纪50年代末，他们依然认为离刚果独立还有几十年的时间，他们将继续掌控这个国家和它的安全部队。他们不允许刚果人升到士官以上的级别，使得军官队伍由
一千名比利时白人组成。刚果独立时，蒙博托自己是一名中士、一 114
位训练有素的打字员和记者。不到两个月，他便成了新独立的刚果军队的总参谋长。

比利时人离开时，傲慢又缺乏经验的新政府解雇了所有的比利时军官，因为他们怀疑这些比利时人仍然想在刚果独立后继续操控这个国家。即使在最好的条件下，组建一支新军都是一项无比艰巨的任务，但接下来的混乱局面是所有人都未曾料到的。在西方的政治和经济支持下，开赛省（Kasai）和加丹加的部分地区几乎立刻分裂了出去。比利时和美国默许加丹加省的分裂主义者在1961年1月刺杀总理帕特里斯·卢蒙巴，独立后的刚果政府和军队分裂了，

刚果东部地区爆发了新的叛乱。为了镇压这些叛乱，蒙博托上校决定依靠外援，首先是两万名联合国维和部队，然后是白人佣兵、比利时伞兵和美国空军。

1965 年 11 月，蒙博托发动政变结束了这个动荡的时期，并开始重组军队。军事成了蒙博托政府最重要的一环，10% 以上的国家预算始终被分配给国防部。尽管他并未受过足够的专业训练，但却将自己晋升为陆军元帅和国防部长。他打着反对该地区共产主义的幌子，成功吸引了外方的支持。他在自己的领地收留了几个安哥拉叛军团体，并允许美国向他们提供资金和武器援助。在 1960 年至 1991 年期间，美国向扎伊尔提供了一亿九千万美元的军事援助，并培训了一千三百五十六名军官。[6] 法国、以色列和比利时也向这位独裁者提供了军事援助，尽管有证据表明蒙博托本人几乎没有采取措施改善本国的国家安全机构。这位独裁者很明确自身对于西方国家的重要性，他们绝不允许他失败。

因此，刚果并不缺少技术精湛和能力出色的军官。纳比奥尔瓦就是一个很好的例子。他先是接受比利时人的伞兵训练，然后前往布鲁塞尔在皇家军事学院进行炮兵训练。几年后，他在俄克拉荷马州的西尔堡学习了六个月。与此同时，扎伊尔成了发展迅速的非洲军事强国，其他国家纷纷派学员到扎伊尔的各个院校进行伞兵、海
115 军和炮兵训练。蒙博托还派出数千名士兵帮助镇压尼日利亚境内比夫拉人（Biafran）的分裂活动、利比亚支持的入侵乍得的活动以及布隆迪、卢旺达和多哥的反政府武装叛乱。

虽然得到了外界的支持，但是蒙博托却深深地担忧自己的军队真的会成为一股凝聚力很强的专业战斗力。矛盾的是，蒙博托正是出于对于异见分子的恐惧而削弱了他的安全部队。靠着政变起家的蒙博托非常清楚分权对他的威胁，所以他排挤或清洗了他认为会威胁到他的军官。军队的衰落始于 1975 年，这一年，蒙博托将一批

接受过美式训练的军官送上了军事法庭，包括三名将军和他的军事顾问翁巴·佩内上校（Colonel Omba Pene），指控他们在美国大使馆的默许下策划政变。三年后，厄运轮到了在比利时皇家军事学院接受训练的军官。尽管并没有什么证据显示这些官员与比利时有过阴谋，但是这些人很快就被判刑处决。与此同时，蒙博托解雇了所有他认为会对他不忠的少数民族出身的金沙萨官员，特别是那些来自开赛省、马涅马省（Maniema）、班顿杜省（Bandundu）和加丹加省的官员。这位总司令重新整编了军队，来自自己部落恩格班迪族同族被他当作嫡系，安置在关键的指挥岗位。忠诚度，也就是族裔出身的重要性超过了个人能力。

纳比奥尔瓦来自动荡不安的基伍省，虽然他曾在海外受过训，但也被挡在重要岗位之外。“他们认为基伍省的人都是叛徒。”纳比奥尔瓦回忆道。他被迫听命于一些甚至没上过军校的军官 。“如果你不是来自赤道省，你就根本无足轻重。”

极度偏执的幻想让蒙博托把军队搞得四分五裂，他设立了许多军事单位和情报部门，隶属不同的命令链条，职务相互交叉重叠。大多数的单位都由他的亲戚分管。1982 年，他将身为上尉的侄子恩津比·恩巴莱（Nzimbi Ngbale）提拔成了将军，任命他掌管新成立的总统卫队。几年后，蒙博托又任命自己的连襟菲勒蒙·巴拉莫托将军（General Philemon Baramoto）为国民卫队的司令，国民卫队的本职是守卫国家边境，但最后却成了驻扎在全国各地的一支庞大的准军事武装。蒙博托的儿子孔戈洛（Kongolo）本来拥有上尉军衔，但不属于任何官方武装力量，他后来成立了自己的私人保安公司“雄鹰安保”（Eagle Service），并经常借此向钻石贸易商和海关官员勒索钱财。因为行事残暴而有“终结者”之称的国家安全顾问奥诺雷·恩班达（Honoré Ngbanda）则创立了两个私人武装组 116
织用以对付蒙博托政权的敌人。

到了20世纪90年代，部队中的六十二名将军有一半是来自蒙博托的家乡赤道省，三分之一来自他的恩格班迪族。国防部据说有90%的工作人员都来自赤道省。[7] 但是，这种考虑不周的提拔换来的并不是忠诚，而是军队内部的混乱。各种军事和准军事部门大部分时间都在相互争斗，并在全国各地建立自己的黑手党网络。蒙博托的安全顾问后来描述了将军之间残酷的内部斗争："所有的国防部长和陆军将军，不论在军队中还是在蒙博托的随从中，都有一个他们必须抗争或防卫的对手。例如，奔巴将军（General Bumba）遭到莫隆吉亚将军（General Molongya）的攻击，辛加将军（General Singa）与隆蓬达将军（General Lomponda）开战，利库利亚（Likulia）陷害埃卢基（Eluki），而多纳特·马赫莱（Donat Mahele）又让埃卢基的日子不好过。同时，辛加在国防部又被利库利亚阴谋算计。这样的例子有很多。"[8]

在蒙博托眼里忠诚比正直更重要，所以他便默许受他庇护的人大肆敛财。这些官员为了自身的影响力、报酬丰厚的采购交易和权力寻租而明争暗斗。几乎所有的高级官员都在做生意，他们利用国有资产来赚取个人利益，公私界限变得完全模糊。军队参谋长埃卢基·蒙加将军（General Eluki Monga）把军事库存中的油料挪用到自己的出租车队上，巴拉莫托将军雇用他的士兵在金沙萨做私人保安，总统卫队总司令恩津比将军则将加丹加省的铜矿用军队的卡车走私到柬埔寨。[9]

* * *

20世纪80年代，随着蒙博托对国家和经济控制权的削弱，他的军队也分崩离析了。除了总统卫队在装备、待遇和伙食方面的条件相对优越，整个国家的七万名士兵大部分很少甚至压根就不曾收到过薪水。蒙博托在给军队的演讲中说过一句著名的话："你有枪，你不需要薪水。"[10] 这很好地体现了他那著名的"第十五条"。"第十五条"是已经被废除的宪法中口口相传但其实并不存在的条款，该条款旨在呼吁人民为了生存要自力更生不择手段。Débrouillez-vous（"随机应变"或"勉强生存"）成为扎伊尔所有阶级，尤其是成了武装部队的生存法则。

这一法则对安全部门的影响怎么说都不过分。早在 1979 年， 117
一名到访刚果东北地区的学者就遇到了一群士兵，"穿着破烂的制服，薪资长期被拖欠。许多人甚至沦落到要饭的地步"。为了生存，这些士兵被迫给当地的农场主打工，在田地里干活。[11] 全国各地军营的士兵在训练场种上了蔬菜，鸡群和羊群在荒废的军营里晃荡。

大多数士兵谋生的手段可没这么光彩。到了 20 世纪 90 年代，士兵设置临时路障勒索钱财的行为在扎伊尔乡村地区随处可见。这些士兵被称为"katanyama"，在林加拉语中的意思是"割肉刀"，因为他们会到市场上从屠夫手中抢走最好的肉。定期发表演讲搞"自我批评"的蒙博托本人就曾承认，"其实这些干部似乎对军队的生活和纪律早已置若罔闻，沉浸于纸醉金迷的生活：生意、香车、别墅、小资生活。"[12]

纳比奥尔瓦来到布卡武后才发现这里的官员都成了商人。他摇着头跟我说："他们都戴着金戒指和金项链，有时甚至戴着太阳眼镜、一身古龙香水味地来总部上班。"大多数指挥官都是妻妾成群，纳比奥尔瓦的一位副官在主街道上开了一家服装店，还有一位副官则与当地商人合作走私，在夜幕的掩护下把一辆辆卡车放过布隆迪边境。

* * *

像一家破产的企业一样，当军队停止运转，军官们也会把所有值钱的东西都拆光卖净：武器、车辆、飞机、发电机以及所有能在国际军火市场或黑市上卖个好价钱的东西。1994 年 6 月，恩津比将军和巴拉莫托将军把空军剩下的战斗机卖给了军火商。几个月后，埃卢基将军命令空军司令将最后一架 C-130 运输机出售给了南非商人。到 80 年代末的时候，由于许多备用零件被拆走卖掉，国家主要的装甲旅只有 70%的坦克可以正常使用。扎伊尔空军的数据也如出一辙。[13] 扎伊尔军自己已经不能把部队或货物运送到横贯一千英
118 里又几乎没有硬化道路的国土内的任何地方了。他们不得不求助于商业飞机。在战争结束的时候，据称倒台政府仅空中运输费一项就欠了本地商人四千多万美元。[14]

对这些将军而言，效力于哈比亚利马纳政权的卢旺达军队溃逃而来的同时也带来了许多商机。蒙博托的安全顾问来到戈马军营的武器库检查收缴的武器，花了整整一天时间将所有的武器装备都过目了一遍："整个院子里摆满了现代化的重型机械。其中许多装备都不曾用过。令我感到吃惊的是其中还有非常现代化的水陆坦克。飞机库里装满了各式步枪达数十万支，还有满满三栋楼的弹药。"[15] 其中大部分武器被参与贩卖军火的军官用东西换走了。这些武器的去向反映出这些军官是多么见利忘义：有些武器又被卖回给了流亡的卢旺达军队，还有一些则卖给了国境线另一边的卢旺达爱国阵线。扎伊尔军队把精良的武器和弹药卖给了敌人，而日后敌人就是用这些武器杀死他们的。

几十年的任人唯亲和管理不善使得大多数指挥官显然只忠于自己的钱包。蒙博托驻东部前线的指挥官滕贝莱将军会定期会晤边境地区的卢旺达爱国阵线指挥官，向他们简明介绍军事情况。[16] 战争

爆发前夕，卢旺达外部情报头子帕特里克·卡雷盖亚与金沙萨和刚果东部的蒙博托军官交谈过："我们渗透得很广，我们花钱，我们走关系。事情不难办。"[17]

* * *

叛军部队同时从卢旺达边境和南边向布卡武进发，兵临城下时，纳比奥尔瓦正在市中心。他开着皮卡飞速赶到莱斯登斯酒店，这座宏伟的酒店大楼坐落在主城区，军队的高级指挥官都在这里租住。他的长官藏在这里，发誓说他不会放弃自己的阵地。纳比奥尔瓦冲进房间，敦促他下令战术撤退。长官拒绝了，说他们还可以继续镇守城镇。纳比奥尔瓦愤怒地将他拉到阳台，从那里他们可以看到卢旺达军队正不断拥入城中。当他们站在阳台上时，一枚火箭榴弹击
中了距离他们几米远的墙壁，将他们双双震倒在地。认清形势后， 119
这位将军下令让手下紧急撤退到紧邻布卡武的一座小山上，在那里他们可以筹划反击行动。

军队的高层指挥官挤进他们的军用吉普车，一路呼啸出城，结果发现军队大部已经逃到了北边的军营。但是，这种形势不利于反攻。惊慌的士兵与妻儿在兵营里转来转去。他们的财物——纳比奥尔瓦怀疑这些东西也都是抢来的——在阅兵场上堆得满地都是。他认为，在这种情况下不可能发起反攻。不过他的长官没有听他的，命令士兵们列队准备进攻。他们终于说动了各单位指挥官，让他们站在阅兵场的前面，但士兵们却畏惧不前，任由他们的长官孤零零地站在场地中间窘迫不堪。纳比奥尔瓦回忆道："我的将军以为我们有一支军队——但其实我们根本没有。"

他们进一步撤退到布卡武市北边十八公里外的卡武穆机场（Kavumu airport），金沙萨方面承诺会向该地派遣增援。在那里，

他们发现了蒙博托武器库中威力最强的武器之一，一辆十五米长、装有十二支火箭炮筒的 BM-30 斯莫奇火箭炮。令纳比奥尔瓦感到失望的是，他的指挥官竟然咧嘴对他笑道，“我们可以用这个把布卡武给轰了。”城里还有纳比奥尔瓦的亲戚和家人，所以他反驳道：“这么做没有任何意义。到时候死的只有平民，毁的只是房屋！”命令就是命令，这位将军坚持已见，他们派出一队人马开车前往布卡武，试图找到一个合适的地方轰炸该市。

在驶向小镇的半路上，将军开车来到队伍中间纳比奥尔瓦的皮卡旁边，命令他带头进攻。“你想让你的作战指挥官第一个战死吗？”纳比奥尔瓦怒斥道。他受够了。他停下车，把钥匙交给他的将军。“我绝不会那样去送死的。”他回忆道。他可不想把无知当作无畏。“如果他想带头进攻的话，我们谁也不拦着他。”

纳比奥尔瓦开始扭头朝机场走去。在一个十字路口，他遇见同队的大批士兵与数百名卢旺达难民在争论究竟是向北回到机场还是向西进入赤道雨林。经过一番深思熟虑，他们决定翻山越岭到条件
120 恶劣的丛林中去。纳比奥尔瓦加入了他们，爬进了一辆总统卫队指挥官的吉普车。

与此同时，因为 BM-30 火箭炮的电路短路，这位倒霉的将军只好逃回机场。然而，他没有选择向西进入丛林的那条道路，而是决定沿着基伍湖向北前往戈马，他认为在那里还能加入其他部队一起抵抗卢旺达人的入侵。纳比奥尔瓦从电台里听到了长官的决定，为他感到一阵惋惜。他确信戈马很快就会沦陷，而他的将军会被困在两个敌方阵营之间。纳比奥尔瓦藏身于丛林深处六十英里的一个小村庄里，他告诉总统卫队，他们得回去把这位将军救回来。但是对士兵们来说丛林是他们最后的活路，回去无疑就是送命。于是他们举起了枪指向纳比奥尔瓦。

“他们简直不可理喻，”纳比奥尔瓦回忆道，“他们先是指责我

是逃兵——一群逃兵居然说我是逃兵，真是奇怪。然后他们又说我让他们回去是让他们送死。最后，一名军官说，‘我们觉得你是一个叛徒。每次你让我们上战场，我们都会遭到攻击！’

“‘可战争不就是这样吗！’

‘“你简直就是个虐待狂！’”

面对这种逻辑，纳比奥尔瓦能做的就是说服他们，杀了他并不明智，更明智的是把他抓起来，交给他们的长官。

* * *

在战场的另一方，卢旺达军的领袖比扎伊尔的将军年轻了整整一代。

从表面上看，卢旺达领导的入侵行动混杂了不同的民族、指挥体系和军事文化。炮兵是乌干达的、快艇是厄立特里亚的、军事顾问是坦桑尼亚的，士兵是刚果的。可归根结底，发号施令的是卢旺达人，至少在战争的前半段是这样。战场上的军事行动指挥官是卡加梅总统卫队的前任队长，年仅三十三岁的詹姆斯 · 卡巴雷贝上校（Colonel James Kabarebe）。

卡巴雷贝的声望在该地已经成了传奇，以至于人们都不需要提及姓氏，只要谈到“詹姆斯”或“詹姆西”，就知道说的是他。在
1990 年卢旺达爱国阵线入侵卢旺达北部时，他还只是个少尉，1994 121
年他们占领基加利的时候，他已经升任中校军衔。[18] 与他一起工作过的刚果军官表示，他以身作则，经常与他们一起吃饭，还亲自上前线领导作战。在战术会议上，他通常会听取同事们的意见，因此在年轻的刚果军官中培养出一批忠于自己的追随者。

在行动之初，卡巴雷贝便向卡比拉请示能不能让他的儿子约瑟夫一同上前线。约瑟夫 · 卡比拉是老革命家洛朗 · 卡比拉带到基加

利的唯一一位家庭成员，时年二十六岁的约瑟夫从 1996 年开始进入官员们的视野。他的一个同学回忆，寡言少语的约瑟夫曾开车带他从基加利到戈马去见他的父亲，一名肯尼亚安全官员回忆，他曾经和约瑟夫以及其他军官在坎帕拉的一家酒吧喝过酒。

现在，卡巴雷贝希望约瑟夫陪他一起见证在刚果的军事行动。“我跟卡比拉说，约瑟夫必须学习打仗，民主力量同盟对他来说就是最好的学校。他最后接受了我的建议。”[19] 根据卡巴雷贝的描述，他这位年轻的徒弟并没有做好成为一名军人的准备。当听到枪声时，他会惊慌失措。“学习如何战斗是他最难熬的一段时光。”

前线的生活与卡比拉在达累斯萨拉姆慵懒闲散的生活截然不同。卢旺达人率领的军队有一些帐篷和防水油布，而且他们还会把军队安置在随处可以找到掩护的地方。但是战争 9 月初就已经开始，那时恰逢雨季的开端。几乎每天晚上都在下大雨，士兵们身上都湿透了，他们的衣物都散发着一股臭味。苍蝇和恙螨在皮肤下产卵生蛆，导致伤口感染化脓。

由于一直下雨，军队几乎无法沿着道路前进。部队花了好几天时间将深陷泥坑的卡车推出来，把坏掉的桥修好，还不得不把大部分行李顶在头上。在几周的跋涉之后，大部分士兵扔掉了袜子，光着脚穿着威灵顿靴继续前行，脚上的水泡和足茧越来越多。晚上，他们挤在由香蕉叶和树枝搭建的披屋里，或者住进废弃的房子里。

能吃的东西很少。士兵们只能走到哪儿吃到哪儿，而且沿途早已被数十万逃避战火的刚果人和卢旺达人破坏得满目疮痍。农田里的庄稼被连根拔起，鱼塘被捞空，房屋被洗劫殆尽。运气好的时候，
122 他们能捡到一些人道主义救援人员丢下的东西，尤其是联合国难民署的救援物资。接下来的几个星期里，经美国食品药物管理局认证的玉米粉、植物油和菜豆便成了士兵们的主要食物。对于军官而言，他们的甜点可能是伴着糖和咖啡的婴儿营养牛奶以及一些能量饼干。

刚开始在东部边界地区进行的大多数战斗都是由卢旺达军与加入叛乱的刚果图西人一起进行的。不过，到 1996 年 10 月，刚果民主共和国招募的第一批新兵已经从民主力量同盟设立在北基伍的尼亚莱凯（Nyaleke）和南基伍的基多泰（Kidote）的两个训练营毕业了。数千名青少年穿着整齐的绿色军服和威灵顿靴加入了叛军。他们几乎都是步行前进——飞机过于昂贵，大多时候都只供军官和精英部队使用——行军时一边唱着歌一边扶着顶在头上的弹药盒。他们把一天之内要强行推进四十英里甚至更长距离的急行军称为“Mobailo”。从收音机上听到令人闻风丧胆的武装分子的名字，便在对村民介绍自己时说：“Biso toza ba Taliban。”（我们是塔利班）有些人用国际知名的恶棍当作自己的外号，卡扎菲（Ghadaffi）是其中非常受欢迎的一个。后来在战争中，奥萨马（Osama，本·拉登的名字）开始流行起来。几年后，刚果村民告诉我，在这个地区当过民主力量同盟领导人的有兰博（Rambo）和查克·诺里斯（Chuck Norris）*。

2 月，老老少少共一千多名加丹加猛虎军的士兵从安哥拉乘运输机飞来加入叛军队伍。每次提到加丹加猛虎军便能引得卢旺达军官一阵起哄。“嗯！就是猛虎军！这些人可是给我们惹了不少的麻烦，”卢旺达指挥官告诉我说，“他们都是些老家伙，上战场还要带着各种魔法护身符，觉得这玩意儿可以让他们刀枪不入。”虽然卢旺达人开他们的玩笑，但猛虎军并非所有人都是年老力衰毫无用处。猛虎军的许多二代成员在安哥拉军中接受过系统的训练，战争之初他们正值二三十岁的能打之年。[20] 安哥拉政府正是想让这些说葡萄牙语的流亡者加入卡加梅的联盟。

* 兰博是美国系列电影“第一滴血”中的角色，由史泰龙出演；查克·诺里斯是美国武术演员，曾与李小龙在电影《猛龙过江》中演过对手戏。

* * *

叛军在穿越刚果时并没有打过什么让人记忆深刻的战役。布卡武战役是比较激烈的一场，因为扎伊尔军队曾试图抵抗；后来，他们发现放弃抵抗才是更好的选择。戈马由于有叛徒出卖，很快便沦
123 陷了：蒙博托的军官在卢旺达入侵前几个月就把装备和情报卖给了敌人，随后面对进攻又几乎没有做出任何防御。同时，乌干达的军队已经越过了北部的边界，只用了三十名士兵便占领了马哈吉（Mahagi）。一名叛军指挥官告诉我，在东北边的另一座城市，叛军的三名士兵骑着摩托车击败了蒙博托的两百人。

有抵抗的地方，往往是因为有外国军队。前卢旺达武装部队的士兵与扎伊尔军队协同作战，试图保护难民撤退。在刚果河上游的金杜省（Kindu），有一千多名前卢旺达武装部队成员加入了蒙博托的军队，但他们并没有得到合理的部署，很快便四散而去。[21] 但是，蒙博托的军官并没有放弃。他们决定驻扎在基桑加尼（Kisangani），这是刚果第三大城市，同时也是通往东部地区的门户，坐落在刚果河一处弯道上。这座城市是一个主要港口，有一条很长的飞机跑道。军队最高指挥部通过空运增援了许多兵力，并在机场和从东边通往该城的主要公路上布设地雷。外交官推测，如果该城失守，蒙博托就要成为历史了。

蒙博托的将军开始疯狂调动其他外援。他们利用在贝尔格莱德和巴黎的关系成功雇用了约二百八十名雇佣兵，他们大多是法国人和塞尔维亚人，由比利时上校克里斯蒂安·塔韦尼耶（Christian Tavernier）指挥，还配有一些武装直升机和大炮。[22]

这些外援人数太少，来的也太迟了。他们要控制的地方太大了，而且扎伊尔军队过于涣散，他们在中间几乎起不到什么作用。这些为钱而战的士兵可能也不具备过硬的素质。一位法国分析人士说他

们是“弗·福赛斯（Frederick Forsyth）的《战争猛犬》（*Dogs of War*）和启斯东警察”* 的混合体。他尤其瞧不起塞尔维亚雇佣军的行为：“他们整日饮酒，无故骚扰平民。他们没有能用的地图，既不会讲法语，也不会讲斯瓦希里语，没过多久很多人便得了痢疾和疟疾。”[23]

塔韦尼耶将基地选在瓦察（Watsa），这座小城地处东北的偏远地区，没什么战略价值，但他却在当地获得了采矿权。上校本人更多出现在金沙萨的梅姆林大酒店而不是战场上，他经常指责外国记者，吹嘘他的功绩，抱怨政府的无能。

内部的紧张局势也阻碍了行动。雇佣军里的法国人以前大多是法国外籍军团的士兵，相互之间的关系更为密切，拿到的报酬是塞
尔维亚人的五倍——如果是军官，每月最高能拿到一万美元。但是， 124
塞尔维亚人控制着大部分飞机和重武器，这些旧装备是花大价钱从南斯拉夫军队租来的。法国人指责塞尔维亚人不专业，塞尔维亚人则反驳说，法国人上一次在战场上真正获胜还是在1805年的奥斯特利茨（Austerlitz）。

一旦上了战场，什么都全乱套了。塞尔维亚从来没有提供法国人要求的空中支援，总是抱怨缺少部件和燃料。他们甚至有好几次轰炸了蒙博托正在撤退的部队，造成数十人死亡。蒙博托的安全顾问回忆起当时的情形：“我们派了两个来自扎伊瓦尔的代表团分别招募雇佣军。可结果呢？他们招募来的雇佣军来自不同国家，讲不同的语言……我们买的武器是不同国家的，没法放在一起使用。这

* 《战争猛犬》是英国作家弗·福赛斯的小说，讲述的是英国矿业巨头詹姆士·曼森为了攫取价值连城的矿藏资源，利用欧洲雇佣兵入侵虚构的非洲共和国赞格罗，推翻政府，建立傀儡政权的故事。该小说于1980年被改编成同名电影搬上银幕。“启斯东警察”（Keystone police）指美国喜剧电影公司启斯东制作的系列短片中的警察形象，以行为愚蠢滑稽、缺乏专业性而闻名。

简直就是一场巴别塔闹剧。”[24]

雇佣军在对待当地居民时更是胡作非为。今天的基桑加尼的居民仍然记得一位发疯的塞尔维亚司令官，叫“尤戈”·佩特鲁西克(“Yugo” Petrusic)。他开着吉普车在城里乱转，骚扰平民，开枪打死了两名福音派传教士，只因为他们用扩音器祷告惹恼了他。他确信民主力量同盟的反叛分子已经潜入了基桑加尼，于是大肆逮捕和审讯平民，用汽车的电瓶和刺刀对他们施以酷刑。[25]

* * *

据詹姆斯·卡巴雷贝上校回忆，基桑加尼战役很可能是他们打过的最艰苦的一场仗。在茂密的丛林里，卢旺达军与敌军在刚果河支流上的一座小桥上狭路相逢。他们尝试前进，但却遭到敌军的枪林弹雨和迫击炮的精准攻击。他们沿岸搜索，但却没有找到任何可以帮他们摆渡绕到敌人两侧的渔民。

通常，在听人讲述战争故事时，你很难分清哪些是事实，哪些是虚构。“洛朗·卡比拉有着很奇怪的战术思维，”詹姆斯·卡巴雷贝回忆道，“在基桑加尼，当我们被雇佣军挡住去路的时候，他走到我身边，命令我让士兵们都爬到树上，只要他一声令下，就一齐向不同的方向射击。他说这样做可以迷惑敌人，让他们摸不着头脑！”从那时起，每当卡巴雷贝遇到敌人的重火力时，他的同事就会跟他开玩笑让他把士兵们都弄到树上去。

125 关于这场战斗还有一些故事仍在卢旺达人之间广为流传。面对横在面前的敌军重火力和刚果河，卢旺达军队决定让新来的加丹加猛虎军试试。据卢旺达人说，猛虎军士兵在全身上下涂满魔法膏，在脖子上挂上护身符，保护他们刀枪不入。然后他们开始发起进攻。结果，他们一个个地被敌军的狙击手干掉了。有的人跳进水里淹死了，有的逃跑了。“那就是一场屠杀。”卡巴雷贝回忆道。[26]

加丹加猛虎军曾在安哥拉接受过专业军事训练，不是敢死队，不太可能干出这种事。更可信的版本是参加过这场战斗的一些民主力量同盟士兵说的：他们往上游方向跋涉了数天，终于成功过了河，得以包抄蒙博托的军队，从后方攻击他们。与此同时，乌干达的坦克已经沿着丛林的道路抵达战场，可以为叛军提供火力掩护。[27]

1997 年 3 月，基桑加尼沦陷，敲响了蒙博托政府倒台的丧钟。这是蒙博托发起的战争中最后一场真正的战役，后来除了金沙萨以东约一百二十英里外的肯盖（Kenge）战役以外再没有像样的战斗，当时争取安哥拉彻底独立全国同盟（National Union for the Total Independence of Angola）的叛军集结起来为他提供防御，同时来自金沙萨的几千名没有工作孤注一掷的青年每人在领取了一百元之后便被派往前线作战。

1997 年 4 月 5 日，刚果的钻石集散中心姆布吉—马伊（Mbuji-Mayi）沦陷。事实上，蒙博托的军队几乎无力对这座小城做出任何防御，城里的国有钻石社会矿业发展公司（Société Minièrede Bakwanga）是蒙博托依赖的最后现金源，这一举动表明蒙博托政府已经完全放弃了。对于卡比拉来说，攻下这一城镇简直就是及时雨，因为他可以借此拿到急需的现金支付燃料和飞机的费用，这两项费用是叛军最大的两项支出。他要求黎巴嫩钻石贸易商向他支付九十六万美元的欠税，并扣押了南非钻石巨头戴比尔斯公司的两笔货物，指控他们涉嫌非法经营。据说他们必须要支付五百万美元才能拿回这些宝石。[28]

下一个即将倒下的多米诺骨牌就是一个星期之后沦陷的扎伊尔的铜矿之都卢本巴希。蒙博托第二十一旅的士兵撕下了床单，将白色的头巾绑在头上，挥舞着白旗，迎接解放刚果—扎伊尔民主力量同盟。餐厅和酒店业主打开门，为到来的军官提供免费的啤酒和软

饮料。洛朗·卡比拉就是从这里崛起，很快他就着手从当地青年团
126 体中招募新兵。刚果自由邦的旧旗帜——孔雀蓝背景上映衬着黄色星星——在城里的政府大楼里再次舒展飘扬起来。他们雇来画家迅速画上“刚果”二字，替代无处不在的“扎伊尔”，蒙博托政党的标志图案——熊熊燃烧的火炬被他们从公共纪念碑上抹去。

载满国际矿业公司和银行官员的专机抵达卢本巴希，或许这才是蒙博托时代行将就木的真正标志。高盛投资银行、波士顿第一银行和英美矿业公司的代表都去拜见了洛朗·卡比拉。[29] 由佐治亚州议员辛西娅·麦金尼（Cynthia McKinney）率领的美国国会代表团不久后也抵达了卢本巴希。[30]

* * *

嘲笑蒙博托的政府和军队，把蒙博托政府的覆灭归咎于金沙萨一群无能又无所事事的将领所办下的种种可笑的蠢事是不需要动什么脑筋的事。但是，扎伊尔军队输掉了这场战争并不是因为他们的士兵缺乏训练或者不够专业。这里的安全部队，还包括一批情报人员，全都在世界上最好的军事院校受过专业训练。问题是他们为之效力的体制腐败不堪。自独立以来，蒙博托就没有建立起合理的政府管理机构和体系，为了防止出现任何的挑战者威胁他的权威，他任由自己的国家出现腐败，而在这个过程中，恰恰是他亲手断送了自己手中的权力。

军队深陷腐败泥潭也严重影响了士兵的士气。他们拿不到薪水，几乎养不活妻儿，不太可能为这些腐败、中饱私囊的指挥官们卖命。纳比奥尔瓦表示，“刚果真正的挑战不是如何改革军队，而是如何改造军队里的人！刚果军人之间的同性恋问题便是军队里的一个很严重的问题！”

对许多刚果人来说，这种体制上的缺陷与肉体上的痛苦几乎一样令人沮丧。自 20 世纪 70 年代到今天，刚果没有有效的军队、行政部门或司法机关，领导人对建设强有力的政府机构也兴致寥寥。相反，他们视国家机构为一种威胁，要让政府机构保持弱势，以便更好地操纵它。这造成了一个尖锐的矛盾：政府无处不在且肆意压榨人民，而政府又形同虚设无法行使正常职能。

127 第九章

穿越千里雨林

1996年10月，扎伊尔 · 布卡武

1996 年 10 月战争开始时，卢旺达难民和社会工作者贝亚特丽斯 · 翁泰希正在布卡武市内。她来这里是为了等一个比利时非营利组织的汇款，以帮助她和她的同事们在战争开始之前把家人提前疏散。整座城市的气氛十分紧张，每天早晨都能听到远处传来震耳欲聋的火箭炮声。汇款要汇到一个印度人开的批发商店，她每天都在那里焦急地等待。为了防止被洗劫，过去几天这家商店都没有开门，今天看起来和前几天也没什么分别。大约到了上午 10 点半，一阵阵自动机枪的声音加入了火箭炮的咆哮中，不过这并不足以引起特别的恐慌。过去几天里，这座城市和边境上的卢旺达军事阵地已经连续发生交火。大街上到处都是来市场上寻找食物的人。一群人头顶着装饼干的纸箱，从刚被洗劫一空的红十字会仓库门口匆忙跑过。

突然，贝亚特丽斯看到一群士兵从山上跑了下来，一边跑一边脱掉身上的军装。有人大声喊道："他们在 ISP！" ISP 是离她当时位置不到一英里的一所技术学校。城里瞬间陷入混乱，人们头顶着

篮子，背上背着孩子，尖叫着四处逃窜。贝亚特丽斯有足够的时间带上自己收养的两个孩子——巴孔达和阿苏姆普塔——然后跟在临 128
阵脱逃的士兵后面向前飞奔。但她却没有时间带上另外的那些亲戚和自己为数不多的家当。她身上只剩下七十美元和自己的卢旺达身份证。炮弹呼啸着飞过他们的头顶，在道路两旁炸开。到处都是受伤的人，有的独自在路边惨叫，有的则有家人或朋友陪在身边等待救助。她把希望寄托在十五英里外的一处难民营，那里有她的家人和朋友。她认为自己在难民营应该能得到保护，因为为了解决难民问题，国际社会在那里实施了干预。

* * *

她的希望落空了。正当贝亚特丽斯朝着山里逃命时，全世界的外交官们都希望让卢旺达的胡图族难民就此消失。第一次入侵后，数十万难民被逼回了卢旺达，美国驻卢旺达大使罗伯特·格里宾（Robert Gribbin）和他的东道国一致认为，那些“依然和前卢旺达爱国阵线及联合进攻派站在一条战线的人……是那些不愿意返回卢旺达的家庭或者他们的同情者，”而现存的“难民数量大约有两三万人，而不是传说中的天文数字”。[1] 然而在现实中，预计有三十万到六十万胡图族难民逃进了丛林中，面临着疾病和饥饿的威胁。布卡武周边的难民完全没有机会回到卢旺达——他们在返回的路上将会迎头撞上进击的军队。[2]

11 月 20 日，美国军官向基加利的援助组织展示了空中侦察的照片。他们搭乘美国军方的猎户座侦察机，在全国上空拍摄难民的流向和安置点。从照片上可以清楚地看到，有大约五十万难民集中分布在三个大聚居区和其他多个小聚居点。从照片上无法得知这其中有多少是流离失所的扎伊尔人，有多少是难民。仅仅三天后，美国军方声称，他们紧紧锁定了一处大型聚居点，通过“他们移动的规律和其他证据，可以确定他们就是前卢旺达武装部队和武装分子”。[3] 其他所有聚居的人群神奇地消失了。人道救援组织乐施会强烈抗议，指责美国军方故意“漏掉”那些难民。“我们不得不得出这样的结论，实际上有多达四十万难民和未知数量的无家可归的扎伊尔人从历史中被抹掉了。”[4]

* * *

129 贝亚特丽斯逃离布卡武后，她和巴孔达一起跑了一天，直到她筋疲力尽再也跑不动了。由于害怕遭遇叛军，他们离开了大路，跟着一群战战兢兢一言不发的难民沿着小路从山坡上茂密的香蕉林向前穿行。第一天晚上他们住在一所学校里，那里有蒙博托的青年团负责把守，这群年轻人集结在一起就是为了保护自己的家园。他们检查了贝亚特丽斯的身份证，但是对一个跟她一起来的小孩产生了疑心，那个小孩的长相带着明显的图西人特征，他们是在路上认识的。但是她最终说服了他们这是自己的儿子。青年团的人极不情愿地允许她到当地一家人家里过夜。关于这家人，她后来写道，“和我在漫长的路途中遇到的许多扎伊尔人一样，他们也保持着那份善良，让我在他们的屋檐下躲风避雨，并把他们仅有的一点点食物分给我。”[5]

唯一一条逃生通道就是通往基桑加尼的道路，这是扎伊尔的第三大城市，坐落在刚果河的转弯处，他们要往西北方向跋涉三百英里才能抵达。数十万胡图族难民正在刚果东部的深山老林中蹒跚前行，与他们同行的是数万担惊受怕的刚果人。首先，他们要翻越“卡胡齐—比埃加国家公园”（Kahuzi-Biega National Park）的群山，在和平年代，这里的山地大猩猩和高原象吸引着诸多游客前来观光。

崎岖的羊肠小道被人群堵得水泄不通。当时雨季刚刚开始，每天晚上都是暴雨倾盆，每个人都被淋成了落汤鸡，脚下的路也变成了湿滑黏腻的泥塘。森林里挤着数以万计的难民，有时候贝亚特丽斯不得不站在原地，等着前面排成一排的队伍慢慢向前挪。空气阴冷潮湿，密不透风的树冠下回荡着成千上万双疲惫的双脚在泥泞的道路上蹒跚前行的声音。

这不仅仅是现代历史上规模最大的人口迁徙之一，而且迁徙路线也是最为偏远的。难民们要在五六十米高的树冠笼罩下，穿越地球上最为茂密的原始雨林。贝亚特丽斯曾经在接连几天的跋涉中看不到直射的阳光。很多时候，他们需要蹚过深深的河流，或者在茂密的丛林中开辟新的道路。黄蜂在他们的皮肤上产下寄生的虫卵，在蹚水时，长长的水蛭会吸在他们身上，贝亚特丽斯的几个同伴还死在了蛇的毒牙之下。有天晚上，贝亚特丽斯被一阵尖叫声惊醒，原来他们的队伍遭受了数百万矛蚁的袭击。一开始他们成功用火赶走了蚂蚁，但没多久他们就被迫转移阵地了。

为了满足生存的基本需求，许多原本卢旺达社会中的禁忌都被 130
打破了。由于被迫吃生的树根和树叶，贝亚特丽斯的嘴里长满了疮，还患上了严重的痢疾。一开始，在解决问题时她还试图躲在树丛后面，但后来由于实在没有力气，拉肚子时她就干脆往路边一蹲，看着人群一步步继续向前移动。由于没有肥皂，她的身上开始发臭，衣服上也长满了跳蚤。而一贯以端庄著称的卢旺达妇女，也被迫在河里光着上身站在男人旁边洗澡。

死亡无时无刻不在威胁着他们。痢疾、疟疾和伤寒这样的慢性疾病是最大的杀手。另外一些人本身就患有糖尿病或哮喘等疾病，由于缺医少药而死。空气中弥漫着尸体的腐臭。“在和时间赛跑的路上，如果有人摔倒了，很少能看到有人施以援手。即使他们运气好没有被后边的人踩踏，也会被丢在路边。”[6] 贝亚特丽斯看到大片的蝴蝶落在新的尸体上，摄取其中的盐分和水分。随后，她还看到一个刚刚分娩的妇女不得不用牙咬断脐带，继续往前走。在一个小镇上，路边有几个当地人举着一个营养不良的婴儿，她的母亲过世了，父亲无力抚养她，希望有人能把她带走。人们沉默着从她面前一一走过，没人愿意给自己增添这个负担。

在经过二百五十英里、为期五个星期的艰难跋涉之后，贝亚特丽斯终于抵达了廷吉廷吉（Tingi-Tingi），她把这里叫作“死亡集中营”。蒙博托的军队挡住了他们继续西行的道路，说这些难民如果到了那里会扩充叛军的力量。他们已经太过虚弱，无法跟这些士兵抗争，只能留下来祈祷有人能来帮助他们。

廷吉廷吉的意思是“沼泽地”，而这个小镇的确名副其实。肆虐的蚊子和污浊的地表水折磨着难民们。贝亚特丽斯在抵达这里时体重已经掉了三十多磅*。她的皮肤粗糙，肌肉酸痛，由于长时间忍饥挨饿，她甚至一看到食物就会流口水。让难民们失望的是，这里并没有人道组织来帮助他们，没有厕所，也没有干净的饮用水。他们刚到不久就暴发了一场严重的痢疾，之后又暴发了霍乱。没多久，的确来了一些援助工作者，但是他们完全没办法满足这里八万人的需求。每天都有盖着白布的尸体被放在担架上抬走。难民们好像一
131 下子就老了二十岁——他们眼窝深陷，皮肤松弛地耷拉着，因为营养不良加上几百英里的长途跋涉，他们的双脚已经肿得不像样子。尤其是儿童，由于缺乏蛋白质和维生素，身体受到严重影响：他们的头发变得脆弱枯黄。按照贝亚特丽斯的描述，那些遭受痢疾折磨的妇女“像是瘦骨嶙峋的老奶奶，尽管她们其实还不到三十岁……她们已经失去了所有女性身体特征……我们仅仅是因为看到她们在照顾孩子，才能猜测她们是女人”。贝亚特丽斯跟那个刚刚加入她

* 1 磅约等于 0.907 斤，30 磅约等于 27.2 斤。

们一家的新成员开玩笑说，你们应该好好看看我的脚和脚指甲，这样当她被裹在裹尸布里抬走时，他们就能认出她来，说着她向前伸了伸脚。

贝亚特丽斯滞留在那里的两个月中，救援人员一共登记了一千八百起死亡事件，其中有一半是儿童。[7]

* * *

十年后，想去这个难民营所在的小镇依然颇费周折。首先我要坐飞机到离那里一百五十英里的基桑加尼，然后租摩托车骑过去。有几段道路完全被旁边的森林吞噬了。时不时你会遇到上百米的柏油路面全都变成深深浅浅的泥坑。距离廷吉廷吉大约二十英里的地方，蒙博托的军队逃跑时留下的装甲车残骸被扔在路边，车身锈迹斑斑，炮塔门户洞开，大口径机枪静静地指着旁边的雨林深处。

一块写着“廷吉廷吉”的黄色破旧高速公路指示牌依然立在路旁，提醒着人们，在过去，一个卡车司机从基桑加尼到布卡武只需要两天。如今，即使卡车在路上不抛锚，这段路程也要走两个星期。我见过一辆破烂不堪的汽车花了整整一个月时间才从布卡武到了廷吉廷吉，而整段路不过二百五十英里。在镇上，柏油路面保存得依然完好，一个村民带我看了一段道路，道路两边就是难民自己建的难民营，他吹嘘说这里曾被用作飞机起降的跑道，给难民运送食物和药品。

全村人都记得1996年难民在这里滞留的那两个月。那甚至成了一个时间参照点——“他是在难民离开两年后结的婚”或者“我的房子是在难民来之前买的”。当我问他们当年这里一共有多少难民时，有的村民说“一百万”，有的说“一整个城市的卢旺达人都来了”。如今廷吉廷吉又恢复了之前的模样，几十个小屋散落在道

132 路两边低矮的灌木旁。当地人靠种植木薯和豆子为生，他们时不时还会到周边的森林里打猴子和小羚羊来改善伙食。

之前当地的部落首领已经不在了，于是村民们把我引荐给一位五旬宗的牧师，他名叫卡帕拉·鲁班古拉（Kapala Lubangula），今年五十一岁。他脚上趿着一双塑料拖鞋，身穿一件普通的棉布衬衫和打褶的裙裤。我告诉他，我想跟他聊聊关于难民的话题，他冷冰冰地点了点头，然后叫了教会另外四个老头一起出来。在当地，你在家中单独跟外国人谈话是件危险的事情，人们可以用任何罪名来指控你。在一个房顶低矮的小土屋里，我们坐在摇摇欲坠的木椅上聊了起来。尽管屋里酷热难耐，他依然坚持坐在室内，因为他不想让别人看见我们在谈话。

“人们为什么总是要谈关于难民的话题呢？”谈话一开始他就蹦出这么一句，这完全出乎我的意料。“当地人也遭受了许多苦难！你想象一下，十万人来到这个小镇。他们把我们的粮食都吃光了。他们的士兵强奸我们的妇女，还杀害了我们的部落首领。然而从来没人来谈谈我们的问题！”在场的另外几个人点头表示赞同。

据这些老者讲述，一拨又一拨的士兵和难民闯入了他们小小的村庄。起初，一拨溃逃的士兵来到这里，其中既有蒙博托的军队又有前卢旺达军事部队的成员。他们恐吓当地居民、向市场上的人强行征税、私闯民宅、巧取豪夺、抢走当地人的牲口。然后难民们也来了，“像一群行尸走肉一般”。这些人已经快饿死了。他们不跟你讲话，只是抄着手直勾勾地盯着你看。他们把地里的木薯根和花生都拔了出来，还从树上摘没成熟的芒果吃。村民们的状况没有比难民好到哪儿去，他们清楚，如果把自己仅有的粮食拿出来分享，那他们跟这一大群难民一样，很快也会被饿死。教会里的人帮助村民组建了巡逻队，保护村庄和农田。他们手里拿着大刀和棍棒，日夜不停地巡逻。如果发现有人偷东西，他们会毫不留情地把他打死。

这里没有监狱也没有法庭。主持正义是个迅速且决绝的过程。

这位牧师清楚地记得自己的新同事们是跟难民一起抵达的。两位天主教牧师和耶稣复临派与五旬宗的牧师们用联合国救援物资中的油布建起了几个教堂。几块石头支起一块木板就是教堂里的长凳。每天他们都会讲道，中间也会谈论大屠杀。“他们说图西族想要控制一切，想把胡图族的土地全都给抢走。因此哈比亚利马纳遇刺后，他们要为他报仇，要血债血偿。他们承认他们杀过人！这算是哪门 133
子牧师？”

他说，当白人的救援组织抵达后，他们只为卢旺达人考虑。如果一个刚果人病了，肯定是最后一个得到救治。牧师卡帕拉拉高了声音：“一开始是白人把难民带到了这里，然后他们拒绝帮我们！”我提醒他，是卢旺达内战而不是联合国带来了难民，卡帕拉咂了咂嘴：“一切权力都在国际社会手里。你别跟我说，如果美国想阻止这一切，他们作为世界第一大国怎么可能阻止不了。他们不阻止是因为他们根本不想阻止。”

另一位老者也插话说道：“你觉得卢旺达这个芝麻大的国家，可能靠自己打败刚果吗？不可能！”

这一刻，廷吉廷吉似乎成了全世界的首都。在第一批卢旺达人抵达三周后，救援组织开始搭乘直升机和大大小小的飞机陆续抵达，后来，更多的救援人员跟随运送食物的卡车车队一起前来。美国、印度、法国、南非和肯尼亚等国派遣的医生和后勤人员在当地医院和医疗中心搭建了办公场所。欧盟人道主义援助专员艾玛·博尼诺和联合国难民事务高级专员绪方贞子也亲临一线。流亡中的卢旺达前总统哈比亚利马纳的妻子阿加特·哈比亚利马纳也从蒙博托位于巴多利泰的宫殿专程到访，并送来了玉米面、大米和大豆。飞机就降落在难民营的正中间，每次降落时，人们不得不东奔西跑寻找掩护。有一次，一位妇女由于又饥又渴头晕眼花，没有在飞机降落时及时让开，被螺旋桨削掉了脑袋。

* * *

洛朗·卡比拉临时拼凑的军队民主力量同盟在 1997 年 2 月 28 日闯入了廷吉廷吉。许多老弱病残的难民没来得及逃跑。附近一座桥上发生了踩踏事故，数十人被踩死或落水溺亡。大约有两千人在这场袭击中逃生，被救援组织空运回了卢旺达。

另外一些人则不幸遇难。一个当地红十字会的工作人员说，在袭击结束几天后，他回到难民营医疗中心，在帐篷里寻找死在棍棒下的遇难者的尸体，即使已经过去了十年，他依然不敢告诉我他的名字。另外一些人则在逃跑途中倒在了附近的树林里，手上依然扎着输液的针头。一个当地的卡车司机在袭击后被民主力量同盟强征
134 过来清扫战场，他对我说，当时镇上到处都是尸体，那些无力逃跑的难民被士兵用刺刀一个个杀害。“他们不用子弹来对付难民——他们就用刺刀。”他告诉我。他目光呆滞地回忆起一个婴儿吮吸自己死去母亲的乳房的画面，可怜的孩子徒劳地想从母亲冰冷的身体吸取一点点乳汁。卡帕拉神父那时先逃到树林中待了一夜，然后又回到了镇上，他告诉我：“他们杀死了所有十二岁以上的男性难民。他们用刀割破他们的喉咙。妇女和儿童都幸免于难。但那些男人就没那么幸运了。”

然而，我分别和这几位卡车司机、牧师和红十字会工作人员交谈，问他们对民主力量同盟的行为有什么看法，他们都很快回应说：“那是一次解放！我们高兴得不得了。”

我有些困惑了。于是我追问卡帕拉神父：“那他们杀害难民的事怎么说呢？他们怎么能称得上解放者呢？”

他耸了耸肩，说：“那是卢旺达人自己的事情。跟我们没什么

关系。”他给我讲了一个勇敢的当地人的故事，在民主力量同盟闯入后不久的一次公共集会上，这个人问当地的指挥官他们为什么杀这么多人。“指挥官回答说：‘给我看看我们杀了多少刚果人。一个都没有。’事实的确如此。他们一个刚果人都没杀。”

这就是第一场战争中的悖论。人们早就受够了蒙博托政府的暴政，他们迫不及待地需要有人来解放他们，而这个解放者是什么样子并不重要。反正一开始胡图族难民就不受欢迎，被屠杀也只是他们自己的事情。对当地人来说，解决这个道德矛盾的办法就是把叛军分成两群人：一群是凶恶的图西族杀手，一群是勇敢的刚果自由斗士。

* * *

在逃离廷吉廷吉之后，难民们朝着基桑加尼进发，然而他们却发现在乌本杜（Ubundu）的道路再一次地被扎伊尔的军队切断了，这是距离基桑加尼南部六十英里的一个小镇。在滞留了几天之后，当地的指挥官放行了贝亚特丽斯所在的队伍，代价是五百元美元。领头的人在成千上万个难民队伍中跑前跑后，从他们手里收取来自各个国家被揉得皱巴巴脏兮兮的纸币，直到凑够了这笔钱。然而，大部分难民还是留了下来，他们实在太累了，也不敢再继续往前走。

与此同时，民主力量同盟已经攻下了基桑加尼，这里是全国的
第三大城市。大约有八万五千名难民被困在了从乌本杜到基桑加尼 135
的铁路沿线的难民营里。他们很清楚，如果国际社会不来援救他们的话，他们就要被迫跟随贝亚特丽斯所在的队伍，穿越波涛汹涌的卢阿拉巴河（Lualaba River）后，再次一头扎进危机四伏的热带雨林，在杳无人烟的漫长旅途中承受食物短缺的风险。

人道主义救援组织跟随难民队伍，从一个难民营转移到另一个

难民营，每次民主力量同盟的军队逼近时，他们就被迫收拾行李继续转移。4 月初，他们在乌本杜的各个难民营搭建了多处办公场所，为情绪消沉的难民提供基本的医疗救助和食品给养。他们发现那里的条件极其恶劣：在一些难民营，死亡率甚至比“失控的紧急状态”下所规定的死亡率还要高五倍之多。[8] 然而在这时候，占领难民营的民主力量同盟士兵开始限制人道主义救援人员进入难民营。每天，外国的医护人员只被允许进入难民营工作几个小时。

终于，在 4 月 20 日那天，民主力量同盟的士兵开始转移了。在事先没有任何警告的情况下，卢旺达士兵关闭了人道主义救援人员进入基桑加尼南部难民营的通道。外交人员和救援工作者询问原因，被告知是因为周边安全局势突然恶化。之后，几架满载卢旺达士兵的飞机降落在基桑加尼机场，这些装备精良的士兵立刻朝难民营进发。第二天，卢旺达士兵向他们发起了进攻。据难民营中刚果籍工作人员报告，身穿军装武器精良的士兵参与了进攻，在夜里他们向帐篷集中人群密集的区域投掷了迫击炮弹和手榴弹。[9] 一位为无国界医生组织工作的护士回忆说：“一天，他们往难民营投掷了炸弹；所有人都逃走了，物品都被遗落在热带雨林中——有许多人不幸丧生。民主力量同盟的士兵把尸体扔进万人坑，然后付之一炬。”[10] 三天后，当记者和人道主义机构重新获准进入难民营时，他们发现那里留下的东西已被洗劫一空。难民营里成千上万的难民全都不见了踪影。之前，无国界医生曾为六千二百五十名重症病人提供医疗救助，这些人身体过于虚弱，甚至无法站立行走。一个星期后，医生们仍然没找到任何关于他们的线索，只能推断这些人已经死亡，可能死于暴力，也可能死于疾病和营养不良。

* * *

大屠杀期间逃离卢旺达的胡图族难民，到底有多少死在了刚果？难民危机从一开始就在数字问题上纠缠不清。其中一个主要问 136
题就是缺少一个初始数值：据联合国统计，在入侵战争之前，难民营里共有一百一十万难民，卢旺达官员对这一数字提出了质疑，辩称救援人员错误地高估了难民人数，以保证所有人都能获得食物和药品供应。难民营中的前卢旺达军事部队和前政府官员拒绝进行人数普查，他们故意虚报人数，以获得更多的援助。无国界医生组织估计的数字为九十五万，不过卢旺达政府官员在有些时候会把人数压得更低。民主力量同盟入侵初期，大约有四十万到六十五万难民返回了卢旺达，此后又有三十二万难民被联合国难民营收容或遣返回国，加上此前 1997 年的数字，难民的总数量应该在七十二万到九十七万之间。由于初始数值尚不明确，这一数字的意义其实并不大：可能有最多三十八万的难民下落不明。[11] 然而，下落不明并不一定意味着死亡。有些是在没有联合国难民署的帮助下自发回国的，有许多人躲进了刚果东部的密林中，还有一些寄居在亲友家中，分散在该地区的各处。

结合目击者的回忆来估计当时的状况，能得到更多的收获。1997 年 7 月，在经过八个月的长途跋涉之后，一群难民抵达了刚果河另一侧的刚果共和国（布），无国界医生组织随机对二百六十六名难民进行了调查，询问他们有多少家庭成员挨过了这次漫长的逃难征程。调查结果令人触目惊心：他们的家人中只有 17.5% 幸存下来，有 20% 惨遭杀害，另有 60% 下落不明，在路程中的某一段被落下后就与家人失去了联系。遇难者中有一半以上是妇女，被追杀的并非只有前卢旺达武装部队的成员。如果这一调查结果可以代表其余难民的状况——由于调查样本太小，这一结果不一定准确——那么至少有六万难民遇害，另有十八万难民下落不明。

记者和人权组织提供的报告进一步印证了这场屠杀的规模。由于民主力量同盟一次又一次拒绝接受国际人权组织对其进行调查，这使得教会和民间社会团体提供的各种报告内容难以得到证实，但有一点毫无疑问，就是大屠杀是真实发生过的事。联合国人权特使、智利法官罗伯托·加雷顿（Roberto Garreton）收到了当地民间组织提供的许多报告，报告称，在刚果东部地区，有八千到一万两千
137 人被民主力量同盟杀害，包括被指控里通前卢旺达武装部队的刚果胡图族人。在布卡武以西四十英里的齐曼加（Chimanga）难民营，国际特赦组织通过采访目击者所收集的报告显示，有四十名民主力量同盟士兵将大约五百男性与妇女儿童分离开来后，将其全数杀害。就在难民营不远处，一个“美国之音”的记者发现了一处集体墓穴，里面丢弃着大约一百具遇难者遗骸，据当地村民讲，这些遗骸就是被叛军杀害的难民。墓穴中，在难民遗骸中间，四处散落着卢旺达人的《圣经》、身份证和印有联合国标志的粮食袋。[12] 十年后，我在戈马北部走访了几个胡图族村庄，那里的村民一直提到有爱国阵线的指挥官召集会议，然后将数十名成年男子捆绑后当众处决。他们带我去看了几处蓄水池和公共厕所，那里依然有遇难者的遗骸。

在大屠杀发生十几年后，终于有一支联合国调查组返回当地，来调查刚果战争中这场最严重的屠杀罪行，其中包括针对胡图族难民的屠杀。他们约谈了上百名大屠杀的目击者，包括大屠杀幸存者和帮忙掩埋尸体的村民。他们的结论是，卢旺达军队和他们的民主力量同盟杀害了数万难民，大多数时候采取了极其残忍的手段。这些人不是不幸陷入交叉火力的平民：报告详细记述了侵略部队是如何把难民从人群中挑出来，然后用斧子、石头或大刀残忍杀害的。“遇难者大多是儿童、妇女、老人和病人，这些人对侵略部队毫无

威胁。”[13] 不无争议的是，报告的结论指出，考虑到这场屠杀是系统性且有组织实施的，卢旺达军队涉嫌犯下了针对胡图族的种族灭绝罪行。[14]

* * *

有几个地方，难民是当着数百名刚果人的面被杀害的，其中一处是姆班达卡（Mbandaka）。这里是刚果河将刚果民主共和国（金）和曾经的法属殖民地、国土面积更小的刚果共和国（布）分开的地方。这一次，卢旺达军队和其刚果盟军为了追击难民，穿过高山、雨林和草原，跋涉千里来到姆班达卡。在这里，刚果河的河面超过了一英里宽，难民们被汹涌的河水挡住了去路。

卢旺达军队和民主力量同盟抵达时，眼前出现一幅奇特的景象：蜂拥而至的当地人挥舞着棕榈树叶，唱着欢快的歌曲欢迎他们，而成千上万的难民朝着刚果河疯狂逃命，想爬上河面的一艘驳船。一
些上船无望的人则跳进河里，顶着湍急的河水向前游去，他们宁愿 138
冒着被鳄鱼和河马攻击的危险，也不愿落在身后爱国阵线士兵的手里。那些夹道欢迎的人惊恐地看着这些“解放者”把难民赶下船，让他们双手抱头跪在河堤上，残忍地处决了上百人。他们中很多人是被用步枪枪托和棍棒殴打致死的。一位当地的牧师看到一个民主力量同盟士兵抓起一个婴儿，把他的头狠狠砸向水泥墙。在姆班达卡和附近的一个村镇，红十字会的工作人员一共掩埋了大约九百具遇难者遗体。“那些军事同盟的士兵告诉我，他们只处决那些在卢旺达犯下谋杀图西人罪行的前军人，”一位红十字会工作人员对记者说，“但是，我自己亲手埋葬了头颅被枪托砸碎的婴儿。还有那些可怜的孩子和女人。”[15] 许多很可能是溺亡的尸体漂在刚果河面上的水葫芦丛中。总共大约有两百到两千人在刚果河畔遇害。

无法逃避的事实是，有数万难民遭到杀害，还有更多人被赶进西部自然条件极其恶劣的雨林，很可能死于疾病和饥饿。然而从来没人针对这一切进行彻底的调查。大多数遇难者没有坟墓、墓碑，甚至没有一份悼念的文件或报告提到他们的名字。

* * *

卢旺达士兵为什么要杀害这么多难民？其中当然有一些个别的报复行为，就像当年爱国阵线的军队进入卢旺达时一样。毕竟，许多失去亲人的爱国阵线士兵想要血债血偿。

但是，卢旺达军队一贯是以军纪严明令行禁止而著称的。如果没有上峰的命令，这些士兵不大可能私自实施姆班达卡那样大规模的屠杀。一位比利时牧师对记者说的话证明了这一可能性："那些士兵的行动看上去就像是在执行一项命令，他们完全没有失控的迹象。"[16] 换句话说，即使是报复性的杀戮，他们也是听命于军队复杂的指挥体系，有组织系统性地来实施的。联合国调查人员还断定，许多屠杀行为发生时，都有高级别的军队官员在场，是执行上峰的命令的人干的。

139 还有一些学者——例如研究卢旺达大屠杀最著名的史学家艾莉森·黛丝·弗基斯（Alison Des Forges）——认为，爱国阵线军队试图杜绝在国外形成另一波卢旺达难民潮，以免他们有朝一日回到国内威胁到自己的政权，从而重蹈自己之前的覆辙。

那个在 1993 年加入爱国阵线的卢旺达小伙帕皮·卡曼齐被派去参加针对戈马北部地区前卢旺达军事部队的"大清扫行动"。他回忆说："成千上万的人自行回到了卢旺达。但还有一些人留在了这一地区，他们既无力逃跑，也回不去家乡。留下的都是老弱病残。我们欺骗他们说会把他们送回家，甚至还给他们做饭吃。但之后我们把他们带进树林，用我们背上随身携带的小斧子把他们全都杀死了。我们收到一份简报，是上面下达的命令，让我们执行这个任务。”他给我指了指用斧子敲击后脑勺的部位，就在脖颈窝上方一点点。

之后不久，帕皮就被派到了戈马，为卢旺达军方的情报部门工作。他把这当作一种荣誉。这是一个由六十名年轻士兵组成的精英团，其中大多数是图西人，他们的任务是追查那些“颠覆破坏分子”。

他们要接受卢旺达情报头子杰克·恩齐扎（Jack Nziza）的领导，他是一个作风谨慎，阴险狡诈的人物。他对“颠覆破坏分子”的定义非常宽泛：那些明确支持哈比亚利马纳政府的人、所有胡图族民兵武装的成员、明确反对民主力量同盟的人、与卢旺达军官有过个人冲突的人。有时，仅仅一个卢旺达难民身份就够了——帕皮特别强调，这其中包括妇女儿童。他们会把这些人带到两个地方，一个是蒙博托政府前中央银行主管的一处房产，另一个是戈马南部的一处采石场。这些人在那里接受审讯之后会被就地处决。

“有时候我们一天能处决上百人。”帕皮告诉我。我一度对他讲述的一切感到难以置信，因为这些事听起来让人义愤填膺。“我们用绳子勒死他们，这是最快的方法，也不会流血。我们两个人把一个家伙按在地上，用绳子在他脖子上绕一圈，然后使劲一拉。”这会勒断他的气管，让他窒息而死。这种方法不会产生太多哭喊声或挣扎反抗。

我问帕皮为什么要这样做。他回答说，自己是在执行命令。那你的长官为什么要这样做呢？他耸了耸肩。这就是他们当时的精神状态。他们需要人们惧怕民主力量同盟。他们犯下了种族灭绝的罪行。他说，这是一场报复。但同时，这也是一种警告：不要来招惹我们。

* * *

140 贝亚特丽斯花了十四个月才穿越刚果国境，其中几个月她被迫躲进雨林深处的村庄，那里的几户刚果人收留了她。最后，在1997年底，一位比利时朋友在当地一个刚果民间组织的帮助下找到了她，此时这位朋友找她已经找了一年多。1998年初，在逃离卢旺达四年之后，她终于抵达了比利时。这期间她失去了大多数朋友和亲人。经过数年疗养，她的身体才得以恢复，但那些可怕的噩梦却永远挥之不去了。“现在有时候我依然会梦到那时的事情。我对自己能够幸存下来心怀愧疚，因为我的朋友和家人都再也回不来了。”[17]

卢旺达大屠杀发生十六年后，我们依然很难书写卢旺达的那段历史。对许多人来说，卢旺达大屠杀所产生的巨大道德震撼，让后来在这一地区所发生的一切都相形见绌。后来所发生的所有杀戮，都被拿来和这场惨绝人寰的大屠杀相对比：如果说刚果境内死了八万难民，这当然是场可怕的悲剧，但是和卢旺达八十万人遇难相比，这个数字又显得那么微不足道了。卢旺达政府或许是越界了，但考虑到之前人们所受的苦难，他们的这种行为是不是值得理解和同情呢？

此外，许多人认为，追究大屠杀的责任会动摇尚未站稳脚跟的卢旺达爱国阵线政府，与其削弱它那本就脆弱的权威和执政根基，不如把那些令人不悦的真相先搁置起来。这种逻辑在整个刚果战争中反复不停地出现：战争无疑是丑陋的，但你不能只靠外交手段就建立一个国家。如果我们过于追求公平正义，那只会破坏整个和平进程。一位美国外交官问我：“我们在美国南北战争后有没有对参与者发起指控？没有。南非有没有追究实施种族隔离的政府人员？也没有。那我们又为什么要求这里的人这样做呢？”

大屠杀给难民危机留下的巨大阴影从1995年4月就开始显现，

当时在卢旺达基贝贺（Kibeho），爱国阵线的士兵袭击了一处用于安置无家可归的胡图族农民的难民营，杀死了大约一千五百到五千人。当时，美国驻基加利武官联络处评论称："两千人遇难是一场悲剧，但从卢旺达局势来看，这场杀戮不会成为未来局势发展的重大障碍。与卢旺达大屠杀中遇难的八十万人相比，这两千人更像是路上的一条减速带。"[18] 秉持类似的逻辑，美国驻基加利大使于1997年1月给华盛顿发去了一封加密电报，电报中针对廷吉廷吉的难民营提出了如下建议："我们应该撤出廷吉廷吉，并停止援助那 141
些杀人犯，他们会逃往别处另谋生计，并把人质留在当地……如果不这样做的话，我们就是在用廷吉廷吉孩子们的命跟卢旺达的孩子们做交换，那些卢旺达孩子要么会被杀死，要么会成为孤儿。"[19]

当我在比利时见到贝亚特丽斯时，她对这种论调表现出了极度的厌烦。"他们为什么非得用一种不公正的罪行去衡量另外一种罪行？"她问道，"难道就因为在卢旺达有几十万人被杀害，所以在另一个地方杀害数万无辜平民就是可以接受的？"

143 第十章

打仗就是这样

1996年10月，扎伊尔 · 莱梅拉和布卡武

基齐托 · 马赫沙（Kizito Maheshe）是为洛朗 · 卡比拉战斗的数千名刚果儿童之一。[1] 战争开始时，他只有十六岁，住在邻近布卡武一个叫潘齐的街区，这是一处泥泞的郊区，街道坑坑洼洼，到处是嘈杂的酒吧。和他的大多数朋友一样，他中学时退学了，因为他的父亲付不起每月五美元的学费。不过，他也不觉得上学有什么意义。1996 年，布卡武的城市人口达到三十万人，而要求有高中文凭的工作却只有几千个。如果走运的话，你可以在非营利部门找到工作，这些部门主要是在难民营工作，提供一些薪水最高的工作岗位。你也可以在私营部门找到工作，包括啤酒厂和生产抗疟药物的奎宁药厂；抑或是公职部门，这些单位也许是最大的雇主，但在那儿工作的人得依靠贿赂和贪污才能过上体面的生活。

基齐托心不在焉地走着朋友们的老路，对于光明的未来并不抱多大希望。他十六岁辍学后，便在城里四处游荡找工作，但大部分时间只是和朋友一起在足球赛场、附近的酒吧和教堂里闲逛。他有

六个兄弟姐妹，他的父亲是一名平庸的会计，家里负债累累。由于没有付电费，电力公司已经将他家断了电，加上附近的水管爆裂，所以他得帮着姐姐和母亲用水桶将洗衣做饭要用的水从几百码外的水泵那里拎回来。

当民主力量同盟的叛军于 1996 年 10 月抵达布卡武时，基齐托 144
像其他人一样躲在家中。透过窗户和破门，他们看到蒙博托的士兵在街上一边脱着制服一边往山上跑。“对我们来说，士兵一直就像神一般的存在。他们拥有一切权力，可怕至极，”他告诉我，“当我们看到他们这样逃跑的时候，我们都惊呆了。”

布卡武战役结束一周后，洛朗·卡比拉来到市里。这些士兵通过广播把城里的人召集到邮局：一栋破败的四层黄色建筑，占据了城中心的一整个街区。数千人来到这里，想要见见卡比拉。关于他，大多数人只听过一些似是而非的流言。经过漫长的等待，他穿着标志性的狩猎装和凉鞋走上讲台，操着带有坦桑尼亚口音的斯瓦希里语和法语发表讲话。基齐托还记得他身材很胖，满面笑容，汗水浸湿了他的脖子。一名卢旺达裔保镖拿着一条白色的毛巾为他擦拭汗水。

他谈道，必须要摆脱蒙博托统治，这样刚果人民才能得到这片土地中埋藏的财富。随即他又谈到了每个人都在深思的一个问题：这究竟算是一场外国的入侵战争，还是刚果人自己的起义？

“如果你们在这里看到了我们的卢旺达盟友，”他告诉群众，“那是因为他们同意帮我们推翻蒙博托的统治。”穿着威灵顿靴、全副武装的图西族士兵和另外一些士兵把守着演讲台。“但现在我们有机会建立自己的军队了。让你们的孩子和年轻人加入我们吧！给我们十万人，我们就可以推翻蒙博托！”

二十四岁的安塞尔姆·马萨苏负责动员招募新兵，他来自布卡武，拥有一半图西族血统，在当地的青年中很受欢迎。加入推翻蒙博托政权事业的新兵每个月可以拿到一百美元的薪水。一个月一百美元啊！基齐托回忆道。这够他们家交五个月的房租了。把这样的薪水领上几个月，你甚至都可以买一份体面的彩礼结婚了。马萨苏开始收买青年领袖，动员这里的年轻人，将他们带到招募中心。他试着贿赂娃娃兵领袖、空手道教练和学校的教师，如果他们同意帮忙征募青年加入起义军，就可以得到一笔钱。数百名流浪儿童、失业青年和学生响应了卡比拉的号召。

“很明显，”基齐托表示，“我在布卡武没有前途。而他们给了我未来。”

145 像大多数加入民主力量同盟的少年和孩子一样，他向父母隐瞒了这件事。他和一群朋友去了罗兰果酒店，酒店破败的大楼邻近邮局，起义军在那儿设立了一个征兵办公室。一名士兵拿着剃刀在新兵的头上剃出 A、B、C 的标记，以标明他们将加入哪个旅。基齐托被编排到了 B 组；他的头皮被刮得火辣辣地疼。他将所有的物品——一只手表、几张扎伊尔的新钞票和他的身份证——交给了一名招募人员保管，然后便进了一辆等待的卡车。“这就像做梦一样，”他回忆道，“我兴奋极了。”

* * *

民主力量同盟的第一个训练营坐落在一个叫基多泰（Kidote）的小山村里，那儿可以俯瞰整个鲁济济平原，距离叛军进行第一次大屠杀的莱梅拉医院只有几英里远。2007 年 3 月，我说服了当时在一个当地发展机构当司机的基齐托，让他请一天假带我到他训练过的地方去看一看。

自从在那里完成了新兵训练之后，他就再也没回去过。当我们越过山脊，看到教堂的时候，他摇下了车窗，茫然地环顾着四周。“这整座山以前站满了哨兵，”他说道，重温起他第一次抵达这儿的场景，“如果是以前，你根本接近不了这里——整个区域都被他们封锁了。”

基多泰甚至算不上一个村庄。这里只有几栋校舍和一座废弃的教堂，建在遍布香蕉树和桉树的山里，屋顶的瓦楞铁皮锈迹斑斑。这些建筑物四周是一块平地，大约有四个足球场大小，地上长满了齐肩高的象草。校园里只有十来间小屋，没有任何人走动的迹象。“我们把所有的象草都除掉了。他们给了我们砍刀，我们花了整整一周的时间来清理球场。整块平地就是一个训练场，”他说，“学校后面的山坡上到处都是由香蕉叶搭成的露营地，我们就睡在那儿。”

我们把车停下，径直走向教堂。这儿已经废弃了十年了。甚至里面的长凳都被搬走了，很可能是拿去烧火用。教堂的一面墙上有一层摞一层的弹痕。难道他们在这里处决人？我向基齐托问道。“不是的。”他否认道。他指着左边草地上一棵孤零零的桉树。“枪决的地方在那儿。”

* * *

征召入伍之后，基齐托起初的兴奋感便迅速消失了。军队的生 146
活条件相当艰苦。这些新兵在户外睡了一个礼拜后，才领到印有联合国标志的防水布（这些布是从拆除的难民营中拿来的），建了一个他们可以爬进去睡觉的狭小的披屋。他们没有发制服，繁重的劳动导致他们的衣服都磨破了。几个星期之后，营地士兵的身上出现了跳蚤，许多士兵宁愿把衣服烧掉也不想整夜痒得睡不着觉。“我们会把破衣服扔进火中，听跳蚤被火烧的噼啪声。”基齐托说道，一边笑一边模仿着跳蚤被烧炸的声音。基多泰海拔约有六千英尺高，晚上的时候很冷，即使在小屋里紧紧挤成一团，这群年轻人还是都快冻僵了。

基齐托所在的训练营有两千多名新兵。他自豪地回忆说，他们是第一届毕业生，几乎所有人都不到二十五岁，个别年轻的只有十二岁。“有些孩子个头都不及一杆枪。”他笑着说道。他们来自不同的种族，有着不同的社会背景，但大多数都是贫苦出身，失了业的或者未受过教育的。然而，在开始的时候士气真的很高。“军官跟我们说，只要我们完成训练就能获得金钱和美女，”基齐托笑道，“我们对美女能有什么概念？那个时候我们还那么年轻。”

他们的饮食几乎只有 vungure——一种由玉米面粉和豆类混在一起制成的食物，通常不会放任何油或盐，没有任何味道。士兵找来了附近医院里曾经用来烫洗衣服的大铁桶，在底下生起柴火来煮饭。吃了这些食物的士兵们肚子开始不舒服，许多人腹泻不止。他们每天只在上午 11 点钟吃一次饭，把香蕉叶子放在地上的洞里当作盘子。晚上，他们会领到带有一丝甜味的茶水。

营地的指挥官是一个身材高大、肤色稍浅的卢旺达军官，名叫阿方德罗伯特（Afande Robert，“阿方德”是对指挥官的称呼，本义是“值得尊敬的人”），[2] 他说着带有口音的斯瓦希里语，有时还混杂着英语。虽然话不多但是非常严厉，新兵们都很怕他。士兵们称罗伯特为“芒古”（Mungu，意思是神）。在清理完营地的灌木丛后，罗伯特便开始了“入营仪式”。基齐托回忆说：“如果你能挺过这一关，靠的全是神的旨意。”

入营仪式其实就是在训练场上进行为期三天的摧残式训练。新
147 兵（当地称之为 bakurutu）被分成二十五组，手持藤条的图西族士兵将新兵们团团围住。然后，罗伯特会大声喊“滚过去”，或者“匍匐前进！”，士兵们就会开始用手中的棍子殴打新兵。Viringita 是最残酷的训练之一。训练场旁边是一个齐腰深的沼泽，里面长着茂密的芦苇。新兵被命令跳进水里，在里面做空翻，同时旁边还有士兵殴打和侮辱他们。基齐托看到有的新兵眼珠子被捅了出来，鼻梁

被打断了，有的直接被打得失去了意识。

有的欺辱形式真的很奇怪。有一种训练形式叫“喝啤酒”，新兵得单腿站立，将一只手放在另一条腿下，手得从腿下穿过来将手指塞进嘴里。长官会下令“保持这个姿势十分钟”。还有一种训练要求他们在地面上尽可能快地滚动好几分钟，之后他们的队长指挥官会喊“快跑！”,他们就得晕晕乎乎地爬起来向四面八方冲刺出去，相互撞作一团。还有一种训练，指挥官会让一组六十名的新兵拿回他丢在军训场地中间的棍棒。“第一个拿到它的人将免除体罚！”

如果你跟不上严格的生活规则，你就得受罚。有一次，基齐托犯了一个小错误，指挥官命令他站到队伍前面，在训练场地上挖一个小洞。指挥官说道,“这是给你的女人,”“拿出你的家伙,操它！”基齐托跟我说的时候脸红了，低下了头。他被迫在所有的新兵面前操那个洞，直到射精。“当着所有人的面，这几乎是不可能做到的。”他喃喃道。那个时候他才十六岁时，还是个处男。

他曾做过一件傻事，谎称自己生了病。在医疗中心，他跟医疗兵说自己头痛，加入了医院门口一长串患各种疾病的沉着脸的士兵。医生转身朝一名士兵点了点头，然后这名士兵就朝着病号们冲过来，拿藤条打他们的头。看着他们四散跑向灌木丛，医生笑了起来。“你们根本没生病！看看，你们还能跑呢！”

* * *

在为期三天的入学训练课程之后，阿方德罗伯特在训练场上面向新兵发表了讲话。他穿着一件运动衫和运动鞋，手上拿着一根藤条。站在他面前的一千多名士兵一言不发。“新兵们，军队现在就是你们的家。军队是个好地方，但是你得知道你可能随时会死。你们当中有谁见过死人吗？没有吧？”他向一名军官招手道，“监狱里还有多少囚犯？带六个到这儿来。”

148 军官带来了六个虚弱肮脏的囚犯。和其他人一样，他们也是新兵，试图逃跑又被逮了回来。罗伯特命令手下的人给其中一名囚犯蒙上眼睛，把他绑在空地边缘的一棵桉树上。“行刑队”——基齐托想了很久才想起这个词，他在部队里明显不止一次听到过这个词——站成一排，然后把这名囚犯用子弹打成了筛子。

“好！”罗伯特喊道。“现在我会教你们如何精准射击！”

他们又带出一个被蒙住眼睛的囚犯，把他绑在同一棵树上。一名叫苏库（Suku）的卢旺达军官是出了名的神枪手，他向前走去，停在了离树二十五步的地方。他从皮套里掏出了一把很高档的手枪，瞄准了目标，直接射穿了囚犯的眉心。

“很好！”罗伯特随即命令四名军官将下一个犯人的手腿绑住。另外一名军官拿出了一把狩猎刀，用膝盖将犯人贴胸压制在地上，割破了他的喉咙——“就像屠杀山羊一样。”基齐托回忆道。这名军员将囚犯的头整个割下来，拿给新兵，命令他们抱着这个血淋淋的东西依次传递。基齐托说，“当我抱着那个人的头时，我还可以感觉到他的肌肉在抽搐。”

“你们谁自认是个优秀的新兵，也能杀人？”罗伯特喊道。几个勇敢的士兵举起手来，急于讨好罗伯特。他让他们站出来，给他们几把刀。他们当着所有同龄人的面割断了最后三名囚犯的喉咙。迎新仪式结束了。罗伯特宣布，从现在起，他们将被称为士兵，不是新兵了。

* * *

训练陷入了一种令人精疲力竭的常态。尽管基齐托在基多泰只待了四个月，但是他说感觉就好像有一整年那么漫长。每天早上 4

点就得起床，慢跑约六英里，还要一边跑一边唱歌。6 点钟，他们会在营地开始军事演习。他们会练习进攻阵型、埋伏和爬山。“我们的指挥官会在我们身后的地面上架一把机枪，在我们匍匐爬山的时候，机枪会在头顶上射击。只要稍微抬起头，就必死无疑。”

11 点钟，士兵们回到营地，吃一天中唯一的一顿饭，然后再回到山上进行更多的军事训练。下午 4 点钟，他们回来学习如何拆卸、重组枪支和军事策略。晚上，军官会给他们社交的时间，149
并试图教他们一些关于这场斗争的历史和目标——他们把这个叫 utamaduni，也就是文化的意思。大概晚上 9 点钟，大多数士兵拖着疲惫的身体回到帐篷里呼呼大睡。用他们新学的军中俚语说，这叫 kuvunjambavu，意思是“打断你的肋骨”。晚上，基齐托总能听到其他帐篷里的孩子啜泣或低声诵读《圣经》的声音。

民主力量同盟努力向新兵灌输革命教条。起义军中的卢旺达和乌干达军官都是东非左翼反叛团体成员。马克思、毛泽东和法农的思想对他们的领导人来说是必备的知识，这些思想教育一直深入渗透到最基层。基齐托还记得，他们向新兵提过一些令人费解的问题：“‘你是谁？’‘你信什么？’‘士兵为什么要打仗？’这是我们第一次思考这些事情。”教官向他们解释了蒙博托是如何破坏了这个国家，他又是如何让人民身陷腐败和部落对抗的泥潭。高级官员和政治干部则会接受更加深入的课程，学习辩证唯物主义和计划经济，课程地点往往设在基加利或戈马。

所有的新兵都会收到一本卡比拉在马克思主义思想启发下写的宣传册：《革命的七大错误》（*Seven Mistakes of the Revolution*）。里面解释了 1964 年起义失败的原因。这本小册子与最早的 1967 版相比并没有什么太大改动。

> 第一个错误：在第一次革命中，我们缺乏确切的政治指导

思想……

第三个错误：我们发动的战争缺乏目标或使命，对于为何而战以及谁才是我们真正的敌人没有清晰的认识。我们急于占领大城市，却忘了应该先拿下小农村，与农民和工人携手合作……

第五个错误：我们缺乏纪律和协作，打仗只是为了军衔和声望……每个人都想升官发财，好为自己和亲戚谋求好的官位。

考虑到民主力量同盟的性质，册子中有几点内容似乎不太恰当。第二个错误是："我们太过依赖外部的支持和建议。"对于正在接受
150 外国人培训的新兵来说，这本小册子与其说是在批判过去，不如说是在分析目前起义所犯的错误。"正是这些卢旺达人教育我们要发扬爱国精神，告诉我们为了国家要敢于牺牲自我，"基齐托回忆起来，摇了摇头，"这真是奇怪。"

十二年后的基齐托似乎已经不记得当年的思想培训了。对于他和所有其他新兵来说，战斗的原因显而易见：蒙博托需要下台。

虽然训练很艰苦，但是确实产生了战友情谊。有些新兵甚至没有进入青春期，对于其中许多人来说，军队确实就成了他们的家。我们回到布卡武，在一天晚上聚在基齐托叔叔的房子里，来的人里有一位是在基齐托之后到基多泰训练的娃娃兵。他们回忆起在新兵训练营中经历的极端残酷和痛苦训练，二人摇了摇头，龇了龇牙。但是，当我让他们唱民主力量同盟的军歌时，他们的脸上露出了温暖的微笑，还犹犹豫豫地拍起了手：

太阳就要出来了，噢士兵们
去吧奔跑吧

士兵的工作就是打仗
从下士升到中士，
然后就是指挥官
穿着军服，踏着军靴，挎着水壶

他们最喜欢的一首歌则是：

坚强的士兵啊
年轻人已经冲进了丛林
哪怕已经牺牲了三人
还有四人在为国家而奋战
要学会坚强啊！

* * *

经过四个月的训练之后，一队卡车驶入营地，每辆车上都标记 151
着不同城市的名字。这是罗伯特最后一次将士兵们召集起来，告诉他们，上阵杀敌的时刻到了。这些士兵们在卡车前面排成一队，每个人都发了一杆 AK-47 步枪。军官命令他们装好子弹，向空中射击，然后再跳进卡车。基齐托爬上了一辆写有“布卡武”标志的车子，只带了一杆枪和一个额外的弹药夹。当时是 1997 年 3 月，刚果的第三大城市基桑加尼正式沦陷。

士兵们到达城里时，刚好赶上新任总督的就职典礼，典礼在宽敞的耶稣会学校阿尔法吉里学院的庭院里举行。他们在人群面前列队前进。基齐托想起四个月后和众多亲友重聚的场景，说道，“我们就好像是从另一个星球回来的一样。”仪式结束后，他们美美地吃了一顿炖牛肉、米饭和马铃薯。这是他们几个月来第一次吃肉。

在周末休假之前，卡比拉又发表了一次讲话，他对士兵说，他们就要收获长期训练的成果了，现在他们已经具备解放国家的实力。最后，他对士兵说，在回家之前，为了赶走恶灵，要向空中鸣枪三次。基齐托回忆道，“这个老家伙的想法有时很搞笑。”“他很迷信：‘不要穿着拖鞋把守路卡。’‘如果你身上有枪，就不要骑自行车。’”那天晚上，布卡武的人们还以为另一场战争已经爆发了：士兵离开校园一个小时之后，满城都响起了枪声，这是新兵正在驱赶恶灵。

* * *

基齐托对于此次就职仪式的描述令人毛骨悚然，却也证实了其他的民主力量同盟新兵反映的他们在基多泰和训练营的经历是真实的。叛军需要迅速招募新兵。艰苦的基础训练是为了在即将开战的军队中建立纪律，淘汰体能太弱的人。看样子卢旺达军官是想要铲除军中已经存在的腐败、懒散和自私自利的风气，用蒙博托的话说，这些都是“扎伊尔人身上的邪气”（le mal zairois）。许多像基齐托一样经历了这种训练的新兵都不满十八岁，按照国际公约规定，他们还是未成年人。外交官估计，有一万名娃娃兵（斯瓦希里语叫kadogo）加入了民主力量同盟的叛乱。[3] 征招娃娃兵的理由很简单：
152 许多指挥官认为，娃娃兵会更优秀、更忠诚、更无畏。一个当地的马伊马伊（Mai-Mai）* 指挥官告诉我：“你永远不知道该信任谁。至少你知道这些娃娃兵是永远不会背叛你的。”[4] 由于军队缺乏纪律、内部争斗加剧以及敌军的定期渗透，不难理解指挥官为何想要找到他们可以信任的人，让内心深处有点安全感。

---

* 刚果民主共和国的地方武装，活跃于北基伍、南基伍、加丹加等地区，有上百个之多，通常以社区为基础，每支武装的人数介于数十到上千人之间。

大多数情况下，这些娃娃兵打的都是游击战，比如危险的伏击和与敌方近距离的战斗。这些士兵没有防护装备，也没有炮弹。如果想要击中敌人，你必须足够接近敌人：AK-47 的有效射程是两百米以内。娃娃兵是所有士兵中唯一有胆量这么做的，他们真的会服从命令，不会像老兵那样考虑行动的危险性。让娃娃兵作为先锋特种部队也意味着他们将在战场的伤亡人员中占据很大的比例。蒙博托手下一名镇守金杜的指挥官告诉我："我第一次看到民主力量同盟军队时，我还以为我们是在和一支童子军作战！透过望远镜，我看到数百名身穿制服的孩子跑过灌木丛，有的还带着比他们个头还大的榴弹发射器。"[5]

据基齐托和其他受采访的娃娃兵介绍，他们通常组成进攻或防守的最前线。其中一名受访者告诉我，在发生于刚果西部的肯盖战役中，他亲眼看到身边有几十个跟他一样的娃娃兵死去，他们穿着过大的制服，横七竖八地躺在战场上。[6] 没有人统计过战争期间士兵的死亡人数，但是可以肯定的是，在刚果战争期间，有数千名娃娃兵死在了战场上。

153 # 第十一章

受伤的猎豹

在我之后即是洪水滔天。

——蒙博托·塞塞·塞科

1996年12月，扎伊尔·金沙萨

这场战争让蒙博托手忙脚乱，猝不及防。当刚果东部爆发战争的消息传来时，这位“全知的舵手”——这是他为自己创造的无数称号中的一个——正在瑞士的一家医院疗养。

一开始，大部分扎伊尔人更担心的是伟大领袖的病情，而不是遥远基伍发生的战争。第一轮谣言似乎受到了官方报道影响：蒙博托正遭受严重牙疼的折磨，有可能是一个脓疮。CIA 在给总部的报告中故意称蒙博托患上了艾滋病。[1] 最终是外国媒体从医院获得了真实的信息：他患上了前列腺癌，做了手术。谣言又一次在金沙萨甚嚣尘上，这使得东部正在进行的战争在报纸上只能位于不起眼的地方。他们说，蒙博托和他的妻子双双陷入昏迷状态。收音机那个说他很快就会回来的声音是一个演员模仿这位备受人们尊敬的“老猎豹”发出的。

起初，蒙博托并不担心这场战争。“卡比拉？我知道卡比拉，”他对自己的法国律师说，“他什么也不是。他就是一个在戈马的山上靠走私为生的小混混而已。”

“元帅，”他的律师回应说，“我认为我们还是需要小心一点。我不认识卡比拉，但他领导的军队组织有方，决心坚定。背后支持他的有卢旺达人和乌干达人，而且我认为很可能还有美国人！”[2]

* * *

即使是他的死对头一度都无法相信，这个全知全能的“总舵手” 154
如今已病入膏肓。过去三十多年来，他把自己打造成一个在精神、政治和生活习俗方面全面领导整个国家的大家长。三分之二的扎伊尔人完全不认识其他领导人。他的头像出现在所有钞票与数不清的T恤、桌布和唱片封面上。学校里的孩子们每天早晨上课前都会高唱赞美他的歌曲：一个国家，一位父亲，唯一的领袖，就是蒙博托，蒙博托，蒙博托！国家电视台播报晚间新闻时的片头是一个蒙博托的头像从天堂穿越云层来到人间。

他拿着银头黑色手杖，戴着豹皮做的帽子，宛若一个现代版的传统国王；没有人能违抗或分享他的权威。“你听说过有两个酋长的村子吗？”他总是喜欢这样问。

他的酋长地位并非只是象征性的。1980年，为庆祝他的五十岁生日，举办了一场盛大的加冕仪式，授予他“班加拉之王”（King of the Bangala）*的称号。[3] 庆典司仪大声宣布：“只有上帝在你之

* Bangala在林加拉语中的意思是“蒙加拉河的子民”。蒙加拉河（Mongala River）是刚果河的一条支流，位于刚果人民共和国（金）西北部的赤道省，也就是蒙博托的家乡。该河的源流即埃博拉河（Ebola River）。

上。”蒙博托被尊称为“太阳神蒙博托”（Mobutu Moyi）。[4] 这并不是他与法国的路易十四国王唯一的相似之处。根据 1974 年宪法，他成了所有政府机构的首领，并可以通过颁布政令直接立法，按照自己个人的好恶随意修改宪法。有很多年，他的个人开支甚至占了全国财政预算的 20%。他是整个国家名副其实的父亲：他常常出席各种庆典活动，从道路建设开工剪彩到为医院赠送药品，就像一个父亲给孩子购买礼物那样向全国人民展现自己的慈爱。所有造访蒙博托宫殿的人——甚至包括外国使节——离开时通常都会收到数千美元不等的“礼物”。[5]

他的健康状况成为金沙萨街头巷尾议论的核心，人们聚集在报摊和民间意见领袖的周围，讨论着各种癌症治疗手段对一个六十六岁老者的身体会有什么样的影响。有人说，他被阉了。有人反驳说，不，他的阴茎肿成了原来的两倍大，让他本就“出神入化”的性能力如虎添翼。

事实上，这个年迈的独裁者成了他自己各种奇怪迷信的受害者。长期以来，他一直相信各种民间秘方和巫术，坚持用草药和偏方治病，直到癌细胞扩散到全身，才不得不到国外寻求帮助。

终于，在 1996 年 12 月 17 日，他乘坐的总统专机降落在了恩吉利机场。动荡的政治局势和对内战的恐惧（很可能还有发放的现
155 金）使得数十万人蜂拥到机场和通往城市的道路两旁欢迎他的到来。此情此景，颇有一丝美好旧时光的味道：军乐队一边前进一边演奏；一个妇女方阵翩翩起舞，裙摆上绣着蒙博托的头像；人们挥舞着几千面小型扎伊尔国旗。“父亲来了！扎伊尔有救了！”人们大声叫喊着。

尽管人们普遍对蒙博托和他的政府心怀不满，但由于不确定叛军到底会带来些什么，人们发自内心地为这位独裁者的归来热情欢呼。神职人员、军队，甚至是一些反对派都称赞他是回来保卫扎伊

尔，使其“免于陷入图西人的阴谋，成为一个希马帝国*”（一些报纸写道）。[6]

蒙博托在首都最大的军营中心住了下来，想要复兴自己的政权。他罢免了军队的最高长官，代之以一个能力更强的军官。他安排数百名法国雇佣军来帮助他，还雇用了一批塞尔维亚和南非雇佣兵。他的将军会见了前卢旺达武装部队的指挥官，这些军官军队在难民营危机爆发之后大多失散了，他们正想把士兵重新整编起来。

然而，这只“老猎豹”已经没有昔日的那般权力了。自从1990年他解除党禁以来，他在政治上越来越成为一个只有象征意义的人物。大多数时间，他都待在自己位于巴多利泰丛林深处的宫殿里，距离首都有五百英里远，于是治理国家的日常事务就落在了总理的肩上。多年来，蒙博托一直煞费苦心地离间扎伊尔最顶尖的商界和政治领袖，以免他们对他的地位造成威胁。但是到了最后，蒙博托这种分而治之的策略只给他留下一个支离破碎、效率低下的政府壳子。

这一混乱局面在保安部队中表现得最为明显，各股武装力量为了权力和油水相互争斗。一船从朝鲜运来的军火抵达马塔迪港口（Matadi）后直接引发了一场枪战。忠于恩津比·恩巴莱将军——他是蒙博托总统卫队的指挥官和表亲——的军队与马赫莱将军手下的军队发生交火。前者想要把军火拿去卖钱，而后者则想用这批武器来对抗叛军。

蒙博托的健康状况再次击垮了他。一个月后，他不得不返回欧洲接受进一步治疗。首都街头又开始流传各种恶毒的谣言，围绕他

* 希马族（Hima）是班图族的一支，主要分布于刚果民主共和国（金）东北部伊图里省（Ituri），以游牧为生。部分希马族人曾希望联合大湖区的其他邻近族裔成立希马帝国。在比利时殖民时期，殖民者曾将希马族与图西族混为一谈，一并归为含米特人，所以文中才有人这么说。

欠佳的健康状况做文章。中央银行为了应对飞涨的通货膨胀率再次发行新版纸钞，很快这些新钞票就有了一个外号："前列腺。"通货膨胀就像总统的前列腺一样，每天都在飞涨。这些纸钞就像病毒一样，会严重损害你的健康。

156 1997 年 3 月，当蒙博托再次返回金沙萨时，只有一小部分人前去欢迎他。然而，他们却白等了一场。飞机降落后，机舱门并没有打开。机舱内，身患重病的蒙博托挣扎着想要站起来，由于长途飞行，他的肌肉已经完全僵硬。在女按摩师为他按摩身体的时候，他的手下把群众和媒体驱离了机场。几个小时后，在妻子的搀扶下，蒙博托走出飞机，乘车穿过破败的街道，朝着家的方向驶去。

* * *

蒙博托很喜欢看电视。过去他一般会在早晨 6 点钟就起床，做个按摩，通过卫星电视收看新闻。他本就有失眠的毛病，而治疗癌症的药物让他的失眠更严重了。

报纸上也没什么好消息。所向披靡的卡比拉军队成了媒体的宠儿，数十家媒体机构拥向刚果东部，向全世界发出报道，被占领的城镇中，村民们高兴地庆祝自己被"解放"。蒙博托在 1997 年 3 月返回扎伊尔后没几天，卡比拉的军队就攻陷了基桑加尼。电视镜头捕捉到人群在道路两旁列队欢迎叛军进城的情景，他们在路上铺下棕榈叶、彩色布条和垫子，让军队走在上面。在华盛顿，白宫发言人发表声明："蒙博托即将成为历史的产物。"[7] 陷入绝境的蒙博托开始考虑与叛军谈判。他罢免了自己的总理，把权力交给他长久以来的对手艾蒂安·齐塞凯迪（Etienne Tshisekedi），艾蒂安立刻任命了新的内阁，把一些最重要的部门留给了自己的"兄弟"卡比拉。"老猎豹"派遣自己的国家安全顾问前往南非，看卡比拉是否愿意谈判。

然而，蒙博托却死要面子。他说自己可以跟叛军领袖碰面——但得对方亲自来，而且要礼貌地询问他。“礼貌的意思是，你要说‘尊敬的扎伊尔总统阁下，我想要和您见上一面。’这就是礼貌。”他在4月的一场罕见的媒体见面会上说道。

蒙博托待在自己的宫殿里，身边是他至亲的家人——他的妻子、妻子的姐姐、儿子恩赞加（Nzanga）和孙子们。每天早晨和晚上，他都会洗上一个热水澡，然后喝几杯柠檬香草和姜汁做的饮料。夜里，当暴风雨扫去闷热潮湿的空气后，他会坐在阳台上，俯瞰湍急的刚果河。一只英国小猎犬和一群孔雀在修建得干净整洁的草坪上 157
嬉戏。房子外的不远处立着一块大招牌，上面写着：“欢迎回家，蒙博托元帅。”

除此之外的景象就没有这样赏心悦目了。他的游泳池里的水已经溢了出来，水面长满了水草，军营里堆满了报废的军用车辆，许多都被拆掉零件拿到附近黑市上卖掉了。附近军营的士兵洗完内衣就挂在绳子上随风招展。下水道里堆满了垃圾。

他试图重新树立自己的权威，但却失败了，甚至在自己的卧榻上也是如此。传说中，他性欲旺盛，因此结过三次婚，还有几十个情人。甚至据说在做了几次前列腺手术之后，他依然坚持和妻子以及她的双胞胎姐妹同床，导致了大出血。[8] 他从来不擅长节制，到了晚年也依然故我。

金沙萨所发生的一切既是悲剧，又是喜剧，既充满戏剧性，又可谓老调重弹。穿着鳄鱼皮鞋、脑满肠肥的将军们在自己的花园举办各种茶会，而士兵则把自己的军营付之一炬。街头身穿破衣烂衫、手戴白手套的孩子们假装交警指挥交通，而军队的大佬则在黑市上把坦克当作废铜烂铁卖掉。金沙萨好像掉进了一个麻烦不断的无底洞。

此外，蒙博托还在为几具尸体纠结不已。最困扰他的是两具尸体。其中一具是他的第一任妻子玛丽–安托瓦内特（Marie-Antoinette），她葬在巴多利泰的一处地下墓室里。他始终放心不下，担心那些距离自己家乡只有几星期行军路程的叛军会去破坏她和埋在她旁边的孩子们的墓葬。十年前他就下令把妻子的墓葬完全封闭起来，但谁也不敢保证万无一失，在妻子去世十周年时，蒙博托给巴多利泰发去了电报，让手下重新去检查一下他妻子的墓葬，确保不会被人打开。他的助手们相互面露忧色。长久以来有一个传言，说蒙博托一直担心自己被第一任妻子的鬼魂纠缠。有人暗示，他之所以会娶一对双胞胎，就是希望她们能保护自己不被鬼魂侵扰。每天身边左右各有一人，前妻的鬼魂就没法再靠近他了。

第二具尸体如今还没有下葬。那就是卢旺达前总统朱韦纳尔·哈比亚利马纳，他的座机于 1994 年 4 月 6 日在基加利上空被击落以后，人们在飞机残骸中发现了他的遗体。关于遗体的下落一直是个谜，但我在布卡武、巴多利泰和金沙萨听见许多人坚称自己曾经亲手摸过、亲眼见过，甚至用鼻子闻过哈比亚利马纳已经腐烂的尸体。最
158 有可能的是，这具遗体被匆匆运到布卡武（我在那里的管家信誓旦旦地说，他的父亲在蒙博托军队做军官时曾把哈比亚利马纳的尸体放在他们家地下室存放了两个晚上），然后被送到了巴多利泰，在那里经过防腐处理后被冷藏了起来。

蒙博托和哈比亚利马纳是老朋友了，如今依然在照看他的遗孀阿加特（Agathe），在逃往法国之前，她曾经在他丛林里的宫殿中住了好几个月。蒙博托向她承诺说，在把卢旺达爱国阵线赶下台之后，会为她的丈夫在卢旺达举办一场英雄般的葬礼。但这一切变成了一个明显不可能完成的任务，爱国阵线的军队正朝着巴多利泰步步紧逼，于是蒙博托派人把尸体运往了金沙萨。由于担心爱国阵线的军队会对这具遗体胡作非为，他就下令把这位之前的老朋友给火

化了。

非洲中部并没有火化的习俗，似乎没有人清楚该怎样火化尸体。是要把尸体放进烤箱，还是放到篝火堆上？教会会同意吗？当官员们绞尽脑汁想要弄清楚到底该怎样实施火化时，尸体已经在机场一架货机的防腐装置里存放了三天了。卡比拉的叛军离首都越来越近，负责处理尸体的军官开始慌了，四处打电话征求建议。如果他把尸体丢掉，那就是犯下叛国罪；如果卢旺达爱国阵线抓住他的时候发现这具尸体，那他就必死无疑。他对一位记者说："如果是我说了算，那我肯定把尸体扔到河里了。但对蒙博托来说，这就像是他的亲生儿子。即便到了最后关头，他也一定会坚持妥善处理这具尸体。"[9]

最终，他们找来一位来自印度的印度教高僧主持火化仪式。尽管哈比亚利马纳是位虔诚的天主教徒，但蒙博托还是让他们该怎么办就怎么办。1997 年 5 月 15 日，在去世三年之后，哈比亚利马纳的尸体终于在金沙萨被付之一炬。似乎没人知道他的骨灰最后安放在哪里。

* * *

到了 4 月末，一支来自华盛顿的代表团访问了蒙博托，代表团由比尔 · 理查德森（Bill Richardson）领衔，他是克林顿总统在这一地区的特使。美国担心叛军抵达金沙萨后会在当地掀起一场腥风血雨，因此希望能让这位独裁者主动退位。到了以后他们发现，这位颤颤巍巍的老人需要在他人的帮助下才能站起和坐下。他似乎已经和现实脱节；他们告诉他说，他的军队在首都东边一百二十五英里以外的肯盖设立的最后一道防线已经被攻破。理查德森给他递交了一封克林顿总统的信，信中提出，如果他能主动交出权力，就可以保住自己的荣耀和尊严。这位特使回忆说："克林顿在信中对他说：

159 ‘你会被拖到大街上游街。你很有可能遭遇这样的下场，而我们不会去阻止他们。’”[10]

蒙博托感觉自己遭到了背叛。美国从 20 世纪 50 年代就开始支持他，他曾多次造访白宫，拜见过肯尼迪、尼克松、里根和老布什等历任美国总统。他给法国总统雅克 · 希拉克（Jacques Chirac）写信说：“现在，美国和英国通过他们的傀儡南非、乌干达、卢旺达和安哥拉扶植了洛朗 · 卡比拉这个罪魁祸首，想要趁我身体抱恙的时候在我背后捅刀子。”[11]

尽管怒不可遏，但蒙博托并没有太多选择。他手下的高官们已经开始租用船只，把家里的家具和财物运往河对岸的刚果共和国。他打出去的电话开始没人接听了。

他同意在 1997 年 5 月 4 日和卡比拉会面。但光是会面地点就引发了漫长的谈判。卡比拉拒绝在加蓬或者刚果共和国会面，担心法国会支持在这两个前法属殖民地对他展开刺杀行动。蒙博托则因为健康原因无法前往南非。最终，双方同意在一艘南非海军的舰艇“奥特尼卡号”上见面，这艘舰艇就停泊在离海岸线不远的地方。南非总统纳尔逊 · 曼德拉（Nelson Mandela）会居间调解。由于蒙博托无法通过三十一级台阶登上船舷，东道主不得不修了一个足够坚实的斜坡，让蒙博托乘坐他的豪华轿车上船。

这一次，终于有人在迷信程度上超过了蒙博托。整场会面，洛朗 · 卡比拉都拒绝直视蒙博托的双眼，而是一直抬头看着天花板。根据一个广为流传的说法，他担心这头“老猎豹”眼睛里仅存的魔力会在和他对视的时候给他下咒，让他最终无法坐上唾手可得的权力宝座。这是这两个死对头唯一一次碰面。这对死敌已经相互对抗了三十二年，彼此间并没有什么话可以说。卡比拉告诉蒙博托，交出手中的权力，无条件下台。蒙博托感到自己受了侮辱，一瘸一拐地下了船，拒绝和对手达成任何协议。已经七十八岁高龄的曼德拉不得不把蒙博托搀到了车上。

在金沙萨雨季最后的日子里，轰隆隆的瓢泼大雨噼里啪啦地落在每家每户的屋顶，城市变成了一片汪洋。然而，这并没有浇灭年轻人的热情。墙上开始出现各种各样的涂鸦。市中心的一处涂鸦写道：“蒙博托 = 大麻烦，卡比拉 = 问题的答案。”其他地方，破坏分子把政府机构招牌上的“扎伊尔”涂改成了“刚果”，这是卡比拉为这个国家起的新名字。一个大胆的年轻人爬上了一个六十英尺 160
高的广告牌，给上面的蒙博托肖像添了一撮小胡子和两颗黑色的大门牙。

* * *

很明显，在这一时期，英雄和叛徒之间往往只有一线之隔。又高又瘦的马赫莱将军同样来自赤道省，但跟蒙博托并不属于同一个部落。他曾在法国顶尖的圣西尔军校受训，于 1977 年到 1978 年的两次沙巴（Shaba）* 战争中担任指挥官，并在 1990 年带领蒙博托的军队去帮助哈比亚利马纳政府击退卢旺达爱国阵线。他是个虔诚的耶和华见证人信徒，在国外军事顾问中享有良好的声誉。当军队在 1991 年洗劫金沙萨时，他果断下令让手下的士兵枪毙那些抢劫平民的同僚，使混乱的局势得到了控制。

1996 年 12 月，马赫莱被任命为扎伊尔军队的总司令。第二年 4 月，在与其他军官僵持了无数次后，他意识到自己的军队大势已去。卡比拉控制了整个国家的三分之二，包括大部分钻石矿和铜矿。“在某个时刻，他意识到从道义上来说正确的选择是投降，以免更多的人牺牲。”马赫莱的好朋友、一位知名的商人何塞·恩敦多（José

* 刚果（金）东南部省份加丹加省的旧称。

Endundo）回忆说。

每个人都担心民主力量同盟攻入金沙萨后会让这座城市血流成河，城区会充斥着枪战、仇杀和对平民聚居区的无差别轰炸。最后，数以千计的败军在逃之夭夭之前会把整座城市洗劫一空。

马赫莱将军在美国人的帮助下才找到了和洛朗·卡比拉接触的渠道。大使丹尼尔·辛普森（Daniel Simpson）曾在访问卢本巴希时见过卡比拉，在他的安排下，5月14日马赫莱在他的住所和卡比拉通了电话。两个人在电话里交谈了半个小时，几天后又通了一次电话。他们安排马赫莱在电台发表讲话，下令手下的军队在叛军进城时解除战备不予抵抗。他还会亲自飞往赞比亚的首都卢萨卡（Lusaka），与卡比拉碰面并正式承认他的领导。[12]

但首先，蒙博托必须离开。如果叛军进入金沙萨时他还在城内，那么一些忠于他的部队可能会尝试负隅顽抗。

161 5月15日，蒙博托结束了南非舰艇“奥特尼卡号”上的第二场会面（卡比拉这次甚至都没有出席双方的会面），刚刚返回金沙萨，便得知他的住所里权力最大的将军正等着见他。在最后的这段时期，利库利亚将军接替了总理的位置，坚持认为己方还有能力保护首都。“（我在南非）订购了弹药充足的武装直升机。我甚至还付了一笔数额相当大的订金，保证这批武器能够及时送达。”[13]

利库利亚将军看了看其他人，希望能得到一些支持。不过，马赫莱已经受够了：“您看，元帅，我已经不能继续保证你在这里的安全了。”

蒙博托听后迷惑地看着他。“你到底在说什么？我怎么不知道呢！”根据在场其他人更具戏剧性的说法，蒙博托看着马赫莱，用法语说道：“你是畜生吗？”

第一夫人波比·拉瓦达（Bobi Lawada）插话说：“你背叛了你的父亲！想想他以前是怎么待你的！”

利库利亚看着蒙博托的侄子，担任蒙博托总统卫队指挥官的恩津比将军问道：“恩津比，你说你在城里有一万五千人。那么你准备怎么来保卫这座城市呢？”恩津比盯着对方，陷入了尴尬的沉默。[14]

“好吧，我明白了，”蒙博托轻声说道，“就这样决定吧。我们明天走。”

因为每一个在场的人都是站在自己的立场讲述当天所发生的一切，各种流言于是四散开来。到了第二天早晨，一个消息传到了所有军官的耳朵里：马赫莱背叛了自己的祖国。

* * *

第二天一大早，蒙博托驱车前往机场，为了避免招人耳目，他特意选择了一辆小一点的车，后面跟了十辆车，满载着他的行李箱。另外一些东西在他和随从们抵达之前就已经装上了他们要乘坐的那架波音 747。由于带的行李实在太多，有一些装不上飞机的不得不留在了机场的汽车上。被丢弃的豪车在金沙萨街头随处可见，尤其是在几个渡口边上，蒙博托政府官员逃跑时要通过这几个渡口，搭乘划艇、快艇和轮渡逃往河对岸的布拉柴维尔（Brazzaville）。

那天剩下的时间，马赫莱都在城里准备迎接卡比拉的到来。他最担心的是蒙博托的总统卫队，这支精英部队曾在蒙博托那里得了许多恩惠，并且大部分都来自他的家乡赤道省。当天晚上，他接到 162
总理利库利亚打来的电话，得知查希军营爆发了骚乱，那里正是总统卫队驻扎的基地。

马赫莱决定亲自到现场去看看，同行的只有少数几个官员。“这是典型的马赫莱的作风，”一位前同事和朋友告诉我。“甚至在 1991 年金沙萨的骚乱中，他都和士兵一起步行在街上巡逻。这也太事必躬亲了！完全不是一个将军应该扮演的角色！”

在查希军营的大门口，他们遇到了一群亢奋的总统卫队士兵，正朝着天上放空枪。士兵们拦下这群官员，强迫他们走下自己的吉普车。马赫莱进入军营，试图和士兵们理论，但自己的话音完全被士兵的怒吼盖住了："你出卖了我们！你背叛了我们，现在你也会逃到河对岸的布拉柴维尔！我们和我们的家人该怎么办！"

他们开始用蒙博托的母语恩格班迪语互相交谈，说要杀死这个叛徒。马赫莱来自姆布扎部落，但他听明白了士兵们的意思，于是开始向停在军营外的汽车撤退。在外面守候他的保镖卡曾贝（Kazembe）硬生生把大门冲开，这激怒了总统卫队的士兵，他们开枪把他打死了。

接下来现场一片混乱——马赫莱钻进了汽车，而他的其他保镖则躲进了路旁的灌木丛里。总统卫队开始朝吉普车开火，但他们随后朝车里看时，却没看到马赫莱的踪影。

"你这个巫师！"他们一边检查座位下面一边怒吼着。最后，他们发现了躲在车底下的马赫莱将军。他大喊道："我在这儿呢，你们这群蠢货！想怎么处置我，你们就来吧！"

他们把他带回了军营，撕掉他的将军肩章，摘下他的红色贝雷帽。在争论该如何处置马赫莱时，总统卫队内部的恩格巴迪人和姆布扎人打了起来。他们打了没多久，就被一声枪响镇住了。有人——据说是蒙博托臭名昭著的儿子孔戈洛（Kongolo）——掏出一把手枪，从背后一枪打爆了马赫莱的头。

群龙无首的士兵变成一盘散沙，开始争抢军营里剩余的物资，查西军营很快变成了一片废墟。[15]

第十二章

国王已死；国王万岁

猫去了修道院，依然是猫。

——刚果谚语

1997年5月，刚果 · 金沙萨

1997 年 5 月，总统洛朗 · 卡比拉在金沙萨待了几个星期，陷入了不知所措的状态。这一点可以理解：他在 20 世纪 60 年代早期就离开了首都，再没回来过。在他心中，金沙萨已经成为一个神话般的存在，一座穷奢极欲、腐败堕落的巴比伦，他的对手就是在这里统治刚果长达三十年。

卡比拉离开的时候，这座首都还叫作利奥波德维尔（Leopoldville），政府部门正常运转，基础设施建设如火如荼，而现在却变成了混乱不堪、暴力横行的金沙萨。60 年代初期，这个城市的中心地带住着整洁、富裕的白人商人，在外面一圈是急剧增长的刚果精英人群，其两侧是蓝领工人，居住在由比利时人建造的、相对干净的房子里。到了 1997 年，城市人口已经从五十万增长到五百万。市内拥挤不堪，村民还在不断拥入棚户区，棚户区随之不断向东向南扩张，距离城中心越来越远。

金沙萨已成为非洲第三大城市、世界前二十大城市，但看起来
164 却更像是个超大号的村庄。这里没有正常运作的邮政服务系统，没有公共交通系统，尽管降雨充沛到泛滥的地步，但仍有二百多万城市居民没有享受到直接的供水系统。95% 的人口没有正式的工作：他们搬运木薯粉，擦鞋，沿着熙熙攘攘的街道叫卖壮阳药、卷烟甚至是指甲油等商品。数以万计的公务员仍然穿着旧衣服和领带工作，却几乎领不到工资。垃圾堆积在开放的下水道中，或随便堆放在路边，任其腐烂，最后焚烧时空气里满是刺鼻的味道。一半的人口每天只吃一餐，他们扛着成捆的扎伊尔新钞去买木薯粉，赶回家吃晚餐；四分之一的人口每两天才能吃一顿饭。[1] 曾经的“美丽之城”（Kin la Belle）已经变成“垃圾之城”（Kin la Poubelle）——金沙萨垃圾桶。

城市的建筑也发生了相应的变化。位于火车站的利奥波德二世国王的雕像已经不见了，这位比利时国王创立了刚果这个国家，把它作为私有财产占据了长达二十三年。各种专为白人特权服务的高档社会俱乐部也消失了，先是因为刚果独立前后社会动荡，后来又因为 20 世纪 90 年代初期社会治安混乱不堪，使得外国人飞快逃离了这个城市。蒙博托试图重建该城，在中国援建的国会大厦前修建了宽阔的林荫大道，并建设了一个可以容纳八万观众的全新体育场，规模为非洲第二大。但是城市重建以失败告终：棚户区以无政府管理的方式快速扩张，排污系统瘫痪，照明系统缺失，城市空间被不断侵占。富人加高围墙，把恩加利埃马区和贡贝区圈了起来，保护这片残留的特权区域。少数几个公园白天被小商贩和传教士霸占，晚上则成为无家可归者的栖身之所。

总统府花园现在杂草丛生。蒙博托的动物园曾经坐落在这里，一度是非洲的模范动物园，现在却空余一堆肮脏且锈迹斑斑的笼子，

拿不到薪水的饲养员们在照顾饿得奄奄一息的动物。两只狮子最近已经被饿死了，一群侨民从高档酒店收集残剩的食物，喂养剩下的猴子、黑猩猩、羚羊和蛇。被抛弃的动物园工作人员曾尝试在园子里养些鸡和鱼，但是对园里的动物不抱什么希望。

* * *

卡比拉抵达金沙萨后不久，他的顾问向他介绍了该国的经济状 165
况。情况不太乐观。刚果的财政收入锐减到1960年独立时的三分之一，通货膨胀率高达750%。1988年至1996年期间，铜产量从五十万六千吨下降到三万八千吨，工业钻石产量从一千万克拉下降到六百五十万克拉。咖啡、棕榈油和茶叶生产都有相同的下降趋势。只有5%的人能找到带薪的工作，其中许多人的工资低达每月五美元。全国有十二万士兵和六十万公务员要养活，而这个世界面积第十二大国家的国土上却只建有两千英里的硬化道路。

最要命的是，政府已经破产了。当卡比拉军队抵达金沙萨时，他们的第一站自然是中央银行。即将上任的副行长荣幸负责打开金库，却发现巨大的混凝土房间里空空如也，只有一个抽屉里留下了一张孤零零的五十法郎钞票，“作为一种侮辱”。[2] 银行各部门的大多数文件不是被烧毁就是被盗走，同时消失不见的还有电话、传真机、空调、纸夹和门把手。

* * *

卡比拉的林加拉语——这是首都通用的一种方言——说得有些蹩脚，而且在当地几乎没有认识的人，所以面对金沙萨，他不是很有信心。5月20日晚上，他在夜幕的掩护下偷偷溜进了城里，令居民们无缘一睹这位新统治者的尊容。一个车队悄无声息地将他迅速送到了玛布丽宫，这是一座大理石宫殿，坐落在绿树成荫的恩加利埃马区。蒙博托在首都有好几处住所，卡比拉则感觉有一处就够了。他的妻子西法、小老婆们和十八个孩子都住在城里的其他地方——他不想将工作和家庭乐事混为一谈。他没有改变行事风格或个人习惯，仍然穿着凉鞋和色彩单调的狩猎装，衣柜里装满军绿色、海军蓝色和棕色的同款衣服，他的朋友们跟他开玩笑说，他的裁缝工作真清闲。他的三餐仍然是按照在丛林里养成的习惯安排的：大量的鹿肉、乌加利（ugali，一种加丹加人喜爱的玉米面团），再加上一
166 些用棕榈油烹煮的简单蔬菜。有时候他会点中国菜和印度菜，或者他会去厨房，告诉厨师，他们吃什么，就给他做什么。他保持着对木薯、南瓜和土豆叶的兴趣。与谣言相反，他并不饮酒，因为他有高血压和糖尿病，但他会喝大量的浓奶茶。[3]

他每天的日程安排也基本保持不变。他有睡眠问题（有人说是因为他的体重），每天天还没亮就醒了，然后会去阳台用短波收音机收听BBC的斯瓦希里语和英语广播。他习惯在半夜叫醒他的顾问，继续他们前一天的讨论。“我必须把电话放在床边，”他的信息部长和门徒迪迪埃·穆门吉（Didier Mumengi）跟我说道。“他会随时给我们打电话，继续探讨几天前遗留的话题。”在打电话和去其他任何地方时，这位“长者”（斯瓦希里语中受人尊敬的长辈）总是随身携带一个能放进口袋里的小笔记本，这样他就可以随时记笔记。

在一天结束之后，卡比拉会利用几个小时的难得闲暇读一些史书。他对俄国和法国的革命以及罗斯福新政都很感兴趣，想通过学习这些历史经验教训来改变刚果。戴高乐、毛泽东和拿破仑的传记是他陆续要学习研究的对象。有时候，有些部长会在会议结束之后留下来探讨哲学。“他学识渊博，想法也很奇特，”他的一位部长告诉我，“我记得在一次内阁会议上，他突然问我们，萨特（Sartre）

是否会同意我们正在商议的一些政策！”[4]

按照这位前顾问的描述，这位新总统是一位因大权在握而自我膨胀，但同时心存困惑、孤独压抑的人。有好几次，他在晚上突然从总统府邸消失，独自开车进城，想要在没人陪同的情况下认识这座他几乎完全不了解的城市，把他的保镖吓坏了。他的士兵慌忙爬上皮卡追赶他，却只见这位总统下车命令他们回到宫殿。一位前部长记得自己曾受命监督城里一条运河的疏浚工程。“工作开始几天后，‘长者’晚上开着一辆破旧的梅赛德斯出现在了河边，说是要看看工作进展得如何。我们真的是被吓到了。倒不是因为我在那儿看到了他——而是他来的时候是凌晨 1 点钟！”[5]

* * *

5 月 29 日，起义军占领金沙萨十二天后，全国人民才第一次 167
见到他们这位新的领导人。洛朗 · 卡比拉宣誓就职，这是这个国家三十二年来的首任新总统。在卡马尼奥拉体育场内，四万人见证了这场就职典礼。现场的气氛格外喜庆。战争结束了，蒙博托终于下台了，刚果历史揭开了新篇章。在正午阳光的炙烤下，最高法院的二十二名法官身穿点缀着豹皮的厚重红色长袍站起身来，面向国家元首宣誓效忠。他们身后的讲台上坐着促成这一时刻的人们：卢旺达、乌干达、安哥拉和赞比亚的总统。他们一个接一个走过讲台，拥抱了卡比拉。

这场庆典曾被人群中大概五百名反对派分子短暂地打断，他们喊道：“齐塞克迪在哪里？”齐塞克迪就是那位不屈不挠的反对派领袖，许多人希望他能在新政府中占有一席之地。他们很快被行进乐队驱赶了出去，卡比拉的支持者们回应道：“滚去多哥吧！”蒙博托在离开金沙萨后首先就逃到了这个西非小国。

这起事件让人们意识到，新政府不是民主运动的产儿，它是凭借武力夺权的。在卡比拉演讲前一周，国家电视台播报的几条法令让我们可以对这个新上台的领导人有些初步的认识。第一条是5月17日签署的，该法令宣布，在新的规定出台前，所有的政治活动将暂停。第二条是在卡比拉就职前一天签署的，宣布总统将以政令治国，直到制宪会议制定出新的宪法。卡比拉被授以全权：他拥有立法权，以及任命法官、所有高级行政官员和军官的权力。在反对派看来，这就是在效法蒙博托。

不过，许多人倒是更愿意对这些新任领导人网开一面。毕竟，在卡比拉进入金沙萨的时候，这里有三百多个政党，其中许多是所谓的“食客政党”，它们唯一的职能就是依靠蒙博托政权“养活自己”。这里不存在民主辩论的文化，蒙博托能实现一党专政，与对他的个人崇拜、民族主义政策和重要舆论家被收买是密不可分的。在这种情况下，立即展开多党民主和选举，可能会让蒙博托党人东山再起。
168 即使是非洲民主事业的掌门人纳尔逊·曼德拉也认为，卡比拉在新政府未站稳脚跟之前就允许党派自由活动将会是一种“自杀性”行为。[6] 一群来访的美国国会议员认可了卡比拉的措施，称该国首先需要的是稳定，即便这意味着在短期内压制政治抗议活动。[7]

卡比拉在就职演说中以一贯的口才谈到了这些问题：“你们都知道的，这么做是非常好的。但是，这些［要求选举的］先生们对这个独裁统治的国家所犯的罪行也是要负责的。三十年来，他们从未组织过选举，对人权漠不关心。而现在他们却想让民主力量同盟尽快组织选举，不要拖延，就好像民主不是属于我们人民的东西，而是他们的私有物。”[8]

卡比拉承诺，这些措施是暂时的，两年过渡期后，所有的政党将重新运作，举行选举。与此同时，他组织了一个宪法委员会，完全由亲密的盟友和民主力量同盟成员构成，负责起草新宪法。

* * *

卡比拉的蜜月期很短暂。对政治活动的禁令受到了活跃地方精英的挑战，卡比拉狠狠地打压了他们。

11 月 25 日，刚刚进入刚果政坛的联合国教科文组织前官员阿图尔 · 扎赫迪 · 恩戈马（Arthur Zahidi Ngoma）想要在他的住所举行新闻发布会。一队特警破门而入，屋子里顿时满是催泪弹的烟雾，子弹纷飞，他们逮捕了现场包括几名记者在内的所有人。大约二十人被带到了警察总部，被要求趴在水泥地板上，警察用脚狠狠地踢他们的肚子、脖子和头，然后用棍棒重重地殴打他们。扎赫迪被打了五十一鞭，他当年五十一岁，每一岁打一鞭。[9]

还有几十名违反政党活动禁令的政客也被抓捕，遭遇了同样的对待。最出名的当数反对派领袖齐塞克迪。卡比拉第一次来到金沙萨时，齐塞克迪主动示好，表示想跟新领导人共同合作。但很快他就改变立场，以一种顽固强硬的姿态，要求政府解散，并任命他为总理，1992 年国家主权大会曾授予他这个职位。卡比拉多次将齐塞克迪关进监狱，却没法让他沉默。终于，1997 年 2 月，卡比 169
拉失去了耐心，将齐塞克迪发配到他偏远的家乡卡贝亚−卡姆万加（Kabeya-Kamwanga），“给他一辆拖拉机和一些大豆种子，这样他就能够发挥他的领导力，为我国的农业发展奉献出自己的一份力量了”。[10]

至于人权组织，过去十年来它们一直在批判蒙博托专权政府，现在也没得到喘息的时间。在卡比拉执政的头几个月内，全国至少有十二名人权支持者由于批判政府或者深入调查蒙博托党人的拘留情况而被逮捕和审讯，其中许多人遭到殴打。蒙博托独裁政府倒台前的几年间，非政府组织在该国部分地区蓬勃发展，为这个高压统治下的国家提供了些许急需的平衡。它们开始批评卡比拉政府，一些领导人因为行为越界而被逮捕。在东部的金矿城市卡米图加（Kamituga），一个三名成员组成的人权组织发布了一系列报告，指控当地检察机关的腐败，随后三人便被逮捕。他们每天要承受一百到二百次鞭打，直到他们最终承认政府的最高权威。[11]

1997 年 10 月，信息部部长拉斐尔 · 根达（Raphael Ghenda）要求非政府组织禁止直接接受国外的资金援助，称应该设立一个政府中介机构来管理这些资金。[12] 几个月后，政府进一步指控所有人权组织“破坏政府稳定，通过散布虚假的报道和谎言，企图减少国家的外部援助”。随后，政府开始建立和资助自己的民间社会团体，让他们负责提供人权报告，但同时也负责向政府通报“外国操纵”的情况。[13] 不久后，政府还开始为参加新闻发布会的记者支付“车马费”，有时候信息部会直接给贫困潦倒的报社编辑提供资助。同时，他们禁止私人广播电台播报广告，剥夺了电台的所有合法收入。安全部门的工作人员会定期前往广播电台和报社，询问编辑接下来都安排了什么节目和出版物。几位资深编辑因发表了一些令政府难堪的报道而遭遇逮捕和讯问。这些招数完全就是照搬蒙博托的那些老把戏——又是拉拢又是胁迫，双管齐下，相当有效。《灯塔报》（*Le Phare*）、《潜力报》（*Le Potentiel*）以及《参考报 +》（*La Référence Plus*）等抨击政府的媒体开始把他们的批判性报道变得委婉了一些。

170 这场镇压导致了一个著名的外交事件，间接决定了卡比拉被西方政府抛弃的命运。1997 年 12 月，美国国务卿马德琳 · 奥尔布莱特访问金沙萨，与卡比拉举行会晤。这位美国外交高官和刚果政府领导人之间的关系并不好。此次访问前的几个月正处于难民危机的高峰，奥尔布莱特致电卡比拉，如果他不允许调查人员入境查明失踪卢旺达难民的情况，所有后果自负。奥尔布莱特的话刚说了一半，卡比拉便挂断了电话，他喃喃自语道：“帝国主义者！”[14]

不过，12 月的会见进展得十分顺利。奥尔布莱特认为，向批评者开放政治空间符合卡比拉自身的利益，这将使他看起来更强大，而不是更软弱。他和往常一样能说会道，态度友善，用一口流利的英语表达自己的观点。他们走进总统府的圆形大厅，在这里举办了一场记者会，他首先发言，滔滔不绝讲了一连串相对没有什么争议的话题。然后，一名美国记者问卡比拉：最近一次逮捕扎赫迪·恩戈马的活动是否可以理解成卡比拉是在打击对手。卡比拉突然发作，开始痛斥这名记者："这个男人（扎赫迪·恩戈马）根本不是搞政治的，"卡比拉边说边激动地用一根手指指向天空，"他也不是什么政治领袖。难道你们把那些上街煽动人们互相残杀……编造政治手册企图分裂国民的人称为政治领袖吗？你们会放任这样的人到街上去吗？"[15]

然后，卡比拉将手指摆成胜利的 V 字形喊道："民主万岁！"[16] 然而美国人对此并不买账。

* * *

回想起来，卡比拉采用高压手段并没有什么道理。公众一开始还是比较支持他的，反对他的人很少，而且都缺乏组织、力量薄弱。他为什么要为这种小争执浪费人民群众最初的好意？

许多人认为，卡比拉敌视国内外的批评家，证明了他的独裁本质。虽然确实有这个因素，但在他这种反应的背后还有更深层的原因，不只是他的暴君性格。他在面对有人挑战其政权时的过激反应与他面对其他事时的反应是一样的，都是因为他处于弱势地位。他感觉自己被逼到了角落，脆弱无比，于是做出了激烈的反应。

卡比拉是靠着一场叛乱掌权的，这场叛乱在经济援助和前线战 171
斗方面基本都离不开其他军队的支持。他曾试图在自己身边聚集一批侨民出身、与他几乎素不相识的商人和知识分子，以争取独立地位。这些人都是卢旺达人或刚果的图西人，做了他的私人助理、卫队司令、秘书和礼宾官，没日没夜地围着他。他的军队由外国军队拼凑而成，包括童子军、加丹加猛虎和前蒙博托部队的成员。卡比拉感觉自己就像一个大管家，房子的主人和住户都不是自己。

卡比拉的一些前同事认为，卡比拉之所以缺乏政治凝聚力，是因为叛乱出乎意料地取得了迅速成功。帕特里克·凯雷盖亚上校曾经协助管理来自基加利的叛军，他告诉我："我们在六个月内就打到了金沙萨。而一名士兵完成基础训练就需要九个月！我们还没有准备好。"乌干达人对叛军如此迅猛的推进速度尤其感觉不爽。穆塞韦尼打游击战靠的是自己的经验。他的起义行动从1981年打到1986年，持续了整整五年的时间，其间几乎没有得到其他国家的帮助。这有助于清除想要迅速发财的投机分子，增进其余军官的凝聚力和自力更生的能力。而民主力量同盟的战火在全国各地蔓延开来，再加上外国势力对叛军的支持和掌控，最终产生了一个软弱分裂的政府。

正因为站在这样一个弱势地位，卡比拉才将这些批判者视为威胁。毕竟，大多数报社都无法招徕足够的广告、发行足够的报纸以支付他们的日常开销，只能寻求政客的资助。以前在蒙博托的统治下，金沙萨的企业家想要成功，唯一的办法就是寻求政治靠山，大多数企业都和卡比拉刚刚推翻的政权有勾连。所有主要的民间社会团体也都得到了欧洲或美国的资助，而这些国家都在因为卢旺达难民大屠杀事件批评卡比拉。

如果卡比拉掌权后便立刻向多党民主和选举的诉求妥协，很可能会丢掉手中的权力。的确，1997年6月的一次独立民意调查显示，62%的首都人口支持反对派领导人齐塞克迪，只有14%的人支持卡比拉。[17]

* * *

此外，上任的诸多新领导人大都缺乏经验。蒙博托政权倒台后，政府机关和部委的数百名高级官员或者遭到解雇，或者逃跑流亡。“这就像美国人对伊拉克的复兴党（Baath Party）做的事一样，”一 172
名矿业部官员告诉我，“一天的工夫，所有人都不见了。”[18]

政府没有时间或手段认真地招聘它需要的所有新官员。这便导致了许多临时匆忙的决策。花旗银行驻金沙萨的总监让–克洛德·马桑古（Jean-Claude Masangu）去拜访新的财政部长，当他做自我介绍时，部长上下打量着他：“你不是刚果人吗？你在找工作吗？我们就需要像你这样的人！”几个星期之后，马桑古被任命为中央银行行长（他的父亲与卡比拉是儿时的伙伴，这也帮了他的忙）。[19]

值得一提的是，卡比拉的第一届部长级内阁成员中有几个德高望重的反对派成员：朱斯蒂娜·卡萨武布（Justine Kasavubu），曾追随过齐塞克迪的活动家，刚果第一任总统的女儿，她成了公务员的领导；让·金凯拉（Jean Kinkela）和让–巴蒂斯特·桑德吉（Jean-Baptiste Sondji），两名杰出的医生，同时也是蒙博托的反对派，分别被任命为电信部部长和卫生部部长。

但是，最重要的部长职务却落到了毫无经验的侨民身上。来自费城的保释官姆文泽·孔戈洛（Mwenze Kongolo）担任内政部长，来自肯塔基大学的农学家马瓦潘加·姆瓦纳·南加（Mawapanga Mwana Nanga）担任财政部长。许多新任官员甚至都不熟悉金沙萨，不得不雇司机或向导带他们在首都转转，因为他们已经在国外流亡了几十年。

其中两位新任部长曾在海外犯过法。负责区域合作和援助的托马斯·坎扎（Thomas Kanza）无法和美国政府打交道，因为他拒不缴纳因欺诈被罚款的三十万美元，属于正被田纳西州通缉的在逃犯。塞莱斯坦·卢万吉（Celestin Lwangy）被提名司法部长，却引起比利时新闻界的嘲笑，因为他曾非法将家庭电路接入国家电网，在比利时服刑了八个月。

有这么一支鱼龙混杂的队伍，在落实必要的改革时遇到困难就没什么可奇怪的了。尽管如此，民主力量同盟的到来确实让刚果人初次尝到了民主的味道。全国各个城市的市长和总督首次以民众投票的方式选举产生。从来不喜欢冗长手续的卡比拉简化了选举流程，直接让人们在城市的广场或市场集合。然后，他把一批候选人展示在群众面前，让他们支持哪位候选人就为这个人举手。哪个男人（参与选举的几乎没有女性）的支持人数最多，就会被立即宣告获胜。
173 尽管是临时设计的选举措施，但是这样的流程的确产生了一些像样的结果。几位备受尊敬的大学讲师在大众的拥护下胜利当选。但是，这场选举还是草草收场，因为卡比拉意识到，大众选举产生的许多领导人，特别是在中西部地区，都是齐塞克迪政党的人。

另外一些提案也被废弃了，因为卡比拉担心政敌会利用这些议案来反对自己。民主力量同盟掌权后不久，负责重建工作的部长宣布将举行国家和地方的重建会议，以便地方领导人规划发展议程。不过，参会者却远远不止将重建会议视为讨论发展的机会。他们开始谴责新政府的“误导性行为”和“与外国军队的合作协议”，要求开放政治空间。[20] 卡比拉很快暂停了整个活动，采取了一种自上而下的发展方式。

前信息部部长迪迪埃·穆门吉告诉我，“第一年，我们启动了十几个项目，但几乎一项也没有完成。卡比拉身边都是些毫无经验的人。我们没有钱。而且还有卢旺达人在他背后监视着。”穆门吉摇了摇头。“卡比拉是个需要协助的人。但他却没有帮手。”有一次，总统决定要建一个“人民食堂”，为穷人提供饭食。穆门吉说，他试图劝说卡比拉这么做是行不通的，但卡比拉坚持己见。他说，“人民正在挨饿！他们有权吃饭。”[21]“我们浪费了大把的钱购买玉米和豆子！”穆门吉回忆道，“社会主义不是这么搞的。”

* * *

最后，我们必须要理解，卡比拉是一个仍然活在过去的人。几十年来，他的思想停留在冷战的分裂时代，呼吁反对美国对非洲的新殖民统治。在他担任总统早期时见过他的人觉得，他就像是错过了柏林墙倒塌和苏联解体这些重大历史节点一样。他给人的印象是一个 20 世纪 60 年代革命分子的活化石。他是在刚果独立之初、反西方社会主义叛乱席卷非洲的岁月中走向成熟的。他的书架上摆的是夸梅·恩克鲁玛（Kwame Nkrumah）、毛泽东、沃尔特·罗德尼（Walter Rodney）和弗朗兹·法农的作品；上台后，他仍然称呼他 174
的同事为“同志”（尽管显然没有人可以用同样的称呼去问候他）。[22]

更糟糕的是，卡比拉要面对有关卢旺达难民屠杀事件的疑问。据他的顾问说，他最初也以为这是美国的阴谋，为的是污蔑他的革命政府。后来他才明白，卢旺达爱国阵线的军队确实施行了有组织的大屠杀。[23]

在他作为国家首脑和西方外交官打交道的初期，难民危机一直是讨论的重点。卡比拉刚刚宣誓就职，比利时、美国、英国和法国等素来支持刚果的国家立刻将沟通的焦点放在据称的大屠杀事件上。在他就职当天，联合国安理会发表声明，呼吁“立即停止针对该国境内难民的暴力行为”，并要求联合国人权组织全权介入。[24]几天之后，美国总统比尔·克林顿派出联合国大使比尔·理查德森前往刚果与卡比拉会晤。会晤中，卡比拉承诺将允许联合国调查人员进入刚果，但几天后卡比拉反悔了，认为这项倡议是一场“法国人组织的抹黑阴谋”。[25]

1997 年 1 月，联合国发表了关于大屠杀的第一份报告，当时叛乱尚在进行，报告促使卡比拉封锁了任何进一步的调查。最终卡比拉接受了另一支团队进入刚果，但这次要求他们由刚果官员陪同，这些陪同官员的差旅费用是每天一百七十万美元，比所有政府部门的运作成本都高。[26] 1998 年初，调查团队终于抵达调查现场，却数次遭遇拿着砍刀和长矛的当地人“自发组织的”暴动。最终，联合国于 1998 年 4 月放弃了。

难民问题在一定程度上扼杀了刚果重建国家的所有机会。援助国不想给新政府传递一个错误的信号，因此以一场严肃调查作为资金援助的前提条件。这种态度造成了恶性循环。卡比拉违背了他有关人权和治理的承诺，导致援助削减，政府政策又因此变得更加极端。1997 年 12 月，世界银行在布鲁塞尔召集了一场援助国会议，卡比拉在会上提出了五亿七千五百万美元的援助要求，帮他重建刚果，但最后只收到了三千两百万美元。厄立特里亚总统伊萨亚斯·阿费沃尔基（Isaias Afeworki）在同一时期访问美国华盛顿，力劝美国不要放弃卡比拉，警告说一定要向卡比拉提供援助，否则结果可
175 能是灾难性的。他跟美国官员说：“确实，卡比拉就是一坨臭狗屎，但是你们只要捏着鼻子跟他打交道就行了。”[27] 但美国人并没有听取他的意见。

而且，世界银行还向卡比拉的新政府发出通知，蒙博托政府多年来累计欠世界银行一百四十亿美元的债务，这笔债务必须连本带利由新政府每年按期偿还，这更是往卡比拉政府的伤口上撒盐。在新政府看来，那些钱早已经进了蒙博托及其亲信的腰包，这些人毁掉了这个国家，现在却要求新政府来偿还这些钱，简直是虚伪透顶。

卡比拉深感失望，痛斥西方国家对刚果施行的“禁运”。国库空虚，经济萧条，卡比拉不得不依靠盟友的捐助，包括津巴布韦每月资助的一千万美元，以及钻石出口贸易，这是刚果的主要外汇

来源。[28]

* * *

就像一个初学驾驶的人还不习惯操作离合器一样，新政府也是笨手笨脚地从一个新政策换到另一个新政策。但有一件事是肯定的。最初人们以为卡比拉是代表外国利益的傀儡，但事实证明在这个国家还是他说了算。在执政的第一年，他下令逮捕了至少七名部长，还有自封的陆军司令、情报机构的两名主管、中央银行行长和副行长。他将正义当作约束下属、好让他们听命于他的手段，而不是作为执法手段。这些人被逮捕后几乎没有任何审判或判决，被拘捕的时间通常很短暂。对被告的指控可能确非无中生有，因为贪腐的传言飘荡在卡比拉政府的各个部门。他自己也说过，民主力量同盟是个“骗子集团”。但说到底，他意识到忠诚比正直更重要，他抓人是为了让他的下属记住他手中的权力，而不是真的问责。

卡比拉独特的风格也延伸到了他对国家资金的个人化管理上。他在住所存放了大笔的现金是人所共知的，对待访客他总是出手阔绰。1998 年初，新政府想要把印刷新货币刚果法郎的工作外包给一家瑞士公司，财政部长抱怨说他们没有资金。卡比拉告诉他不要担心，他家里有钱。当卡比拉回来的时候，他带来了一百多万美元的
现金支付了费用。[29] 还有一次，他的助理提醒他，留学国外的刚果 176
学生花光了助学金，付不起学费了，他便从自己的保险箱里拿出了一百万美元来为学生支付学费。他当时的私人助理莫伊塞·尼亚鲁加博（Moise Nyarugabo）回忆说：“他没有记账，也没有索要发票或收据。这简直就是一场灾难。”

卡比拉不认为有什么机构有资格监督制约他。在他上台两年多之后，国家依然没有国会或者官方财政预算，没有任何措施可以让

政府为自己的行为负责。审计长马比·穆伦巴(Mabi Mulumba)回忆，“央行的钱是怎样被拿去支付国家项目或付工资的，对我们来说完全是个谜。”[30] 一些民主力量同盟的前官员表示，多达一半的国家资金都是由卡比拉直接管理。[31]

关于卡比拉个人银行系统，最好笑的（但并不十分可信）也许要数德奥格拉蒂亚斯 · 布盖拉讲的故事。他曾是卡比拉所在政党的领袖，后来在 1998 年叛逃，加入了反对卡比拉的新反叛组织。布盖拉的这个故事和其他许多关于卡比拉的故事一样，流传甚广，但真假难辨；但这个故事之所以被人口口相传，一部分原因是它可能是真的，但另外也是因为，关于这个政权的传说不断在发展，且越来越离奇，这个故事就是这传说的一部分。

根据布盖拉所述，有一个来自南部非洲各国的军事官员代表团访问金沙萨，了解该国组建新军的事情是怎么推进的。许多国家都投资了这个项目，派遣军官帮助训练新兵，整合刚果零散的民兵组织。在一场和卡比拉进行的漫长会议期间，一名坦桑尼亚指挥官表示他要去趟卫生间。卡比拉讪讪地看了看四周，最后命令一名保镖出去找厕所的钥匙。保镖跑了个遍，但却没能找到钥匙。最后，这位坦桑尼亚的官员被带到了更远的一座房子里上厕所。会议结束后，卡比拉从口袋里摸出一把钥匙，大笑着训斥着他的保镖：“你这个笨蛋！钥匙一直在我这儿呢！我所有的钱都放在那间厕所里——我怎么可能让他进去！”

* * *

到 1997 年底，在卡比拉执政六个月后，他越来越担心自己的生命安全。似乎没有一件事情在正常运转——他为这个国家设想的
177 计划因为他周遭的组织混乱和他自己古怪的行为而受阻。国库空空

如也，援助国不愿意资助新政权。与此同时，卢旺达军方已经渗透进了金沙萨的安全部门。卢旺达人戴维上尉（Captain David）是卡比拉的贴身保镖，时刻守卫在卡比拉的身边。他帮卡比拉拿眼镜、笔记本和笔；卡比拉睡觉的时候，他就站在门口；他坐在总统座驾的前排。还有一位卢旺达人弗朗西斯·加奎雷雷上尉（Captain Francis Gakwerere）是总统卫队的司令。卡比拉常能听到企图发动政变的谣言，变得更加偏执多疑了。

金沙萨的居民对城里卢旺达人的不满情绪日益加剧。卡比拉军队中的民主力量同盟士兵大多来自保守的农村地区，会严厉打击一些他们认为的粗野下流和无礼行为，比如逮捕穿紧身服装的女人，将乘客从超载的出租车里拉出来。到处都可以看见一些人因为轻微过错就被娃娃兵命令趴在柏油路上接受鞭打。就好像他们想将礼节规范打进金沙萨居民的骨子里一样。

局势动荡不安。卡比拉的偏执多疑变成了自证的预言。到1998年初，罗安达（Luanda）、金沙萨、基加利和坎帕拉的外交官员和政府官员已经在疯传关于卡比拉即将倒台的传言，琢磨谁会是取代他的人。昔日的盟友厌倦了他的乖张作风和大权独揽，开始密谋反对他。

他的私人助理、来自南基伍的莫伊塞·尼亚鲁加博是抵达金沙萨后不久便与卡比拉闹翻的众多图西人之一。就职后不久的一个早上，正在办公室拟定内阁人员名单的卡比拉把尼亚鲁加博叫到了办公室，对他直言道：

“听着，我不能任命你为部长，那样的话我的内阁就会有两个图西人了。我非常抱歉。你现在可以离开了。”两周之后，尼亚鲁加博从朋友那里得知，自己被任命为一个政府机构的副主任，负责查没被蒙博托盗用的国有物资。

“我们整天都在一起，他都没胆量告诉我这件事！从那天起，我就决定跟他势不两立。”

尼亚鲁加博冲进了卡比拉的办公室。“总统阁下，如果您因为我是图西人而烦恼，我可以离开您——这不是什么问题。但是，您
178 为什么要让那些在我们遭受攻击时没和我们站在一起的人进内阁呢？蒙博托轰炸我们时，是我和您一起藏在了桌子下面！我是忠于您的啊！”

1997 年 11 月，在卡比拉上任刚满六个月时，尼亚鲁加博和其他图西族人联系上了流亡于布拉柴维尔和欧洲的蒙博托政府将领及前部长。想要找到既反对卡比拉又愿意资助新起义的人并不是件难事。最后，洛朗·卡比拉在刚果开启的和平期只维持了十五个月——从 1997 年 5 月至 1998 年 8 月——随后，又一场战争在刚果东部爆发了。

“那个时候卡比拉下台的趋势已经很明显了，”尼亚鲁加博说道，“我跟几个人谈过，包括布盖拉。最简单的选择就是发动政变。但是，不管你信不信，当时卢旺达并不想那么做，暂时不想。”[32]

第三部分

第二次战争

第十三章

一场无法承受的战争

不管你用多大的力气把一条死鱼扔进水里，它都游不起来。

——刚果谚语

1998年8月，卢旺达·鲁亨盖里和刚果·金沙萨

这场推翻蒙博托的战争给卢旺达国内造成了严重的安全问题。卢旺达军队对难民营的攻击迫使数十万难民陆续返回自己的国家。地方当局知道难民的拥入会带来许多麻烦，他们的敌人也会乘虚而入。“我们已经就如何处理这一问题进行了讨论，”副总统卡加梅解释说。“我们认为他们来了更好，我们可以在这里阻击他们，在这里我们可以有效地牵制敌军。并且在自己国家之外和他们作战，也不会招致国际社会的干预。”[1] 在入侵发生后几个月时间里，有一万到一万五千名敌军进入了卢旺达西北地区。[2]

这些叛乱分子引发了自大屠杀之后卢旺达境内最残酷的一场战争。到 1997 年底，西北地区已经被闹得天翻地覆，每个月都会有数十起针对政府机构和设施的骚乱和袭击。叛乱分子还把政府官员

和他们的支持者列为袭击目标，以胁迫当地百姓支持叛军。

182 然而，这些入侵者的军事实力其实很弱，他们并不想和政府卷入传统形式的战斗。他们采取的是恐怖主义策略，杀害了数百名图西人，尤其是那些住在刚果边境附近临时难民营里的刚果难民，更是他们轻而易举就能袭击的目标。1997 年 1 月到 1998 年 8 月期间，叛乱和镇压叛乱的手段越来越血腥，成千上万的无辜平民死在了卢旺达军队和叛乱分子的手下。

保罗·卢瓦拉卡比耶将军本人于 1997 年 7 月穿越边境进入卢旺达，成为驻扎在尼亚穆泰拉（Nyamutera）的叛军指挥官。“我们的指挥部是流动的，”他解释说，“我们从不会在一个地方待太久，我们会四处转移，晚上就睡在当地支持者的家里。”[3] 叛军晚上在当地的学校开会，他们随身带着办公用品：公文信笺、公章和地图。由于害怕被监测或偷听到，他们会避免使用对讲机。在通信方面，卢瓦拉卡比耶和他的战友极度依赖当地人，他们让当地农民或市场上的妇女帮忙传递写有行动指令的信件，这些当地人随后会把信件交给其他的叛军支持者，让他们继续传递下去。

一开始，叛乱分子在卢旺达西北部地区的一些当地人中十分受欢迎。这里曾是哈比亚利马纳王朝的腹地，这位前总统和他手下的许多要员都来自这一地区。叛乱分子有时候会自称“长者（哈比亚利马纳）的儿子”。那里的许多村民都是从扎伊尔难民营回来的，依然对卢旺达爱国阵线抱有强烈的仇恨，记恨他们推翻了“自己的”政府，在难民营犯下了无数屠杀的罪行。他们以弥赛亚式的语言倾诉自己的不满——基督教布道者发现难民营是一块传播福音的沃土，传教士一直在兜售他们的人民回到应许之地的故事。军队的指挥官为他们的两个行动部门取的代号是“拿撒勒”和“伯利恒”*。[4]

于是，在短暂停歇了三年之后，卢旺达国内再次燃起战火。同一批军队指挥官再次在战场上兵戎相见，只是这一次在基加利当权的变成了卡加梅的部队，而之前效忠于哈比亚利马纳的军队则躲进了香蕉园和桉树林中。由于图西人领导的卢旺达政府本身就是靠叛乱起家，十分清楚目前这一局面下所隐藏的危险，于是他们选择用高压手段镇压这场叛乱。他们向该地区调遣了数千军队，开始毫不留情地打击和镇压叛乱分子。他们的首要任务就是让当地人明白，如果选择和敌军合作的话，就不会有好果子吃。根据人权调查报告 183
显示，他们扫荡了这一地区，抓捕了大批涉嫌通敌的农民，然后施以酷刑，并杀害了其中的许多人。当中有些或许跟叛军有所牵连，但大多数都是无辜的。[5]

1998 年初，卢瓦拉卡比耶注意到一个奇怪的现象。他队伍中的士兵正在悄悄地开小差，叛逃到鲁曼加博（Rumangabo）的一个刚果军队训练营，就在离他指挥部不远的国境另一边。与此同时，驻扎在刚果东部的刚果军官对金沙萨的卡比拉军队总部发来的指令感到十分困惑。“那些和我们驻扎在一起的卢旺达军官，没日没夜地忙着对抗前卢旺达武装部队和联合进攻派，”一位刚果的高级情报官员回忆说，“但同时，卡比拉在 1998 年 6 月派遣了一个代表团，指示我们把俘获的所有前卢旺达武装部队的官兵送往南部地区的一个军事基地。听朋友说，这些前卢旺达武装部队的官兵到那里就会被释放，然后加入刚果军队接受训练，我们听到后彻底震惊了！”[6]

卡比拉总统也采取了行动。在他看来，如果等待的太久，卢旺达和刚果的图西人就会把他赶下台。就在 1998 年初的几个月，卡

* 拿撒勒和伯利恒是耶稣的故乡。耶稣的母亲圣母玛利亚和父亲圣若瑟原本居住在拿撒勒，后来迁居伯利恒，在此地诞下耶稣，随后又返回拿撒勒。

比拉的军队还是一支由加丹加猛虎和刚招募的新兵组成的涣散团体。之前作为他手下军队骨干的安哥拉人、乌干达人和卢旺达人大多都已回到自己的祖国。他需要一支自己的武装，在急迫的局势之下，他选择了这一地区规模最大、士气最高的一支雇佣兵部队：前卢旺达武装部队。这支曾效力于哈比亚利马纳政府的军队一直以来都是民主力量同盟叛军试图击败的目标。这是一桩与魔鬼的交易，为之后卢旺达新一轮的入侵埋下了伏笔。

* * *

马利克 · 基耶盖（Malik Kijege）是金沙萨驻军中官阶最高的刚果图西人，这些天他的心情十分糟糕。1998 年 7 月，洛朗 · 卡比拉把以前在刚果军队做过指挥官的卢旺达军官詹姆斯 · 卡巴雷贝上校撤了职，下令让所有卢旺达军队立刻离境。卢旺达人的离开使卡比拉的军队失去了真正的领导，而在这个节骨眼儿上，金沙萨市内对图西人的敌意、金沙萨与基加利之间的矛盾正在升级。新任命的司令官塞莱斯坦 · 基弗瓦将军（General Celestin Kifwa）年事已高，能力有限。人们称他为“巫医”，因为有传言说他迷信魔法药水，并且在作重大决策时都要向祖先问卜才能决定。据说，他从那位卢
184 旺达前任军官手中接过权力时，真的随身带来了一头山羊，宰杀祭祀，说是为了驱走前任的恶灵。接受任命后，他极少出现在公众视野中。对马利克 · 基耶盖而言，这或许是件好事。一天前，在一场争执中，基弗瓦的一名保镖射杀了一个图西族士兵。因此他与基弗瓦见面的次数越少越好。

反图西族情绪在金沙萨迅速蔓延开来，一方面因为卡比拉手下的政客煽风点火，但也因为金沙萨的居民在过去卢旺达人的统治下受尽了毒打和羞辱的缘故。刚果警察和士兵从金沙萨闹市区的公寓

里驱逐了数十名卢旺达军人，将他们带到机场后送上了飞往基加利的飞机。这些刚果安全部队的狂热情绪很快就被点燃；他们开始骚扰和攻击图西族平民和刚果士兵，司法部长不得不在国家电视台上公开讲话，要求军队不得骚扰图西族平民。

马利克·基耶盖非常清楚利用这种反图西族情绪可以煽动多大规模的群体暴力。1996年，就是在这种相似的狂热气氛中，士兵们在布卡武的大街上枪杀了他的姑姑。“每次有麻烦时，你都能想到那些狂热分子会拿我们出气。”他回忆说。[7] 他家里依然保留着一份前卢旺达武装部队的煽动家们在难民营中散发的录音带，他们在里面鼓动班图人造反，把图西人赶到埃塞俄比亚的尼罗河畔，他们认为那里才是图西人的故土。

马利克开始和其他图西族士兵联络，他们大多分散在金沙萨的各个兵营之中。他心想，如果遇到麻烦，最好的办法就是他们所有人能够聚集在一起，互相支援保证安全。“在卢旺达人离开后，我们被留在了这里，”他说，“我们认为自己是刚果人，而不是卢旺达人。我们参与这场战争，就是为了守护自己的公民身份。我们不会接受被扔进一架飞机然后送到基加利的命运。”

在卢旺达军队撤离不久后的一天晚上，新上任的金沙萨军队指挥官亚夫·纳韦杰（Yav Nawej）在听说基耶盖正在集结图西族士兵之后，给马利克打来了电话：“马利克！你在哪？”他在电话里对着马利克大声喊道。

“我在家呢。”

“快带上你的武器。我这就来解除你的武装，然后把你送到马卡拉（中心监狱）。别问为什么——这是个命令！”

“将军，我来的时候带着武器，走的时候也要一起带走。”

“那你这就是兵变！”

“我有自卫的权利，将军。”

“那你快点准备。我这就来。”[8]

没过一会儿，马利克接到另外一通电话，是首都另外一项军事行动的指挥官让–克洛德·马比拉（Jean-Claude Mabila）打来的。他威胁说自己会坐着一辆坦克来解除马利克的武装。马利克忍不住笑了：“你用一辆坦克怎么解除几名士兵的武装？”

马利克担心，由于缺乏一套明确的军令传达体系，一些士兵可能会随意曲解法律，针对首都中的图西族士兵发动袭击。过去在卢旺达人的领导下，很多刚果军队的士兵们就已经满腹怨言，他们与刚果图西人在民主力量同盟内部组成了一个精英小团体。这些人已经跃跃欲试，等待对图西人展开报复的机会。

根据马利克的回忆，他给总统儿子约瑟夫·卡比拉打了电话，那时他正在中国接受军事训练。这位年轻的军官当时只有二十七岁，他跟马利克再次确认了自己知道政府内部存在问题。他讲话听起来忧心忡忡，并对马利克保证说：“我三天以后就回去。”

“三天太久了。”马利克回答说。

到了8月2日，马利克在查西军营临时组建的一个营里召集了五百八十六名图西族士兵，查西军营是金沙萨的一个大型军营。“我非常清楚他们具体有多少人，因为是我一个个亲自数过的。”在前面的阅兵场上，他检阅了这支部队。他们二十人一排立正站好，双手紧贴身体两侧。他们有些人没有军靴，有些人则制服不全。他们中大多数都是在1996年响应招募参军的年轻图西人：有学生、农民，还有参军保卫自己族群和寻求刺激的放牧人。大多数人后来都徒步穿越整个国家，在各个城市和蒙博托的军队前卢旺达武装部队以及塞尔维亚的雇佣军作战。

“他们缺乏战斗经验，但士气非常高昂，”马利克回忆说。“我们有个最重要的优势：团结一致。我们是为了生存而战。其他人都只是强盗和暴徒。”

战斗打响的那个晚上，标志着第二次刚果战争的开始。

* * *

8 月 3 日凌晨 4 点，迪迪埃 · 穆门吉被一阵激烈的枪声惊醒。[9]他醒来后在床上躺了一会儿，听着外面迫击炮的爆炸声和断断续续的机枪交火声，心中充满了不祥的预感。此时他刚刚回国才一年，186
之前他在布鲁塞尔生活了几十年，其中大部分时间都是在求学、写作和在刚果政治反对派的圈子里活动。一个月前，这位三十六岁的年轻人被洛朗 · 卡比拉任命为信息部长。

4 点 30 分，他那台笨重的特勒赛尔电话响了起来。由于没有座机线路网络，刚果是非洲第一批拥有移动电话网络的国家之一。首都的每一位重要人物都配备了一台特勒赛尔通信网络公司的移动电话，这台电话差不多有一大盒牛奶那么大，上面接着一根橡胶天线。由于拥有移动电话的人实在太少，所有重要联络人的号码都可以写在一个信封的背面，或者干脆记在脑子里。“迪迪埃！”卡比拉浑厚的嗓音从电话里传了出来。

“是，总统阁下。”

“我们被袭击了。你得去‘人民之声’（国家电台）向全国人民发表讲话。现在最重要的是稳定人民的情绪。告诉他们，局势完全在我们的掌控之下。”

“是，总统阁下。袭击我们的是谁？”

总统停顿了一下，说道：“你告诉民众，是一帮匪徒。”

穆门吉很快穿好衣服，钻进了他的公车。在前往电台的路上，他不停左突右闪，中间好几次还不得不走偏僻的小巷，以躲避四处开花的炮火。他的大脑在飞速地运转，思索着该对全国人民说些什么。他完全不清楚外面到底发生了什么。到底是谁在发动进攻？这跟总统前几天驱逐卢旺达人事件有直接关联吗？

清晨5点30分，他终于抵达了电台广播站，这是一栋十九层高的破旧建筑，周围被铺着柏油路面的城市主干道环绕。他疾步冲进后门，冲上楼梯，走进了播音室。所有此前奉命在这里驻守的士兵都已经逃之夭夭，因为他们清楚，一旦叛军攻进来，这里将成为首要的袭击目标。（通常，军事叛乱的首要目标就是攻占当地的电台和电视台，以达到控制公众舆论和煽动公众仇恨造成骚乱的目的。）整栋大楼已经被丢弃了。闪烁的霓虹灯下，污水的臭味穿过水泥楼梯散发了出来。他听到广播室里有声响：战斗打响的时候，夜班记者们把自己反锁在了那里。穆门吉自报家门之后，一个双手颤颤巍巍的人给他开了门。其中一位记者因为心脏病发作去世，剩下的人看起来忧心忡忡。

187 穆门吉鼓励他们要坚持住，然后又冲下楼，穿过大街，来到科科洛军营，这是金沙萨市内最大的军营。这时清晨的太阳刚刚升起，除了几声狗叫和随风传来的阵阵捣衣声，夹杂在一排排水泥房子中间的狭窄街道上没有其他任何动静。穆门吉费尽周折，终于找到一个落单的老者，老人完全不认得他是谁，也没办法说清楚这里目前到底谁在负责。“这个地方已经彻底完蛋了！穆门吉回忆说，“大多数士兵都已经逃出军营，把他们的房子租给了老百姓，这些老百姓一个个都躲到了床底下！阅兵场有一部分甚至都变成了木薯田！

终于，穆门吉用电话联系上了一个在军队中做将军的表亲。他承诺会尽快带人前来增援。穆门吉又匆忙赶回电台，向全国人民发表了讲话。穆门吉一向以精于言辞著称，这次演讲的表现却不敢恭维：“公民们，爱国者们。不要离开自己的住所，请你们保持镇定。这些暴徒扰乱了公共秩序。但是我向你们保证，局势完全在军方的控制之下，我们会尽快恢复社会的正常秩序。”然后，他让电台的导播放了一些舒缓的音乐。

他并没有向公众说实话。军队已经完全失去了对局势的控制。当穆门吉和他的表亲离开电台大楼赶往总统府时，他们看到街上荒无人烟。迫击炮弹和机枪子弹在头顶上飞过，不知道在打哪里。他的将军表亲摇了摇头说："太乱了。简直是一片混乱。"

* * *

卡比拉在总统府后面的直升机停机坪上接见了穆门吉。他身穿一件深色的休闲狩猎装，脚上趿拉着一双拖鞋，手里拿着一个对讲机。脸上带着一丝诡异的笑容，他让穆门吉一起坐到了停机坪的水泥地中央。

"迪迪埃，"他说道，"首先，你不用担心。我们一定能活下来。我们一定会渡过这个难关。"总统的这番话不但没能安慰他，反而让他越发感觉不安起来。他心想，老大可能是疯了。总统府距离查西军营不过几百米远，马利克刚刚从那脱身。周边重型火炮的声音震耳欲聋。他们在说话的时候，穆门吉能听到头顶流弹嗖嗖划过的声音。

考虑到当时的形势，卡比拉表现出的乐观让人莫名其妙。"听我说，我的孩子。"他开始滔滔不绝地讲起来。穆门吉的父亲参与了20世纪60年代的暴动，并在那时候认识了洛朗·卡比拉。在过
去几个月，穆门吉跟这位总统走得越来越近，卡比拉会经常找他探 188
讨国家的方针政策。对卡比拉身边的人来说，穆门吉就是那个"被宠爱的孩子"。"我们的卢旺达朋友总是压制着我们。蒙博托在位的时候就是这样——他们撺掇着他搞'扎伊尔化'政策，由此从中受益！他们让他签署法令，让所有移民都获得了公民身份。这个正常吗？东部的那些图西人该有的都有了，而刚果人却落到了一无所有的境地。"

他们身边的炮火声越来越猛烈。穆门吉提议回到总统府厚厚的水泥墙内，卡比拉拒绝了，他说自己待在外面会给士兵们信心，几十个身穿绿色迷彩作战服的士兵正守卫着总统府的矮墙。他拿出对讲机，呼叫他手下的一位指挥官，“马比拉将军！你为什么在发射火箭炮！光靠远程火力你是没法击败他们的！快发动地面进攻！”

他回头看了看穆门吉，此时穆门吉被身边不断炸响的炮火吓得魂不守舍。“你知道吗，日本占领了中国。这是正常的。但是我绝对不会让我们国家被一个弹丸大小的邻国占领。癞蛤蟆能吞下一头大象吗？绝不可能！”

卡比拉指示穆门吉重新回到广播电台，发表讲话动员全体人民。“如果有人民的支持，我们就能挺过去——你必须要让人民站在我们身后。我们没有军队，因此我们需要人民。同时，我也会去寻找盟友。”他叫来了一个保镖，让保镖把手枪递给了他。“你身上有枪吗？”穆门吉之前从来没有用过枪。“拿着，你必须得学会用枪。从今天起，你就是战争部长了！”

* * *

与此同时，卢旺达人只花了几个小时的工夫就占领了刚果东部的绝大多数地区。卡巴雷贝上校还是刚果军队的司令官时，曾提前培养了忠于自己的嫡系部队，并在刚果东部储备了大量军火。他被撤职后，下令让这部分军队叛变，对抗卡比拉。在穿越国境而来的卢旺达军队的支持下，他们占领了戈马和布卡武，并开始朝着基桑加尼进发。

自负可以催生出极大的勇气。在拿下几个国境线上的城镇之后，卡巴雷贝上校决定直捣黄龙，绕过卡比拉军心涣散的军队，攻击他在一千英里外的首都老巢。这是该地区军事史上最大胆的一次军事行动之一。

这次被称为“基托纳空降”的军事行动如今依然是外国军事官员和其他刚果指挥官们津津乐道的话题。一位驻扎在当地的美国军官后来在军事日志中写道：“这场军事行动是勇气和胆略的完美实 189
证，其强大的影响力也成为好莱坞编剧们取之不尽的灵感来源。”[10]

卡巴雷贝在戈马机场调遣了一架波音707，装载了一百八十名卢旺达、乌干达和刚果士兵以及武器和军火。“每个人都想在这次行动中掺一脚，”参与这次行动的一位刚果的高级军官回忆说，“蒙博托以前手下的士兵愤怒于卡比拉曾给他们的羞辱，图西人则因为自己在金沙萨的亲人所遭受的非人待遇，迫切想要向政府复仇。”[11]士兵们一听到这场行动的消息，立刻就离开位于戈马周边的军营，来到了机场。卡巴雷贝任命了一位性格粗鲁的卢旺达指挥官，名叫布泰拉（Butera），让他负责安排第一架飞机离开。

这看起来完全像是电影中的一幕：布泰拉身上斜挎着手枪，站在几近抓狂的飞行员身后，催促他在国土上空飞行了一千多英里，飞越首都，降落在金沙萨以西二百五十英里外、位于刚果河河口的基托纳军事基地。[12]飞机上的大多数士兵都还不知道基托纳军事基地的指挥官已经悄悄叛变到了卢旺达人的一边，以为降落时会有枪林弹雨等着他们。这一百八十名士兵神情紧张，双手紧紧握着AK-47，心不在焉地看着座位前方口袋里放着的飞行安全提示卡。在飞机走道的尽头，数十箱装满子弹的木箱一直堆到了天花板。士兵们操着各种语言彼此交谈，有卢干达语、斯瓦希里语、卢旺达语、英语和法语。窗外，透过厚厚的云层，他们可以看到下刚果省（Bas-Congo）层峦叠嶂的山脉，蜿蜒的刚果河静静地向前流入远处的大西洋。在经过三个小时的飞行之后，基托纳军事基地长长的飞机跑道映入了他们的眼帘。

尽管布泰拉拿着枪站在他身后，飞行员还是忍不住抱怨起来，说如果强行降落在戒备森严的基地机场的话，他们肯定都要命丧黄泉。“别担心，”布特拉说，“机场有我们的人。”通过飞行员的高频率电台，他调到一个特定频率，与据说是他们安排在机场内部的一个指挥官联系。电台里传出一个出奇清晰的声音，镇定地用英语回复他说：“没有危险，你们可以正常降落，长官。”然而飞行员并不知道，布泰拉呼叫的其实是他的副官，就坐在飞机尾部的一个座位上。[13]

当卡巴雷贝还在刚果军队任参谋长时，他就用老的比利时军事地图认真研究了这一区域的地形地貌。选择基托纳有几个非常明显的原因。首先金沙萨通过一个狭长的陆地走廊与大西洋相连。几乎
190 所有进出金沙萨的货物都要经过这一咽喉要道，而基托纳就坐落在通道尽头。军事基地内的飞机跑道，最多可以供载重五十四吨的飞机顺利起降。现在基地内的军营里住着数千名被送到这里接受再教育的前蒙博托军队的士兵。他们的生活条件很恶劣，数百人死于霍乱和营养不良，而且，尽管这群士兵以目无军纪著称，但他们几乎不需要经过动员，就自动加入对抗卡比拉的战斗。最后一个原因，基托纳距离英加大坝很近，这是中非地区最大的水力发电设施，为首都提供大部分电力供应。

当飞机着陆时，几名卡比拉的忠实追随者用枪打爆了飞机的前轮轮胎，但机场部队的指挥官很快就按原计划叛变到了卢旺达一边，并控制了自己的手下，这样飞机上的士兵们便得以顺利着陆。

几乎没有任何人员伤亡，机场就被卡巴雷贝的士兵占领了。在金沙萨，当听说这场空降行动后，卡比拉大发雷霆。“这是什么样的一个国家？”他问自己的顾问们，同时想象着飞机正在飞过头顶。“我们甚至都没有自己的空军？”顾问们连忙给基托纳的指挥官们打电话，命令他们阻止基托纳基地的空降行动，但这些变节的军官对他们则是恶语相向。[14]

对卢旺达人来说，这是一场巨大的胜利，他们可以不断派兵增援，紧接着去拿下金沙萨。布泰拉欣喜若狂，他立马在机场停机坪上架起卫星电话，给基加利传去了捷报。

不过有时候卢旺达人也会忙中出错：布泰拉忘了记下卫星电话的密码，没有密码电话根本用不了。他的上级长官们在基加利焦急地等待这位年轻的士兵从前线传回消息，却一直没等到他的电话，而布泰拉则在发狂地按着不同的数字组合。他的尝试没有成功。（显然，正确的密码是 123456。）飞行员用自己的业余发报机也没能联系上基加利。[15]

布泰拉不得不找了一个距离最近的通信设施：不远处巴那那（Banana）镇上的一处石油钻塔。终于，经过几个小时的苦苦搜寻，他们找到了一位有卫星电话的油田工程师，连哄带骗之下，他同意让他们用电话给家乡打电话。电话里，布泰拉毕恭毕敬地对上司汇报说，自己成功完成了任务。

＊＊＊

是谁第一个动手点燃了战火？根据对参与策划战争的卢旺达人和刚果人的采访，并不能看出到底是卡比拉招募前卢旺达武装部队成员在前，还是卡巴雷贝先把自己的部队派往刚果东部。清楚的是， 191
在卡比拉上台短短几个月后，双方都意识到，彼此间的关系已经不复从前，卢旺达人一心想占据主导地位，而卡比拉则满心猜忌。迪迪埃·穆门吉回忆说：“金沙萨的卢旺达人就像一颗定时炸弹。我们都清楚他们会成为一个大问题，但是同时也是他们在帮我们维持国家的统一。想要摆脱他们，同时掌控军队和情报机关，会是一件非常困难的事情。”

对基加利方面来说，卢旺达西北地区正因为残酷的内战重启而备受蹂躏，此时卡比拉招募敌军不仅仅是一种战略上的威胁，更是情感上的背叛。然而，他们对此事的反应则充分说明了这个政权有多么傲慢。他们非但没有在国土东部建立一个缓冲区，或者通过多边势力向卡比拉施加压力，反而选择靠一己之力去推翻卡比拉，试图扶植一个新的更亲基加利方面的政权取而代之。

出人意料的是，卢旺达方面明显并未与安哥拉协商，就在其国境线附近采取了行动，而安哥拉在推翻蒙博托政权的过程中做出了重要贡献。据总统多斯桑托斯讲，总统穆塞韦尼在基托纳行动完成几天之后，才向他和他的政府通报此事。尽管卢旺达政府坚称安哥拉方面已经提前为这项行动开了绿灯，但其他安哥拉官员和外国的外交使节则一致认为，基加利方面最多也就是知会安哥拉一声，并没有试图征求对方同意或合作。[16] 当卡巴雷贝在距离安哥拉领土咫尺之遥的地方部署了数千名卢旺达士兵时，根据当时驻当地的美国大使回忆，卢安达方面的回应是："这些卢旺达人在这到底要做什么？这可是我们的后院。" [17] 一年前在帮助卡比拉夺取政权之后，一些安哥拉军官对卢旺达人的表现非常不满意，一位不愿透露姓名的安哥拉官员评论说："那场胜利属于所有人，而不仅仅是卢旺达人，但他们的表现就像是金沙萨是他们说了算一样。" [18]

* * *

金沙萨贫民窟内的暴乱持续恶化，同时叛军也不断从西面快速推进，卡比拉知道，如果没有地区内的支持，他将无法控制局面。不久，他召集举行了一场南部非洲发展共同体峰会，会议上，来自卢旺达、乌干达、刚果、安哥拉和津巴布韦的代表们争执不断，始终无法达成共识。

192 这是这场战争中一个决定性的时刻。1996 年，整个地区几乎所有国家都加入了反对蒙博托政府的行列，而世界大国的看法却完全不同。这是一场整个大洲的区域性战争，参战各方一是出于国家安全利益，同时也是基于意识形态的考量。1998 年，局势则发生了变化。整个大陆从中间分裂成两个阵营，其中卢旺达、乌干达和布隆迪站在同一条战线，而安哥拉、纳米比亚、乍得、津巴布韦和其他国家则站在另一边。

这一次，部署军队的动机就没有上次那么高尚了。津巴布韦总统罗伯特·穆加贝跟洛朗·卡比拉是一代人，并在第一次战争时就为其提供了武器和资金等支持；因为这场战争，卡比拉如今依然欠他四千万到两亿美元的债务。[19] 更重要的是，在当政十八年之后，如今他的政府也正面临四面楚歌的境地。由于官员腐败、经济管理水平欠佳，加上征用了一千五百处白人的农场，致使国内因粮食问题而骚乱不断，政府财政陷入危机，同时面临国际社会的各种压力和谴责。虽然参与刚果的军事行动耗费了穆加贝大量的资金，但这场战争也给他提供了许多他所急需的贸易机会。在推翻蒙博托政府后不久，他的国家军工厂就与卡比拉政府签订了一单价值五十万美元的合同，一位津巴布韦的商人给他提供了四千五百万美元的贷款，同时，与穆加贝关系密切的商人们也开始跟刚果人洽谈利润丰厚的交通运输、粮食和矿产开采方面的协议。[20] 当卢旺达人又一次想推翻金沙萨当权派时，这一次穆加贝并没有在区域周边寻求联盟，而是担心自己在这里的投资会不会打了水漂。

安哥拉的利益则跟在国内打了二十三年内战的争取安哥拉彻底独立全国同盟更加息息相关。几十年来，叛军一直把金沙萨当作他们的后方基地，萨文比在那里和蒙博托以及美国中情局情报人员保持着密切联系，并且从那里出手了价值亿万美元的钻石。1998 年 5 月，若纳斯·萨文比的叛军撕毁了与政府之间的和平协定，他们认为这项协定过于偏袒政府。他们在整个安哥拉北部靠近刚果边境的地区发动了袭击。此外，另外一支安哥拉叛军力量，卡宾达飞地解放阵线（Front for the Liberation of the Enclave of Cabinda），也开始在卡宾达采取行动。卡宾达是距离基托纳空军基地北部不远的一处狭小的安哥拉飞地，整个安哥拉60%的石油产量都出自这里，占整个国家经济收入的一半以上。根据法国政府官员的说法，飞地解放阵线在基托纳空降行动之前就接触过卢旺达政府。[21]

这场外交拉锯战持续了几年，其间南非总统纳尔逊·曼德拉试
193 图在两派势力之间调停，以免爆发又一场大陆战争。穆加贝对他的调停嗤之以鼻，并对他说，如果不来帮助刚果协防的话就闭嘴。卡比拉政府的回应同样毫不客气，暗示这位备受尊敬的非洲领袖“已经老糊涂了”。[22]

* * *

在查西军营的临时总部，马利克·基耶盖开始接到藏身在金沙萨的图西族人的电话。根据他所接到的报告，金沙萨已经迅速陷入了反图西族极端情绪的痛苦泥潭。又一次，政治领袖们开始通过煽动种族仇恨，为自己聚集支持者。

卡比拉在金沙萨市中心的一次游行中发表了演讲，号召群众起来对抗图西族侵略者。他在这场演说中把一身的表演天分发挥到了极致。“他们想要建立一个图西帝国。”这位总统身穿作战服，对群众大声宣称。他的信息部长迪迪埃·穆门吉同样身穿绿色的制服，他告诉群众，图西族叛军“想要消灭所有在布卡武的刚果人”。著名歌手查拉·姆瓦纳（Tshala Mwana，据说是总统的情人）身穿白衣走在游行队伍的前面，牵着两头山羊，山羊身上分别挂着写有德奥·布盖拉和比齐马·卡拉哈（Bizima Karaha）名字的牌子，这两人是卡比拉政府中最出名的图西人，后来叛变加入了叛军。游行

队伍中，有些人手上挥舞的牌子上写着："我们会让卢旺达成为刚果的第十二个省"以及"对图西人在刚果民主共和国和非洲的扩张说不！"在人群的欢呼中和注视下，身材壮硕的著名摔跤手艾丁圭（Edingwe）——人们常常会在傍晚的金沙萨街头看到他和他的追随者们在一起又唱又跳——走上前去，割开了两头山羊的喉咙。[23]

卡比拉承诺，他会给群众发放枪支弹药，让他们可以更好地自卫和对抗侵略者。很快，数千名年轻人，包括在街头无家可归的小孩和不良少年，拥向了金沙萨的新兵招募中心。每天都有数百名年轻人前往烈士体育馆学习如何使用枪支和唱爱国歌曲。其中一首歌唱道："你们这些卢旺达人，你们并非上帝的选民。如果你们想要对话，我们就对话。如果你们想要打仗，我们就打仗。"

卢旺达政府和全体图西人之间的界限迅速变得模糊。种族之间的敌对气氛不断升温，金沙萨的煽动家有着不可推卸的责任。但其实他们甚至都不用费劲去鼓动。在驻扎金沙萨的三十年间，卢旺达军队已经给当地居民带来了足够多的羞辱和怒火。金诺人 194
（Kinois）——人们通常这样称呼首都的居民——多年来一直都在反抗蒙博托的独裁统治。过去，他们有数千人加入了对抗独裁统治的斗争，目睹自己的兄弟姐妹被折磨被杀害，然而最后却眼睁睁地看着胜利果实被一群外国人抢走了。就像金诺人常常自嘲的那样："我们把蒙博托送上了救护车。卡比拉所做的只是把尸体运到了墓地。"然后，那些操着不同语言、长着不同面孔的新统治者又对他们挥起了鞭子，辱骂他们的妇女，说她们穿得像妓女一样。他们感觉自己像是任人宰割的羔羊，被抛进了饥饿和贫穷的深渊。

卡比拉给军队下令，对持有武器的图西人格杀勿论。在人们看来，图西族平民和图西族士兵并没有太大的分别。"战斗打响以后，他们所有人都会从床底下拿出枪加入战斗，"刚果人常常这样对我说，"那些图西人昨天还跟我是同校的同学，今天就摇身一变成了街上身穿制服的士兵。”刚果士兵袭击了金沙萨的一个美国使馆大院，使馆里有许多美国家庭正在等待救援和疏散。他们骚扰了里面的几个美国黑人，怀疑他们是图西人伪装的，又抢夺了一些钱财，随后扬长而去。还有一伙人突袭了金沙萨市中心的梅姆林大酒店，许多富裕家庭都躲在这里，士兵们挨个房间寻找长着高颧骨和鹰钩鼻的人。

几天后，政府组织了一场系统性的行动，围捕还留在金沙萨的图西人，表面上他们的理由是出于自我防卫的考虑，并在城里一个军营的旁边建造了一所集中营来收容这些图西人。数百名图西人被塞进了肮脏拥挤的收容所，几乎没有食物、水和药品供应。

* * *

马利克 · 基耶盖在查西军营处理图西族士兵从全国各地打来的电话。在卢旺达人撤离之后，刚果的图西人被留在了全国各地的军营里。叛军刚刚宣布要推翻卡比拉，这些图西人立刻就被当作卢旺达人安插在这里的奸细而遭到围攻。基桑加尼和卡莱米有数十人遇害。在加丹加省南部卡米纳（Kamina）的一所训练营里，超过一百名图西族军官被围捕后遭到处决。这些暴徒似乎从内心深处坚信，叛国的罪行是图西人基因的组成部分。

其他流落在金沙萨各个地区的图西人也陆续给马利克的指挥部发来了消息：有五个人被困在了金坦博（Kintambo）的一个仓库里，
195 一个腿脚不便无法走路的老太太躲在班达尔（Bandal）一个非图西族人的家里。他组织了小型的救援队，徒步前往金沙萨各处，试图解救那些被困人员。他们还戴着政府配发的对讲机，对讲机的频段跟卡比拉的军队一样。在沙沙的信号干扰声中，双方通过对讲机不停地辱骂对方。

“战争很怪，”马里克后来笑着对我说，“为了不让他们听懂我们在说什么，我们用了小时候常说的一种黑话。我们把话倒过来念：‘我等站油加到’——到加油站等我。或者我们会在词里加一些干扰字节：‘到哦加哦油哦站哦等哦我哦。’”夜里，刚果图西人会骂骂咧咧地在危机四伏的市区街道上四处游荡，有时候他们会一次走上二十英里，洗劫银行和药店，抢劫财物和药品。最终，他们成功将数十名图西族平民带领到了法国、比利时和刚果共和国的大使馆避难。特别组建的护卫队从大使馆把这些人用快艇送到了河对岸的布拉柴维尔。

* * *

在发表了一场极具煽动性的讲话之后，卡比拉撤回了卢本巴希，这座城市靠近赞比亚边境，距离金沙萨有一千英里远。这里看起来是一个逃离刚果的好地方——如果他不得不逃亡的话，而且他在此时比以往任何时候相比更有可能会做出这个选择。在这里，他继续着自己的外交攻势，将安哥拉、纳米比亚和津巴布韦的军队送进刚果。他留在金沙萨的军事委员会此时是一头雾水：委员会里有几名部长，大多数都是披着军装的文官，他们出现在电视上，试图安抚民众的情绪。“我们的军队已经被拆散了，”迪迪埃·穆门吉回忆说，“我们最好的精英部队都开到西边去阻击叛军了。留给我们的只有一群警察。”穆门吉几乎每天都会出现在新闻发布会上，穿着绿色的军装，看起来很别扭。

阻止卢旺达军队的推进似乎是一项不可能完成的任务。他们每天行进二十英里，一路上夺取军队的物资，把政府军打得七零八落。指挥官戴维曾领导总统卡比拉的保镖，也加入了这支叛军。他有一本通信录，上面详细记录着卡比拉内阁部长和顾问们的姓名、电话和住址。在叛军前进的过程中，他会给金沙萨方面打骚扰电话。

“穆门吉，你最好赶紧收拾行李吧——我们明晚就要攻入金沙萨了。”在距离金沙萨还有两百英里远的时候，他就给这位信息部
196 长去了电话。他打电话给其他部长告知他们已经走到哪儿了，嘲笑刚果军队形同虚设的阻击行动。

卡比拉下令让全部内阁成员都到卢本巴希去。政府的高级官员，尤其是来自加丹加省的那些人，都听从他的召唤，用越野车载着家人上路了。在机场，一辆辆豪车把停机坪挤得水泄不通，官员们从车上卸下床垫、行李箱，甚至是一整个衣柜，准备运往卢本巴希。迪迪埃·穆门吉在卢本巴希谁也不认识，于是他决定留下来，妻子苦苦哀求让他赶紧逃跑，但他不听。他给发愁的家人发了一些安眠药，帮他们顺利入睡。

后来，在没有任何警告的情况下，整个城市突然断电了。卢旺达侵略军占领了英加大坝，这座刚果河上的巨型水电站位于金沙萨以西五十英里。整座城市的五百万居民瞬间陷入一片黑暗，只有少数几个酒店和办公大楼靠备用发电机点亮了寥寥几盏灯光，没多久，这几台仅有的备用发电机也熄火了，因为叛军切断了为该城供应燃料的管道。有人被困在电梯里，冰箱里的食物开始融化变质，一些医院急救室里的医生只好借助手电筒的灯光来做手术，全城的水泵停止了运转。能源部长巴比·姆巴伊（Babi Mbayi）接受一名外国记者的电话采访时说，他们在电力供应方面遇到了一些技术问题，随后指挥官戴维用卫星电话给他打电话说：“巴比，你觉得这是个技术问题吗？等着，我们马上就到金沙萨了。”

卢旺达人切断整个首都电力供应的决定直到今天还深深烙印在金沙萨人的记忆中。叛军不顾医院里病人的死活突然断电，还切断整个城市的水源和能源供应，这对许多人来说已经突破了可以容忍的底线，并且为他们暴力对抗图西人提供了更加充分的理由。

这座城市的命运似乎已经彻底注定。留在金沙萨的部长们在规划部召开了一次紧急会议。军队指挥官派出士兵保卫部长们的安全，这说明当时的局势已经有多么严峻，然而派来的士兵却没有枪，不知所措地四处游荡。一位将军站上发言台，严肃地告诉自己的同僚们，他们已经无力保卫整座城市。接下来，财政部长清了清嗓子，略显尴尬地宣布，他已经决定清空国库。“我已经认真清点了中央银行里剩下的钱，”他对会场里目瞪口呆的同僚们说道，“我们每个人可以分到两万两千美元。我已经把钱包好放在外面的卡车上。好好把它花了吧。”

* * *

最后，就在整个城市都陷入绝望时，形势发生了逆转。8 月 18 197
日，为了给自己的军事干预寻求国际支持，津巴布韦总统穆加贝组织他领导的南部非洲发展共同体召开了一场安全会议。他们匆忙通过了一项决议，批准发动军事干预，支持卡比拉对抗“外国侵略者”，尽管与会成员并没有达到法定人数，他们也并未得到正式授权。这项决议同时还进一步加深了穆加贝与纳尔逊·曼德拉总统之间的裂痕，因为曼德拉一直试图通过外交手段解决这一危机。[24] 穆加贝以一贯的热情告诉曼德拉：“有些人想置身事外，可以，就让他们置身事外。但是，他们最好闭上嘴，不要对那些想要提供帮助的人说三道四。”[25]

第二天一大早，四百名津巴布韦士兵开始在金沙萨恩吉利机场周边修筑战壕，数架武装直升机在天上来回巡逻。两天后，一直骑墙不定的安哥拉总统多斯桑托斯下定决心，与其让金沙萨陷入一个政治上未知的局面，还不如把它交给一个你熟悉的魔鬼来统治。[26] 数千名安哥拉士兵坐着坦克和装甲运兵车越过边境，试图从卢旺达人手里重新夺回基托纳军事基地。安哥拉军队还配备了武装直升机和米格–23 战斗轰炸机，开始从空中对卢旺达人领导的军队狂轰滥炸。马利克 · 基耶盖记得，一天晚上，安哥拉空军击中了一条输油管道，瞬间燃起的冲天大火照亮了四处逃散的叛军。

安哥拉人从西面蜂拥而至，切断了卢旺达人与后方基地的联络和供应链，津巴布韦和刚果的军队则在金沙萨给卢旺达人施加了巨大的压力。“看起来这里似乎要形成一个穆伦盖三明治。”一位西方外交官评论道，他把所有的入侵部队——卢旺达人、乌干达人、刚果人——都混为一谈了。[27]

几天后，汹涌的时局掉转了浪头。无路可逃的叛军孤注一掷地奔向金沙萨，希望依靠仅存的食物和枪支弹药可以完成他们的任务。夜里，叛军士兵换上平民的服装，开始潜入人口密集的马西纳区和恩吉利区，这里位于西北城郊，临近机场。有津巴布韦和安哥拉军队撑腰的洛朗 · 卡比拉返回金沙萨，宣布胜利果实已经属于自己的
198 这一边。他号召大家拿起棍棒长矛保卫自己的城市，并发表了动员演说：“城市中所有人都要完全行动起来，武装自己，击败侵略者。”[28]他手下那位雪茄不离手的参谋长在国家电台中更加直白地说道：“叛军就是寄生虫和病菌，必须要把他们彻底消灭。”[29]

人们积极响应了这一号召。他们突袭了十几个被怀疑是叛军的人，用轮胎套在他们脖子上，全身洒满汽油，然后把他们活活烧死。烧成焦炭的尸体就扔在马西纳街区一条人来人往的主街路边。两个刚果士兵把一个人从桥上扔了下来，这个人拖着断腿爬上岸，想继续逃命，被这两个士兵开枪打死，这个情景被一个外国电视节目组全程拍摄下来，很快便传遍了全世界，后来又记录在了互联网上。然而，关于这些最终遇害的人是不是图西人，却不是很清楚。卢旺达人招募了许多之前在蒙博托军队效力的士兵。目击者认为，受害者是这些人，他们大多是来自刚果西部的年轻人，被派往金沙萨做

间谍和密探，因为他们对这里的路况都很熟悉，而且能轻易混入当地人中间不被察觉。[30] 在争夺金沙萨战斗的最后关头，这批士兵中的几百人脱去军装落荒而逃，被赶进了金沙萨城外的桉树林。卡比拉的参谋长在一次新闻发布会上回忆起这一幕时哈哈大笑，叼着雪茄说道："那些叛军就像是猴子一样，光着屁股在树林中四处逃窜。"[31]

＊＊＊

和战争中的许多插曲一样，争夺金沙萨的战斗中也不乏离奇的时刻。有大约七十名图西人被困在布隆迪大使馆长达数周，由于外面的战斗还在继续，所以动弹不得。他们从金沙萨各个角落聚集在这里，寄希望于图西人领导的布隆迪政府能为他们提供保护。附近的瑞士大使馆给他们送来水和食物，让他们活了下来，但他们的生存环境还是日益恶化。大使馆位于一栋小楼里，每个房间都睡了十几个人。马丁·辛达比泽拉大使（Ambassador Martin Sindabizera）本人是图西人，每天在走廊上来回踱步，跟布隆迪总统布约亚通电话，商讨可能的救援疏散方案。他的电话响个不停，整个金沙萨的图西人——甚至还有一些觉得自己被盯上的胡图人——都在请求派人去解救他们。"我为他们大多数人做不了什么。听着他们一个接一个电话反复哀求却毫无办法，真是一种心灵上的折磨。"[32]

他收到消息，有一个很有影响力的卢旺达家庭被困在离大使馆 199
不远的地方，决定亲自去看看。几个警察在那家人藏身地外面的街道上拦下了辛达比泽拉的车，让他下车。他下车后，其中一人喊道："Betaye masasi!"这位已经在金沙萨工作了一年的外交官能听懂一些林加拉语，他明白这个人喊的是："枪毙他！"那位警察把枪上了膛，但是一位年纪稍长的士兵拦住了他。"他的车挂的是外交牌照，"他冷静地指着车牌说，"你不能就这样把他给枪毙了。我们国家有规定。”出于这个原因，那些士兵把他带回去进行审讯。在附近一家警察局的逼仄牢房里，这位大使见到了一群奇怪的人，他们都被指控犯有阴谋颠覆国家政权的罪行。其中有两个是他的顾问，他曾派他们前去解救那家卢旺达人；有五个不同种族、穿着紧身牛仔裤化着浓妆的女人，据称是金沙萨图西族政客的情人；还有十几个被吓坏的街头少年和士兵，他们可能参加了叛军，也可能只是这次大清洗的牺牲品。“全民都陷入了一种癫狂状态，”辛达比泽拉回忆说，“他们有的是为了钱抓人，有的是因为对方鼻子的形状，有的甚至没有任何理由。”经过四个小时的审讯之后，这位外交官被释放了。“不要接受 BBC 的采访！”他们命令道。

当天，大使馆里的情况变得更严峻了。几个在这里避难的人身体健康出了状况，他觉得这些人可能坚持不了太长时间了。大使馆的下水系统坏掉了，水泵只能断断续续地工作。终于，布隆迪总统皮埃尔·布约亚决定冒险实施救援。他从布隆迪首都布琼布拉（Bujumbura）派了一架飞机和几个信得过的士兵，辛达比泽拉大使这边则派了个信得过的印度商人，让他带了几千美元现金，买通了从大使馆到机场间的十五英里路程中所有路卡的指挥官。他把最大的一笔钱留给了机场的指挥官。他们会为之一搏。

辛达比泽拉大使回忆这场行动时笑了出来。“飞行员还以为自己是要飞往布拉柴维尔。在当时那样混乱的局势下，只有傻子才愿意开着一架布隆迪的飞机降落在金沙萨。”由于布拉柴维尔机场距离河对岸的金沙萨机场跑道只有几英里远，这个计划很容易实施。就在降落前几分钟，飞机场的布隆迪军官在驾驶舱内掏出手枪，命令大惊失色的飞行员：“计划有变，我们要降落到金沙萨。”

这支布隆迪逃亡队带上了所有能带的人——孩子、妇女、外交官，在空无一人的街道上一路狂飙，被买通的警察和士兵已经把之前设置的路障全部撤掉了。到了机场，这群人冲上了飞机。到了最后关头，当飞机已经开始朝着跑道滑行时，几辆满载士兵的卡车抢在他们前面，挡住了飞机滑行的通道。辛达比泽拉给机场指挥官打电话，问他出了什么状况。

“我也没办法，长官，”指挥官回答说，“他们是总统卫队的人。” 200
辛达比泽拉大使长叹一声，看着飞机上的一排排座位，一张张焦急的脸，还有哇哇大哭的孩子们。“我觉得这下肯定是完了，”他回忆说，“我肯定卡比拉一定让我们这场行动泡汤了。”他们见过金沙萨其他图西人的遭遇，他们做了最坏的心理准备。辛达比泽拉让飞行员放下舷梯，以便和下面的刚果指挥官交谈。飞机上的几位布隆迪军官给手枪上了膛，紧张地等待着。

飞机上的乘客们透过窗户呆呆地看着飞机外面的卡比拉的士兵们，这些人就是曾围捕和杀害他们亲人和朋友的人，他们从一辆贴着窗膜的黑色越野车上搀下一个衣着华贵的图西族妇女。士兵们拎着她的行李箱和名牌手包，朝这架布隆迪飞机走过来。这位妇女从已然目瞪口呆的大使面前走过，留下一阵香水味，结果迎接她的却是其余乘客们的愤怒叫骂声。几位穆伦盖妇女站了起来，开始攻击这个新来的人，骂她，啐她，撕扯她的衣服。“叛徒！”“婊子！”那几位已经举起手枪的布隆迪士兵不得不上前干涉，拉开混乱的人群。

“我不知道是该哭还是笑，”辛达比泽拉回忆说，“她是卡比拉的情妇！飞机上有乘客认出了她。很明显，总统认为继续把她留在身边并不是一个好主意。”

又困惑又紧张的飞行员打开机舱广播，命令所有人坐在座位上，然后把飞机滑向了起飞的跑道。

201 第十四章

叛乱教授

1998年8月，卢旺达·基加利

埃内斯特·万巴·迪亚·万巴看起来并不像是一个能当领导，推翻洛朗·卡比拉运动的人。万巴为人谦逊，不张扬，是个有风范的教授，他大部分时间都在美国和坦桑尼亚的学术机构中工作，比起政治革命，他对存在主义哲学的复杂性更为熟悉。1998 年 8 月 16 日，他当选卢旺达支持的刚果民主联盟（Congolese Rally for Democracy）的新领袖，他的家人颇为惊讶。他的事迹恰恰说明了刚果领导层的悲惨现状：即使有一个在政治和道德上都没什么资历的人想要有效地改变这个国家，结果也会很糟糕。[1]

20 世纪 50 年代，当万巴还在靠近大西洋的下刚果省一个瑞典教会学校寄宿读书时，便已经对政治深深地着迷了。该地区当时正处于动荡之中。万巴的出生地离西蒙·金班古（Simon Kimbangu）的出生地不远，金班古是当地的基督教先知和反殖民主义活动家，反对白人垄断宗教神职人员的位置。万巴是刚果族，这一民族打造了中非地区最古老也是最大的一个王国，并且是刚果独立运动的先锋。那个时候还只是个少年的万巴被当地每周的示威运动和抗议游行深深影响。甚至在万巴的高中，刚果的老师会趁瑞士传教士听不到的时候鼓励他们高呼："我们想要什么？独立！"

万巴是一个思想早熟的学生。他曾在学校图书馆四处寻找关 202
于当代哲学的书籍。"他对乡村生活和这个国家的现状并不满意，"马哈茂德·马丹尼（Mahmood Mamdani）回忆道，他也是一位政治学家，是万巴的好友。研究欧陆哲学为的是解放思想，感受更广阔的天地。万巴曾经沉迷于法国思想家让–保罗·萨特的作品，还在十几岁的时候给这位著名的哲学家寄了一封信。令他惊讶的是，萨特居然给他回了信，于是两人就有过一段短暂的信件往来。

以优异的成绩毕业后，他成了学校里拿到奖学金去美国留学的三名学生之一。他去了卡拉马祖（Kalamazoo）的西密歇根大学，这几乎是他能想象到的距离他的热带家乡最远的地方了，他在那儿撰写了有关法国哲学家莫里斯·梅洛–庞蒂（Maurice Merleau-Ponty）和让–保罗·萨特的毕业论文，并获得了前往加利福尼亚克莱蒙特大学读研的机会。

与许多海外的非洲人一样，远离故乡也促使他对祖国的政治产生了兴趣。"来到美国之后，我对非洲的态度才变得激进，"他后来回顾道，"这很奇怪，但我在美国了解到的刚果境况比我之前在刚果知道的还要多。"[2] 他密切关注国家的发展动态，批判蒙博托的独裁统治。他与一名美国非裔女人结了婚，并通过学生非暴力协调委员会（Student Nonviolent Coordinating Committee）积极参与美国民权运动。在学术界，他被称为泛非主义者。他主张的民主更符合非洲传统的政府形式。

1980 年，万巴与家人一起回到非洲大陆，在坦桑尼亚达累斯萨拉姆大学任职，总统朱利叶斯·尼雷尔总统正在努力将这个大学打造成非洲学术中心，以吸引该地区学术界和政治界的活动家。一年后，万巴在金沙萨访问期间被捕，引起了尼雷尔的关注，并在他的帮助下顺利出狱。尼雷尔随即邀请万巴为大湖区的政治，特别是布隆迪的和平发展进程建言献策。

当刚果战争开始时，这位前坦桑尼亚总统作为国家元首虽然已经退休了几十年，但仍然密切参与区域政治。乌干达总统穆塞韦尼劝说尼雷尔支持卡比拉，但这位前总统却深表怀疑。尽管如此，卡比拉还是和他建立了密切的关系，这是因为有一条至关重要的纽带：
203 他的得力助手与尼雷尔的前副总理的女儿结了婚。[3] 尼雷尔最终在他的农村老家见到了卡比拉，这位刚果起义领导人热情地谈论着自我决策和他对刚果的展望。尼雷尔向万巴寻求意见。万巴教授鉴于卡比拉是走私犯和暴徒的声誉，对他大加批判，但尼雷尔还是因为该地区其他领导人的意见动摇了。他授权坦桑尼亚情报官员、训练军官和炮兵支持民主力量同盟，并要留意卡比拉的一举一动。他甚至将自己的一名警卫员借给了卡比拉。

卡比拉后来又访问了达累斯萨拉姆好几次，而每次尼雷尔都让万巴在场。然而，尼雷尔见卡比拉的次数越多，对他的怀疑就越多。卡比拉看似冷漠而顽固，私下见面总是表现友好而且充满魅力，但其实他根本不愿听从坦桑尼亚人的建议。尼雷尔组织了几位亲密挚友（包括万巴）与卡比拉召开一场会议，协助他建立一种条理清晰的政治思想，然而卡比拉却放了他们鸽子。万巴记得尼雷尔当时摇了摇头。“他甚至都不能准时出席会议。”他对万巴说道。“他的副手基萨塞·恩甘杜（Kisase Ngandu）被莫名刺杀了。事情看起来不太妙。”更糟糕的是，尼雷尔的一线情报官员报告说，叛军联盟内部一片混乱，明争暗斗。

民主力量同盟占领金沙萨后，卡比拉邀请尼雷尔来参观。这次访问让这位老政治家失望透顶。总统车队从机场出发后，尼雷尔不耐烦地叹了口气，因为他看到卡比拉的保安人员把路上其他的车辆都赶到路边，中断了交通，为总统车队让路。“当总统不应该是这个样子的。”他向身边的万巴嘟囔道。他们共同参观了首都金沙萨、下刚果省和一个南部的军事基地，坦桑尼亚军官正在那里训练新兵。他的人告诉他，越来越多的新兵都是来自卡比拉的卢巴卡特部落。在一次私下会面中，尼雷尔提醒卡比拉：“我们的支持不是给你个人的，而是给全体刚果人民的。如果你不保持警惕，可能就会遭遇和蒙博托一样的下场。”[4] 在离开之前，尼雷尔在酒店举行了新闻发布会，他告诉记者：“我来到了刚果，也见到了刚果的领导人。但我却没有看到一条新的道路、一座新的医院或学校。”[5]

* * *

刚果战争就像一台旋转的离心机一样，把更加冷酷无情、政治适应能力更强的领导留在了权力中心，再通过新的商业交易和政治联盟让他们改头换面，而无关紧要的人则被甩到政治生活的边缘。 204
几十名这样的人物分散在金沙萨的郊区，靠之前留下来的钱或名下管理的房地产生活。革命诞生了许多人，又吞噬了他们，直到把他们身上有价值的东西吸干榨净，就像再一口吐出来。万巴就是这些弃儿之一：战争结束后，他获得了议会参议员的职位，但是很快便失业了。他宁愿留在自己的祖国，流连于对昔日成就和朋友的回忆中，也不愿回到单调乏味的达累斯萨拉姆。2007 年，我在金沙萨调查时设法联系到他。他似乎已经没有任何的政治野心。我跟他之前的叛军同僚说我要去见他，他们才知道他还在城里，都感到很惊讶。

“我很乐意跟你见上一面，”他在电话那头说道，“但我住的地方离市中心稍微有点远，我的车坏了。你能来我住的地方吗？”

我没有意识到万巴说的“离市中心有点远”是有多远，我开了大约二十英里的车，穿过肮脏的郊区，下了公路后又开进满是沙子的小巷，两边排列着破烂的房屋，墙面的油漆已经剥落，上面是锈迹斑斑的铁皮瓦屋顶。万巴给了我一个街道地址，但那儿的房屋都没有门牌号。我向周围的人打听，但似乎没人知道万巴教授。最后，一位在路边叫卖用麻袋装着的糖和木薯粉、一副主妇模样的女人认出了这个名字："啊！那个老政客！"原来之前我已经从他家门口路过好几次了。他家院子里有一只瘦巴巴的狗总是对着我叫。一位彬彬有礼的女士把我带到了客厅，让我稍等片刻，因为万巴教授正在洗澡。

客厅装饰得很简单。一面墙上挂着一幅闪着光泽的瀑布商业照，另一面墙上挂的则是万巴身着西装在南非比勒陀利亚（Pretoria）签署2002年和平协议的照片。沙发上垫的是用荧光黄和紫色的纱线钩织而成的圆形沙发垫。我随手翻阅了桌上的几本杂志；一本是三个月前的一期《非洲青年》（*Jeune Afrique*）以及他领导的一家刚果文化组织"地球科学家"（Mbongi a Nsi）的内部通讯。当我使用厕所时，里面既没有灯也没有自来水。

几分钟后，万巴将我带到了他的书房，小小的房间里摆满了书和杂志。在他桌子旁边的墙上贴着一系列A4尺寸的人物照片。上面有一张他儿子菲利普的照片，他在2002年因车祸去世了。此外
205 还有前坦桑尼亚副总理拉希德·卡瓦瓦（Rashid Kawawa）、切·格瓦拉、帕特里斯·卢蒙巴，以及一排50年代已经褪色的万巴家族的照片。他开始说话的时候，之前在达累斯萨拉姆或者在叛乱中认识他的人对我说过的关于他的一切在我的脑海中一一闪过，我尝试着将他与传说中的那位穿着军装，腰间别着一把九毫米手枪，一脸慈祥，说话温和，却误入歧途的叛军领袖形象协调起来。一个人花了这么多年时间推动民主和民权，怎么就突然放弃了呢？

* * *

1998 年初，当卢旺达人与卡比拉闹翻之后，基加利地区开始组织一场新的叛乱。副总统保罗 · 卡加梅在全区域派驻了使者，并通过电话联系了在布鲁塞尔和美国的其他人。当万巴于 1998 年 8 月初抵达基加利时，刚果民主联盟的其他几位未来领导人大多已经在那儿了。

万巴来到位于卢旺达首都郊区的卡布加（Kabuga）的一家小宾馆后感到十分困惑，当时有望成为领导人的都聚集在那里。前蒙博托的部长们就坐在反对蒙博托的前民主力量同盟的叛军旁边。曾经被卡比拉囚禁和折磨的反对派政客们坐在负责卡比拉军队的卢旺达安全军官的旁边。这是由不满分子组成的联盟，他们唯一的共同点就是都看不起卡比拉。这样的一群人又怎么能在一起合作呢？

尽管背景各不相同，但他们中的许多人，比如万巴，都有足够深的资历。例如，扎伊迪 · 恩戈马是巴黎的前教科文组织的高级官员。扎伊迪一直是蒙博托和卡比拉长期的对手，在民主力量同盟获胜后不久便在金沙萨遭遇逮捕、殴打，几乎饿死在监狱。还有来自南基伍的一名维权律师约瑟夫 · 穆敦比（Joseph Mudumbi），在面对骚扰和死亡威胁时依然坚持对卢旺达难民营的虐待行为做出了报道。他于 1995 年获得了人权观察组织颁发的颇具声望的奖项。其他成员还包括曾在斯坦福受训、和万巴一起起草《非洲反种族灭绝宣言》（African Declaration Against Genocide）的历史学家雅克 · 德佩尔尚（Jacques Depelchin），以及金沙萨大学哲学派的领头人艾蒂安 · 恩甘古拉（Etienne Ngangura）。对于西方的外交官来说，他们似乎真的要建立一个负责任、起作用的政府。这些学者和活动家的理想主 206
义确定能吸取前者失败的教训，帮助这场起义取得成功吗？

然而从一开始就非常明显的是，卢旺达的影响力将严重限制这场独立运动。毕竟，是基加利方面将他们召集在一起，为他们提供了士兵、电话和住所。事实上，西装革履的政客们来到基加利时，当地发动武装起义已经有两周时间了，叛军已经控制了边境城市布卡武和戈马，并继续向金沙萨行进。刚果民主联盟的政治领导是事后才做出的决策，被看作军事机器的附件。“我们以为最多一个月就能拿下金沙萨。”卢旺达进攻谋划人之一，帕特里克·卡雷盖亚上校跟我说道，“我们对政治方面的问题并没有太多关注。”[6]

万巴不能声称说他不清楚自己在做什么。他和其他人一样是被卢旺达政府主动联系上的。在他到达基加利的几天之后，保罗·卡加梅在与打算造反的分子闭门开会时提议，让万巴成为此次反叛运动的总统。这位卢旺达领导人表示，万巴有国际声誉威望，而且没有参加之前的叛乱，因此在主张各不相同的其他派别面前，他看上去像是一个中立的仲裁者。至关重要的是，万巴与前坦桑尼亚总统尼雷尔关系密切，并且他参加过泛非主义运动，可以拉拢其他非洲领导人，如曼德拉、穆塞韦尼和莫桑比克的前第一夫人格拉萨·马谢尔（Graça Machel）。“有反对的吗？”卡加梅问道。当然不会有。

* * *

万巴支持军事叛乱是有理由的。他曾近距离观察各种反对蒙博托独裁的抵抗运动。二十五年来，他看到了蒙博托这位独裁者是如何在美国、法国和比利时的帮助下，巧妙地压制和笼络反对派的。在冷战结束前夕，持续的抗议活动迫使蒙博托接受多党民主，他呼吁召开国家主权大会以决定政府的未来，万巴也参加了那次会议。当会议选举出齐塞克迪作为领导人时，蒙博托完全无视这一结果，强行任命自己选出的总理。面对这样一个关押和折磨对手的政权，万巴对和平对抗运动并不抱太大希望。

卢旺达的种族灭绝事件最终使万巴不再满足于在书桌前坐而论 207
道："这是一个转折点，我的观点和信念自此幡然转变。我原本一直是一名对社会运动进行理论分析的社会学家，试图了解非洲的社会是怎么运转的、怎样才能让它们变得更好。但是后来我眼睁睁地看着种族灭绝发生，发现自己无能为力。"[7] 当他接到电话说，他可以领导一场新的叛乱，不用经过摸爬滚打中的各种艰难和困境，就可以在塑造一个新的武装反对派过程中起到决定性的作用，他没有丝毫犹豫。

在对非洲哲学家的一次演讲中，他含蓄地表明了自己的立场："刚果学者以为刚果的人民是无知的，卡比拉总统什么也不懂。他们乐于日常的理论工作，对于自己也坐在这艘即将翻掉的船上并不太在意。这种态度真是可悲可叹……发展只能有意识地去追求，而不是等着机会的降临或别人的施舍。"[8]

许多有同样崇高理想的人和万巴一样与魔鬼做了交易。毕竟，当领袖需要远见和魄力，但也需要天时地利。切·格瓦拉不就虽拼尽全力却铩羽而归，拖着营养不良的身体灰心而去了吗？齐塞克迪在 1992 年带着成千上万人反对蒙博托的独裁统治，最终不也沦为边缘人物，只剩少数几个顽固的支持者仍在响应他的号召参加抗议游行吗？他们失败是因为时机尚未成熟，而万巴和新战友现在恰逢其时：一个经过时间考验的强大军事机器无疑能把他们推上国家权力的王座。变革和权力已经唾手可得。

* * *

共有二十六名异见人士出现在基加利郊外的卡布加小旅馆，针对新的起义组织结构进行了数天的讨论。在他们讨论的时候，卢旺达军队的军官穿着军靴手拿机枪在外面走来走去。

“这群人真的很奇怪。”万巴回忆道。当我们交谈的时候，他习惯连续闭眼好几分钟，然后皱一皱自己的额头。“这里面有资本家和社会主义者，有支持蒙博托的人和把他们赶下台的人，还有学者和显然连一本书都没有读过的人。”

208 这个鱼龙混杂的组织从一开始气氛就很紧张，当时来自比利时的激进侨民卡拉拉·沙姆布依（Kalala Shambuyi）站了起来，指着曾在蒙博托政府任总理的伦达·布卢卢（Lunda Bululu）说道：“我绝不会和这些蒙博托分子合作，看看他们对这个国家都做了些什么！”他走了出去，但是等他平静之后便又被带了回来。还有一次，叛军的首位发言人扎赫迪·恩戈马在看了卢旺达人给他起草的新闻声明稿后勃然大怒，抗议道：“我又不是小学生！我可以自己写新闻稿！”

大多数人认为，他们的意见分歧并没多大关系，因为他们相信在几个星期或至多几个月内就能占领金沙萨。万巴发现主张“叛军民主化”的只有他一人。对他来说，军事压力只是促成与卡比拉开始谈判的一种手段。“那个房间里的大多数人从未想过策略问题，想过他们该如何利用自己的力量来实现社会变革。他们只想要军事上的胜利。“刚果民主联盟的一些领导人已经开始讨论在到达金沙萨之后他们要坐什么位置。在此期间，万巴发表了几次长篇演讲，向他们讲述刚果的历史和他们对刚果人民所负的责任。

组织中的许多人认为万巴与现实脱节。“他是个穿凉鞋的老教授，”其中一人回忆道，“他精通马克思主义理论和非洲历史。但他对统治管理又知道多少呢？他知道该怎样领导一场反叛运动吗？”[9]一位乌干达军队的指挥官对民主联盟的一名领导说道：“让这位老先生回去写书吧，我们要开始干活了。”[10]

一支卢旺达军队将这群人护送到了位于戈马的新总部——蒙博托以前在基伍湖的宫殿。那里的吊灯和大理石地板让人想起掠夺和破坏之前的美好岁月。卢旺达人为了建立团队精神，让民主联盟的领导们同睡在一个房子里。这件事引起了一些人的愤慨。

卢旺达的影响起初表现得并不明显。在民主联盟的会议上，基加利的代表经常出席会议，但是刚果人可以自由而激烈地辩论运动应该采取的方向。蒂托·鲁塔雷马拉（Tito Rutaremara）是巴黎左岸式的老派知识分子，一位颇具影响力的卢旺达爱国阵线思想家，他就如何发展革命思想做了介绍。但凝聚力和使命感是强求不来的。“就像是在牧猫一样，”万巴回想道，“运动中的大多数人并不是真的对民主感兴趣。”他们从蒙博托和卡比拉的统治方式中学到的是： 209
政治阴谋之下出权力。每位领导人在基加利都培植了个人关系。外交官已经习惯了每周在基加利豪华的乌蒙巴诺酒店会见民主联盟的领导人，坐在露台上的同一个角落和卢旺达官员们见面。联盟的所有主要领导人在基加利都有房子，这里距离戈马仅有三个小时的车程。

“很难说谁说了算，”万巴表示，“我们的执行委员会每两周开一次会讨论决策。但是后来我发现其他人给坎帕拉和基加利方面的汇报居然相互矛盾。”这是典型的徇私舞弊——利用个人关系暗箱操作谋求私利。

因为局面混乱不堪，卡加梅副总统不得不多次干预。一次，他在基加利召集这些领导人开会，跟他们讲了一个国王的故事。“君王有一位了不起的顾问，救过他很多次，”他告诉听众，“为了奖励顾问，有一天国王跟顾问说道，他可以无条件满足顾问一个请求。顾问告诉他：‘我只有一个简单的请求。当我想要跟您说些事情的时候，可以在您耳边悄悄说吗？’国王感到有些困惑，但还是马上答应了他的请求。从那时起，每当要做某个重要的决定时，顾问就会上前凑在国王的耳边说些什么——他会谈一谈天气，还有厨师会做什么晚餐——而国王则会点点头。然后，顾问却跑到法庭宣扬说，国王已经同意了他关于国家政策的建议。”卡加梅然后便指向众人怒斥道：“你们中有些白痴来到基加利看我，只是打个招呼问候我的家人而已！然后便回去告诉其他人，说我卡加梅已经同意了你对这件事或那件事的决定。”他握紧了拳头砸了下桌子。“我决不允许这样的事再次发生！”[11]

但卢旺达人可不只是无害的旁观者。民主联盟预算中的所有主要支出必须经过基加利方面的批准。联盟的财政部长埃马纽埃尔·卡曼齐（Emmanuel Kamanzi）和参谋长让-皮埃尔·翁代卡内（Jean-Pierre Ondekane）大部分时间都待在基加利，他们做决定根本不会与联盟的其他领导人磋商。主要的领导人事变动都由基加利方面主导，所有的军事行动都由卢旺达前线指挥官领导。联盟的混乱越明
210 显，基加利的干预就越多。“我们被卢旺达人控制了，还是我们真的只是太弱了？”一位联盟前领导人问道，“这个谁都不清楚。”[12]

* * *

问题很快就变得明显起来：万巴并不适合出任民主联盟的主席。他厌倦了卢旺达的干涉和同僚的唯利是图。从叛乱刚开始，士兵将战火燃遍全国时起，他就呼吁停火，与卡比拉进行谈判，这让卢旺达的指挥官咬牙切齿，失望至极。最后，他竟然不识时务到要求审计叛军的财务状况，并让领导人公开他们的收入和财产。结果让整个联盟无比难堪：联盟的金库几乎是空的，而许多领导人却正在南非购置房产。喜欢钻戒、爱涂美白霜的军方参谋长让-皮埃尔·翁代卡内买了一辆跑车并把车子送到了基加利。“他这辆车在戈马那么烂的路上要怎么开啊？”万巴感到非常好奇。

“才过了四个月，我们之间就不愉快到没什么可说的了。”万巴回忆道。1998 年元旦前夜发生了一件让人忍无可忍的事，这一晚万

巴按计划要发表例行的季度广播讲话。他的同事正和家人或朋友欢聚节日，却在收音机上听到他说：“我们对叛军运动的领导人根本没有任何监督。这就是为什么即使是最臭名昭著的无能之辈也不会受到任何问责。职业关系已经变成了裙带政治：你投我以桃，我报之以李。”[13] 正在家中品味红酒的扎赫迪·恩格马赶紧拿起电话打给广播电台。“让他赶紧闭嘴！”他下令道。

不出所料，联盟的领导人被叫到基加利，要求对高层的混乱无序做出解释。卢旺达总统巴斯德·比齐蒙古和副总统保罗·卡加梅出席了会议。万巴抱怨说，他提出的任何倡议均被他人阻挠，尤其是蒙博托党人。一些图西族人大声嚷嚷道，万巴因为他们的种族而排斥他们。然后万巴打断道，“我甚至连顿圣诞晚餐都没有！这究竟算什么起义？”

其他成员叹了口气，一位老蒙博托党人抱怨说：“今晚的争吵太没水准了。居然吵吵圣诞晚餐！”

比齐蒙古回答道：“不！联盟主席说什么都很重要！如果主席 211
都吃不上饭，那五千万人民又怎么能吃上饭？”

卡加梅发言道：“你的问题是你并不爱你的国家。你得吃苦。你现在的日子过得很好，我们起义的时候受苦受穷，连个吃饭的盘子都没有。我们为了吃饭，把香蕉叶放在地上的洞里当盘子。”

这场争吵愈演愈烈，扎赫迪指责财政部长在家穿着浴袍就把合同都给签了，甚至都没有告知他们，而万巴则被指责好高骛远。卢旺达人想要让他们冷静下来，但他们之间的裂痕显然已经难以修复。1999 年初，万巴被从联盟主席的位置上赶了下来。

* * *

叛军在军事上是成功的。1999 年初，刚果民主联盟已经占领了该国四分之一以上的领土，其中包括第三大城市基桑加尼，并继续向矿产重镇卢本巴希和姆布吉-马伊前进。在卢旺达军队严格的带头作用下，刚果民主联盟的军队表现得还不错，虽然他们掠夺和虐待的名声已经在外了。面对装备精良的津巴布韦和乍得军队（安哥拉人大多选择留在后方把守金沙萨和下刚果）的空袭和炮击，联盟利用自身在游击战方面的优势，在资源极其有限的条件下，将此战打得非常漂亮。

然而，在政治和社会方面，联盟的表现惨不忍睹。在北基伍，除了胡图族和图西族人以外，其他人都认为这就是一场卢旺达人的代理人战争。当地人为了族群的自我防御，自发组织民兵，声称要保护刚果人免遭外来侵略。联盟应之以残酷的镇压平叛，拿平民开刀对付民兵组织的攻击。在头四个月内发生了数起屠杀事件，有一千多名平民遇害。我问起这些屠杀事件，万巴回答说："起初我不相信报道里说的，但是后来我通过自己的信息渠道得知，这一切竟都是真的。但是我对军队没有控制权，而且我知道真相的时候已经和其他人闹翻了。"

我特别给他看了一篇有关在卡西卡（Kasika）发生的一起大屠杀事件的报道，事发于 1998 年 8 月 24 日，当时他执掌联盟大权只
212 有几周时间。据联合国调查人员和我采访过的几名目击者表示，至少有五百名平民被卢旺达和民主联盟的士兵屠杀。

万巴震惊地看着我。"五百？不，不可能。"我告诉他，我是亲自去现场采访的目击证人。"不，不。这绝不可能。"他摇头坚持道。

坐在戈马办公室里的万巴与遭受苦难的人民是隔绝的。领导层创建了一个看起来运转正常的行政机关，有充当行政部门的执行委员会和充当议会的立法会。新的法律被通过，各种新闻发布会正常召开，政府预算经过讨论，一切看似有条不紊，但是相较于军事行动，这一切都无足轻重。"有时候感觉我们就做了一件事：整天坐在会

议桌上，”联盟的财政专员何塞·恩敦多表示，“这些会议没有目的，也没有效果。”

这个组织不仅缺乏指导思想，而且也缺乏将思想付诸实践的方法。万巴最大的遗憾之一便是他没能为人民实行任何社会项目或人道主义项目。据一位领导人透露，联盟每月有二百五十万美元的收入，其中百分之八十用来养活士兵以及为军事行动购买物资。[14]“我们有卫生部和运输部，却没有钱修路建学校。”万巴说。他们有一万五千名士兵，部署在这片和法国面积相当的土地上。他们得养活这支军队，为他们提供从卫星电话费到车辆燃油和枪支弹药等所有物资。刚果民主联盟就是一个掠夺者，它从人民那里榨取资源，却不给他们任何回报。

* * *

据万巴以前的许多叛军同事说，他加入联盟从来不是为了个人利益。甚至我采访他时，他穿的衬衫领子都已经磨破了。他反映说，由于他无力支付租金，房东曾多次威胁要把他赶出去。他想给一位我问到的朋友打电话，却尴尬地发现自己的电话已经欠费停机了。

任何在刚果待过足够长时间的人都可以理解，为什么万巴会希望通过武装叛乱实现激进的变革，因为那里没有别的选择。但是他最严重的罪行在于，叛军的种种罪行都已经昭然若揭了，他却仍然在里面待了那么长时间。他的一位前同事说了一句斯瓦希里谚语：
“不要上底已经漏了的船，它最终只会沉没。”他这样评价万巴：“我 213
并不认为他犯过强奸、谋杀或者偷窃的罪行，但他却是犯下这些罪行的机器的一部分。至少从这一点说，他是有罪的。”

离开叛军或许是万巴唯一的明智选择。然而，他却留了下来，并做出越来越令人费解的决定。1999 年 7 月，万巴拼命为基础设施项目筹集资金，希望重建从基桑加尼到乌干达边境的布尼亚（Bunia）这段长达三百五十英里的道路，从而打开腹地经济。他与非洲联盟储备系统（一家以前不知名的公司）签署了一项协议，“为促进刚果的进步和经济发展”而成立一个中央银行并发行新的货币。该公司通过刚果的黄金和钻石进行融资，把35%的利润汇入万巴的财政部门，并提前向他们预支一千六百万美元的贷款。该公司的所有者是凡·阿图尔·布林克（Van Arthur Brink），他自称是“麦基洗德自治领”*的大使，这是一个并不存在的国家。这家公司以这个假国家的名义出售银行牌照，吹嘘自己是奉神的旨意，是个诈骗机构。不用说，这就是一场骗局。这个骗子的真实姓名叫艾伦·齐格勒（Allen Ziegler），来自美国证券交易所，因诈骗四十万美元在逃，曾在加勒比海的小岛格林纳达（Grenada）开过商店。当然，叛军这边从来没有看到这位阿图尔承诺要给的钱。

我向刚果人权观察研究员苏利曼·巴尔多（Suliman Baldo）问起有关万巴的事，他摇了摇头。在叛乱期间，他一直与万巴保持着多年的联系。万巴教授经常用起义军基地的卫星电话给他通报自己那边的情况。“万巴成了一个笑话，”他告诉我，“就好像我在丛林中和他见面，周围都是娃娃兵，然后他告诉我他是一个倡导儿童权利的人。”[15]一旦万巴的团体内出现异议，他的士兵就会残酷镇压，将疑似的密谋者殴打致死。[16]

万巴的理论与刚果政治的野蛮现实发生了冲突。这场战争的一个时期便是这个冲突的缩影。1999年8月，万巴被关在了基桑加尼中心的瓦盖尼亚酒店，这家酒店建于殖民时期，现在已经破败不堪，整个城市的街头陷入乌干达军和卢旺达军的血腥巷战之中。陪同他的乌干达人告诉他，卢旺达人想杀死他，所以他大部分时间都待在

---

* 麦基洗德是《圣经》中记载的一位祭司。

房里，打打电话或写些东西。可是周围环境并不利于他的创作思考。不仅时不时地有机枪扫射，而且酒店也遭受了与城中其他地方一样 214
的破坏——打开自来水，水管里流出的水满是铁锈；供电不稳定；墙壁、地板和床垫非常潮湿，一股霉臭味。天气炎热难耐，只有傍晚下雷雨的时候，空气中的湿闷才能得到缓解。

尽管如此，万巴还是文思如泉涌。有时候来酒店拜访的人都会被守卫赶走，他们说：“主席正在写东西。”教授的文章通常看上去并没有受到周围骚动的影响。当机枪还在外面砰砰作响时，万巴给比利时人写了一封公开信，敦促他们反思他们在刚果的统治，并听从前殖民地总督皮埃尔·里克曼斯（Pierre Ryckmans）和总理帕特里斯·卢蒙巴有远见的教导。接着他又写了好几封公开信，其中一封是写给美国人民的，还有几封是写给金沙萨人民和刚果侨民的。有一封是当时——从当时的情况来看多少有些讽刺——受毛泽东思想的启发，对起义运动的理论与实践关系的反思：“联盟的创始人们应当明确以下原则：个人服从组织，少数服从多数，下层服从上层，组织整体服从政治委员会。[17]

* * *

刚果的一位朋友曾经将刚果政治的诅咒描述为“反米达斯效应”*。“在刚果，只要是被政治碰过的东西，都会变成一坨屎，”他告诉我，“即使是上帝本人决定竞选总统也没用，他必然会变得腐败、恋权，以及犯下打破十诫的所有罪行。”

他这个观点很极端，但毫无疑问，近年刚果政界没有丝毫的责

---

* 米达斯是希腊神话中的一位国王，极度贪财，请求酒神狄奥尼索斯赐予他点石成金的能力，结果他触碰到的一切事物都被变成了金子，连他的女儿也未能幸免。

任感。万巴并不是唯一一个加入刚果各种叛乱活动的民权活动家或大学教授。几十名在保护人权方面有着极佳声誉的人也参与了，但很快便堕入刚果叛军政治的肮脏世界。相比之下，万巴算是出淤泥而不染的了。他虽然看似误入歧途，但至少不是为了私利卷入其中的。

外派刚果的工作人员经常听人说："你们知道是怎么回事——他们没有任何思想。刚果人喜欢玩乐和跳舞。他们永远不会为自己挺身而出。""他们会为了买一套古驰西装和墨镜卖掉自己的亲姐妹，在这个国家你可以收买任何人。""他们就像孩子，你得教他们，好心地教，坚定地教。"

215 这种高刚果人一等的心态在当地的外国侨民中非常常见，不论是印度人、欧洲人还是美国人都是如此。他们并不会思考刚果人为什么会培养出这些所谓的特质。政界不负责任并不是因为刚果人有什么遗传上的缺陷，缺少"美德基因"，甚至也跟刚果的文化无关。它深深植根于该国的政治历史之中。

自 17 世纪和 18 世纪以来，欧洲和阿拉伯的奴隶贩子深入刚果腹地，抓走了数十万奴隶，他们往往与当地的酋长串通一气，加速了从大西洋沿海地区开始遍布整个刚果中部和南部的草原王国的瓦解，刚果的社会和政治就此解体。它变成了利奥波德国王的私人商业帝国，成了最残酷的殖民统治下的受害者之一。在利奥波德国王以及后来比利时共和政府的统治下，残存的传统刚果酋长或受攻击，或被拉拢，或遭流放。反抗欧洲教会正统的宗教领袖面临的也是相同的命运：先知西蒙 · 金班古因为反殖民主义的言论被关在监狱中长达三十年，直至死去。

在蒙博托统治之下，反抗的代价太大，因为害怕掉脑袋，没有人敢公开支持反抗者。在其他国家，如果可以依靠强有力的、组织严密、志同道合的支持者，如工会、教会或学生团体，那么反独裁统治的行动就能获得巨大的成功。然而在刚果，只有 4% 的劳动适龄人口在正规部门就业，根本没有工会可言。20 世纪 90 年代初，在全国数十所大学和培训中心接受高等教育的学生不到十万人。蒙博托已经制服了这些机构，牢牢掌控了所有工会和学生会，强行将他们并入自己的执政党。该国最大的高等院校、以前由天主教会管理的鲁汶大学与几所新教大学一起被国有化。蒙博托甚至强迫天主教会接受在宗教神学院内建立他的党组织。

一些刚果领导人曾勇敢地站出来抗议：独立前的卢蒙巴、蒙博
托统治期间的齐塞克迪以及无数反对压迫和不公正的记者、神父、
医生和人权斗士。可一旦这些人成为政府成员，他们就面临着两个 216
问题：缺乏群众基础和政府软弱无力。他们无法落实自己的政策，
又遭到各方敌人的攻击，有的被拉拢，有的被杀害，有的被迫退出。

如果说这个国家最狂热的意识形态和道德标准是种族的话，那是因为没有任何其他足够强大的机构可以把人们召集起来。不幸的是，种族动员通常是排他性的，无法形成公平或真正的民主基础来分配国家资源；此外，由于传统酋长易受操纵，连这一体制也已经腐败不堪。要重建完善的政府机构或社会组织，不靠煽动种族情绪就能挑战当下的霸权政府，还需要好几代人的努力。

万巴上台时是独身一人、孤立无援的。他没有政治权力的基础，在叛军中也缺乏盟友。最重要的是，叛军组织已经分裂成不同的利益集团，并被卢旺达人主导。作为一位政治学家，万巴大大低估了由一个强大的组织施行他梦寐以求的崇高改革的必要性。但是，他没有离开组织，而是缩回到了思想和理论的蚕茧中，给美国和非洲左翼期刊写信，接受它们的采访。他成了自身理想主义的受害者，沦为一个无关紧要的人物。

217 第十五章

叛乱发动

事实是，一个凡事都想正直行事的人，在一个无德之人如此之多的世界中，必然会陷入痛苦。

——尼可洛 · 马基雅维利（Niccolo Machiavelli）

1999年7月，刚果 · 巴多利泰

1998 年 8 月，当卢旺达人发动针对洛朗 · 卡比拉的战争时，让–皮埃尔 · 本巴（Jean-Pierre Bemba），一位身高近一米九、体重二百五十斤的百万富翁，摇身一变成了叛军领袖，在刚果北部地区组织了一支自己的叛军——刚果解放运动（Movement for the Liberation of the Congo）。虽然他得到了乌干达军方和众多前蒙博托党人的支持，但这支叛军基本是忠于让–皮埃尔 · 本巴本人的。

1999 年 7 月，本巴攻下了蒙博托的家乡巴多利泰。过去三十多年来，蒙博托已经把这个在 1960 年独立时只有一千七百人的寂静丛林小镇变成了见证他穷奢极欲的耻辱柱。他分别为自己和他的访客们建造了三座庞大的宫殿。其中一座是仿中国古塔式建筑，有鎏

金的龙形图案、琉璃瓦屋顶和养着锦鲤的池塘。建造宫殿用的瓷砖是从欧洲空运过来，纯种的绵羊则是来自阿根廷，而他庆祝生日用的蛋糕则出自巴黎顶级的甜点师之手。这座村庄是整个国家最偏僻的角落之一，距离金沙萨五百英里，四周环绕着茂密的热带雨林，却有着其他任何刚果城镇都不敢想象的奢华：一座水力发电站、一
个四英里长的机场（这是非洲跑道最长的机场之一，可供协和超音 218
速飞机起降）、一座可以容纳五百人的核灾避难所。卫星接收器为当地提供清晰的彩色电视信号和移动电话网络。在他统治的巅峰期，蒙博托维护这块梦幻庄园的费用高达每月一千五百万美元。这里就是非洲的香格里拉。

让–皮埃尔·本巴抵达巴多利泰时，这里已经前后被不同的几支军队轮流洗劫一空——最先来的是卢旺达人和民主力量同盟，紧接着是前来援助卡比拉对抗本巴的乍得军。水晶吊灯和银器都被抢走，甚至宫殿墙上值钱的东西也都被扒了下来，只留下光秃秃的墙面。之前悬挂的大幅先锋艺术画作被粗俗的涂鸦取而代之——其中有一句是“狗日的蒙博托”——被打碎的窗户玻璃在脚底下嘎吱作响。车库里的奔驰车队已经被大卸八块，能拿走的零件都被拿走了。水塘里的锦鲤早就翻着白肚漂在水面上，蒙博托的那只宠物豹据说潜伏在杂草丛生的花园。宫殿的衣柜里扔满了蒙博托的数百用人留下来的上千个白手套、白围裙和工作服，现在这些人都没了工作。

本巴把自己的指挥部设在了这片废墟之中。本巴的父亲是蒙博托关系最密切的生意伙伴之一，他自己也是这位前总统的门徒。当他进入巴多利泰时，数千名支持者身穿蒙博托的 T 恤，在街道两旁列队欢迎他。他的家族就来自这一地区，而且他手下的许多高级指挥官都是扎伊尔军队出身。甚至在说话方式和个人风格上，他也像极了那位高调浮夸、居高临下的大元帅。

本巴是个引人注目的人物。他有时身穿干练的商务套装，有时

身穿军队作战服，在他父亲位于巴多利泰的房子里接待来访的宾客，身边是他的各种装备：几部卫星电话、一部高频电台和一台大屏幕电视。这里就是他的指挥中心，他在这里和自己的外交官员、前线的指挥官、在欧洲的家人与朋友们保持联络。他面前的咖啡桌上放着一摞杂志：《巴黎竞赛》(*Paris Match*)、《快报》(*L'Express*)，全部都是近三个月新发行的刊物。每天他都会花几个小时的时间观看 CNN 和法国的电视新闻，以此了解世界大事。对那些刚刚乘数小时的飞机飞越几乎无法从地面穿越的茂密原始森林、整段旅程看不到一条硬化路面的记者们来说，这位叛军领袖似乎迷失在了另外一个世界，远离他的军队掌控的数千平方英里雨林。一位曾经采访过他的记者回忆说，在采访他时，电视上正在插播约翰·肯尼迪总统之子约翰·菲茨杰拉德·肯尼迪二世（John F. Kennedy Jr.）在
219 马撒葡萄园岛（Martha's Vineyard）坠机身亡的突发新闻。本巴看起来非常懊丧，很明显他非常认可肯尼迪家族这位遇难的后生。“他为什么会在这样的条件下选择夜里飞行？为什么？”他表情悲伤，一边拍着大腿一边摇头。[1] 刚果的漫画家们喜欢把他描绘成一个被宠坏的穿着尿布的巨婴，只要别人一拿走他的玩具，他就会哭。

在刚果，这类传说总是能揭示一个人的一点东西，但不多。本巴确实有一个超出常人的自负自我，也有惊人的商业嗅觉和贪婪。但他也做到了其他刚果叛军领袖都没有做到的事情：他打造的叛军队伍在控制国家的大块领土同时，还保持着民众的支持，而完全没有借助外部干预。

* * *

“这本书是一部斗争的历史，”本巴在自传的后记中写道，“反抗独裁的斗争，争取自由的斗争。无数男女在这场斗争中光荣牺牲，

只为一种理想能够得胜。”[2] 话说得漂亮，现实却并非如此。多年来，本巴把自己塑造成一个精于意识形态的政客，然而在他的大半生中，他都是一个商人，不过是想取得个人成功而已。

让–皮埃尔是含着金钥匙出生的。他的父亲萨奥洛纳（Saolona）出生在一个葡萄牙商人的家庭，奶奶是一位赤道省的刚果妇女。他的父亲白手起家，从一个小小的种咖啡的农民成了扎伊尔最大商业帝国之一的领头人。20 世纪 70 年代，巴西咖啡产地因灾害减产，咖啡价格猛涨，事业发展初期一直扎根在赤道省咖啡种植区的萨奥洛纳抓住机会赚得盆满钵满。后来他跟蒙博托的关系日益亲近，并在 1973 年外国公司国有化的过程中捞得不少好处，由此扩张了自己的咖啡生意，并将触角伸向了制造业和交通运输行业。到了 20 世纪 80 年代，他的商业集团已经拥有四万名员工。他成了扎伊尔最富有的人之一，并多次被选为刚果商业联合会的会长。

在让–皮埃尔八岁的时候，他的母亲就去世了，这让他的整个成长过程缺少了一个重要的组成部分。他的父亲续了弦，并且还有好几个情人，所以让–皮埃尔有二十多个同父异母的兄弟姐妹。后来没多久，他被送到了比利时布鲁塞尔的寄宿学校，只有在父亲到当地出差，或者他放假回家的时候，他才能和父亲见上一面。“他 220
母亲的死对他的影响很大，”他的叛军同伙、同是富商的何塞·恩敦多回忆说，“从那时候起，他似乎就总是一个人。”

距离和孤独助长了本巴对成功的渴望，并让他更加崇拜自己的父亲。“让–皮埃尔是家里的长子，”金沙萨花旗银行行长，同时也是本巴儿时伙伴的米歇尔·洛桑贝（Michel Losembe）回忆说，“他就是朝着成功的方向被培养的。”在学校放假的时候，他会回家到咖啡田里工作，并帮忙打理家里不断壮大的生意网。

同时，他在布鲁塞尔过着低调的生活。“他从不是一个靠父亲荫庇的公子哥，一点也不傲慢，从来不乱花钱。”洛塞姆贝回忆说。

他住在布鲁塞尔郊外富人区一座三千平方米的大别墅里，但他几乎从来没有邀请朋友到家里过。他喜欢社交，但即使他到城里和朋友聚会时，依然会坚持和大家 AA 制，甚至会要求把酒钱减掉，因为他不喝酒。在比利时的刚果人群体中，他是出了名的抠门。他对那些想讨好自己的刚果同胞一直保持着戒心，因此更愿意跟和自己同样富有的比利时贵族家庭的孩子们一起玩耍。在假期时他们会一起到阿登高原（Ardennes）打猎，或者交换试驾各自新买的超级跑车。

对比本巴那个时候的照片，没人相信这和后来的他是同一个人。在高中同学录的相册里，他是一个高高瘦瘦的男生，脸上带着真诚的笑容。在自己参与的任何事情上，他都想做到最好——无论是网球、壁球还是学业。在布鲁塞尔上大学一年级时，他被学校开除了，这让他十分沮丧，之后整个假期他一头扎进书本堆里，发誓要通过全国统考，考上著名的比利时布鲁塞尔管理学院的商学院。他成功了。“他并非绝顶聪明，悟性也平平，”一位比利时的同班同学回忆说，“但是他有着惊人的毅力和自律能力。”

和他后来公开宣称的不同，本巴在那一时期并没有对政治表现出什么特别的兴趣。他和布鲁塞尔管理学院的大多数学生一样，沉迷于研究利润和亏损、经济规模和价格弹性。他十分警惕针对蒙博托的批评言论，因为他父亲的生意越来越依靠与政府的关系。回到
221 家的时候，他也开始跟金沙萨当地的精英阶层接触，因为父亲日益让他处理生意上的事宜。1986 年，二十四岁的本巴从大学毕业，他父亲在海外的大多数生意和银行账户都已经在由他打理了。

随着地位的转变，本巴的性格也发生了变化。他搬到了金沙萨，父亲任命他为自己手下最大的公司之一——希贝空运公司的总经理。在扎伊尔这样一个国土面积相当于整个西欧，且地面交通网络全面瘫痪的国家，空运是一个利润极为丰厚的行业。那个时候，希贝空运公司已经成为非官方的国家航空公司，承担着在国内的货运

和客运责任。让–皮埃尔运用铁腕政策管理整个公司，他每天早上都会在 4 点半起床赶往机场。在和手下雇员与合作伙伴共事时，本巴会模仿父亲那种强势的管理风格。他会对下属大喊大叫，对航空管理部门的官员出言不逊，并开除那些工作表现不合格的员工。“让–皮埃尔和他父亲不同的是，”他的一个朋友回忆说，“他的父亲萨奥洛纳在 7 点工作结束之后，会卸下那副强势的面具，变成一个让人感到轻松愉快的人。而让–皮埃尔会把那副面具一直戴在他的脸上。”

整个这一时期，让 · 皮埃尔与蒙博托的关系变得亲密起来。父亲在去巴多利泰的时候会带上他，蒙博托这位大独裁者待在巴多利泰的时间也越来越多，而且他对这位干劲十足的年轻人相当有好感。蒙博托自己的孩子大多不堪大任，让他十分失望——其中几个加入了情报机关或军队，但是他们最为人所知的是作风残暴、玩弄女性和贪赃枉法。他最喜欢的一个也是最有前途的儿子尼瓦（Niwa）在 1980 年不幸去世了，死因很可能是艾滋病。接下来几年间，他在第一场婚姻中所生的几个孩子也都陆续离世。蒙博托开始把让–皮埃尔当成自己的家人。这位年轻的企业家前往欧洲时，总是会给蒙博托带回来一些礼物。有一次，他用希贝空运公司的一架货机给蒙博托送回来一个超大号的生日蛋糕。

与此同时，让–皮埃尔一直渴望能开创自己的事业，摆脱父亲的阴影。20 世纪 90 年代初期，国内电信行业私有化为他提供了这一机会。和这个国家大多数基础设施一样，全国的通信网络之前已经完全瘫痪，投资商们被迫采用全新的移动通信网络技术，然而大规模应用这一技术的成本即使是对发达国家来说也显得过于高昂。一位刚果的图西族商人米科 · 卢瓦伊塔雷（Miko Rwayitare）成功说服蒙博托，在 1986 年成立了非洲第一批移动电话公司中的一家：泰莱赛尔公司。他给各个政府部长和官员分发了几百台砖头一样大小的笨重手提电话，事实证明这项服务极为有效，虽然代价很高昂。

222 由于每分钟通话费用最高可达十六美元，蒙博托总是跟顾问们抱怨自己的电话账单高达数百万美元，以及卢瓦伊塔雷与他的政敌勾勾搭搭。让-皮埃尔看到了商机，掺和了进来：他告诉总统，自己可以成立一家名为康赛的新公司，以更低的费率提供移动通信服务。蒙博托十分高兴。萨奥洛纳·本巴也倍感欣喜，他对儿子的商业开拓感到非常骄傲。

康赛公司给了让-皮埃尔初次涉足政坛的机会。当这位年轻的企业家在金沙萨各地架设通信基站时，遭到了与米科关系密切的政坛大鳄的强烈抵制。他们试图将他新成立的公司扼杀在萌芽状态，设法阻止用户与他的公司签约。作为回应，让·皮埃尔发动了有生以来的第一次军事行动，他召集一群总统卫队的士兵，破坏泰莱赛尔在金沙萨的信号塔。“那个时候想做生意，你必须要靠武力保护。”何塞·恩敦多回忆说，那个时候，他的势力和本巴家族旗鼓相当。让-皮埃尔·本巴那时常常坐着一辆贴着黑色窗膜的汽车上街，由两辆载着保镖的汽车护卫着。他的一个朋友记得，他有一次坐在本巴车上的副驾驶座位上，一低头发现脚底下放着一枚手榴弹。

扎伊尔的经济体系崩溃以后，商机也变得越来越少，这时与政府的关系就变得更加重要。1991 年和 1993 年，停饷欠薪的军队士兵在金沙萨发起暴动，洗劫了数千家的商店和家庭，本巴家族也损失了数百万美金。让-皮埃尔开始进一步通过他与蒙博托的关系来保护自己的生意。他获得特许，为军队采购燃料、制服和军靴等物资，甚至在该地区为蒙博托执行秘密的外交任务。他结交掌握大半政府开支的军队高官，当蒙博托罹患前列腺癌时，让-皮埃尔还亲自来到他在法国的病榻前热心探望。

* * *

民主力量同盟攻入金沙萨时，让–皮埃尔已经逃往欧洲，那时他在葡萄牙和比利时拥有几座奢华的大别墅。不过，他父亲却为了照看家族生意和财产而留在了金沙萨。毫无悬念的是，洛朗·卡比拉一进入金沙萨，第一批被关起来的人中就有萨奥洛纳·本巴。“如果要算算蒙博托身边有哪些商业巨擘，首屈一指的就是萨奥洛纳，”时任卡比拉政府交通局长的亨利·莫瓦（Henri Mova）回忆说，“我们必须要逮捕他。”

让–皮埃尔听说父亲被捕后，一直非常担心自己会有什么样的 223
下场。他联络了几位越过刚果河逃到布拉柴维尔的蒙博托政府高官，试图组织一场越狱行动把他的父亲救出来。到了最后关头，行动已经箭在弦上，萨奥洛纳本人却让儿子放弃这一计划。他说，这样太冒险了。卡比拉方面只是想要钱而已。结果证明他的判断是正确的：在缴纳了五十万美元之后，他被释放了。

让–皮埃尔在刚果的投资——十几架飞机、堆满货物的仓库、咖啡种植园、一个移动电话网络——全都打了水漂。其他商人或许还可以抛弃蒙博托投靠卡比拉，但本巴与蒙博托的亲密关系尽人皆知。而且，以他高傲的性格，他绝不会去祈求卡比拉原谅他和蒙博托过去的关系。

本巴是一个狂热的飞行爱好者，谈话时非常喜欢夹带航空术语。当被问到为什么会执意追求自己反叛的梦想时，他回应说：“一架起飞的飞机超过起飞决断速度以后，无论发生什么，你都得继续加速，然后起飞，不然你就有机毁人亡的危险。我已经达到了起飞决断速度。”[3]

* * *

一些社会学家认为造反是因为“政治抱负受阻。”[4] 如果这种说法是正确的，蒙博托身边有更多人比让–皮埃尔·本巴更有理由造反。在蒙博托倒台后，他手下的那些老臣和当权派对现状的适应令人目瞪口呆：曾在他手下效力的所有部长、强大的安保部门头子以及他的私人顾问都选择逃往欧洲和南非，在那里享受舒适的逃亡生活。而选择对抗卡比拉的竟是一个初涉政坛的菜鸟。

当让–皮埃尔·本巴决定发起叛乱时，他有多种选择。他跟蒙博托手下那些流亡的前部长和将军们自然都有联络，但考虑到他们近期的窝囊表现，他很怀疑这些人能否给自己提供真正的帮助。加上几十年来蒙博托一直采取分而治之的政治手腕，这些人已经分裂为不同的小团体互相较劲。而且本巴也想避免跟蒙博托政权产生直接的联系。

第二种选择是卢旺达人支持的新叛军，1998 年年初那几个月他们已经开始筹备了。战争爆发前，本巴在一次出差途中第一次见到
224 了乌干达总统约韦里·穆塞韦尼，在那之后两人便一直保持联络。[5]
穆塞韦尼对洛朗·卡比拉政权的日益壮大感到十分担忧，一直希望能在刚果人中找到一个更可靠的新人。他把本巴介绍给了保罗·卡加梅将军，那时卡加梅正忙着搓合拼凑刚果民主联盟。不过，本巴并不喜欢自己在基加利看到的一切。“这场叛乱在军事上只依赖卢旺达盟军，损害了刚果自身能力的发展，所以我觉得这样的做法根本无法组织起一场可靠的民众运动。”在结束了和卡加梅两个小时的会面后，他在笔记中这样写道。[6] 他还担心已经开始在基加利聚集的刚果政客团体和商界大鳄。很明显，如果他加入的话，肯定无法成为新政府的领导者，而是会成为新的官僚体系中一个中层官员。回到坎帕拉后，他向穆塞韦尼解释了自己的疑虑，并力荐另外一个

选择："一支真正的可以取代金沙萨独裁政权的力量。"

穆塞韦尼自己也开始对卢旺达的做法产生怀疑，因为他们的做法看起来过于依赖自上而下的命令。"我们有不同的策略，"军方发言人沙班·班塔里扎上校（Colonel Shaban Bantariza）对我说，"在我们看来，刚果人应该学会如何管理和约束自己。"乌干达军队从自己的叛军经历中总结经验，它在丛林中战斗了六年，几乎没有外界支持，靠的是当地群众。本巴适合这种乌干达模式。"他很有说服力，"班塔里扎说，"你可以跟他相处两个小时，他能清晰地向你阐述他对于这个国家的愿景和他的计划架构。"[7] 乌干达人同意为本巴提供支持，并让他参加了一项强化军事培训计划。

1998 年 8 月第二次战争爆发后不久，他们与卢旺达人达成协议，将行动区域分割开来，由乌干达人控制基桑加尼以北地区，卢旺达人留在南部。基桑加尼城区则由双方共同控制。

为了组建自己的叛军，1998 年 9 月，乌干达人在基桑加尼招募了一百五十四名刚果人，让他们与本巴一起开始训练。这一人数后来成了一个传奇数字，本巴声称自己仅仅带了一百五十四名士兵就征服了整个基桑加尼北部地区。至少在初始阶段，这一说法是站不住脚的。当本巴和自己的同僚在军营中挥汗如雨地训练时——他被要求踢正步、挺着他的大肚子在地上迂回匍匐前进、在三十秒内拆解一部 AK-47 步枪——乌干达人支持的刚果民主联盟军在乌干达人的支持下正向北部进发，和卡比拉的军队展开殊死搏斗。

本巴政治生涯的重要时刻是在乌干达攻下战略要地利萨拉 225
（Lisala）后到来的，该城市位于赤道省，是蒙博托的出生地，乌干达指挥官詹姆斯·卡齐尼将军（General James Kazini）将民主联盟的士兵们召集在一起，命令他们交出对讲机，"以便重新编程"。卡齐尼将军与刚果军官坐下来谈判，然后给了他们两个选择——你们可以回基桑加尼跟卢旺达人共事，或者留下来跟我们一起，并帮我们建立一支新的武装力量。大多数人都选择了后者。

就是在基加利和坎帕拉方面的这种相互角力中，刚果解放运动诞生了。本巴在过去几个月一直在跟几个刚果侨民朋友共同起草组织章程和政治方案，他迅速与BBC电台取得联系，公开向世界宣布自己新叛军的成立。

* * *

刚果解放运动在初期并非一帆风顺。和做生意时一样，本巴对叛军的要求极为严格，他成功从基桑加尼的商圈和政界招募了一群和自己志同道合的年轻男男女女。在刚果解放运动的创始成员中，有国家广播电台的记者，有本巴旗下电话公司在当地的经理，有一位地方行政主管、两位前蒙博托军队的军官以及几个生意人。他们中没有一个人年龄超过四十岁。他们大多数人对于政治都是知之甚少甚至一无所知的。

慢慢地，本巴开始接手乌干达人对刚果解放运动的军队控制权。他利用认识的前蒙博托手下的军官，让他们召集自己身边有能力的人，以避开那些臭名昭著的腐败分子。蒙博托的军队由于缺乏经验和能力输掉了上一场战争，成百上千被边缘化或被迫流亡的军官渴望能再次加入这场战斗。本巴将军队的指挥权交给了迪厄多内·阿穆利上校（Colonel Dieudonné Amuli），他曾担任蒙博托私人警卫队的队长，并曾在多所国际军事学院深造。其他军官不乏在世界各地服役或深造的经历，包括美国的布拉格堡和班宁堡军事基地、英国的桑赫斯特、中国的南京、摩洛哥的盖尼特拉，以及埃及和比利时的军事院校。尽管乌干达人还在继续给他们提供军事援助，尤其是在重型武器、军事训练和物流供应等方面，但到了1999年初，刚果人已经基本掌控了自己的军队，叛军规模也在两年间从一百五十人扩张到了一万人左右。

渐渐地，随着刚果解放运动的声望日渐高涨，第二批政治人 226
物开始陆续乘飞机从欧洲远道而来加入他们的队伍。他们的履历和身份与那些军官一样显赫。这一批人中有腰缠万贯的巨富，有曾在欧洲和美国接受高等教育的金沙萨精英阶层成员。这些人中有一些是接受了西方文化的年轻人，例如奥利维耶·卡米塔图（Olivier Kamitatu），他的父亲是刚果的开国元勋之一，在布鲁塞尔商学院求学期间，他跟本巴就是形影不离的好朋友。还有一些是蒙博托支持者转变而来的反对派积极分子，包括前总理伦达·布卢卢和另外两位前部长，另外还有一些商人，例如前刚果商业协会和刚果比利时商会的会长。这些人三三两两结伴而来，搭乘乌干达军方的飞机抵达巴多利泰，这里从 1999 年年中开始就成了叛军的指挥中心。他们在看到已经成为一片废墟的巴多利泰时，一个个被震惊得目瞪口呆。

* * *

之后突然时来运转，随之而来的就是关于本巴的传说。从刚果解放运动叛军成立初期开始，这位身材魁梧、迄今为止只有不到一个月正式军营生涯的叛军领袖就现身战斗前线，并坚持亲自参与各项军事行动。当乍得人和卡比拉的军队试图袭击刚果解放运动位于利萨拉的基地时，本巴在密集的炮火中降落在利萨拉，开着一辆皮卡在城中四处巡视，重新把流散在城中各个角落的士兵聚集起来，鼓舞将士的士气。“如果你不得不相信奇迹的话，我所经历的不仅仅只有一次。”他在后来这样写道。[8] 一天后，一颗榴弹炮从他耳边呼啸而过，只差几十厘米就击中他。又过了一天，在一片枪林弹雨中，一架乌干达的运输机平安降落，在卸完货物后又顺利起飞离开，没有受到重大的损伤。“这简直不可思议，”一个每个月都会跟本巴通过卫星电话沟通的朋友回忆说，“感觉就像有一股神秘的力量在保佑他一样。”[9]

刚果解放运动叛军领袖们开始围绕着本巴的事迹打造神话传说，并根据刚果人爱唱赞美诗的传统，为他谱写了一系列朗朗上口的赞歌。年轻人称他为“Baimoto”，意思是一颗闪瞎敌人眼睛的璀璨钻石。刚果解放运动的官方电台——自由广播电台开始播送各种
227 关于本巴的传奇故事。所有这些手段的本意是将刚果解放运动中一些支离破碎的精神内核捏合成一个完整的故事：勇敢的士兵本巴、解放者本巴，永远站在第一线，永远和士兵们在一起。“这些确实起了作用，”一位前刚果解放运动军官对我说完后笑了起来，“问题是他自己都开始相信这些故事了。”[10]

本巴采用了刚果解放运动主席的头衔，部分原因是自己的商人出身，* 部分原因是效仿毛主席的个人崇拜。很快，他越来越膨胀，越来越自负，甚至连体重也增加了不少。“本巴就是刚果解放运动，”刚果解放运动的前经济事务秘书何塞·恩敦多† 这样说道，“他是个不可思议的自大狂。”[11] 他手下的委员和顾问不能随意造访他在巴多利泰的府邸，得等候他的召见才能前去。士兵会在他府邸的大门口对来访的刚果解放运动官员搜身，甚至连扎伊尔前总理，已经六十多岁高龄、身体虚弱的伦达·布卢卢教授也不放过。进去后，官员们懒散地瘫坐在本巴的皮沙发上，但即使在那里，他们也被要求必须要称呼本巴为总统或主席。对一些领袖而言，他们有些人在高中时就跟本巴喝过酒跳过舞，有些人在穿开裆裤时便认识他，这

---

* “主席”的英文是 chairman，这个词还有“董事长”的意思。

† 前文曾提到恩敦多是刚果民主联盟的财政专员。事实上，恩敦多曾辗转于多个政治势力之间。他先是加入过刚果民主联盟，不久后又投靠刚果解放运动。此后，他又先后创建了全国基督教民主联合会与基督教民主党。

样的待遇不免让他们心生愤懑。

一开始，本巴这种极其自负的作风对整个组织起到了一定的积极作用。根据许多曾跟他一起共事过后来脱离叛军的官员们说，他虽然要求严格，但一视同仁。“他很尊重我们，”恩敦多回忆说，“而且他是个很好的管理者。”但对本巴的大部分手下来说，他们的目标非常明确：按兵不动，等着跟卡比拉政府谈判。如果只需在那之前忍受本巴的自负和自恋，他们也没有太大意见。

刚果其他大多数反叛运动自始至终都深陷内讧的泥沼，与之形成鲜明对比的是，本巴是刚果解放运动不容置疑的绝对领导者，无论是在政治方面还是军事方面。他的指挥中心就在自己客厅舒适的沙发上，他一手拿着电视遥控器，一手拿着卫星电话或无线电对讲机，从这里掌控着整个组织的一举一动。

他鼓励大家在内部政策和战略上展开积极讨论，但是他却是刚果解放运动唯一一个与国外领导人保持联系的人。在他拜访穆塞韦尼总统这个最大的盟友时，他几乎从来没有带过第二个刚果解放运动领袖。对其他外部联系人来说也是如此。“他有一本非常详尽的电话本，”恩敦多回忆说。“他会跟奥马尔·邦戈（Omar Bongo，加蓬总统）、穆阿迈尔·卡扎菲（Muammar Ghadaffi，利比亚总统）、萨苏·恩格索（Sassou Nguesso，刚果共和国总统）通电话。”同样，在军事行动指挥方面，刚果解放运动的其他政治领袖也没有什么发言权。本巴会和乌干达军的司令官以及阿穆利上校坐在一起讨 228
论军事策略。其中有好几次，他甚至直接推翻了乌干达盟友的军事决策。[12]

* * *

本巴没费什么功夫就在赤道省获得了超高的民意支持度。在赤道省被卢旺达、刚果和乍得的军队占领并蹂躏了两年后，刚果解放运动的军队进驻了这里。之前的每一拨军队都指控当地人支持蒙博托，并斥责当地人为其修建了“中国宝塔”和大型水电站等奢华且劳民伤财的项目。当本巴到来之后，他被当作“当地人的儿子”来对待。本巴率领军队进城时，人们在道路两旁列队欢迎，激动地挥舞着扎伊尔国旗并高声叫喊着他的名字。

在我采访过的刚果解放运动官员中，不止一位拿本巴的管理风格和私营企业家来比较：“他就像管理一家公司那样管理他的军队”或者“刚果解放运动对他来说就像是企业上市首次公开募股”。不过，就连那些后来和他失和的人也承认，他的军队不论是军纪还是成功程度都要远胜其他叛军。刚果解放运动的领袖们都来自金沙萨的精英阶层，并且有很强的宗派观念，这对其他叛军运动来说是个很大的问题，对刚果解放运动却并无大碍。在政治事务上他们并没有受到坎帕拉方面的干预，而且刚果解放运动的决策团体人数很少，并且相对团结。大多数刚果解放运动的领袖们都不是为了短期的经济利益——他们中的许多人本身就拥有巨额财富——而是为了让权力中心重回金沙萨。

话说回来，在赤道省无论如何也搜刮不出什么油水。这本来就是个相对贫困的省份，尤其是在当地的咖啡、大米和棕榈油种植园被荒废以后就更加困顿。从各个银行金库将所有剩余的现金搜刮完毕之后——联合国调查员估计在叛军活动初期共从三家银行“解救”出了大约一百五十万美元现金——叛军们在这里几乎已经无钱可赚了。按照该叛军的财政部门负责人弗朗索瓦·姆万巴（François Mwamba）的说法，他们每个月的收入几乎不到五万美元。“有一次，一个背上挎着 AK-47 的小伙骑摩托车载着我，开了十个小时，只是为了去丛林深处一个名叫巴拿利亚（Banalia）的小镇上从银行取两千美元，”姆万巴告诉我，“如果我们手里有大把钞票，你觉得我还会去做这样的事情吗？”[13]

考虑到在财政上面捉襟见肘，刚果解放运动其实并未能为当地
人提供什么像样的服务。他们组织社区劳工，重新修缮了一些道路
和桥梁，但即使他们自己也承认，所做的工作都只是些鸡毛蒜皮的
小事。[14] 他们的钱大部分用来为军队购买食物和药品，以及支付 229
空中运输的费用。不过，叛军能为当地人提供渴盼已久的东西：安
全。2002 年在本省进行的一次民意调查显示，有 70% 的居民感觉
自己可以免受犯罪的侵扰。同样比例的民众表示如果在当时举办选
举，他们会把选票投给本巴和刚果解放运动。[15] 事实证明，后来在
2006 年大选期间，赤道省是唯一一个把选票投给在战时统治自己的
军事武装团体的省份，在第一轮投票中有 64% 的选民把票投给本巴，
而在第二轮投票中这一比例高达 98%。而几乎在全国其他任何地方，
当地民众都强烈反对自己战时的统治者。[16]

* * *

2001 年，当刚果解放运动开始向赤道省外扩大自己的军事行动范围时，问题出现了。东部与乌干达接壤、北部与苏丹接壤的伊图里省西北部地区，迅速成为乌干达军队无法抽身的泥沼。和赤道省有天壤之别的是，这里有丰富的自然资源，从木材到黄金都储量丰富，刚果和乌干达边境上的海关获利颇丰，每个月都能收到数百万美元之巨的关税。这一地区和卡比拉的军队并没有面对面的冲突；然而，乌干达人依然向这里派驻了大规模的驻军，名义上是为了保护自己的国境线。此外，伊图里长久以来一直存在种族冲突，尤其是游牧民族赫马族（Hema）和农耕民族伦杜族（Lendu）之间的冲突最为激烈。乌干达军队的指挥官们很快就开始参股一些半私人的企业，不同的指挥官会支持当地不同族群的民兵派别，以期在市场

上掌控利润最为丰厚的行业。2001 年 1 月，曾经批准本巴掌管赤道省的约韦里 · 穆塞韦尼总统，又邀请本巴向东推进，接管一场新的联合叛军运动，其中包括几个伊图里的叛军派别和刚果解放运动。本巴同意了，一方面是由于这可以为他带来更高的政治地位，另一方面他也是被那里可观的经济收入吸引。

他们的盟军——刚果解放前线（Front for the Liberation of the Congo）——简直是一场灾难。在初期成功缓和了种族之间的积怨后，本巴很快就卷入了与其他武装团体争夺当地资源控制权的斗争中。本巴并没有试图找人斡旋或者谈判，而是选择使用武力报复，发动了一场名为“擦黑板行动”的武装运动，意图全面消灭他的对手。
230 这场进攻很快沦为一场混乱的镇压运动，三千名刚果解放运动士兵与赫马族的武装力量联合起来，指控当地人中有人通敌合作，并对他们进行抢掠、殴打乃至屠杀。一位当地人这样向人权组织调查人员描述说：

> 赫马人和那些“黑板擦”（刚果解放运动的士兵）进城后就开始杀人。我们躲在家里面不敢出去。我打开窗户，看到了外面所发生的一切。一群人，应该有十几个，拿着长矛、枪和大刀在蒙布瓦卢（Mongbwalu）城中心的苏尼城（Cité Suni）杀死了两个人。我看到他们把那两个人从家中拖了出来，然后杀死了他们。他们还抓了卡索雷（Kasore），他是个三十多岁的伦杜族男人，他们把他从家里抓出来，然后用刀子和锤子袭击他。他们用刀子把卡索雷和他大约二十岁的儿子都杀死了。他们抹了他儿子的脖子，并且把他的胸口都切开了。他们砍断了他的脚筋，把脑袋砸碎了，内脏也全都掏了出来。然后他们杀死了卡索雷并焚烧了他的尸体。[17]

本巴身上的光环开始慢慢褪去。叛军同盟也分崩离析，本巴撤回了赤道省。“他开始变得不计后果，”一位刚果解放运动官员透露，“我们那时候濒临破产，并且开展了一场大规模的新兵招募运动，希望能够被并入国家正规军，因此我们需要更多的钱来养活我们的军队。”

他们打算用另外一场军事冒险行动来筹得这笔资金，不过这一次是要把战火烧到外国的领土之上。2002 年 10 月，在躲过一场政变行动之后，中非共和国总统安热 · 费利克斯 · 帕塔塞（Ange Felix Patassé）请求本巴前来为其提供援助。本巴的大本营距离首都班基（Bangui，这个饱受战争蹂躏之国的首都）只有一河之隔。这是一次纯粹的雇佣军行动，帕塔塞向本巴支付现金，本巴则派遣一千名士兵帮助帕塔塞抵御反对派的进攻。再一次，本巴的军队在当地犯下种种暴行，他们劫掠村庄，强奸了数十名当地女性。不过，这一次的后果要更严重一些。五年后，他因为这一次士兵们的暴行被逮捕，被送上了国际刑事法院的法庭接受审判。

* * *

与此同时，留在巴多利泰的刚果解放运动领袖们的生活却是田园般的轻松惬意。毕竟，他们的总部距离金沙萨还有一千公里之遥。除了搭乘飞机飞越茂密的热带雨林之外，你没有任何办法从这里去 231
到另外一个重要的城市。这些领袖在装着空调的房间里睡到自然醒，然后在一天中接下来的时间就是开开会，或者跟朋友们或者外交使节们通通电话。时不时，他们也会努力工作，一直加班到深夜。他们需要给非洲联盟和联合国写信，还要起草本国的宪法，另外还需要制定本国的政治方针大略。其他时候，他们并没有太多事情可做，只能想办法打发无聊的时光。有些人会听古典音乐，有些人则会去蒙博托已经废弃的花园里，听里面鹦鹉、犀鸟和鼠鸟动听的叫声，或者寻找被其他劫掠者遗漏的蒙博托的宝物。他们仔细搜查了蒙博托的私人礼拜堂，里面有他深爱的第一任妻子玛丽·安托瓦内特的墓室，以前蒙博托依然得势的时候，这里配备的太阳能驱动装置会在每年玛丽生日那天，把墓室升上来举办一场悼念典礼。晚上没有工作可做的时候，有些人会跟本巴一起看卫星电视，尽管“看一会儿后就会感觉非常无聊”，一位刚果解放运动领袖回忆说。

对于蒙博托以前的支持者们来说，巴多利泰的生活并不容易，而如今蒙博托依然在欧洲的别墅里过着流亡生活。“那时候有喝不完的香槟，开不完的派对，派对上光侍者就有两百人，客人们从世界各地搭乘协和超音速飞机呼啸而至，这样的好日子算是一去不复返了。”恩敦多回忆说。他对于不得不在这个丛林深处、与世隔绝的小镇上遥控运营自己的多个产业尤其感到苦不堪言。他一个月的卫星电话账单甚至高达四万美元。蒙博托的前公共事务部长坦布韦·姆万巴（Thambwe Mwamba）是在2000年年中来到这里的，他在刚到的时候甚至问自己的同僚，城里有没有专门修指甲的地方。一些刚果解放运动的官员骑自行车出行，他们得重新学习这项技能，因为城里可以使用的汽车屈指可数，而且还都被让–皮埃尔·本巴据为己有。“有一次我们和他发生了激烈的争执，”一位前刚果解放运动指挥官回忆说，“因为他不想把皮卡借给我们，把我们送到了家门口便让我们下了车。那辆皮卡是我们从乍得人手中缴获的！那不是他的私人财产！”[18]

当被问到在这场战争中他们一共挣到了多少钱时，所有刚果解放运动官员的反应都是哈哈大笑。在战争初期，当刚果解放运动只控制着赤道省北部几个中型城镇时，他们税收的收入还不足以支付官员们的工资。高级别的干部每天限额供应价值大约四美元的粮食，级别更低一些的官员每天的粮食供应则只有高级官员的一半。每天可以吃的翻来覆去只有那几样，包括鱼肉、大米、木薯粉、南瓜和橄榄油腌制的大豆叶。“曾经有一次，在我反复抱怨抗议之后，”刚果解放运动国防委员托马斯·鲁哈卡（Thomas Luhaka）说道，“指挥官给了我四十美元。当时我还觉得那是一笔巨款！”

但是，最难应对的挑战恐怕还是百无聊赖的生活。乌班吉河 232
（Ubangui River）上的水力发电站还在正常运行，日夜不停地为这座城镇提供充沛的电力供应。早已被送往欧洲大别墅中享清福的妻眷通过坎帕拉给这些领袖寄来了他们所需的所有奢侈品：奶酪、番茄酱、巧克力、烟熏火腿，甚至还有避孕套。最后这样东西并非没有用武之地：巴多利泰依然还有一群容貌秀美的女性在教会学校读书，在蒙博托的统治下，这里曾是全刚果最好的学校之一，这些女性备受这位伟大领袖的关爱。本巴在巴多利泰的一段时间里曾经和其中一位女性生活在一起，那个女人名叫玛伊穆娜（Mayimuna），身材高挑，娇美动人，她为本巴生了好几个孩子，这让本巴在葡萄牙的妻子颇为不悦。

* * *

2005 年，在本巴脱离叛军之后，我曾和他有过一次会面，那时他已经是过渡政府的副总统。我们是在他的办公室碰的面，当时他穿着西装，打着领带。他面前摆着一台笔记本电脑，“从这里我可以看到政府预算相关的收入和支出的实时数据。”他对我说道——当时他主管的工作包括经济和金融。在我到来之前，他正在找一本书，我来的时候那本书就放在他办公桌上的电脑旁：罗伯特·格林（Robert Greene）的《权力的 48 条法则》（*The 48 Rules of Power*）。这本书在很大程度上反映出他所信奉的哲学信条。和毛泽东思想或马克思主义相比，他更倾向于马基雅维利主义——这也是这本书的灵感来源。马基雅维利的创作正处于意大利一个剧烈动荡的年代，多个城邦正在经历残酷的内斗，根据他的作品传达的思想，本巴认为理想主义在当时刚果的政治环境下根本没有任何前途，而且理想主义从来也不是本巴的追求。本巴写有一本自传:《选择自由》(*The Choice of Freedom*)。其中大部分内容都是由自己在思想理论领域的两大得力干将——奥利维耶·卡米塔图和坦布韦·姆万巴代笔的。一位刚果解放运动的朋友曾说，“你没法向已经在政界浸淫二十多年的老江湖教一些新花招。让–皮埃尔·本巴不是切·格瓦拉。”[19]

自从 20 世纪 60 年代起，刚果所有的反叛运动要么是精英政治，要么是种族纷争，绝大多数时候是两者皆有。一场自下而上且没有外界帮助的反叛运动鲜有成功的案例。几乎每一个刚果的叛军集团在发展过程中都得到了外部支持者的帮助，无论是卢旺达、乌干达、刚果民主共和国、安哥拉还是津巴布韦。不过也有一些半例外的情况，就是那些通常被称作“马伊–马伊”的民族自卫组织，这些组织大多在刚果东部活动，成立的原因也是为了抵御外来者的入侵。
233 这些组织大多数在一开始都是自主自发的，后来有些在金沙萨方面的支持下逐渐变得强大起来，并为金沙萨展开针对卢旺达和乌干达的代理人战争。几乎所有这些组织在发展过程中都没能摆脱自己的族群局限。正如切·格瓦拉在 1965 年即将结束在这个国家暂居时所总结的那样，叛军们“没有受过系统的政治教育……除了传统落后的宗派和部族观念之外，缺乏任何革命意识和前瞻性的视野”。[20]

因此，在战争结束后，刚果解放运动立刻分崩离析也就一点也不奇怪了。党内大多数重要人物都一个接一个被清除到运动之外，整个叛军运动也随之四分五裂。由于早已厌倦了本巴令人难以忍受的自负，加上数年来的努力都没有得到经济上的回报，许多人都愉快地接受了卡比拉的邀请，加入了他的党派，而另外还有许多人也开始自立门户。甚至连奥利维耶·卡米塔图，这位能说会道的党总书记，从上学时就开始跟本巴形影不离的亲密伙伴，也弃本巴而去，加入卡比拉麾下做了规划部长。有传言说奥利维耶的新房子是卡比拉资助的，还有人经常看到他开着一辆炫目的新悍马吉普车出现在街头。那些留下来的人则被无休止的内部争端耗尽了所有力气。他们试图从一个叛军组织向政党转变的努力也失败了：本巴的威权作风曾经在丛林中有效地将人们团结在一起且约束着众人的行为，如今却显得不合时宜。而刚果解放运动内部过去最大的向心力——机会主义——如今却让整场叛军运动千疮百孔，所有人最终分道扬镳。

尽管如此，刚果解放运动在最鼎盛的时期依然是刚果最成功的一次叛军运动之一。虽然曾经得到乌干达人的支持，但在极大程度上这场运动是由刚果人领导且多数时候是独立指挥的，他们得到了当地人的拥护，军纪也相对严明。不过，刚果解放运动也向我们反映出了刚果叛军运动的局限。和大多数叛军运动一样，他们也是由精英阶层领导，而所有军人都是当地农民出身。这使得意识形态对草根基层的影响极其有限，驱动他们的更多的是对敌人的仇恨和对部族的忠诚。

235 第十六章

该隐和亚伯

1999年5月，刚果 · 基桑加尼

1999 年 5 月，后来被称为“烈士之城”的基桑加尼市是刚果战争史上城市战争中受害最严重的城市。这场战争的后果令人吃惊：它宣告了卢旺达–乌干达联盟的终结，并使掠夺国家财富的问题大白于天下。

这座城市的名声并不总是那么糟糕。这座拥有一百万人口的城镇坐落在国家中部地区的刚果河弯道。20 世纪 60 年代，它一度是个迷人的城市，大道两旁种满了蓝花楹和芒果树。很明显，比利时人曾为这座丛林中的城市做过宏伟的规划：城里建有意大利风格的塔楼和未来派的装饰艺术建筑，以肖邦、贝多芬和比利时皇室命名的街道，城市以大河为中轴被分为“右岸”和“左岸”两部分，让人不禁想起巴黎。

基桑加尼是一个贸易中心，它通过道路与东部省份相连，通过河道与金沙萨相连。道路一路延伸进入北部的丛林，那里有大型农场和咖啡种植园，商人利用独木舟将装满棕榈油的大袋子沿河运到

下游。然而，蒙博托的强盗统治却扭转了城里的时间流动，建筑崩塌，植被丛生。小说家奈保尔（V. S. Naipaul）在 1979 年写了一本书名叫《河湾》（*A Bend in the River*），在书中描绘了这座城市的颓废之气：

> 大草坪和花园变回灌木丛，街道消失了，葡萄藤和爬山虎
> 爬满破碎褪色的水泥墙或空心黏土砖……但文明并没有灭亡。 236
> 文明正是我存在和努力的理由。这感觉很奇怪：处在一片废墟之中，你会有些局促不安。就好像一只幽灵，并非来自过去，而是来自未来。你感觉到你的生命已经度过了，抱负已经实现了，你正在寻找那段生命的遗迹。[1]

奈保尔来访之后，这个国家更是一路衰退。在刚果东部的旅途中，我遇见过淹没在野草丛中的火车轨道，被白蚁和苔藓吞噬的电话杆。在偏远的山谷，带有马厩和游泳池的别墅已经重归自然。

这场战争让基桑加尼的生气进一步丧失。装饰艺术建筑外墙上的石灰粉已然褪去，路面破裂，长满了野草，大多数商店被木板封住了，空空如也。河运全部停止，因为金沙萨方面不允许船只进入叛军领地。由于缺乏燃料和零配件，街道上只有人道主义组织的几十辆车。除非你想花上一星期时间徒步穿越森林，那么离开城镇的唯一方法就只有坐飞机，因此城里所有奢侈品的价格中都包含一张机票的钱。

这种隔绝的状态影响了当地人的生活。近 10% 的儿童在生理和心理上因营养不良而发育迟缓，容易罹患疾病。[2] 居民现在不得不依靠成千上万的 toleka（林加拉语，意思是“走吧”）出行，这是一种在自行车后车架上放上垫子载客的出租车。除了教区和几家偶尔能发电的柴油发电机的酒店有灯光之外，整个城市在日落之后便

是一片黑暗。煤油灯和蜡烛在路边的酒吧里闪烁。啤酒厂是在战争期间还运营的企业之一，生产的啤酒寡淡无味却价格不菲。

* * *

基桑加尼让卢旺达和乌干达都名誉扫地，两国冠冕堂皇的话语背后，是更加经不起推敲的现实。自 1996 年第一次刚果战争开始以来，两国一直坚持自称它们参与刚果战争是出于对国内安全问
237 题的考虑。即使在这种掩饰难以继续维持的时候——为什么他们要将军队驻扎在离本国边境三百英里之外的地方？本来金沙萨当局就是他们扶植的，现在为什么又要以保护自身安全为由去推翻这届政府？——他们仍然在接受国际社会的援助，特别是美国和英国的大力支持。

然后，1999 年和 2000 年，两国在基桑加尼的街头打了三场巷战，随之两国联盟正式瓦解。这两个国家在外国的领土上为了解决彼此之间的分歧，却造成了数千名刚果本国人民死亡。双方在这场暴力冲突中两败俱伤，他们之前所谓的自卫借口也彻底崩溃。

但是他们在这座河畔城市开战的真正动机是什么？对于许多人来说，他们在该地区的钻石交易中心开战，充分证明了两国真正的动机就是为了自身利益。现实一如既往地变得更加复杂。是的，冲突的动机渐渐不再是因为意识形态的不同和自我保护的需要，而是为了获取资源，但斗争的根源还与个人的性格和区域政治紧密相关。

* * *

卢旺达与乌干达之间不和的根源可以追溯到 1962 年卢旺达独立期间发生的图西族大屠杀事件。大屠杀期间，数十万图西人逃到

了乌干达，他们作为二等公民在难民营中长大，没有工作的权利，还遭受乌干达政府的歧视。受困于肮脏的难民营中，他们回首更加辉煌的历史，对孩子的未来寄予希望，将孩子们送到联合国资助的学校里。

20 世纪 80 年代初，乌干达青年帮派和准军事团体开始骚扰和虐待卢旺达移民，指责移民侵占了他们的土地。这些移民一方面不愿回到卢旺达，因为卢旺达的政府由胡图人主导，图西族人的机会有限；另一方面他们在乌干达又面临歧视，数百名图西族年轻人在 20 世纪 70 年代后期加入了约韦里 · 穆塞韦尼的叛乱活动。“这些卢旺达人上过的学比我们许多人要多，”乌干达军队发言人对我说，“他们许多进了军事情报部门，这样我们才可以充分利用他们。”[3] 保罗 · 卡加梅就是其中之一。

1986 年穆塞韦尼上台时，卡加梅成了军事情报负责人。其他的卢旺达人有的担任国防部长，有的是军事医疗服务负责人，有的 238
成了宪兵队长。乌干达和卢旺达人之间的关系非常密切。卡加梅结婚时的伴郎后来成了乌干达军队的参谋长。后来卡加梅在卢旺达发动叛乱，他和他的战士来到乌干达，在穆塞韦尼总统的军事顾问家里吃饭睡觉。[4] 乌干达的一位高级情报官员告诉我，“他们的叔伯、表亲、连襟都在我们的军队里。”[5]

乌干达的安全保卫部门充斥着大量的卢旺达人，激起了乌干达人的不满，拥入乌干达南部的二十万图西族难民引发的土地冲突让穆塞韦尼十分困扰。面对国内选举的压力，他无可奈何地违背了重新安置难民、赋予他们新的公民身份的诺言，许多军队中的卢旺达人被遣散。这种行为等于是在背叛图西族军官，他们冒着生命危险解放乌干达，却没想到自己竟然因为外来者的身份被歧视。正如一位军官所说：“你拿生命做赌注，结果却发现付出再多也无法换来本不属于你的身份。这些是钱，甚至是鲜血都买不到的。”[6]

卢旺达人感到很失望，但他们的心思还专注在其他事情上。帮助穆塞韦尼在乌干达上台，只是他们推翻卢旺达政府的垫脚石。在坎帕拉战役胜利仅一年之后，卢旺达爱国阵线正式成立。穆塞韦尼为他们提供武器、医药和后勤基地。对许多乌干达人来说，他们欠卢旺达盟友的债已经还清了。

* * *

刚果战争见证了卢旺达人是如何取代乌干达的地区影响力的。从一开始，卢旺达人似乎就渴望向他们的老师证明他们可以做得更好。

第一场血腥的震撼事件发生在 1996 年初次入侵后的几个月之内。在叛军中的四名刚果领导人之中，退伍军人基萨斯 · 纳甘杜跟坎帕拉方面的关系最为亲密。多年来他一直受到穆塞韦尼的支持来反对蒙博托，而且在坎帕拉时，他的饮食起居都在政府提供的一处安全住所内。然而，有一次在刚果，基萨斯曾经斥责“图西族殖民主义”，并表示自己与该群体的领导和代言人洛朗·卡比拉毫无关联。1997 年 1 月，基萨斯 · 纳甘杜和他的保镖被人发现死在了戈马城外的路上。

239 “是卢旺达人杀了基萨斯。他们不想看见任何竞争对手。“穆塞韦尼的一位高级顾问告诉我。[7] 乌干达人有考虑退出叛乱，但却踌躇不定，知道如果他们这样做了，之前为叛乱投入的一切努力将付诸东流。所以他们决定咬牙坚持到底，为卢旺达人提供火炮支援和机械化部队，那个时候这支叛军基本是一股游击力量，没有这些东西。不过，这些战争主要还是由卢旺达人领导和实施，这使他们对刚果人有更大的影响力，也使得卢旺达企业家有更好的商业机会。

这段复杂的历史造成的结果就是乌干达人内心的愤恨，洛朗·卡比拉在金沙萨上台后，他们感觉自己受到了冷落。最重要的是，他们指责基加利政府在处理刚果叛乱时不够成熟。“我担心卢旺达人的部队会直接参与作战。”穆塞韦尼后来回忆道。穆塞韦尼希望刚果人组织自己的叛军行动：“让他们弄明白他们究竟是为什么而战。”[8]

对于卢旺达人来说，穆塞韦尼的态度有点虚伪。毕竟，是他们帮助穆塞韦尼上了台，可得到的回报却是被赶出这个国家。他们喜欢说一句斯瓦希里谚语：Shukrani ya punda ni teke.（驴表达感激的方式就是踢你一脚）。甚至在刚果，卢旺达人就觉得乌干达人傲慢专横，总是对他们的事情指手画脚。“这是嫉妒，”卡加梅的一位顾问告诉我，“穆塞韦尼无法接受如今的我们比他更强大和更成功的事实。他忘了我们不再是他们国家的难民了。他不能再对我们发号施令了！”[9]

* * *

1999 年 5 月，万巴 · 迪亚 · 万巴乘坐一架乌干达 C-130 货机抵达基桑加尼。刚果民主联盟的同僚威胁说要杀掉他，他便和一队乌干达卫队逃离了戈马。随后，他会见了穆塞韦尼总统，总统就自己之前与卢旺达人之间的冲突向万巴表达了歉意：“万巴，因为我的错差点让你丧命。我从没有想过我们的卢旺达盟友会成为我们的敌人！”[10] 尽管如此，万巴和穆塞韦尼都认为，前者应该回到基桑加尼，尝试发动新的叛乱，这次不会再有好管闲事的基加利方面的干扰。老教授坚持要走缓慢、民主化的反叛路线，这样可以培植基层的支持力量和坚定的思想信念。同时，应尽量避免不必要的战斗。万巴的口号是：“与金沙萨进行无条件谈判！”

当万巴抵达这座城市时，他发现此地已经被划分为卢旺达和乌 240
干达两个区，每个区都有刚果叛军作为盟友。两边的指挥官相互嘲笑。城市中心的街道几乎已经荒废。载着防空炮和重机枪的皮卡在镇上巡逻。这是一场勇气的较量，双方缓慢加码施压，看谁先扛不住。卢旺达士兵将一名刚果人从乌干达的皮卡里拽了出来，声称他是从刚果民主联盟逃出来的。为了报复，乌干达的士兵趁联盟最高指挥官的一名保镖正在理发店理发的时候绑架了他。

乌干达指挥官詹姆斯·卡齐尼将军躲在了城市边缘地带的一家木材厂里，他会在下午的时候喝着乌干达的杜松子酒，抽着烟，用面前桌子上的对讲机指挥他的部队。他是个很有趣的人，鼻子又宽又短，两颊的皮肤因为曾被增白霜烧伤而泛着红光。他向采访他的乌干达记者抱怨帕特里克·尼亚武姆巴上校（Colonel Patrick Nyavumba），这位二十七岁的卢旺达对手就驻扎在一公里外。“帕特里克？帕特里克只是个男孩。我可是一名准将。他凭什么跟我对话？”他告诉记者，卢旺达人在刚果的行为就像是在殖民统治，并指出万巴从刚果民主联盟叛逃的行为恰恰证明基加利企图遥控它的刚果盟友。记者问他，为什么乌干达人会出现在那里，他解释说：“乌干达人来这里是为解放刚果接生。而卢旺达人是想把生下来的孩子据为己有！”[11]

虽然城里的两军理应联合指挥行动，但是卡齐尼很快便开始自己做决定。他逮捕了给基桑加尼运送补给物资的卢旺达飞行员，指责他们没有提前通知军方。一天晚上，他命令乌干达军的坦克于午夜后在卢旺达人掌控的区域转悠了三个小时，对周围的森林狂轰滥炸，据当时和他在一起的一名乌干达记者说，这么做“只是为了表明他们有一支专业的坦克部队，而卢旺达的部队不过是一群丛林莽夫”。[12] 而那位卢旺达指挥官向采访他的记者们反驳道，“卡齐尼和我上的是同一所大学，但现在他却因为我住在 manyatta（茅草屋），就觉得我很失败！告诉他，他确实是一个阿方德，但他的手段不值得尊敬。”[13]

事后，这群记者又去采访了在这场对峙中已经无足轻重的万巴。“刚果问题的答案不在于军队，而在于人民的启蒙。”他说，而这个 241
答案实在是过于天真了。[14]

* * *

然后，还有钻石的问题。在基桑加尼周围的数十处河床上，当地人会为了钻石在没过膝盖的水中泡上好几天。正如中非和西非的大部分地区一样，黎巴嫩的贸易商利用从非洲到中东和比利时的跨国家族网络，一手掌控了这里的钻石贸易。尽管基桑加尼城内其他地方的许多商店都关门了，但主街道上仍然有数十家并排的钻石小店，墙上装饰着巨大的彩绘钻石。商店的名称透露着商人们不拘一格的身份背景和对美好未来的期盼：绿洲、至上惩罚、和平力量和圣战。

只有那些与军事指挥官过从甚密的商人才敢在保险柜里存放大捆的百元美钞，用现金从开采钻石的人手里购买未经加工的宝石。1997 年至 1999 年期间，乌干达的官方钻石出口额增长了十倍，从十九万八千美元增加到一百八十万美元。卢旺达的官方钻石出口额在 1998 年至 2000 年期间从一万六千美元跃升至一百七十万美元，可这两国都不产钻石。[15] 实际出口额可能要比官方数字高得多，因为钻石可以装在口袋和手提箱轻易走私出境。据基桑加尼三十四家钻石店铺中的一位店主说，仅在 1998 年的半年里，他就向乌干达的指挥官支付了十二万四千美元，而业内人士则认为，这两个国家每月收购价值高达两千万美元的未切割钻石。[16]

事实证明，钻石贸易容易引发冲突，贸易双方会带自己的贸易商，手提箱里满满地装着点钞机、显微镜、卫星电话和精密天平。乌干达人这边是经验丰富的比利时商人菲利普 · 苏罗维奇（Philippe

Surowicke），他在安哥拉与叛军做过好几年的钻石交易。[17] 卢旺达人则依靠一群黎巴嫩商人。这些商人分别由乌干达或卢旺达士兵贴身保护。毫不奇怪，双方形成了一种对峙态势。

* * *

万巴的到来点燃了这个火药桶。让卢旺达人恼火的是，他们刚把他赶出了刚果民主联盟领导层，他便开始在基桑加尼市中心举行集会，要求立即停止与金沙萨的敌对行动，与对方展开谈判。他发
242 动了一场叛乱，称之为刚果民主联盟解放运动（RCD–Movement of Liberation），意在摆脱卢旺达人的干预。他乘着一辆窗户贴膜的丰田四驱越野车在市里行驶，后面跟着载满乌干达士兵的皮卡。数千人拥向他的集会，自行出租车一边跟着他在城里转悠，一边拨响他们的车铃。“他不擅长演讲，”一名基桑加尼的居民跟我说起万巴，“他说起话来就像个大学老师。但他敢谴责卢旺达人！对我们来说，那可是非常有勇气的。”[18]

最初的刚果民主联盟和万巴带领的新异见分子分别设立了自己的广播电台，在上面相互诋毁和威胁。“为什么你们卢旺达人想要殖民刚果？认清现实吧——人民不欢迎你们！”[19] 万巴的自由广播电台嘲笑道。对方的电台做出回应，指责万巴曾招募犯下种族灭绝罪行的前卢旺达武装部队的士兵加入自己的军队，这是对卢旺达人最大的侮辱。“乌干达人连他们乌干达境内的叛军都对付不了。你要如何对付卢旺达的军队？”[20] 基桑加尼的人不得不日夜忍受这些在无线电台上你来我往的侮辱言辞，紧张局势进一步白热化。[21]

1999 年 8 月 7 日，在乌干达待了两个星期的万巴回来后，战斗爆发了。他的电台号召大家在酒店门前举行集会，而对手的电台则发出警告让人们不要上街。乌干达人和卢旺达人将部队部署在市中

心，很快重机枪和迫击炮开始开火，双方从一栋楼打到另一栋楼，想抢占战略要地：中央银行、万巴住的酒店、两个机场以及乌干达和卢旺达的总部。双方通过频道相同的对讲机相互谩骂。卡齐尼将军嘲笑他的卢旺达对手："等着吧。我只派一个连的人就能把你们打得落花流水。"[22]

星期天下午 2 点半左右，战斗变得越来越激烈。数千名士兵挤在宽阔的大街上，利用居民的房屋、污水沟和学校做掩护。有六百多人被困在福音派教会的上帝女性使徒国际社区，其中大多数是妇女和儿童，被困的三天里无水无食。一支穿着钉鞋和运动衫的足球队本来要穿过城区和对手比赛，却因为满天飞的子弹被迫躲在污水沟里避难。七名理发师和他们的客人被困在瓦盖尼亚酒店旁边的迈特尔·塞莱斯坦沙龙理发店，一个十二平方英尺大小的房间里。他们三天没吃没喝，被迫在房间的一个角落上厕所。

* * *

当地基桑加尼教会的牧师和木匠菲利普，一个身材矮小、双手
粗壮、留着一小撮灰胡须，脖子上挂着一个木制十字架的男人—— 243
我来到他的作坊采访他，作坊离河不远，四周满是硬木屑，散发出浓郁的香气。他戴着一副巨大的牛角框眼镜打量着我。战争让他失去了三个孩子，他跟我说话的时候手指交叉相扣，声音毫无波澜。

战争打响的时候，他刚从教堂回到家中。当第一发迫击炮击中地面的时候，他正在用自己的立体音响听教堂的录音带。桌上的咖啡杯摇摇晃晃，妻子的照片从墙上掉了下来，摔得粉碎。接着立马传来了 AK-47 的砰砰枪声，子弹在外面的芒果树叶间穿梭。他和九个孩子迅速趴在走廊的地板上。和许多刚果人一样，他们都经历过战争。他们知道 AK-47 的子弹可以穿透砖墙，杀死他们："你得躲

在两块砖厚的墙后面保护自己。”[23]

接下来的一天里，他们一直趴在走廊上，在四周的迫击炮弹爆炸声中听着教堂的录音带把录音机的电池消耗殆尽。他们居住的乔波区处在双方交火的最前线，是受损最严重的区。从窗户向外可以看到士兵们在房子间来回移动，蹲在树后面和门内寻找掩护。他们身处卢旺达占领区，图西族的官员让他们感到害怕。1997 年，菲利普牧师曾在基桑加尼南部的一个小村庄工作，当时追赶胡图族难民和士兵的卢旺达军队刚好路过那里。他看见卢旺达的士兵把四名胡图士兵的喉咙割开，然后扔进河里。“你要知道，图西人就像受伤的豹子。就好像他们经历了自己的遭遇后，脑子已经坏掉了，”他说道，“他们会把任何事情当作发泄对象。”

他们在灼热的地板上整整趴了一天后，战斗的声响终于停了几分钟。唯一能听到的就是邻居家婴儿啼哭的声音。透过窗户，他们看到几名士兵的尸体躺在沙地上，爆炸制造的弹坑改变了街道的模样，周围房屋的墙面上到处都是溅上去的泥垢。

他的两个孩子——十六岁的苏菲（Sophie）和二十二岁的克洛德（Claude）——决定出去看看能否找到一些水：家里的水龙头已经放不出水，他们都因为缺水而有些头晕。街上有一个公共的水龙
244 头，他们看到有个女人用塑料桶接满了水。菲利普眼见着两个孩子刚走出房门，一个迫击炮就在他们面前的街道上爆炸了。菲利普挣扎着起身，他发现苏菲躺在家门口，身体被炸得变了形，脸已经面目全非，脖子也几乎断了。克洛德痛苦地呻吟着，抓着被炸弹击中的腿。裤子上全是血，慢慢流到了街上。菲利普在他大腿上绑上了止血带，从后院抓起手推车，把他放了进去，沿着街道一路跑到了红十字会的医疗中心。战斗再次打响，子弹在空中呼啸而过，但他深知如果没人施救，克洛德必死无疑。

医疗中心的护士们躺在水泥地上，身边全是患者，身上缠着被

红药水和血渍染红的绷带。他们动手将克洛德抬出来放在地上，努力止住破损动脉的大出血。但他们没有手术设备，也没有血源，只有一位牙医带来的一些麻醉剂。而医院距离这里有一英里远。

这位牧师松开了交叉着的双手，看着我说，“我眼睁睁看着他在我面前流血而亡。我把他埋在了院子里，就在苏菲的旁边。”他沉默了很久，但他的声音很平稳，“根本没有时间办一个合适的葬礼。事实上，你会发现有数百具尸体都因为同样的原因被随便葬在各家的花园里。我们生活的脚下就是那些死去的亲人。”

* * *

万巴本人在瓦盖尼亚酒店被困了三天，哪也去不了。卢旺达部队在游击战术方面更有经验。由于战斗初期有数百名援兵抵达，他们最终占了上风，切断了乌干达军在城中的部队和城外总部的联系。慌乱之中，驻守在万巴身边的乌干达军官决定将万巴转移到其他地方。他们背着他坐进一辆装甲车，由特种部队围起来，一边向四面八方射击，一边突破卢旺达的防线，来到刚果河边。万巴抱着装有文件和几本书的皮革公文包，冲上一艘小艇，渡河来到一座纺织厂，乌干达军已经事先在那里修筑了防御工事。

厂区内一片恐怖的景象。在印度出生的厂长被困在办公室，藏 245
在办公桌下面，而妇女和孩子则躲在浴室里。几发迫击炮弹击中了房子，在彩钢瓦屋顶上炸开几个洞，弹片四处飞溅。乌干达人将万巴带入一间房子，外面摞起沙袋，告诉他不要露头；由于压力和脱水的原因，他几近崩溃。

美联社驻基加利的克罗地亚记者赫尔沃耶·赫拉尼斯基（Hrvoje Hranjski）在战争期间一直对卢旺达军队进行跟踪报道。他搭乘军队的一个航班飞抵前线，住在卢旺达指挥官住所后面的一个小房子里。他和一些卢旺达军官成了朋友，晚上一起抽烟、喝酒、聊天。大多数军官都受过良好的教育，对国际事务充满了好奇。他们聊过巴尔干战争与中非战争的相似性与差异性。

赫尔沃耶很清楚，卢旺达军比敌军更具组织性。“他们士气旺盛，纪律性强。而乌干达军似乎并不清楚他们战斗的原因。”卢旺达军因为丢掉了机场，和总部失去了联络，但很快便利用直升机运送士兵穿过丛林，搭建了一条空中走廊。打了多年游击战的卢旺达人手持 AK-47 在房子间穿梭，躲避子弹。战后，卢旺达人总会把死者的尸体聚集起来加以埋葬，而乌干达人则经常将士兵们的尸体留在街上，所以人们总以为乌干达人伤亡数百，而卢旺达人则没有牺牲。大部分乌干达人都待在战壕里和装甲运兵车上。“卢旺达人用勇气和胆量赢得了战斗。”赫尔沃耶说道。

赫尔沃耶欣赏他们是有原因的。战斗初期，有一次他从卢旺达指挥官的房子出来，遭到了乌干达狙击手的射击。子弹穿透他的肩膀，打穿了他的肺，停在了脊髓旁边。由于卢旺达军中没有医疗人员，他们帮他止住了血，在战斗平息后，立马将他送上了前往基加利的飞机。“那帮家伙救了我的命。”

包围战持续了三天，之后卢旺达人占领了城市的大部分地区，不过他们没找到万巴，也没打下纺织厂。战斗结束时，由于热带地区气温很高，空气中弥漫着尸体腐烂的恶臭。

246 第一回合，基桑加尼落入了卢旺达人的手中。身穿白色制服的红十字志愿者走遍城里，为尸体撒上石灰，等卡车来把尸体拉走。他们无不摇头叹息：大多数战死的年轻乌干达士兵都带着母亲或年轻妻子的照片。

* * *

除了各国外交官的指责，占领军一无所获。卢旺达和乌干达陆军指挥官抵达该城组织了一次联合调查，并同意采取措施防止战斗激化，但实际上却毫无作为。乌干达人将阵地转移到了城市北部，继续扩充武器库。刚果民主联盟和卢旺达人忍不住沾沾自喜，在刚果电视台上展示乌干达人的尸体，警告观众，这就是挑战他们的下场。他们禁止全市的两千多辆自行出租车营业，指责他们与万巴和乌干达人同谋。他们甚至拆除了瓦盖尼亚渔民在刚果河上搭建的著名脚手架*。他们说，渔民在战争期间曾帮助引导乌干达人进入安全区。第一张比利时殖民地的明信片发行时，画面上就是这个矗立在激流中、有三十英尺高的木质脚手架，从那之后，这里就成了基桑加尼一处著名的旅游胜地。卢旺达人确实不知道该如何让人对他们产生好感。

长期势不两立的双方就像结怨的亲戚，友情和相互较劲始终如影随形。晚上，在绅士舞蹈俱乐部（一个肮脏昏暗的酒吧，屋里装饰着圣诞彩灯，贴着香烟广告），乌干达人和卢旺达人会混在一起，有时甚至在一块跳舞，还相互请对方喝酒。这间酒吧是个研究刻板印象的好去处：卢旺达人穿着一尘不染的迷彩服，内向保守，三五成群地聚在一块。而乌干达人则穿着普通的绿色制服和威灵顿靴，热情奔放，和性工作者来往密切，和着音乐放声高歌。最会享受这般轻松乐事的要数他们各自的刚果叛军盟友，有时甚至会化妆，抹指甲油。

然而，这种欢庆的氛围可能很快就会被打破。一场为某个女人

---

* 刚果河沿岸的渔民使用的一种捕鱼装置，将粗壮的木桩钉在湍急的河水中，顶端搭上架子，再从上面吊下竹制的渔网放入水中，构造看起来就像脚手架一样。

而引发的口角会演变成到底是谁赢得了最后一战的争吵。一个卢旺达人嘲笑说："我们真弄不懂你们乌干达人究竟是真正的士兵还是
247 童子军。""你见过我们的 T-55？"乌干达人拿他们的苏联坦克反驳道，"或许我们该让你们瞧瞧它的厉害"。更糟糕的是，有时候卢旺达人会穿着缴获的乌干达制服在镇上四处巡逻，吹嘘他们是怎么在战斗中缴获敌军车辆的。

还有其他因素加剧了紧张局势。执政五年后，卢旺达爱国阵线的独裁手腕开始令人生厌，致使卢旺达政府高层纷纷倒戈叛逃。当然，鉴于他们过去与乌干达的瓜葛和目前的冷淡关系，这些叛逃者自然会选择逃到坎帕拉。卢旺达议会议长和前总理都越过国境线逃往北边。一群图西族大学生受到安全官员的骚扰后，跟着他们逃走了。[24] 他们在坎帕拉受到了热情的欢迎。保罗·卡加梅勃然大怒，指责乌干达为前卢旺达武装部队和胡图族联攻派民兵提供武器，和自己作对。

这些指责在军事上讲不通。当他们在基桑加尼的对峙将数千名兵力牵制在城里动弹不得的同时，两国分别通过赤道省和加丹加省向金沙萨进军；但是，针对卡比拉的尖锐批判也达到了前所未有的高度。卢旺达和乌干达之间的深厚友谊已经逐渐腐坏，成了一杯苦酒。穆塞韦尼蔑视地将前盟友称为"这些男孩"，而卢旺达政府发言人则反驳说："穆赛韦尼身边尽是些吸食大麻的瘾君子和酒徒，他不该用这个来打比方。"[25]

终于，2000 年 6 月 5 日，无法避免的事情发生了。几个月来一直渴望回到卢旺达的乌干达将军詹姆斯·卡齐尼发动了新的进攻。这一次，乌干达人向基桑加尼进行了更猛烈的轰炸，完全不顾数十万躲在家中的平民百姓。联合国观察员估计，在接下来的六天里，有六千五百枚炮弹落在了这个城市，同时还伴随着重机枪火力和火箭榴弹炮。与此同时，沿河地带的乔波区居民身处双方冲突的前线，

看到乌干达人和卢旺达人冲进街道，在他们的花园里挖掘战壕，闯入他们的房子，透过窗户作战。因为战斗是在早上打响的，数千名小学生再次被困在原地，有的就在士兵脚边，空弹壳如雨点般落在他们的头上。

结果是灾难性的。六天的战斗中至少有七百六十名平民遇难，有一千七百人受伤。据联合国调查人员介绍，共有四千零八十三所房屋受损，其中四百一十八所完全被毁，四十九所学校遭到严重破坏或被彻底摧毁。整个城市的水电供应被切断，大医院的医生只能 248
在黑暗中靠昏暗的手电筒光进行手术，用泥泞的河水洗手。

菲利普牧师没能逃过第二轮激烈交火，战争再次吞噬了他居住的乔波区。去年失去了两个孩子后，他曾试图教导孩子们，一旦战争爆发，他们该如何应对。但他能做的也就是这些了。人们得继续工作、学习和玩耍。

战斗爆发时，他和大多数家人都待在家中。但是，他的儿子让-马利（Jean-Marie）在战斗爆发前去市场买米和蔬菜了。两天过去了，他还没有回来。最后，一位邻居告诉这位牧师，他在十七街看到了牧师的儿子，他觉得让-马利已经活着逃进了森林里，很多人都逃到了那里。

当冲突总算结束以后，他们还是找不到让-马利。菲利普牧师去了十七街询问他的下落。终于，一名红十字会的工作人员向他出示了一堆衣服和背包，这是在一间房里的一堆尸体旁找到的。里面有他儿子的书包，上面沾满了血渍。红十字会的工作人员说，这个背包是在一个居民家里找到的，这家住户与外面的一名卢旺达士兵发生了争吵。所有人都能猜到发生了什么。士兵冲进屋子，开枪狂扫。战斗结束时，屋里的尸体已经腐烂不堪，红十字会不得不立即埋了他们。

“我很难过，不能把我的儿子和他的兄弟姐妹葬在一起，”菲利普声音冷静地说道，“但是每年我们都记得他的生日。我们会做他最爱吃的油炸鲶鱼。”他再次停顿了好久，“我对这两个傲慢的国家充满了愤怒。他们从三百英里外的家中到这里来解决他们的矛盾，杀死无辜的平民。我们有对他们做过什么吗？”

我问他，谁该为这些死去的人负责。他耸了耸肩说，“太多的人需要负责了。毁了我们国家的是蒙博托。入侵我们国家的是卢旺达和乌干达。任他们这么做的是我们自己。但无论该谁负责，我的孩子也回不来了。”

第十七章

魔法师学徒

死神来的时候不会大张旗鼓。

——刚果谚语

2000年6月，刚果东部

2000 年 6 月，一个非营利性的慈善基金发布了一份死亡研究报告，报告估计，在 1998 年 8 月到 2000 年 5 月期间，刚果的军事冲突共造成大约一百七十万人死亡。这项研究是在国际救援委员会的组织下，由流行病学家莱斯 · 罗伯茨（Les Roberts）领衔完成的。报告一发表，全世界都为之震惊。接下来的数年间，又有相关研究成果在国际知名医学期刊上陆续发表，并且得到了其他更多流行病学家的确认。2004 年，该慈善基金会预计，自 1998 年战争爆发以来，一共造成大约三百八十万人死亡。[1]

罗伯茨的研究方法严格细致：他派遣了多个团队前往刚果东部六处不同的地方，用 GPS 定位在地图上的一个区域内随机选择几户人家，由调查人员上门询问这些人家在过去一年内是否有人去世。

在走访了两千人之后，调查人员算出了这一地区的平均死亡率。他们用这一数字减去战前该地区的平均死亡率，得出一个“额外死亡率”，也就是说，有多少人是由于非正常原因死亡的。[2]

死亡人数如此巨大，让人完全无法理解，也无法逐个查清遇难者的身份，然而濒死之人尚未计入其中。暴力直接导致的死亡仅占
250 全部死亡人数的 2%，致人死亡的往往是容易治愈的疾病，例如疟疾、伤寒和痢疾。不过，在冲突区域和高死亡率之间有着极强的正相关关系。战争爆发时，人们流离失所，所到之处，无安身之屋，无洁净之水，无救急之医，极易受疾病侵扰。医护人员为躲避暴力关闭了医院和诊所，病人只能自求多福。

遇难者中将近一半都是儿童，他们最易罹患疾病、营养不良。全体儿童中，有整整 60% 无法活到十五岁。如果你身处战争期间的刚果东部，在大多数地区，只要你走出车门，往往就会遇到严重营养不良的儿童。这个地区山峦环绕、植被茂密，却能看到这样营养不良的儿童，这种景象是非常离奇古怪的。它跟尼日尔和索马里不同，这两个国家的饥荒和人民营养不良与干旱有很大关系。可在这里，大多数地区每年的雨季要持续九个月，土地也十分肥沃。但是，农民收获的粮食经常被饥饿的民兵抢走，而且农民出于对暴力冲突的恐惧，不敢下地种田。

* * *

那么，刚果人是怎样经历这场暴力冲突的？事实是许多刚果人从来没有亲身经历，他们仅仅听说过，并承受着暴力造成的经济困境和政治后果。但是对生活在刚果东部——面积大致相当于得克萨斯州——的数百万民众来说，他们的日常生活时不时就会被武装人员的对峙打断。

到了2001年，国家中部前线的战士由于双方签订的几份和平条约暂时停火。然而，刚果东部的战事却进一步升级，当地的“马伊—马伊”自卫民兵组织发动军事行动抵抗卢旺达人的入侵。引发这场起义的是沸腾的民怨和洛朗·卡比拉，他为他们提供了武器和资金。“马伊—马伊”的实力过于羸弱，无法撼动卢旺达人对主要城镇和主干道的绝对控制权，但是他们却成功逼迫卢旺达人展开了一场镇压叛乱的行动，打击了卢旺达人本就所剩不多的合法性。

正是这场基加利和金沙萨分别幕后主使的代理人战争给平民带来了最深重的苦难。金沙萨方面通过刚果东部丛林中的几个机场给胡图族民兵和“马伊—马伊”组织投放了数吨武器弹药，可他们从未接受过任何训练。农村地区被武装了起来，心怀不满和无所事事的年轻人加入了民兵组织，设置路障对本地人“征税”。家庭矛盾 251
或土地纠纷以前是靠传统的仲裁方式解决，现在有时却是通过暴力解决，民族部落间的世仇导致了小规模冲突和有目标的谋杀行为。

卢旺达人在刚果东部最主要的盟友——刚果民主联盟叛军以同样的方式做出回应。在南基伍和北基伍，省长组建了地方民兵，命名为“地方防卫军”（Local Defense Forces），在基层加强对叛乱势力的控制。到了2000年，刚果民主联盟的各类领袖分别组建了至少六七支民兵力量。但是这些民兵军纪涣散，从未受过正规训练，非但没有改善当地的治安状况，而且只会对当地民众横征暴敛、奸淫掳掠，令他们的处境雪上加霜。地方的传统部落酋长过去是内地的实际管理者，如今要么被迫与叛军合作，要么无奈选择逃亡。在南基伍，最重要的十几个部落酋长有一半被杀害或者被迫逃亡。在一些地区，刚果民主联盟任命了新的地方首领，篡夺了其他家族担任了几百年的首领地位。

这些卢旺达人、乌干达人和刚果人的代理人最终陷入疯狂，引发了一场浩劫。这些脾气暴躁的运动团体缺乏组织性，不在意民意——毕竟，他们的武器都是外面的支持者给的——除了活下来和掠夺资源外，没有更多的追求。这种情形像极了歌德笔下的“魔法师学徒”：就像那位年轻魔法师的扫帚一样，这些叛军组织会分裂成更多的小团体，因为叛军领袖相互决裂，各自创建自己的势力范围，寻求与地区势力结盟，以巩固他们的权威。根据一项统计，当交战各方在 2002 年一起组建过渡政府的时候，卢旺达、乌干达和刚果三方一共拥有十几支相互作战的代理人叛军或同盟。[3]

* * *

卡西卡是位于卢旺达边境西侧一百英里外的一个小村庄，坐落在丛林深处，在这里发生的一场大屠杀就是上述战术的一个典型例证。[4] 卡西卡在刚果获得了一种近乎神话的地位。政客们在无数场演讲中都提到了这座小村庄的名字，为的是煽动民众对卢旺达的仇恨。金沙萨的孩子虽然从来没有去过南基伍，但却从小在课堂上学习卡西卡的故事，培养爱国情操。卡比拉政府在国际刑事法院上控
252 诉卢旺达时曾着重强调这一事件。1998 年 8 月，正是在这里，成立还没几天的刚果民主联盟着手制造了他们的第一场大规模暴行：为了报复当地民兵的一次袭击，他们屠杀了超过一千名村民。

卡西卡其实就是围绕着一座天主教堂的一堆土房子，坐落在一座小山上，向下俯瞰着一道山谷。这里是尼恩度族（Nyindu）族长的住所，族长的家和办公室就在教堂对面的山坡上，是一群大型的红砖建筑，陶瓦屋顶，上面爬满了藤蔓植物。

在我拜访这座村庄时，晚上唯一可以留宿的地方就是教堂的客房，就在不久前教会刚给这里配了几张床，以便来这里做弥撒的外地牧师们可以有歇息的地方。出了客房往上，爬上一个小山丘，就是教堂了。教堂要更大一些，铺着绿色的彩钢瓦，四面打有一排排

小孔用来通风。我们推开大门时，教堂大厅里传来阵阵回音，里面除了一排排长条木凳和讲台上方悬挂的一个巨大的十字架以外，什么也没有。

“那场惨案就是在这里发生的。”带我参观的看门人对我解释说。

“他们都是在这里被杀的？”

他点了点头。“一共二十三个人。包括三位修女、教堂的神父和一位传道士。”

大堂里看不到任何暴力的痕迹。“他们被埋在哪里了？”我问道。

“你刚刚从他们的坟墓上走过。”他微笑着说道。

外面，教堂的正前方是意大利传教士马里奥·里卡（Mario Ricca）的墓，坐落在一片干净整洁的水泥地上，石头墓碑上刻着他去世的日期：1973 年 6 月 23 日。数十年前，他创建了这座教堂，在这里度过了自己的余生。他的墓旁有另外五座长满杂草的坟墓，几乎看不见。我的向导指着里卡传教士墓旁那一片看上去像是菜地的地方，在南瓜秧和野草中间插着几个木头做的十字架。

“我们从没有时间给他们安排一场体面的葬礼，”他遗憾地说道，“我们拿不出什么东西去悼念他们。这真让人难过。”

对于一个尊崇祖先的文化而言，这一幕无疑让人心酸。后来我在向导的陪同下穿过村庄去看了另外几处墓地。他大概指了指几个路边的小土堆，它们早已淹没在灌木和藤蔓之中。他不清楚这里埋的是谁。“好几百人就是这样被埋葬的。”他说。这些坟墓没有十字架，
也没有人花费时间把这些尸体重新埋葬到一个真正的墓地里，甚至 253
没人帮他们把坟头的荒草除掉。整个村庄没有一座纪念这些死者的墓碑。虽然已经过去了整整十年，这个村子似乎还没有从那场大屠杀中缓过神来，没有时间整理好自己的思绪，悼念那些亡人。

* * *

这场大屠杀后来成了刚果民主联盟叛军施暴的标准模式。叛军成立后没几天，一个营的刚果民主联盟和卢旺达士兵行军穿过了卡西卡。这条路是战略要道，因为它通往几处储量丰富的金矿。这些士兵本是去增援被困在金杜——向西两百英里、位于刚果河畔的一座重要贸易城镇——的军队。受困军队的指挥官叫莫伊塞(Moise)，是一位传奇战士，叛军中地位第二高的穆伦盖族指挥官。

叛军在前往金杜的路途中经过卡西卡，停下来拜访了当地的族长弗朗索瓦·纳鲁因迪（François Naluindi)，纳鲁因迪是个三十五岁的年轻人，在尼恩度人中有着极高的名望。他在当地创办了几个农村合作社，想借此培养和教育主要由农民构成的族人。他前不久刚刚结婚，妻子当时怀有七个月的身孕。

纳鲁因迪接见了这些卢旺达军官，还杀了几头羊来招待他们。会面的气氛非常友好，但这位族长心里却十分紧张。因为在自己领地的后方，有一个名叫尼亚基利巴（Nyakiliba）的年轻首领一直在惹麻烦。他用长矛和旧机枪把一些年轻人武装起来，声称要抵御入侵的图西人，保卫他的国家。和当地许多民兵组织一样，他给自己的队伍起名叫“马伊–马伊”(“水–水”的意思),并声称自己会魔法，可以把敌人的子弹变成水。纳鲁因迪的顾问对他说，尼亚基利巴的真实目的其实是占领比自己祖传领地更大的土地，壮大在族人中的影响力。虽然他是个不起眼的小混混，但是也能惹出麻烦。

就在卢旺达人抵达之前，纳鲁因迪就跟尼亚基利巴召开了一次紧急安全会议，警告他不要鲁莽行事。“你觉得自己会成为英雄，但你只会让我和族人们丧命，”一个参加会议的老人记得纳鲁因迪这样说道，“我听说你有七支枪，可他们有几百支。你说你怎么打得赢？”[5]

在刚果民主联盟叛军开拔前往金杜之前，他们的指挥官向族长纳鲁因迪询问当前的安全局势如何。他心想，我告诉他也不是，不告诉他也不是，于是他向这位军官保证现在一切太平。然而，“马伊–马伊”却没有听从族长的劝说，他们在村子外几英里的地方朝叛军放了几枪冷枪，然后逃到了树林里。整个村子把心都提到了嗓子眼，但由于没有人员伤亡，叛军就继续朝前行进了。 254

叛军部队接到了在丛林中跋涉了一个星期、精疲力竭的指挥官莫伊塞，随后便掉头返回卢旺达边境。1998 年 8 月 23 日星期天的早晨，一队刚果民主联盟士兵又一次经过卡西卡，有几百人。当地民众还记得他们的典型装束：脚穿长筒胶靴，头上顶着行李和弹药箱。队尾跟着一辆大卡车，车上满载士兵，还有一辆白色的皮卡，上面坐的是军官。

当时是旱季，道路状况良好，但皮卡出了一些机械故障，落在了后面。当车走到族长纳鲁因迪家附近的转弯处时，那些马伊–马伊民兵又对刚果民主联盟的队伍发动了袭击，他们从一个俯瞰整条道路的小屋里开火，对着皮卡倾泻子弹。指挥官莫伊塞和另外两名军官当场被打死。其他刚果民主联盟士兵开枪还击，但这时尼亚基利巴和他的士兵们已经逃回了树林里。

这场骚乱使得村民们都没有去教堂。他们透过家里的窗户，忧心忡忡地看着卢旺达军队返回事发地点，把遇难者的尸体捆好后运回了布卡武。那天叛军搜遍了整个村子，寻找那些民兵的踪迹，但当时的形势还算冷静。尼亚基利巴和他的民兵队伍逃回了自己位于三十英里开外丛林深处的老家。当天晚上，一位刚果民主联盟军官来到教堂，要求使用那里的高频率收音机联系他们在布卡武的总部。传道士听到了他的谈话，但收音机的信号并不是很好，他们听到军官接到了总部的指令，但是却没听清具体内容。

* * *

对我来说，找到一个大屠杀的目击者并不是什么难事。教堂的
255 看门人带我去了一间小土屋，建在事发道路下方的斜坡上。那里住的是帕特里斯（Patrice），[6] 他是当地的一名手工匠人，也在教堂里传道。他的房子是当地的典型建筑：用竹子搭出低矮的框架，四面用泥巴糊墙，抵御夜间的寒气。帕特里斯表情恭敬，身穿一件皱巴巴、脏兮兮的衬衫，让我坐在墙角的板凳上。这个小屋差不多刚刚能挤下我们两个人，但外面的村民还是被我这个外国面孔吸引了过来，趴在窗户上听我们的谈话。墙上挂着一个木质相框，里面是一幅褪色的耶稣画像，上面用斯瓦希里语写着一句经文："好醉酒的妇女，是大怒的原因；她的耻辱和丑态，不能隐藏。"头顶的一根横梁上放着帕特里斯为数不多的财产：一把弯刀、一排中国制造的五号电池，用皮筋绑在一起，为他的晶体管收音机提供能源，此外还有一盏破烂的防风灯。

"那天早上的雾非常大，"他开始对我说道，"因为那场暴动，那个礼拜天大家就没有去做弥撒，于是牧师在周一敲钟，让大家去做弥撒。当时应该是早上6点半左右。我们看到有些士兵也去做弥撒，但没多想。"[7]

来见帕特里斯的这天早上，我就是被一场相似的弥撒给吵醒的。一个传道士敲着一个汽车轮胎的旧轮毂，之后人们开始随着敲击的节奏用斯瓦希里语唱一首舒缓的赞美诗。我通过教堂墙壁上的通风孔向里面张望，看到几排男女随着歌声的节奏轻轻晃动身体，用手打着节拍。根据帕特里斯的回忆，他们那天也是通过这些通风孔看到卢旺达士兵在教堂外面集结。士兵们扛着机枪，肩上挂着小斧子。

"牧师刚开始祝祷，士兵便突然进入教堂。"帕特里斯回忆说。牧师警惕起来，但并没有停止祷告，小心翼翼地用一只手指着身后

的圣器室。我当时坐在教堂的第一排，跟另外六个人跑了出来。我们躲进了后门外茂密的灌木丛里，随后那些士兵便把那个出口堵住了。”

讲到这里，在帕特里斯房子窗外围观的人群开始发出哀叹咂舌的声音。他们知道接下来发生了什么。

帕特里斯语调镇静，确保自己没落下任何细节。“那些图西人把教堂里面的人反绑起来，然后把神父和三个修女带到教堂外面。我能听到修女们不停在哭喊：‘别杀我们的神父——求求你们，别杀他。要杀就杀我们吧！’斯坦尼斯拉斯神父（Father Stanislas）让他们冷静下来，说主自有安排。士兵们把他们分开，把修女们带 256
到了旁边的女修道院，把神父带到了堂区，逼迫他交出钱财和他的收音机。我有一个朋友在教会做水电工，当时躲在房顶上，听到了这一切。之后他们让神父跪下来祷告，然后从脑后开枪杀死了他。”

屋外的人群爆发出一阵哀鸣：“他们把他们都杀了！”“他们杀了我们的神父！”“他是个多好的人啊！”“他那可怜的父亲后来疯了——他只有他这个儿子啊！”“这帮禽兽！”帕特里斯低头看着自己的手，然后摇了摇头。他对我说，那个神父的名字叫斯坦尼斯拉斯·瓦布拉孔贝（Stanislas Wabulakombe）。在他们的语言里，这个名字的意思是：“神所要求的，他都会做。”

* * *

教堂外的枪声点燃了教堂内大屠杀的导火索。士兵们开始用斧头把教堂里的信徒活活砍死——我采访过的一些村民说，这是为了不惊动村庄里的村民。还有人说，这是为了节省子弹。第二天，帕特里斯从树林里出来，发现大部分遇难者的头盖骨都被砸碎了。三个修女的尸体倒在女修道院的地上，内裤被扒到了膝盖的位置。他怀疑她们遭到了强奸。他发现她们时，其中一个修女还有呼吸，但还没来得及送她到当地医疗中心，她就断了气。在堂区，他找到了被杀死的神父，神父身穿白袍，面朝下趴在地板上。他四处查看了一下，听到躲在天花板上的水管工对他喊道："我在上面！我屁股上中了一枪，但我还活着！"

还有一群士兵去了族长的家里。村民说，那些士兵非常愤怒，因为族长在安全问题上欺骗了他们，让他们遭受了两次伏击。他们还认为，按照民族身份来招募士兵的马伊–马伊组织和族长有密不可分的关系。族长纳鲁因迪的整个家族都来他家避难，以为他们在这里就会很安全。"按照我们的传统，族长是非常神圣的，"在帕特里斯屋外的群众悲痛地说道，"战争期间是不能杀族长的。杀了他就像把我们所有人全杀了一样。"

士兵们找上门的时候，族长家里至少有十四个人。叛军把他们全杀了。第二天早上，躲进林子里的村民回到村里，看到族长那怀孕的妻子被开膛破肚，死去的胎儿被扔在她身旁。族长弟弟家有几个小婴儿，都被活活扔在墙上摔死了。

257 据说，几乎每一个遇难者的死法都不一样。他们将死者大卸八块，其行径之残忍令人发指。幸存者说，族长的心脏被挖了出来，他妻子的生殖器被士兵割下来带走了。光是把人杀死还不够，他们把遇难者的尸体肢解后随意玩弄。他们把一位妇女从肛门到阴道剖开，然后用她的四肢撑起尸体，让她的屁股朝上。另一具尸体的腹部两侧被切开，两只手被塞进去。"他们把他搞成这个样子，好像他是穿了一件西服一样。"村民们对我说道。还有一个遇难者的嘴角被割开，一直划到耳根。人们发现他的时候，他的尸体坐在一把椅子上，嘴里叼着一根摇摇欲坠的香烟。这些杀人凶手想要告诉村民，这就是反抗的下场。他们的复仇是没有底线的——他们会杀掉神父，强奸修女，把未出生的婴儿从母亲的子宫里挖出来，把死者的遗体像折纸一样摆成各种造型。

“我们以前见过杀人，”帕特里斯对我说，“但这比杀人要恶劣得多。他们就像是把这些人杀死以后，又杀了一次，然后又杀了一次。”

* * *

向北再走大约二十英里，在通往布卡武的途中会经过基隆古推（Kilungutwe）。这座城镇横跨一条河的两岸，这条河是刚果河的无数条支流之一，向西汇入刚果河，是从东北方的高原进入雨林的门户。尼亚基利巴在卡西卡发动伏击的那天，几十个商贩从布卡武来到基隆古推赶集，这里每周一都会有大型集市。米歇尔（Michel）[8]是个三十九岁的商贩，来自布卡武，一辆卡车把他和同行的人放在离集市几英里远的地方。那里的刚果士兵告诉他，当地发生了一场事故。所有卡车都不允许继续向前走了。由于急着赶去集市卖掉他带来的盐、糖、肥皂和衣服等杂货，米歇尔决定和另外六十个商贩一起步行赶去集市。

他们到了基隆古推之后，发现镇上的气氛有些诡异。街上几乎空无一人，一大群卢旺达士兵在四处闲逛。一群坐着卡车经过的刚果士兵拼命朝他们挥手，让他们原路返回，但他们没弄明白。“我们以为就是刚刚发生了一场事故而已。”米歇尔回忆说。[9] 当他们经过一座用树桩搭的大桥时，四名图西族士兵朝着他们大叫起来。

“喂！你们这些人！把手里的袋子都放下！”那些士兵又高又 258
瘦，腰带上挂着长刀。他们把当地人跟这些布卡武的商贩分开来，对大概十个当地人说：“啊！所以就是你们的孩子一直在杀我们的人是不是！”尽管这些当地人表示不明白他们在说什么，但这些士兵还是开始殴打他们。

后来米歇尔才知道，是那些在卡西卡遭到伏击的叛军用电台通知了前面的先头部队，让他们就地停下，开始搞“清洗”。士兵们把这些商贩和当地人赶入道路下面的一个水泥小房子里，房子大约有六米宽、十二米长，装着蓝色的木质门窗和彩钢瓦房顶。六十个人像沙丁鱼一样被塞进了这个小房间。太阳落山了，房子里一片漆黑，只有透过窗户照进来的一点光亮，顺着窗看出去，他们能看到士兵们在外面生起了一堆火。屋子里闷热潮湿，房间里充满了低语和喘息的声音。有几个人大声祷告着。一个婴儿哭出声来，始终不肯停，最后连她的母亲也抽泣起来，说自己的宝宝就快要窒息了。

米歇尔告诉我说：“我们大声叫外面的士兵，让他们可怜可怜这个刚出生的孩子。”

士兵们一句话也没有问，似乎本来就打算好了一样，就让那个带孩子的妇女出去了。突然，被困在房子里的人们听到外面响起了尖叫声，一开始是母亲和孩子的，后来就只剩下孩子的声音，再后来就是一片死寂。米歇尔不在窗边，什么也看不到，但是他听到有人在用颤抖的声音小声说道：“刀子，他们用的是刀子。”另外一个人说：“他们抓住她的双脚和双手，然后割开了她的喉咙。”一瞬间，整个屋子的人纷纷叫喊起来，用法语、斯瓦希里语和其他任何想得到的语言向上帝祷告。

米歇尔待在房间靠里面的位置，被死死地压在墙上，因为靠外面的人为了能尽量远离门窗纷纷向后退，躲避从门窗把人一个个往外抓的士兵。“这是替被你们杀掉的兄弟们报仇。”他们听到士兵在外面对遇难者说。遇难者发出尖叫，然后惨遭割喉，叫声停止，接着第二个人被拽出房间。米歇尔觉得，整个房间的人被清空的过程中，时间就像是静止了一样。随着房间里的人越来越少，他可以在微弱的光线中更清楚地观察身边的环境。他看到薄薄的天花板上有一块松动了。他飞快地爬了上去，结果发现在天花板和屋顶之间的狭小空间里已经藏着好几个人。这里比下面还要阴森闷热，而且他

能感觉到旁边的人因为恐惧在瑟瑟发抖。他感觉自己快要晕过去，259
并且很想吐。

过了一会儿，下面的尖叫声消失了，他们能听到士兵在下面拖着脚来回走动，还有尸体被拖出去的声音。有人在清点人数，然后一个声音用卢旺达语问道：

“我们带进来了多少人？你当时有没有数？”

“数了，最少有六十个人。”

“你确定吗？人数不够啊，另外那些人哪儿去了？”

“我再去看看。”

开始有人用脚踩房间里的地板，然后有人戳了戳天花板。

“喂！上面的人！上面藏了多少人？”米歇尔旁边的人抖得更厉害了，他甚至担心这些人会让天花板发出响声。“上面的人，我能听见你们的声音！上面藏了多少人？”

戳了一会儿后，那个士兵走了出去。他们听到士兵们在外面窃窃私语，然后又有几个士兵回到房间里。突然，一根长矛刺穿了天花板，从米歇尔躺的不远处扎了进来。天花板是一层薄薄的三合板做的，长矛很容易就能刺穿。长矛第二次刺上来时，扎到了米歇尔旁边那人的腿，那人忍不住喊了出来。

“现在马上全都下来，不然我们就去拿枪了！快说上面到底有几个人！然后全都给我下来！”

接着长矛又在天花板上刺了一通。三个米歇尔的同伴从屋顶爬了下去。米歇尔转向躺在他旁边的一个女人。

“我们现在必须祈祷了，”他对她说，“我们就要死了。”她开始痛哭起来。

* * *

许多年后，我通过和米歇尔同教会的一位牧师在布卡武见到了他。米歇尔——他希望我用一个假名来保护他的身份——坐在我的客厅里，有些局促不安，说话时断时续。我问他是怎么活下来的，他说，我肯定不会相信他，然后沉默了几分钟，揉搓着他那瘦削的手指，两眼盯着天花板。

“我转过头，看到身边躺着一个穿白衣服的女人，”他终于开口说道，“我之前没见过她，而且我觉得奇怪的是她穿着一身白色的
260 衣服。我转头问躺在另一侧正在哭泣的女人：‘你看到她了吗，那个穿白衣服的女人？’一个女人穿一身白衣服非常奇怪。当时是旱季，到处尘土飞扬。人们在去教堂或者受洗的时候才会穿一身白。而且她似乎——她似乎在发光。我另一侧的那个女人摇摇头，继续抽泣着。然后那个身穿白衣的女人说——她的声音好像不是从嘴巴发出来的，而是在我脑海中响起的——她说，‘站起来！快点站起来！’于是我使尽全身力气站了起来。房顶非常矮——在那里甚至跪都跪不起来——但当我站起来时，头上的一块屋顶板松动后脱落下来，我看到了夜晚的天空。我记得那天晚上没有月亮。我站起来，从房顶上向下滑。‘有人逃跑了！’一个士兵喊道，然后他们就开枪了。我能听到子弹从我耳边呼啸而过，射进我刚刚和其他人藏身的天花板。但是我没有受伤。我从房顶跳了下去，然后跑进房子旁边的灌木丛。我的双腿自己就动起来了。”米歇尔看着我，“是那位天使救了我。是上帝救了我。”

他告诉我，他一路奔跑，穿过村庄周围的棕榈树林和木薯田，枪声在他身后响起。他不停地跑啊跑，一直跑到几英里外的一座山坡上，找到了一个亲戚的小屋。他们一同看着山脚下的村子燃起熊熊大火。

第二天早上，他们看到一队队的士兵朝着布卡武的方向进发。

士兵全部走后，米歇尔和亲戚来到山下的村庄，空气中仍然烟雾缭绕。他们在他之前被关的房子旁边找到一堆还在闷闷燃烧的尸体。这些尸体是被浇上汽油点燃的，已经成了一团烧焦的皮肤、骨头、眼镜和皮带扣。他们在镇上还发现了数十具尸体，散布在房子里、街道旁、路边的阴沟里。有些尸体被扔进了厕所的茅坑里。他们还在一个用来炼棕榈油的汽油桶里看到了一具已经烧成焦炭的尸体。

在接下来的几天里，幸存者们掩埋了数百名遇难者的遗体。大家都熟悉的人——包括族长、神父、修女以及一位传教士和一位当地官员——都单独安葬在了他们自己的墓中。而其他人的尸体则被集体埋在路旁，那里的土壤更松软，可以埋得更深。但还有一些尸体被杀手扔在了茅坑、水池、沼气池等地方，就只能任其慢慢腐烂。邻居埋掉邻居，父母埋掉孩子，牧师埋掉教会成员。他们时间很紧，261
他们不知道叛军什么时候会回来。他们必须在把死者埋葬之后离开。和我聊过的人告诉我，他们一共埋葬了七百零四个人。多年后，联合国的一项调查断定，当地有一千多人遇难。[10]

* * *

大规模暴力影响的不仅仅是那些失去亲人的家庭。它破坏了整个社会的肌理，对施暴者和目击者的心理造成了不可磨灭的影响。在这场暴力事件发生十年以后，村民们似乎依然生活在它的余波之中。大屠杀后，他们全都逃离了故乡，没有一个人想留在那里。他们逃到了丛林深处，渡过湍急的鲁因迪河（Luindi River）。只有来到河对岸，他们才有了一点安全感。他们在丛林中的空地上住下来，在这里搭建小草屋。树林里没有可以耕种的土地，大家也都没力气砍伐荆棘和树木，开辟一片空地种豆子和木薯，所以他们只能找到什么吃什么：野生山芋、毛毛虫、蘑菇，甚至抓猴子来吃。他们在夜间无以御寒，又缺乏营养，许多婴儿和老人相继死去。一场疥疮在他们的临时营地暴发，可他们甚至找不到最基础的药物来治疗各种病痛。他们有时候会沿着大路回自己的老家看一看，但去的时候却像做贼一样，趁着夜色快去快回，生怕被人发现。

他们中有人有收音机，他们听说了巴尔干地区的战争和屠杀，于是给自己的家乡卡西卡起了个外号叫“科索沃”。当然，这两个地方最大的区别在于，尽管巴尔干地区的面积还没南基伍省的六分之一大，但全世界媒体却一直在不间断地报道这个小地方发生的事，而整整十年来，不曾有一个外国记者到过卡西卡。

社会生活也受到了极大影响。由于村里的族长和唯一的神父遇害，整个村子失去了领导。“他们杀死了我们的父亲和母亲。”一位村民对我说。教堂关闭了，族长的家族陷入了继承权之争，最后刚果民主联盟强行安插了一个自己人了结此事，令许多村民大为愤怒。村民一次又一次地对我说，没有什么是比族长的死对他们生活的影响更严重的事了。整个村子的幸福都指望着族长一个人：他主持丰
262 收的庆典，给村民分配土地，向新人献上祝福。他不在了，谁来安排每周的团体劳动？谁来调解家庭矛盾和土地冲突？

这个村子还有另一种遗弃感。大屠杀发生后，没有一个国家政客来探望他们，聆听他们的疾苦。尽管在谴责卢旺达和刚果民主联盟叛军的演讲中，卡西卡的名字被提到了几千次，但却没有针对这里展开任何一项调查，受害者也没得到任何补偿。正义的缺席让村民的不满开始发酵，令他们的愤怒演变成更深的仇恨。

“我恨图西人，”帕特里斯对我说，“如果我看到一个图西人，我会感到恐惧。”

我问他们，将来是否有可能原谅那些士兵的所作所为。

“让我们原谅谁？我们甚至都不知道是谁干的！”帕特里斯屋外的一个人说道。

* * *

在基隆古推，我在主街道上的一个露天酒吧约见了几位当地的长者，这里距离大屠杀那天晚上米歇尔藏身的地方不远。结果那次见面变成了一场大集会，因为人们在听到我们的谈话内容后，便聚了过来。

“我们现在依然生活在那场大屠杀中，”一位在屠杀中失去了妻子和两个孩子的老人对我说，“还没有人为他们主持正义，甚至没有一个挂在树上的标志或者一座纪念碑来悼念那天死去的人们。”[11]

“我们所有人像动物一样在丛林里生活了五年，”一位身穿格子衬衫、头戴棒球帽的老人说道，“因为这个，我们的孩子们都不识字。你去这里的小学看看，会发现有十五岁的孩子依然坐在小学的课堂里。”

话题转移到了尼亚基利巴身上，就是那个指挥伏击叛军车队，从而引发大屠杀的马伊–马伊民兵领袖。在那场暴力事件之后，许多年轻人加入了马伊–马伊。

“除了这样，他们还该做什么呢？”一位老者说，“他们想要为家人复仇。”

“复仇？”另一个人反驳道，“他们又没有工作，又没有吃的——有把枪就让他们觉得自己是个男人了。不要觉得他们能比图西人好到哪儿去！”

这个人身后的人们突然异口同声地说道，“没错，他们跟图西人一样坏！”大屠杀发生后，刚果民主联盟叛军跟那支东拼西凑的民兵队伍打起了游击战。当人们逃到刚果民主联盟的领地时，会被指控是马伊–马伊，而到了马伊–马伊的领地时，他们又会被视为刚果民主联盟的间谍。

“那就是扯淡，”好几个人立刻说道，“他们只想抢我们的东西， 263

抢我们所有人的东西。”

“这么多年来，我们的家里连一只鸡、一头羊、一只豚鼠都没有。它们都进了马伊–马伊的肚子。”一个坐在后排的妇女尖声说道。一群年轻人在人群的后面徘徊，彼此交头接耳。他们就是马伊–马伊组织的目标人群：年轻，没有工作，对社会心怀不满。

我已经听了很多男人的控诉，但我们聊的时间越长，就有越多的妇女加入我们的谈话，她们刚刚下地回来，头上顶着锄头，腰间裹着已经褪色的衣服。考虑到这一地区在战乱期间高发的性暴力犯罪，我希望她们能开口讲述她们的遭遇，但又不想让她们在男人面前感到难堪。

“我希望妇女朋友可以有机会说话，因为她们往往是受苦最多的人，”我小心翼翼地起了个头，“有哪位妇女朋友想讲讲自己的问题吗？”

我的话音未落，后排的一位妇女就大声喊道：“老天呀！我们所有人，每一个人，都被强奸过！没有一个人幸免！”

十来位妇女愤怒地高声附和，男人们看着地面，摇着头。

一位头戴绿色头巾、身穿粉色上衣的妇女从后面挤到了前排。“我被强奸了以后怀上了孩子。因为这个孩子，我的丈夫不爱我了。而那个强奸我的男人现在还在村子里！他们是我们自己的孩子，他们加入了马伊–马伊！”

联合国的调查报告显示，从 1998 年起，刚果东部一共有超过二十万名妇女被强奸。人口调查报告显示，这里有 39% 的妇女都曾经在一生的某个时候遭遇过性暴力，施暴者既有军人也有平民。[12]考虑到性暴力的特殊性，我们很难知道这一现象到底有多普遍，以及导致这种普遍现象发生的根源到底是什么，但毫无疑问的是，相关形势是极为严峻的。

* * *

几个月后，我回到了金沙萨，跟南基伍省前副省长、穆伦盖人
本杰明·塞鲁基扎提起了卡西卡的大屠杀。他是实施屠杀的军队指
挥官莫伊塞的朋友，他本人也被指控下令实施了那场报复性的屠杀。
他开着自己那辆破破烂烂的奔驰汽车送我回家。他的汽车仪表盘上 264
贴着一张“我□耶稣基督”* 的贴纸——他告诉我，他和许多穆伦盖
人一样是个虔诚的、热心传教的基督徒。

当然，他否认了所有关于他参与那场屠杀的指控，于是我改变了谈话的策略，问他如果现在回头看的话，那场战争对穆伦盖人来说是否是件好事。他看起来非常疲惫——此后没过多久，他被诊断出患了脑瘤，并去了南非就医——很明显对这个问题感到非常不悦。

“你说的好像就跟我们有别的选择一样。我们别无他选。我们必须要自己救自己。”他一边说一边开车躲着路面上的坑。在停顿了许久之后，他接着说道，“那场战争对我们来说既好又不好。”他小心翼翼地斟酌着自己的用词，说道，“但我们死了太多人。如果你去高原上看看，你看不到一块墓地。但那里每一个家庭都在战争中失去了至少一个孩子，甚至更多。刚果各地都埋着我们死去的亲人。现在我们连悼念他们的地方都没有。”[13] 他估计在所有年轻人中，有四分之一加入了战争。只有很少的人最后活着回到了高原。

最早一批加入叛军以及在叛军中坐到最高位置的那群人，都是从高原来到这一地区上高中或者神学院的那些年轻人，他们是叛军中少数受过教育的人。他们几乎都不到三十五岁：卢旺达爱国阵线希望招募忠于他们的、年轻而充满活力的新鲜血液。这些年轻人在两个方面都感觉遭到疏远：他们既不能完全融入自己的家庭，适应

* 原文如此。

传统的生活方式，又和同学格格不入，这些同学仅仅因为他们来自落后地区，又是图西人，就时常鄙视和嘲弄他们。这种疏远让他们对爱国阵线提出的理想社会和愿景产生了兴趣。这些精英在卢旺达政府的帮助和促动下，在战争之初又回到了高原，号召他们在那里的表亲、兄弟和朋友共同加入革命大业。

和往常一样，这些年轻人有着各自的不同动机。有他们总是挂在嘴边的问题：渴望作为刚果公民被接纳，获得土地所有权，在地区和省政府里得到代表。当然，许多年轻人还是想成功，获得权力和名望。和本杰明一样，许多有理想和抱负的穆伦盖族青年都曾因为蒙博托煽动的歧视和偏见，在职业道路上遭遇许多坎坷。

但这场战争对他们来说算成功吗？短期看来，年轻的穆伦盖人获得了极大的成功。从 1994 年到 1998 年间，局势发生了急剧
265 变化，在 1994 年时，政府中甚至没有一个穆伦盖族雇员。在刚果民主联盟执政期间，数百名穆伦盖人在情报机构、军队、省级行政管理部门和警察机关取得高位。阿扎里亚斯 · 鲁贝卢瓦（Azarias Ruberwa）曾在卡莱米求学，然后到卢本巴希做律师，后来成了刚果民主联盟的首领；比齐马 · 卡拉哈（Bizima Karaha）曾在南非学医，后来成了位高权重的内政部长和安全部长；莫伊塞 · 尼亚鲁加博也曾在卢本巴希学习法律，后来成了司法部长。他们在很短的时间内成功掌控了这台面目可憎的国家机器，几十年来，这台国家机器一直是他们诸多痛苦的根源。

然而，他们的上位却仅仅让自己和其他民族之间的关系更加恶化。刚果民主联盟似乎想强行让各民族达成和解。当这种和解的努力遭遇地方武装和平民社会的抵抗时——刚果民主联盟的行为被看作是卢旺达人的入侵——刚果民主联盟的反应是实施武力镇压。这只会进一步激起地方反抗，于是刚果就陷入了以暴制暴的恶性循环。

南基伍省或许是这种暴力冲突最为严重的地区，而这里的情报

机构、军队和警察机关通常都由穆伦盖人掌控。刚果人对他们最为恶劣的刻板印象似乎落下了口实：邪恶残暴的穆伦盖人和蟑螂、毒蛇、害虫近乎同类。在谈到同样由图西少数民族当权的邻国布隆迪所面临的类似军事困境时，前坦桑尼亚总统朱利叶斯·尼雷尔说道："最大的障碍就是那些当权的人，那些少数民族……他们就像是骑在老虎的背上。在从虎背上下来之前，他们需要几乎天衣无缝的保证，因为他们觉得，只要他们离开虎背，就会被老虎吃掉。"[14]

* * *

穆伦盖人参与的两场叛乱造成了长期的影响。2002 年一项民意调查显示，只有 26% 的人认为穆伦盖人属于刚果人。[15] 2004 年，一位穆伦盖族军官在刚果东部的边境城市布卡武领导发动了一场反对刚果军队的哗变，城里的人相应地针对图西人展开清洗。联合国不得不紧急疏散当地所有的图西人，大约三千名男人、女人和孩子，与载着堆积如山的包裹和床垫的联合国汽车逃离了这座城市。2007 年，南部城市莫巴（Moba）有流言称，有一群穆伦盖族难民会从 266
赞比亚被送回当地，当地的政客煽动暴乱，抵制"将外国人遣返我们国家"。这些仇恨部分要归咎于当地的投机分子和煽动家，但同时也是因为民主力量同盟和刚果民主联盟叛军政府于 1996 年到 2003 年间在刚果东部实行的残暴统治。

当我快要下车时，我再次追问本杰明，这场战争打得是否值得。

他叹了一口气："我确定我们当时没有别的选择。对有些人来说，这场战争是自我防卫。我们不能坐以待毙。但如今，人们比以前更加恨我们，只是因为他们厌倦了战争。所以，答案是'不'，这场战争是失败的。"

267 第十八章

刺杀“长者”

2001年1月16日，刚果·金沙萨

2001 年 1 月 16 日，洛朗·卡比拉的军事顾问埃迪·卡彭德上校（Colonel Edy Kapend）坐在卡比拉官邸办公室外的草坪上。[1] 他们的事业已经坚持到了新的一年，于他而言，这本身就是一番成就。就在卢旺达军队即将占领他们的矿业之都卢本巴希的时候，却在最后一刻失败了。现在卡比拉正试图给曾经一直帮助布隆迪胡图族抵抗图西族军政府的叛军施压，强迫叛军与布隆迪政府进行和平谈判，利用政治手段转变自身形象，从而改善自己的国际声誉。当天的晚些时候，他将飞往喀麦隆宣布会谈，然后再飞往华盛顿，试图与乔治·W. 布什的新政府重建外交关系。新年聚会的时候，情况出现了好转，总统甚至给贴身的几名工作人员十万刚果法郎作为礼物，虽然持续的通货膨胀让这份礼物的价值只有五百美元，但是吝啬的卡比拉能这么做已经极不寻常了。

卡彭德在外面等候的时候，卡比拉正在和他的经济顾问埃米尔·莫塔（Emile Mota）谈论接下来的行程。总统穿的是平时经常

穿的猎装——只不过这次是白色的——心情很好。市区另一边的国家体育场正在举行大型的和平集会，过去一年的阴郁气氛似乎已从 268
首都散去。房子的法式大门向阳台敞开——卡比拉不喜欢空调——这样刚果河的微风就可以穿堂而过。卡比拉的一名保镖拉西迪·卡塞雷卡（Rashidi Kasereka）在门口咔的一声并拢双脚请求入内。此时正是午餐时间，保安措施不严，因为有些保镖去吃饭了。

总统的保镖以前大多是来自基伍省的娃娃兵，多年来一直跟随卡比拉，拉西迪就是其中之一。卡比拉习惯了拉西迪跟在他身边，即使是这位年轻人突然弯下腰在他耳边低语，他也不会大吃一惊。拉西迪走上前，掏出了一支手枪开了三枪，击中了卡比拉的脖子、肚子和肩膀。另外一颗子弹击中了沙发，埃米尔·莫塔坐在一旁，已经吓得魂飞魄散。

站在外面的卡彭德一时间惊呆了，随后一把抓起一名总统护卫的枪，绕过房子，跑到总统办公室外的庭院，结果发现一名保镖踩着拉西迪的尸体站在那里。愤怒的卡彭德对着尸体开枪狂射。

屋里面，卡比拉的秘书安妮（Anny）跑过走廊，尖叫着说元首被枪杀了。总统躺在一片血泊之中，手里仍然攥着一些文件。几分钟后，总统的古巴裔医生和卫生部长到了，他们撕开他的衬衫，想救醒他。他的舌头被牙齿紧紧咬住，卡彭德觉得自己可以听到他仍在呻吟。

最后，他们调来一架直升机，将总统送往附近的恩加利埃马医院。医生和士兵从窗户上扯下长长的天鹅绒窗帘来搬运他。“他很重，连我们四个人都很难抬得动他，”一位助手回忆道。[2]

紧接着，卡比拉的心腹与安哥拉和津巴布韦军队的军事代表一起召开了紧急会议。[3] 关于此次刺杀的背后主使，他们毫无头绪，但他们担心军内异议者会利用这次权力真空的机会大做文章。所以他们决定将刺杀事件严格保密，直到他们有对策之后再行公布。

他们将卡比拉的尸体裹好，连同诊所里的所有护士、医生和清洁人员一起送上了飞往津巴布韦的总统专机。埃迪·卡彭德上校下
269 午在电视上下令，要求陆军最高指挥部保持冷静，维持纪律。首都的许多人猜测肯定就要发生政变了，对此他未置一词。第二天，政府发表了一份简短声明，说总统在刺杀中受了伤，现在正在哈拉雷（Harare）疗伤。安哥拉和津巴布韦的士兵们在街上巡逻并设置了关卡路障。

几天后，当卡比拉去世的消息公布时，整个首都为之震惊。这位大多数金沙萨人口中的“长者”自从来到金沙萨便一直是在刚果政坛拥有绝对权力的人物，无论别人怎么看待他。刚果人已经习惯了看到他每周出现在电视广播上，听他对国内和国际政治发表往往滑稽有趣的长篇大论。在他自己的内阁里，卡比拉总能掌握好节奏，确保所有不同的利益集团守好规矩，避免内部争斗。如今就好像交响乐团的指挥在演奏到一半的时候突然死了，管乐组、弦乐组和打击乐组便争着要当老大。

* * *

卡比拉比其他任何人更能预感到自己的死期。“他一直把这个挂在嘴边。”信息部长迪迪埃回忆道。[4] 卡比拉总统以为这是西方国家的阴谋，因为他曾阻止外企进入刚果获取资源，所以他们肯定会除掉他。卡比拉视自己为卢蒙巴，一位在比利时和美国策划的阴谋中被枪杀的独立英雄，而此次刺杀距离卢蒙巴刺杀事件刚好四十年。

卡比拉是有被害妄想，但不一定是错的。西方企业确实有理由愤怒。卡比拉违反了几项采矿合约，最著名的就是背弃了与加拿大的班罗资源公司以及与伦敦的矿业巨头英美资源公司签订的合约。

但卡比拉妨碍的不仅是企业牟利。执政三年后，他的战争机器崩溃，刚果的经济陷入僵局，也没有进行任何有意义的改革。1998年战争伊始，卢旺达的侵略激起了高涨的爱国热情，社会的苦难变得可以承受了。1998 年 8 月在卢旺达发动对金沙萨的袭击之后，在金沙萨的一项调查显示，88% 的受访者对总统的印象还是颇为满意的，比一年前的满意度提高了 50%。[5] 首都人民暂时忘却了痛苦和 270
饥饿，并把精力投入对政府的支持之中。当被问及战争的原因时，金沙萨有一半的居民回答说是因为“西方列强的阴谋”，而 19% 的人则认为是因为“非洲中部的图西族霸权主义”。[6] 很少有人在意他们自己政府的无能。

然而这种幸福很短暂。这场战争让国家破产，也让卡比拉雄心勃勃的发展计划付诸东流。到 2000 年，通货膨胀率上升到了550%，公务员几乎拿不到任何工资。加油站前等待加油的汽车排起了长长的队伍，唯一可靠的汽油供应商是黑市上的骗子——人们用拥有丰富石油资源的利比亚领导人的名字来称呼他们，把他们叫作“卡扎菲”——他们在街上撑开宽大的遮阳伞，在伞下开起商店，用油桶和虹吸管贩卖汽油。士兵们的收入少得可怜，拒绝前往前线作战，首都军营爆发兵变。卡比拉的车队在途经人口密集的棚户区时多次被砸。当他经过时，女人们将五颜六色的衬衫掀起来，露出肚子，哭喊着她们太饿了。一些配有卡比拉照片、写着“这就是我们需要的人！”的广告牌不得不被拆下来，因为有人朝它们扔腐烂的水果。

* * *

通货膨胀、官员贪腐和行政部门普遍瘫痪，这些就是洛朗·卡比拉政府的特点。卡比拉的支持者后来将这一切全部归咎于战争。

但实际上，是卡比拉自己通过一系列毫无条理、执行不力的举措引发了这些问题。

卡比拉政府的货币和财政政策就是个恰当的例子。为了囤积急需的外币，政府规定所有货币交易将以刚果法郎进行，并人为抬高刚果法郎的价值。商家有五天时间将他们的美元和欧元兑换成刚果法郎，否则就会面临制裁。然后他们就不得不按照官方的税率缴纳所有的税款。2000 年的时候，中央银行的利率比黑市低了百分之四百，企业和公务员的收入没了。当然，少数政府职员被允许以官方利率买入外国现金，因此大赚了一笔，这更促使他们让通货膨胀率继续维持在高位。

271 “卡比拉现在就想要解决方案，而不是等到两年后。我们带着详细的经济规划去找他，”他的信息部长回忆称，“但他却说‘两年！两年后我就死啦。’两周内必须给我看到赚钱的项目！”[7]

这场战争破坏了所有的长期改革计划，迫使国家采取快速的补救措施，却让自己更加衰弱。钻石业就是另一个例子。因为这个国家以前的摇钱树——国营的铜钴矿业公司即将倒闭，政府几乎完全依赖占出口总额 75% 的钻石和石油。[8] 然而，卡比拉的货币政策导致钻石卖家将手中的大部分货物走私到了邻国，以避免用刚果法郎交易。更糟糕的是，2000 年 8 月，总统以每年两千万美元的代价，授权年轻的以色列大亨丹 · 格特勒（Dan Gertler）垄断所有的钻石交易。此举原本是为了给政府提供一些急需的现金，但卡比拉这么做却毁了钻石业，还得罪了金沙萨实力雄厚的黎巴嫩钻石贸易商。在没有走私的情况下，刚果的整个钻石市场估计价值达六亿美元。而卡比拉异想天开的政策使得刚果出口额减少到只有一亿七千五百万美元。[9]

* * *

与此同时，坏消息不断从前线传来。所有刚果交战国及其外国盟友于 1999 年 8 月签署了《卢萨卡停火协议》(Lusaka Cease-fire)，但受毛泽东“谈谈打打，打打谈谈”策略的启发，卡比拉下定决心准备战斗到底。他一直阻挠联合国的维和行动，认为这会妨碍他在军事上取得胜利。

然而，到了 2000 年 8 月，仍然坚信会取得胜利的只有卡比拉自己了。这场战争拖拖拉拉地进行到了第三年。乌干达支持的刚果解放运动叛军在刚果北部击溃了政府军后，顺着刚果河一直进军到了下游距离金沙萨几百英里的区域重镇姆班达卡（Mbandaka）。卢旺达部队和刚果民主联盟的盟军围困了刚果中心的卫城伊凯拉(Ikela)，切断了刚果和津巴布韦部队的联系，计划慢慢饿死他们。

政府准备在东南的刚果—赞比亚边界的普韦托（Pweto）小渔村进行决定性对峙。总统顾问告诉我，“对于卡比拉来说，普韦托就是抵抗的象征,他会不惜一切代价守卫它。”[10] 如果普韦托失守了， 272
就没有什么能阻止卢旺达军拿下刚果的矿业之都同时也是卡比拉的故乡卢本巴希了。

当时在刚果的布隆迪胡图族叛军领袖回忆起 2008 年 8 月卡比拉给他打电话的情景。“他说：‘这一次我们一定会把他们打得落花流水。’然后他让我做好新一轮反攻的准备。”[11] 卡比拉为这项行动拨了两千万美元，将他的军队指挥官派到普韦托，授权约翰·农比将军（John Numbi）负责此次进攻行动，农比是一位电气工程师，以前领导过一支加丹加省青年民兵。

许多官员并没有卡比拉那么乐观。总统的儿子约瑟夫·卡比拉将军从 1998 年起担任军队的名誉领袖，他私下曾对布隆迪的叛军指挥官说，他并不相信他们会成功。津巴布韦指挥官也对此表示同样的怀疑，并表示他们的士兵只会防守。布隆迪的叛军领导人已经失望了好几次，他占领了几座城市，徒劳地等待卡比拉承诺的增援。他对努比将军的能力表示怀疑："他的时间都用在了在笔记本电脑上制订计划和画根本没人注意的草图上。他根本算不上一名真正的军人。"

刚果军像这个国家的许多事务一样，体系庞大而老旧。虽然总统声称他们有十二万名士兵，但大多数外交官认为实际人数只有五万人左右，其中包括蒙博托的士兵，在第一次刚果战争中征募、由卢旺达和乌干达训练的娃娃兵，加丹加猛虎和新兵。一些外国军事分析家指出，战前逃兵率——也就是战斗还没开始就逃跑的人——高达60%，只有前线单位能定期收到军饷和粮食。在金沙萨，一线士兵的家属经常被赶出家门，空出房子作为免费住处吸引新兵。即使这样，军队也很难吸引新兵，到了2000年，他们开始招募娃娃兵，把他们送往前线。[12]

许多军官虽然业务能力扎实，但卡比拉却和他的前任总统一样，重视的是士兵的忠诚度而不是他们的能力，并将许多重要的行动交由丛林战士或缺乏经验的加丹加人负责。即使安排了有能力的军官，总统也会经常亲自指导作战，两套并行的指挥系统使得作战行动混乱不堪。

273 鉴于军队如此混乱，卡比拉不得不依靠他的盟友。津巴布韦已将部署在刚果的部队增加到一万一千人，安哥拉和纳米比亚派遣的人数则较少，主要任务是负责保卫金沙萨。还有一万五千至两万五千名布隆迪和卢旺达胡图族士兵作为雇佣军为卡比拉作战。

* * *

普韦托北边的小村庄穆托托莫亚（Mutoto Moya）位于草原上

长长的象草间，那里曾发生过刚果战争中最重要的一场战斗。这个村庄坐落在起伏平缓的平原地带，是通往卢本巴希的门户，沿着平整的公路只需四天步行就能到达。

约三千名卢旺达和布隆迪的士兵被自身兵力两倍的津巴布韦和胡图族士兵围困了数月。这两支部队的士兵待在八英里长的战壕里，隔着中间一英里的空旷地带紧盯着彼此。

穆托托莫亚是刚果堑壕战的唯一实例。双方都挖了一些好几英里长、深如人高的壕沟。在泥泞的墙壁内，有厨房、纸牌游戏、临时酒吧和搭建给士兵睡觉的吊床。这场非洲大战中的堑壕战是为数不多的与八十年前欧洲堑壕战类似的几个案例之一。

卢旺达和布隆迪的士兵大多在气候比较严寒、条件艰苦的地方长大。而该地的气候炎热潮湿，壕沟里还有许多又长又大的蚯蚓与屎壳郎。下雨的时候，士兵们就得在膝盖深的泥泞雨水中站上好几个小时，皮肤在橡胶靴的摩擦下溃烂。

许多人因疟疾和一种奇怪的皮疹倒下了，他们以为是因为喝了当地的水。附近高耸土堆里的白蚁咬穿了木质的弹药箱，并在士兵的皮肤下产卵。卢旺达的参谋军官比较幸运，每隔几个月就可以去附近的殖民农场里休养补给，那里有奶牛、供电和供应充足的啤酒。

显而易见，在刚果战争最重要的战线上，双方几乎全都是外国军队。布隆迪的正规军指挥官莫里斯·加泰雷泽上校（Colonel Maurice Gateretse）回忆说：“卢旺达人根本不放心把重要的任务交 274
给刚果民主联盟。”“他们的表现太糟糕，我们呼叫他们的总部，建议把这些士兵撤回去。他们会在三十分钟内把所有子弹都打光，然后再回来要。比起战斗，这些家伙倒是对掠夺村庄更感兴趣。”[13]

一次停火谈判让双方和平相处了一段时间，直到 2000 年 10 月卡比拉单方面发动攻势。为了在人数上占优势，刚果军聚集了一万多名士兵，其中包括许多卢旺达和布隆迪的胡图族士兵。在津巴布韦军队的装甲车和霍克战斗机的支持下，刚果军队占领了敌方的战壕，并把对手逼退到三十英里外的山丘农场小镇——佩帕（Pepa）。在那里，卡比拉的军队控制了可以俯瞰小镇的战略高地。津巴布韦轰炸机一路追踪和轰炸撤退的敌军部队，导致这些部队不得不在白天躲藏起来，在晚上行军。

身处基加利的卡加梅总统愤怒不已。他通过无线电给前线的一名绰号为“零零”的指挥官发去消息，这位指挥官是出了名的性格残暴和爱喝酒。卡加梅告诉他，如果他夺不回佩帕，“就别想回到卢旺达了”。布隆迪指挥官加泰雷泽上校回到家中也收到了来自上级的类似警告，说如果他失败了，就得一路走回布隆迪——也就是说要徒步穿过三百七十英里的丛林。

为了夺回佩帕，他们必须攻克一座山头，而这座山的山顶架着高高的铁丝网，部署着重机枪和迫击炮，山坡上几乎没有任何可以隐蔽的地方。布隆迪指挥官说：“这就像我在电影里看到的美国人在硫黄岛上时一样。”“我们必须躲在每一个能找到的小土丘和灌木丛的后面。”他们得到了布隆迪从湖面上派来的支援：六千名卢旺达和布隆迪士兵乘着驳船赶来准备进攻。

他们于清晨打响了战斗。数千名年轻士兵沿着陡坡一路向山上的要塞攀爬。沿途没有任何可供掩护的灌木丛。这是一个养牛的国家，为了放牧，所有的树都被砍光了。“那就是一场屠杀”，加泰雷泽上校回忆道，卡比拉的军队“坐在山顶，用重机枪撂倒那些孩子。
275 你能听到迫击炮的轰鸣声、机枪的嗒嗒声和我们的人倒下时的尖叫声”。尝试登山的军官的对讲机一个接一个地没了声音。

两天的战斗、数百人的伤亡，让卢旺达人和布隆迪人坐在一起重新思考对策。他们决定派一个轻装机动连绕到卡比拉阵地后方发动攻击，大部队则继续从正面进攻，分散对手的注意力。然而，侧面包抄是有风险的，因为当地地形复杂，而且刚果士兵会在周边地区巡逻。士兵必须在一夜之间步行四十英里，才能出其不意地袭击敌人，这对他们来说十分艰难。士兵们找了几个倒霉的当地人，用枪指着他们的脑袋，迫使他们当向导。士兵们轻装上阵，只背着AK-47、几个弹药夹具和火箭筒，在黄昏时分小跑着出发了。

这个战术奏效了。山上的激战持续了一个上午，造成了更多的伤亡；突然，山顶的机枪没了声，然后枪口掉转，朝着相反的方向开火。执行包抄战术的分遣队突破了卡比拉的后方防线，令其余部队腹背受敌。卡比拉的士兵绝望地想要投降，把能找到的所有白色的东西放在沙袋上：背心、头饰、内衣。但却没什么用。“我们没有俘虏很多人，我们太生气了，而且就算俘虏了他们，我们往哪儿放啊？”盖特雷斯上校回忆道。现在轮到他们撂倒敌人了。

然而，卡比拉的大部分部队都逃跑了，想跑回普韦托，跑到他们军队的前线基地。许多刚果的高级头目都聚在了那里，包括约瑟夫·卡比拉将军。

接下来是一场为期三周的道路战，刚果、胡图和津巴布韦的部队边打边撤。这条路贯穿了这个景色秀丽的农业国家，道路两旁整齐地生长着比利时人几十年前种植的桉树。卢旺达人具有战术上的优势：他们机动性很强，只带了基本的装备，在路上的每一处弯道伏击刚果军。而刚果军则被大炮、坦克和装甲车等装备拖累，他们在路边的高地上修筑地堡、挖掘散兵坑来藏身。但不可避免的是，卢旺达人的动作比他们要快，将他们各个击破。

一名《华盛顿邮报》（*Washington Post*）记者随后在报道中写道：“向南通往普韦托的路上不仅仅有成群的绿色和白色的蝴蝶，
还有四处散落的尸体——这里有一具四分五裂的年轻尸体，手上还 276
紧紧握着一把AK-47，那里有一个敞开的绿色斗篷，顶上有个人头。”[14]

与此同时，整个普韦托陷入恐慌。政府联军犯了一个致命错误：

他们想把大量的武器运到卢武阿河（Luvua River）对岸。但是他们只有一艘渡轮可用于运输，在卢旺达军队到达之前，他们根本没有足够的时间把他们的装备搬走。更糟糕的是，大兵压境之下，刚果的物流体系彻底崩溃。“卡比拉总统告诉我说他们的弹药都用完了，”他的一名指挥官回忆道，“我心里很怀疑，突然之间，我们就用完了所有的东西——燃料、弹药和钱。”[15]

卢旺达人已经推进到数英里之外了，包括约瑟夫·卡比拉将军在内的高级指挥官想乘直升机逃回卢本巴希，却发现连飞机都没有燃料了。“这就和蒙博托当时的情况一样，”总统助理告诉我，“有人把所有的直升机燃料卖了，把钱装进了自己的腰包。是我们的愚蠢害了自己。”[16]

这些将军不得不争着登上一艘锈迹斑斑的暗红色渡船——船的名字恰好是“联盟号”——与他们的津巴布韦同僚一起逃过赞比亚边境。当渡轮回到刚果这边的港口时，士兵拼命想把一辆四十吨的苏联 T-62 坦克装上船。结果他们没有掌握好船的平衡，渡船和它那珍贵的货物一起沉没在了港口里。

这对刚果军来说是一个合适的结局。几个小时后，卢旺达人到达这座渔镇，发现三十三辆坦克以及装甲运兵车、卡车和一辆救护车整齐排列在渡船前，全都被烧焦了。逃跑的士兵在这些装备上洒满柴油后将其纵火焚烧。医疗箱中还未开封的注射器被踩得稀碎。在遗弃的装备中，他们发现了一张逃走的军官遗落的纸条，上面写着：“进攻。”[17]

* * *

在两百英里外的卢本巴希，一直在关注战局的洛朗·卡比拉总统坐立不安。他已经有二十四小时没有收到任何有关儿子约瑟夫的消息了，在他那个混乱庞大的家庭中，约瑟夫被他当作最亲近的家人。当他听说约瑟夫和其余的军队指挥官逃到了赞比亚时，下令将他们全部逮捕，包括约瑟夫，一并带回刚果。

卡比拉紧急飞往津巴布韦，希望盟友能向他保证不会让卢本巴 277
希沦陷，但穆加贝总统明显很不高兴。津巴布韦的一名官员评论说：“卡比拉是那种只有一个灭火器却想放六次火的人……津巴布韦的军队就是他的消防员。”[18] 刚果战争每月要花费穆加贝两千七百万美元，还会招致哈拉雷的报刊对政府的持续抨击，批评他们耗费巨资在刚果作战，而国内却因粮食短缺发生骚乱。普韦托战役大败前不久，穆加贝在决定修改宪法的关键公投中失败，而反对派在议会选举中取得了巨大的胜利。“够了，”他对卡比拉说，“跟你的敌人谈判吧。”

绝望的卡比拉飞往安哥拉面见爱德华多·多斯桑托斯总统。在那里，他得到的回应更糟糕。到 2000 年底，从未往前线派遣大量兵力的安哥拉军队在安哥拉北部重挫若纳斯·萨文比的安哥拉争取彻底独立全国同盟（National Union for the Total Independence of Angola）的叛军，并且不再依赖与卡比拉的军事合作。卡比拉的一名助手回忆说：“多斯桑托斯告诉他，要实行钻石贸易自由化，采用浮动汇率，并与他的对手会面。”[19] 换句话说：你之前所有的方法都失败了。大棒已经没用了，你现在必须要给对手一些胡萝卜。

为了把话说得更明白些，安哥拉总统坦言，西方情报部门正在阴谋除掉卡比拉，已经联系了他的几位将领。但之后他微笑着拍了拍卡比拉的后背：“我告诉他们什么也别做——一个我们熟识的老混蛋总比我们不认识的强。”

这次谈话对卡比拉产生了很大的影响。“他回到金沙萨后的那几天一直在说这件事。”他的助手表示。[20] 总统很清楚，国内已经没有资金或军事力量来支撑他那摇摇欲坠的政府，失去了安哥拉和津巴布韦的支持，他的好日子就没几天了。卡比拉让工作人员起草了一份可供谈判的对手名单，但是再也没人愿意相信他了。他陷入消沉之中，晚上睡不着觉，取消了所有的会议，然后躲进了总统府。素来干净的脸上出现了胡楂，他告诉助手："如果卢本巴希失陷，我就自杀。"[21]

* * *

那么是谁下令刺杀卡比拉的呢？刚果人对卡比拉的死展开了
278 想象，将不同的故事和历史编织在一起，争相解释为什么那名瘦弱的保镖要射杀总统。一部分问题在于，太多人都存在杀人的动机，可以因为卡比拉的死得到好处。正如《经济学人》调侃的那样，全刚果的五千万人都有刺杀他的动机。到卡比拉去世的时候，他得罪和疏远的不仅有他的敌人，还有大多数的盟友。

关于他的死主要有两种说法。第一种说法得到了刚果政府的支持，认为是卢旺达人一手包办的，说卢旺达人指使一群心怀不满的前娃娃兵实施了刺杀，这些娃娃兵来自基伍省，和安塞尔姆·马萨苏关系密切。当埃迪·卡彭德告诉约瑟夫·卡比拉他的父亲去世了时，据说卡彭德还没来得及解释事情的经过，二十九岁的约瑟夫就已经对着电话泪流不止，他脱口而出："是基伍省的那些家伙杀了我的父亲。"[22]

安塞尔姆·马萨苏被他的朋友称为"Toto"，因为他外表很年轻（mtoto 在斯瓦希里语中的意思是"小孩"）。他在卢旺达和刚果的边境长大，父亲是少数民族什族人（Shi），母亲是图西族人。他有很多图西族的朋友，20 世纪 90 年代初，他的朋友辍学加入卢旺达爱国阵线叛军，一直渴望冒险的马萨苏也跟着去了。他二十岁时便晋升为卢旺达陆军中士。他富有魄力，脑子转得快，引起了上级的关注，1996 年，他成了解放刚果—扎伊尔民主力量同盟领导层的四号人物。卢旺达军希望他能够鼓励刚果东部的非图西族青年加入叛军，因为他们担心人们认为这场运动只是图西人的事。早在民主力量同盟入侵刚果之前，马萨苏就打入了儿童和青年人群体中，吸引他们加入自己的事业。他被视为娃娃兵的指挥官，总是出现在前线，和他的“孩子们”一起吃豆子和玉米。几年后，许多受我采访的前娃娃兵成员仍然会提起他，提到他时充满敬意和爱戴——他们离开家后，马萨苏便成了他们的父亲。

马萨苏与詹姆斯·卡巴雷贝上校保持着亲密的关系，甚至在卢旺达人被赶出刚果以后依然如此。作为民主力量同盟的创始人之一，马萨苏经常吹嘘自己的地位，宣称自己是陆军总司令，并授予自己将军军衔。“他在九个月内从中士升到了上将，”前卢旺达情报局局长帕特里克·卡雷盖亚回忆说，“我觉得他已经被冲昏了头脑。”在金沙萨以种族划分派别的政治环境下，亲近卡比拉的加丹加人将代表基伍省军队羽翼力量的马萨苏视为威胁。

1997 年 11 月，卡比拉总统逮捕了马萨苏，并发表新闻声明， 279
指控他“通敌”，并澄清说他根本不是一名将军。他被判入狱二十年，但他只服刑了十五个月，其中一段时间被单独囚禁在只有大约一平方米大小的牢房里。后来娃娃兵发动抗议，并极有可能出现兵变，此时卡比拉便释放了他。

但是，马萨苏一经释放，便再次在外国媒体上批评卡比拉，声称他遭到了非法监禁。金沙萨的安全部门认为他正在招募前娃娃兵，试图推翻卡比拉的统治。他们指控他非法聚集一千两百名娃娃兵，企图煽动新的叛乱。金沙萨发起了一场针对基伍省娃娃兵的政治迫害。安全人员脱光了被拘留者的衣服，检查他们的胸前和后背是否有做法事留下的疤痕，他们说马萨苏用传统药膏涂抹这些士兵的身体，让他们可以刀枪不入。不幸的是，许多东部的士兵身上都有这样的疤痕，因为这是他们小时候得了肺炎和支气管炎时，传统医师治疗时留下的。

马萨苏与五十多名士兵一起被捕。几个星期后，2000 年 11 月 27 日，他在普韦托前线战场被处死。

* * *

来自基伍的年轻新兵占了卡比拉五万士兵的三分之一。起义初期，卡比拉身边就一直有很多娃娃兵，令来访的外交官和政要颇感懊恼，他们经常被这些年轻人搭讪索要几美元或几根香烟。当卡比拉的朋友，一位来访的外国商人警告他不要用这些娃娃兵时，卡比拉回答说："噢，不，他们永远不会伤害我。他们从一开始就跟着我了。他们就是我的孩子。"[23] 还有一件事经常被提及，那就是这些娃娃兵不让卡比拉的妻子离开住所，抗议说他们没有拿到报酬，很饿。为了让他们闭嘴，她打开了后院的鸡舍，让他们自己去抓鸡拿鸡蛋。[24]

马萨苏被处死一事激起了金沙萨军营的骚乱，数百名娃娃兵被捕或渡河逃到了布拉柴维尔（Brazzaville）。虽然具体的细节尚不明
280 确，但至少有几十名娃娃兵在首都金沙萨被枪决。[25] 正是那个时候，法国记者采访了几名娃娃兵，他们说，还留在总统身边担任保镖的年轻基伍士兵举行了一场决定性的会议。[26] 拉西迪 · 卡塞雷卡对杀害了他朋友的卡比拉充满了愤怒，对其他二十名总统保镖说道，"我会杀了他的"，他们兴奋地表示赞同。

刺杀事件发生后，一群娃娃兵逃到了河对岸的布拉柴维尔。据刚果当局称，他们是预谋暗杀卡比拉的参与者。刚果民主共和国总统丹尼斯 · 萨苏 · 恩格索（Denis Sassou Nguesso）不愿庇护这些政变策划者，很快便将他们抓了起来，押回了金沙萨。他们当中有几个与马萨苏关系密切，其中有他的前参谋长和军事顾问。卡比拉

的安全部门表示，当他们审问这些囚犯时，他们对参与预谋刺杀卡比拉一案供认不讳。这些娃娃兵袒露，他们收到了黎巴嫩商人的资助，要他们组织政变；安全部门怀疑自己的部门也有人涉嫌参与，并处死了十一名黎巴嫩人。据称，这些商人是因为卡比拉将钻石贸易准垄断权给了以色列商人而愤怒不已。“就算是这样，那也很奇怪，”卡比拉的国家安全顾问审讯之后表示，“他们在接受审讯时非常冷静。他们说，他们很快就能逃走。”[27] 果然，不久之后，马萨苏集团的领导人通过内应将囚犯从马卡拉监狱救走了。

采访了几名逃亡者的《世界报》（*Le Monde*）记者认为此次刺杀行动很有可能是一群以前的娃娃兵出于愤怒和仇恨干出来的。然而，整个事情——总统保安措施的松懈、监狱逃跑事件、黎巴嫩商人的刺杀事件——似乎都是精心设计好的，因为这几个叛变的保镖所做的一切都太顺利了。诸多迹象表明，这些事与卢旺达人直接相关。首先，刚果安全部门表示，在逃跑之前，马萨苏的团伙承认他们与基加利方合谋了此事。其次，他们逃跑时，和几个富裕的黎巴嫩商人直接一起逃往了卢旺达，卢旺达政府还给其中的几个人在政治圈和商业圈安排了十分具有影响力的位置。最后，一名前卢旺达安全官员告诉我，他在刺杀当天见到过詹姆斯·卡巴雷贝上校。卡巴雷贝当时还在为卢旺达军队指导刚果作战行动，不久便被提拔为军队首脑，他拍了拍这位安全官员的肩膀说：“金沙萨来了好消息。 281
我们的人成功了。”[28]

* * *

但是，其他人则驳斥了卢旺达的阴谋论。如果卢旺达人想要摆脱卡比拉，按照这种观点，他们会在金沙萨或者前线发动攻势，来配合娃娃兵的政变。而不是像现在这样什么都没发生。事实上，这次刺杀的结果会损害卢旺达的利益，因为卡比拉的继任者是有能力重新获得各国使节对刚果的支持，重新启动和平进程，以及削弱卢旺达刚果民主联盟的力量。

对卢旺达阴谋论持有怀疑态度的人通常会把矛头指向卡比拉之前最亲密的盟友安哥拉，这其中就包括法国政治学家热拉尔·普吕尼耶（Gérard Prunier）。2000年，安哥拉军队差一点就消灭了二十五年的宿敌：安哥拉争取彻底独立全国同盟。不过，据联合国调查人员的统计，之后安盟通过钻石贸易攫取了两亿美元的收入，看来卡比拉为了现金已经孤注一掷，开始允许安盟在金沙萨境内通过黎巴嫩的宝石商人从事钻石贸易。安哥拉叛军不会透露钻石的真正出处，而卡比拉将得到高额回扣作为回报。根据法国和英国的内部期刊，到2000年底，安盟分子再次活跃在金沙萨。从一开始就对这支反蒙博托叛军给予大力支持的多斯桑托斯总统极为恼火，明确表示要彻底铲除扎伊尔的安盟基地。[29]

这种假设有与安哥拉关系密切的金沙萨的指挥官耶夫·纳维基（Yav Nawej）上校和总统的军事顾问埃迪·卡彭德的古怪行为作为佐证。众所周知，耶夫上校是最忠诚于卡比拉的将领，在刺杀前一天，他正在金沙萨驻地部署北部加丹加部队的裁军工作。然后，刺杀发生的几小时内，耶夫将军下令处死了十一名黎巴嫩钻石贸易商，其中包括六名未成年人。与此同时，卡彭德已经在广播上下令，命令陆军、海军和空军的指挥官维持纪律和保持冷静，这一行为激怒了这些指挥官，因为他们觉得卡彭德这么做远远超越了他的职权范围。

从这种情况来看，安哥拉人并没有组织刺杀，而是提前发现了
282 这件事情，然后让金沙萨的自己人——耶夫和卡彭德不要干涉。事实上，很难想象这些娃娃兵是听从安哥拉的指示行动的，因为他们与安哥拉首都罗安达的联系很少，反而与卢旺达的关系比较亲近。

然而，同样令人难以相信的是，考虑到金沙萨的信息网络可能有所渗透，只有卡比拉当选总统期间的亲安哥拉军官才会发现政变阴谋。此说法也遭受质疑，卡彭德和耶夫后来遭到逮捕，前者因涉嫌策划刺杀，后者因法外处决黎巴嫩公民。可以想象，如果安哥拉想甩脱泄露信息的罪名，就会把卡彭德和耶夫都除掉——反正刚果监狱本身就漏洞百出，声名狼藉。同样让人费解的是，与父亲感情甚深并且可能知道到底谁曾参与刺杀的约瑟夫·卡比拉，为什么会在明知身边到处都是参与这场阴谋的人的情况下如此随便地继任总统位置。

* * *

许多说法都可能和卡比拉的死有关。还有一种说法认为，卡比拉是自然死亡的，明显是因为那天疟疾恶化，一个人权组织表示，在那家医院负责抢救他的医生并没有在他身上发现任何子弹的伤口。另一种猜测认为，他是被一群手下的将领射杀，因为他们在普韦托战役中表现不佳而遭到了免职。一年之后，负责帮卡比拉拟条约草案的副主任在布鲁塞尔流亡时透露说，津巴布韦军是刺杀事件的幕后黑手，但却没有拿出任何证据或理由支持这一说法。[30]

在刚果，像这样的事情往往可能永远也没有真相。刚果政治的观察家应该坚定地时刻保持对简单真相的怀疑态度。信息，特别是关于国家大事的信息，常常植根于传闻和谣言。政客甚至已经非常擅长把谣言当作一种战术，有意扩散它们，让人分不清真相或抹黑他们的对手。

有时候，一个人似乎一踏上这个国家的国土，就不再像阿基米德那样看待真相，而是被卷入谣言和指控的网络中，仿佛这个国家本身是某种后现代小说里的东西。这种局面的产生，一部分是由于结构上的缺陷，缺少一些能够深挖和认真检验信息的机构，比如自 283

由媒体、独立司法和问责的议会。但这也和某种文化自豪感相关。当人们聚在一起喝酒或者在等出租车的时候，散布谣言传说能够让他们生活变得有意义。例如，人们很容易就相信，约瑟夫·卡比拉的真名其实是希波利特·坎纳姆贝（Hippolyte Kanambé），是一名卢旺达人，代表保罗·卡加梅的利益行事。他们也相信，刚果的冲突其实是美国公司为了窃取刚果矿产的阴谋。无论是哪种说法，都可能比复杂的事实更容易让人接受。不正是它让每天都要面对严峻现实的刚果人获得了生活的意义吗？

金沙萨的军事法庭对因卡比拉刺杀案被抓进中央监狱的一百三十五名嫌疑人进行了长达九个月的审判。每天，囚犯、士兵、家属和寻求消遣的围观人员进入法庭，由身穿蓝黄相间的囚服的囚犯带到座位上。法官的座位后面是一位懂艺术的囚犯画的壁画：池塘旁边的乡村野餐图，上面还画有葡萄酒、葡萄、小提琴和一束玫瑰花。当被告起身发表证词时，观众时而发出嘲笑的嘘声，时而鼓掌喝彩。首席检察官查尔斯·阿兰巴（Charles Alamba）发表讲话，说了些冗长又不相关的题外话，其间观众尤其吵闹。他在讲话中一度谴责埃迪·卡彭德与多名女性发生关系并致使她们怀孕。“我们实行的是一夫一妻制，不承认一夫多妻制！”[31] 观众不满地嘟囔起来。

法院没有为被告提供像样的辩护律师，并在审判的大多数时间中禁止独立观察员进入法庭。公诉人都是军队的军官，他们只对自己的上级负责，这种情况削弱了他们的独立性。许多人都不曾受过法律培训。他们逮捕了一些士兵的妻子并将她们送上了审判台，其中就包括拉西迪的妻子，手里却没有任何证据证明她们参与其中。出现在刺杀现场的经济事务顾问埃米尔·莫塔本身是目击证人，但却在证人席上遭到逮捕，原因是被指控所说的证词前后矛盾。任何人都无法提供令人信服的证据证明这些被告是有罪的，也无法弄清楚卡比拉死亡的幕后原因。

法官最终判处三十人死刑，其中十人根本没有出现在审判现场。

* * *

卡比拉去世时已经是刚果的核心人物。关于他的一切都是大事， 284
从他的身形、夸张的语言到他的行为举止。他花了大半辈子的时间来推翻蒙博托·塞塞·塞科，可在许多方面，他继承了蒙博托的老路。洛朗·卡比拉也是一位强大的独裁统治者，他靠自己制定的法条来施政，并镇压所有的反对派。“卡比拉是一名真正的领袖”，刚果人经常会思念他。事实上，他会通过将大部分属下逮捕起来并关押个一两天，然后再放了他们的方式提醒他们，他才是执掌一切的人；几乎没人能避免这种待遇。但是，他的统治并没有创造出什么丰功伟绩：卡比拉并没有像他的前任一样如路易十四皇帝那般奢侈挥霍。他生活相对比较简朴，对大多数腐败毫不宽恕。如果有那么一件事能让刚果人记住这位伟人，那就是战争。战争拖垮了卡比拉和他的政府，并使他们变得狂热地爱国，有时候甚至可以说是仇外。他执着于打赢战争。毕竟，他从小到大都是一个反叛者，争取一场战争的胜利比统治一个国家要轻松多了。但是在他为最敬爱的事业殉难后，这个国家却终于松了口气。

285 第十九章

战争的代价

1996年11月，扎伊尔·戈马

“非法、非法！‘非法’他妈的到底是什么意思？”当我问到关于他对外国公司和政府“非法掠夺”刚果资源问题的看法时，姆文泽·孔戈洛这样回应道。姆文泽在洛朗·卡比拉政府担任手握实权的内务部长，本人也在几场矿产交易中持有股份。“我们的战争需要资金支持。我们用矿产和资源换钱来抵御外国人入侵。这也是非法的吗？”[1]

卡比拉政府和这一地区其他国家之间的交易遭到了许多人的批评，因为这些交易的收益都被用来支持战争。还有一些人则谴责卢旺达和乌干达在1998年到2002年占领刚果东部期间牟取暴利。人们习惯大笔一挥，对各个国家在这场战争中的不同参与形式一概而论，忽略其中的细微差别。对所有参与战争的国家来说，经济利益是原因之一，但背后还有对国内局势、区域地缘政治、团体利益等更复杂因素的考量。有时候，政客确实是为了个人私利掠夺当地的自然资源；还有一些情况，政客们这样做则是为了给战争和政府运转筹集资金，尽管他们为了达到目的所采取的手段显得十分可疑。外国政府和企业也卷入其中，同样，他们参与的形式各有不同，有的是直接插手，有的则只有一点点连带责任。

* * *

1996 年 9 月各国对刚果的第一次入侵完全是出于安全和地缘政治方面的顾虑，几乎和经济利益毫无关系。当时是由于蒙博托对安 286
哥拉、乌干达和卢旺达叛军的支持激起了众怒，不是因为那些邻国垂涎刚果的矿产资源。不过，随着叛军运动不断发展，金钱也成了决定性的因素。

金沙萨政府失去了对一部分国土的控制后，将进口和出口税大幅削减了 70%。戈马成了创业的热土，全世界的投资者闻风而来。在当时，跟叛军做生意是个风险极大的选择。没有大企业愿意把筹码都押在洛朗 · 卡比拉身上，因为他们担心蒙博托还会东山再起，倘若如此，他们就会成为蒙博托眼中的叛徒。这给那些敢于孤注一掷的企业家打开了机会之门，他们不用再处处受那些股权公开的大型公司的限制。

让–雷蒙 · 布勒（Jean-Raymond Boulle）就是这些企业家中的一员。1997 年初，当叛军还仅仅掌控着东部边境地区一块狭小的区域时，他就成了第一位和民主力量同盟接触的知名企业家。布勒是刚果投资人中的典型代表：博学多才、具有冒险精神、敢于承担风险。他来自毛里求斯，说话亲切温和，曾在南非和英国求学。他平时开着一辆宾利，住在摩纳哥的别墅里，但他对非洲混乱又艰苦的非洲矿区十分熟悉。他的母亲是一位久经沙场的钻石商人，在母亲的引导下，他很年轻的时候就进入了这个行当。20 世纪 70 年代，他加入南非钻石业巨头戴比尔斯驻扎伊尔和塞拉利昂的分公司工作。由于对公司的官僚体制感到失望，他在 1981 年自立门户，成立了自己的公司。1994 年，他的生意取得了巨大突破，那一年他手下的地质学家在寻找钻石矿时不经意间在加拿大沃伊斯湾（Voisey Bay）发现了世界上最大的镍矿。经过激烈的讨价还价之后，布勒卖掉了这座矿山的经营权，当即将到手的四亿美元投资给一家新公司——美国矿业公司，公司的另外一个合伙人是一位土地测量员，来自克林顿总统的故乡、美国阿肯色州小城霍普（Hope）。布勒爽快地向他的生意伙伴透露了自己公司的所在地，而且提到他在很多场合都见过克林顿，包括他的总统就职典礼。[2]

战争爆发时，已经很多年没有大投资人进入刚果的矿产开采业了。不过，就在同一时期，比利时和刚果政府已经在矿山勘探和开采可行性调研方面投资了数十亿。这些投资大幅度降低了私人资本
287 进入的风险。私人公司可以购买已经探明储量的铜矿和钴矿，粗略估算需要多少投资来开掘表层岩石、疏浚矿坑积水，以及更新和新建矿山的基础设施。有些外国商人会串通国有矿山企业吉卡矿业的管理层，以获取该公司的技术评估资料和可行性研究报告。“他们把这些报告做些修改，换上自家公司的封面，然后就说这是自己做的技术研究。”一位前吉卡矿业的官员告诉我说，他和大多数矿业官员一样不愿透露自己的名字。[3]

在蒙博托当权的时候，布勒就已经尝试进入采矿业，他买下了一座铜矿和一座钴矿的开采权，这两座矿产的预估储量价值约两百亿美元。[4] 但蒙博托取消了这些合同，把其中一座矿山卖给了非洲最大的矿业公司：英美资源。这让布勒和蒙博托从此有了积怨，布勒和自己合伙的几个兄弟开始在私下与蒙博托的对手接触。当刚果的第三大城市基桑加尼在 1997 年 3 月沦陷时，布勒开始采取行动，他关闭了自己在金沙萨的办公室，并在民主力量同盟的控制区开了一家钻石交易公司。“你是要等所有人都进来，然后当个最后一名，

还是想先下手为强？”他的弟弟麦克斯·布勒（Max Boulle）当时这样对记者说道，“我们做出了一个明智的决定，就是要尽早介入。”[5]

由于民主力量同盟关闭了城里所有的钻石交易行，布勒就有机会从中获取丰厚的利润。作为回报，据说他提前向叛军支付了一百万美元的钻石交易“预付款”。[6] 交易商们拼了命想要把钻石卖出去，把布勒办公室的门都挤坏了。这个毛里求斯人还让叛军继续使用自己公司的里尔商务机，尽管后来他声称这是被强行征用的。1997 年 4 月，当民主力量同盟占领刚果的矿产之都卢本巴希之后，他们把不久前蒙博托搁置的矿产交易都交给了布勒。作为回报，这位毛里求斯的矿业巨头本应拿出八千万美元的首期定金，据说其中的四分之一他都提前支付给了民主力量同盟。[7]

另外一些矿产企业也紧跟布勒的脚步来到这里。瑞典的风险投资家阿尔弗雷德·伦丁（Alfred Lundin）和布勒一样，之前也已经在跟蒙博托政府谈判，他在 1997 年 3 月也开始跟民主力量同盟接触，想收购这个国家最大的矿山：滕凯丰古鲁梅铜钴矿。这座矿山被普遍认为有世界上最大的铜矿储量，价值预计高达二百六十亿 288
美元。伦丁提前向叛军支付了五千万美元作为预付款，而这些钱本应交给国家矿业公司的。[8]“在采矿业的历史上，有这样一些时刻，可以让你用极其优越的条件达成这样的交易。”伦丁当时这样说道。[9] 确实，这些条件着实不错：在向刚果政府支付了两亿五千万美元，并投资了十五亿美元让矿山可以正常运转之后，伦丁在经营矿山时可以不用缴纳任何税费，并持有矿山 55% 的股份。[10]

这样的交易是非法的吗？或许是。第二次世界大战结束后，许多德国和日本的公司由于直接掠夺财产，或者间接买卖别人掠夺来的财产，被各个战争法庭判定犯下掠夺罪行。例如在其中一个案子中，纽伦堡军事法庭判处一家德国矿业公司的经理有罪，因为他在波兰开采的一座煤矿是纳粹政府授权经营的。[11] 在刚果，布勒和伦丁也都跟叛军签订了合约，而不是跟合法的中央政府。此外，他们支付的现金预付款——总额大约有七千万美元——都是在叛乱最关键的时刻支付的，当时距离叛军攻入首都只有两个月时间，他们的这些钱为叛军的最后总攻铺平了道路。

* * *

人们经常说刚果是一起地质丑闻。这种说法并不夸张。20 世纪 80 年代末，刚果是全世界最大的钴金属产地、第三大工业钻石产地、第五大铜金属产地。这里还有规模庞大的铀矿储藏——也就是臭名昭著的轰炸广岛的那颗原子弹的原材料——同时国内还有储量丰富的黄金、锌、钨和锡矿。

和这个国家的许多问题一样，这种对于资源的不当处置要追溯到殖民时期。早在 1906 年，比利时殖民政府就把位于加丹加省一块一万三千平方英里的矿区批给比利时通用公司，这是一家国有的大型托拉斯集团，而这块矿区的面积相当于整个比利时的国土面积。[12] 这起交易有一条令人不可思议的优越条款，该条款规定，在接下来的六年中，公司对在这块矿区中发现的任何矿藏，都拥有长达九十九年的垄断经营权。条约中还将国有铁路的经营权授予这家公司，帮助他们运送铜矿和钴矿石，同时殖民政府还会提供所需劳力。比利时通用公司创办了殖民刚果最有实力的三家公司：上加丹加矿业联盟、下刚果—加丹加铁路公司以及国际林木和矿业公司。刚果
289 的矿业和农业出口造就了一些比利时最大的企业集团和个人财富，促进了安特卫普港（Antwerp）的发展，并催生了蓬勃的铜冶炼产业。

1967 年，蒙博托将上加丹加矿业联盟国有化，重新命名为吉卡矿业，同时还将基伍省和加丹加省的其他几家矿业公司也都改造为国有企业。政府继续把矿业公司当作摇钱树，源源不断地从中捞取

现金，支持蒙博托和其亲信的奢靡生活，而不是用于再投资获取收益或者用于基础设施的建设开发。为了实现自己的目的，这位独裁者强迫所有的矿产出口交易必须经过一家国有矿产公司进行，随后这家公司将会把所得收益全部上缴国库。尽管如此，由于不断攀升的铜价，吉卡矿业一直是国内提供最多就业岗位和最多业务收入的公司，在巅峰时期，这里共有三万七千个就业岗位，公司建设运营着十三家医院和诊所，其收入占国家经济总收入的 20% 到 30%。

一系列的原因导致吉卡矿业在 20 世纪 90 年代一蹶不振。由于智利等国的低成本矿产开采量增加和世界对铜矿需求减少，铜价大幅下跌。1991 年到 1993 年间，军队横征暴敛、巧取豪夺，加上 1993 年间对加丹加省的卡塞安族（Kasaian）采取的大清洗政策，造成吉卡矿业大部分经验丰富的外派员工外流，从而导致国外发展援助的大幅削减，而这些援助在此之前是支撑整个国家矿产行业的重要支柱。1990 年，卡莫托的大型地下矿洞坍塌，总产量暴跌了 23%。在战争之前，矿石出口已经由 1988 年高峰期的四十六万五千吨锐减至三万八千吨，而同一时期的钴产量则由一万吨跌到了四千吨。同样的趋势还在其他种类的矿产出口中蔓延，从而导致整个国家的国内生产总值在 1990 年到 1994 年间急剧萎缩了 40%。

迫于背后支持者要求政府放松经济管制的压力，加上对经济收益的迫切需求，蒙博托在 1995 年允许总理肯戈 · 瓦 · 东多对矿业部门逐渐实施私有化。后来大多数和民主力量同盟重新谈判的交易合约，包括美国矿业公司和伦丁的投资，都是基于 1996 年与蒙博托政府达成协议的交易重新进行的修订和确认。认为是想要染指刚果资源财富的国际矿业资本推动了战争爆发的说法是站不住脚的。战争致使整个矿产行业的私有化进程延缓了十年，不安定的局势和混乱的政府管理让那些大企业不敢向这里投入资金。一直到了 2005 290
年，加丹加省才重新批准了大的投资协议，投资者们才开始再次向这里注入大量资金。

* * *

从其他许多方面也能看出卡比拉对资本主义自由市场的憎恶。叛军在矿产行业采取了半马克思主义、半自由主义的政策，用缺乏认真考虑的政策对大型外国公司进行严格限制，却对躲在暗处、鲜为人知的投资人青睐有加，可这些人往往缺乏开发矿产行业所需的资源和专业能力。卡比拉对被送出去的大型铜钴矿感到十分不悦——根据政府的说法，总统从来就没有在合同上签字——于是他就暂停了相关谈判。卡比拉政府的矿业部长指控两家最大的矿业公司——戴比尔斯和英美资源公司——“实施垄断”和“缺乏社会责任”，于是剥夺了他们在刚果的部分财产。[13] 卡比拉政府开始要求所有外国公司必须提前用现金支付他们在刚果计划投资总额的15%作为定金，不可退还，并且将外派员工的人数降至最低限度。政府对现存的最大矿山——坍塌的卡莫托矿山——进行公开招标，但随后又强迫六家参与竞标的公司对其进行联合开发。毫无疑问，这笔交易最后泡汤了。“这简直是一场灾难，”一位吉卡矿业的官员把头埋在手里，沮丧地用法语对我说，“洛朗·卡比拉？我的天哪！”

不过，没过多久这些政策就难以为继了。卡比拉想到了他在70年代做游击队员时的想法，于是和自己卢旺达的合作伙伴一起成立了一家半国有公司，名叫混合进出口公司。在1997年5月攻入金沙萨之前，卡比拉至少往混合进出口公司在基加利两家卢旺达银行开设的账户汇入了三千一百万美元的个人和国家资本。[14] 这些资金包括伦丁提前支付的两千五百万美元预付款、国家矿业公司的三百五十万美元，以及北基伍地区一家国有咖啡种植园的数十万美元。

成立一家大型控股公司来掌管统治精英阶层的经济利益并不是什么新鲜事。在卢旺达，卢旺达爱国阵线的执政党有一套庞大的投资网络，通过三星至尊控股这样的公司将其投资涵盖银行、地产和工业等领域。在埃塞俄比亚，政府也会采取类似的模式。在这种模式下，政府可以掌控并从私有经济领域获益，同时不用像国有企业 291
那样需要将其经营活动和金融往来暴露在聚光灯下。混合进出口公司起初扮演的角色就是叛军的银行，但卡比拉在金沙萨当权之后，并没有把这家公司和中央银行联合在一起。“混合进出口公司从来没有正式注册为半国营性质的公司，也不受国家政府的控制，”当时的总审计师马比·穆伦巴（Mabi Mulumba）回忆说，“这是一群和卡比拉总统关系密切的人运营的私营托拉斯，但是它用的却全都是国有资产。”[15]

卡比拉的一个律师记得自己曾经提醒过这位总统，不要用国有资产来自持一家私营企业。但总统听了以后哈哈大笑，然后对他说：“不过你说的这个法律，归根到底还是人定的，不是吗？”[16]

* * *

1998 年 8 月 2 日，当第二次刚果战争爆发时，总统洛朗·卡比拉清楚他没有足够的资源或者军队击退正朝着首都快速推进的卢旺达军队。为了阻击卢旺达军队，卡比拉紧急派遣一个代表团到安哥拉首都罗安达寻求军事支援，可这次出访却进一步暴露了他们捉襟见肘的经济状况。“先把欠我们的钱还了吧。”安哥拉外交部长告诉来访的代表团，他说的欠款指的是卡比拉在第一次战争中欠下的六百万美元的军事援助资金。[17] 除此以外，刚果政府还欠津巴布韦政府超过五百万美元的武器和设备款项，很明显，两个国家在看不到回报的情况下，都不愿意再向他们提供所需的资源。

就像一个极力避免公司破产的企业家一样，卡比拉开始抵押国家最有价值的资产，换取更多的贷款。他将混合进出口公司改造成了一个大型企业集团，津巴布韦和安哥拉政府都被纳入合伙人的行列，业务范围涵盖木材、石油、矿产、银行、农业等大型项目的开发。在津巴布韦首都哈拉雷，穆加贝总统抄袭了他的革命同志采取的这种商业模式，也成立了自己的私人注册、政府运营的公司，讽刺的是，这家公司的名字叫主权合法性行动联合企业，通过这家公司，他可以随心所欲地进行各项投资，并且将后期收益全部收归已有。

这些投资涉及规模庞大的国有资产：在一笔木材业务中，主权合法性行动联合企业和混合进出口公司各占 50% 的股份，他们从刚果政府手中拿到了三千八百平方英里林区的开采权，同时还成立了全国利润最为丰厚的金刚石开采公司：森加矿业。他们成立了数
292 家银行来管理这些项目产生的现金流和资金往来，同时还为两国的国会议员和政府部长预留了公司股份。[18] 穆加贝的主权合法性行动联合企业管理层中包括津巴布韦国防军司令官维塔利斯·兹维纳瓦什（Vitalis Zvinavashe）将军，还有国防部长以及国家矿业公司和矿产市场委员会的其他高级官员。[19]

这种商业风气对那些具有冒险精神、敢想敢干、作风粗鲁甚至寡廉鲜耻的商人来说可谓如鱼得水。比利·劳滕巴赫（Billy Rautenbach）就属于这一类型。劳滕巴赫生在津巴布韦一个富有的货运巨头家庭，之前做过赛车手，在他哥哥因为一场意外去世后，他接手了家族生意，并在整个非洲南部建立了利润丰厚的汽车销售生意。他素以火爆的脾气著称。“他习惯用对人大喊大叫的方式来管理公司。一整天他都在不停地训斥人。”他之前的一个生意伙伴告诉我说。[20] 多年来，他在南非法庭受到了从海关欺诈到盗窃到谋杀前商业伙伴等众多指控。谋杀指控后来被撤诉，欺诈指控则被劳滕巴赫以支付五百八十万美元的方式搞定。[21]

1998 年 9 月，作为与盟友津巴布韦交易的一部分，卡比拉政府将整个中央矿业集团交给劳滕巴赫管理。吉卡矿业的官员们对劳滕巴赫的坏脾气，以及他只挑最好的矿石、没有对整个矿山进行系统性开采的做法感到失望，因为这会影响到他的卡坎达矿区的长期盈利能力。“他新引进的机器设备并不适合这里的工作，”一位当时在现场工作的吉卡矿业官员抱怨说，“而且整个矿区都被打出一个个孔洞。这个矿区就像刚刚被炸过一样！”[22] 矿业分析专家对劳滕巴赫能拿到这样大面积的矿区感到十分愤怒。他完全没能力在这么大的区域内全面开展勘探工作。与此同时，非洲大陆一些最具经济效益的铜矿和钴矿却被闲置了。

一开始，卡比拉总统对劳滕巴赫的表现还十分满意，因为他是为数不多的几个能从奄奄一息的国有企业中挤出利润的人之一，没过几个月，他就任命劳滕巴赫做了吉卡矿业的总裁。“卡比拉每个星期都会跟劳滕巴赫通电话，为了战争向他要更多的钱。”一位吉卡矿业的员工回忆说。

一开始，劳滕巴赫的表现还不错。有人估计，他在十八个月里靠卡巴班克拉公司这一家加工厂就创造了两千万美元的收入，而在
利卡西（Likasi），他每个月能够处理一百五十吨钴矿，价值六百万 293
美元。[23]“他赶着人们去工作，努力抓生产。”另外一位采矿经理回忆说。[24] 然而，劳滕巴赫为的是赚快钱，政府也是，没有把收益进行再投资，用以维护和升级矿山的基础设施。到了 1999 年末，吉卡矿业的矿产量开始下跌，债权人为了还债而抵押出产的矿石。除此之外，劳滕巴赫还裁撤了一万一千名国有企业员工，撤销了之前所有的钴矿销售合同，把这些合同转到了一家伦敦的公司，得罪了很多人。2000 年 3 月，卡比拉用一个当地商人取代了这位津巴布韦人的位置。

类似的交易层出不穷，通常都会有可疑的商人和快进快

出的赚钱计划参与其中。2000 年，约翰 · 布雷登坎普（John Bredenkamp）获得了六片估值约十亿美元的矿区。布雷登坎普是一位津巴布韦军火商，曾参与破坏对津巴布韦武器禁运的行动。他支付了四十万美元的预付款，并承诺矿区净利润的 68% 都归刚果和津巴布韦政府所有。同年，另一位有犯罪记录的南非商人尼科·谢弗（Niko Shefer）拜见了卡比拉总统并达成了一项交易，它将通过一家和津巴布韦合资成立的公司山楂树实业来进行钻石交易。谢弗的犯罪记录包括在美国佛罗里达州与一家福音教会共同从事传销诈骗，以及在南非因为诈骗服过五年徒刑。这一次，谢弗想通过刚果官方与黑市之间的货币汇率差从钻石贸易中赚钱。一份南非情报机构的报告详细记录了谢弗与意向客户之间的一次对话：

> 现在官方汇率是一美元兑换四点五刚果法郎。非官方汇率（以下称相对汇率）为一美元兑换二十八刚果法郎。大多数外国货物都是以相对汇率进口的。卡比拉同意山楂树实业可以用一比十六的汇率购买刚果法郎，同时钻石和黄金的采购使用官方汇率。这一机制可以产生极大的利润，让山楂树相比竞争对手拥有巨大的优势。卡比拉之所以同意这一方案，是因为他个人将从山楂树的收益中拿走 30%。谢弗估计每个月需要大约四千万到六千万刚果法郎来支付初期的采购需求……
>
> 294 这其中潜在的利润极其诱人。例如，在（1999 年）9 月末，我看到一批三千克拉的货——其中 80% 是宝石——被发往一家阿曼人投资的公司。那批货价值两百五十万美元，可他们支付的刚果法郎大约只值二十万美元。[25]

我们很难完全弄清楚参与这些交易的人各自到底赚了多少钱。根据联合国的评估，1998 年到 2001 年间，刚果政府拿走了吉卡矿业大约 30% 的利润用于战争，向津巴布韦汇去了数千万美元用于支付军事开支。[26] 国际货币基金组织根据不完整的预算数据推算——这些数据很可能不包含许多收入——在 2000 年的战争高峰期间，刚果政府全部支出的 70% 都用在了“主权和安全项目”上，这些预算支出完全受总统控制，而且大多数都被投入战争。[27] 仅仅 2000 年一年的相关支出就高达一亿三千万美元。有些钱还直接进了津巴布韦军队的账户——劳滕巴赫和布雷登坎普都曾直接把钱付给津巴布韦军队的指挥官们，这些钱被用来支付军官们的奖金，以及为军队购买粮饷和药品。[28]

还有一些资金则绕过刚果政府，直接被汇往津巴布韦首都哈拉雷。根据一项记录显示，劳滕巴赫每个月都会给本国的官员们汇去一百五十万到两百万美元。[29] 按照数位津巴布韦政府高官的说法，2000 年 3 月，劳滕巴赫被免去吉卡矿业的领导职位时，曾威胁说要揭发在他担任这家刚果企业领导期间，总统穆加贝和司法部长姆南加古瓦（Mnangagwa）到底从这家企业捞了多少钱。[30]

最后，和当时刚果所有事情的套路一样，津巴布韦牟取暴利的手段变成了零敲碎打的方式，津巴布韦的政府官员们利用他们与军方的关系纷纷开展自己的私人业务。1998 年 10 月，国有的津巴布韦国防工业公司得到了一份价值五千三百万美元的合同，向刚果政府供应食品和机器设备，其中大部分货物都要由兹维纳瓦什将军的私人运输公司负责运送。[31] 国家军火制造公司的领导钦加 · 杜布上校（Colonel Tshinga Dube）同样利用自己在刚果的关系，在开塞省用自己的名字成立了一家私人矿石开采公司：杜布联合公司——很明显，他并不担心暴露自己在其中的利益纠葛——尽管这家公司后来并没有取得商业上的成功。[32]

到第二次刚果战争时，穆加贝受到了行业工会罢工、粮食短缺 295
暴乱和高速通货膨胀的围困。他还刚刚开始着手实施一项措施：强行征收国内 45% 的商业农田，其中大部分是从白人农场主手里征收的。这项措施主导了津巴布韦此后十年的政治格局，还在国内各地和世界政坛为他树敌无数。在当权十八年后，连一些他之前的盟友也开始公开质疑他的领袖地位。一位势力强大的国会议员齐卡迈·马夫海雷（Dzikamai Mavhaire）提出要修改宪法，声称穆加贝的总统职位应该被限制为两个任期共十年时间。“总统必须下台。”他在国会的一次公开讨论中说。政府官方媒体《先驱报》（*Herald*）也出乎意料地开始发表尖锐的社论文章，批评总统的土地再分配政策。[33]

在这一背景下，穆加贝迫切想要维持重要盟友的忠诚度，尤其是安全保卫部门。随着国内经济的萎缩，国内的各种机会也随之减少。刚果战争为他提供了所需的机会，借此可以让那些合作伙伴愉快地忙于其他地区的事务。这也解释了刚果政府和津巴布韦政府为何急于成立合资公司，以及为什么津巴布韦官员那么容易就放弃利用采矿企业的收入来偿还自己的债务。

* * *

到了最后，尽管一些津巴布韦商人和政府官员从中谋得了相当可观的利润，但是主权合法性行动联合企业在刚果的投资并没有得到理想的回报。那些津巴布韦的将军被这里丰富的矿产储量吸引，却没有意识到绿铜矿和蓝钴矿是生长在一层层大理石岩层中间。想要开采这些矿产，仅在技术设施建设上就要投资数十亿美元，由于无力承担如此巨额的投入，津巴布韦人只好选择一些规模较小的交易——选矿渣、手工钻石开采和小规模的矿山开采。借给刚果政府的许多钱都打了水漂，和许多精明的商人一样，劳滕巴赫通过一些财务手段将所得的大部分利润提前汇到了哈拉雷。他以生产成本价将矿石卖给自己控股的一家离岸公司，通过这种手段，刚果政府可征税的部分或者自己津巴布韦支持者们可分成的部分被压缩到几乎为零。[34]“最后津巴布韦算是竹篮打水一场空，”刚果矿业部的一位官员多纳·坎帕塔教授（Professor Dona Kampata）对我说，“刚果至少还得到了他们想要的东西——军事援助。”[35]

津巴布韦人不想花数十亿美元让那些钻石矿、铜矿选矿厂和伐 296
木厂重新运作起来。在森加森加钻石矿区，津巴布韦人指派的管理人员宁愿试图用柴油来驱动那些千里迢迢从国外进口而来的精密采矿设备，也不愿花钱修复附近的一个水力发电站。在卡巴班克拉矿区，布雷登坎普手下的经理们仅仅满足于把前人开采矿山留下的矿渣堆和尾矿翻开重新加工一遍，因为他们认为开采新矿石的成本过高。津巴布韦的国家供电局认为他们可以靠刚果河上的水力发电工程挣钱，但同样他们需要数十亿美元更新和修复之前的发电机组，并建设输电网络。[36]在加丹加省北部的广袤林场，津巴布韦的管理者们无法找到投资人来购买伐木所需的卡车，关键是他们连将木材运出林场的数百英里道路都没能修复。

黄金国的梦想就此破灭了。

* * *

当金沙萨政府用铜矿、钴矿和钻石矿来换取津巴布韦的军事支持时，卢旺达人和他们的刚果民主联盟盟友在刚果的军事行动则主要依靠在刚果的黄金、钶钽铁矿（主要用在电容器和电子游戏机的制造上）、锡矿和钻石矿的交易和开采来支撑。两者最关键的不同在于，由卢旺达人及其盟友——而非金沙萨方面——主导经营的生意，被看作是外国人的资源掠夺，这一点其实非常奇怪，因为洛朗·卡比拉也是在卢旺达人的支持下上台的，不是刚果人民选出来的。

想要了解刚果东部的矿产开发情况，机场是个不错的切入点。

考虑到整个国家公路和铁路网已经全面崩溃，飞机通常是往返国内各地的唯一选择。

皮埃尔·奥利维尔耶（Pierre Olivier）是戈马一家机构的负责人。[37] 他的父亲是当地的一名族长，曾在比利时殖民政府工作，他长着一双栗色的眼睛，肌肉发达，这让他的身体看上去过于壮硕甚至可以说是臃肿了。我在几年前就认识了他；周末的时候一般能在当地的足球场上看到他的身影，他常常一边守门一边和朋友们聊天。
297 他的父亲十分热爱打猎，曾教给他开飞机的本领。20 世纪 70 年代末，基伍省的内陆地区居住的人口只有现在的四分之一，他们常常开着一家美国赛斯纳公司生产的小飞机，降落在瓦利卡莱（Walikale）和马涅马（Maniema）丛林深处杂草丛生的机场跑道，在杳无人烟的荒野中露营，猎捕羚羊和河马。在一些地方，佩带着弓和毒箭、身材矮小的当地土著人会带他们追踪猎物。他记得有一次，一个戴着华丽羽毛头饰的当地族长坐着轿子会见了他们。

到了十四岁时，皮埃尔已经学会了开飞机和使用双管猎枪。到十六岁时，他和父亲一起创办了自己的飞机公司，将商品运往戈马西部丛林深处的城镇，再把那里产出的矿产和棕榈油运送出来。他们会降落在公路上，或者长满象草颠簸不平的泥土跑道上。“那个时候，我们唯一的问题就是要给蒙博托手下的暴徒们交保护费，”他笑着说道，“这个问题已经够我们头疼的了。”[38]

* * *

1998 年 8 月，第二次刚果战争一爆发，战争背后的动机便显然发生了变化。“都是生意，”奥利维耶强调说，“第一次战争是为了解决难民营问题，推翻蒙博托的统治。第二次战争则完全是生意。”

安全依然是摆在卢旺达人面前的问题。卢瓦拉卡比耶领导的胡图族叛军正在以各种残忍的暴力行径摧残他们国家的西北地区。但第二场战争所付出的代价要高得多，这场战争有超过三万五千名卢旺达士兵或是被困在战壕里，或是陷入刚果丛林深处数百英里外的平叛泥潭中。除此之外，一些卢旺达商人和卢旺达爱国阵线的领导政客们发现，在刚果可以谋得暴利，尤其是在矿产交易行业。

从皮埃尔的航班情况就能清晰地看出卢旺达人重心的转移。他把卢旺达军队运往矿产集中的地区，在那里，卢旺达的军官们负责将成吨的锡矿和钶钽铁矿装上飞机。皮埃尔掰着自己粗大的手指数着一个个城镇的名字："卢林古（Lulingu）、普尼亚（Punia）、卡利玛（Kalima）、金杜、瓦利卡莱——第二次战争已开始，我们把那里成堆的矿产全都搬空了。那里的矿石实在太多了，我们花了好几个星期才搬完。"[39]

他们先选了一些唾手可得的项目作为第一批牟取暴利的目标，也就是那些最容易变现的资产。从 1998 年 11 月到 1999 年 4 月，
卢旺达军队及其刚果民主联盟盟军从索敏基（SOMINKI，一家活 298
跃在基伍地区的国有采矿公司）的仓库里运走了两千吨到三千吨的锡矿和差不多一千五百吨的钶钽铁矿，根据矿石品位的不同，这批货物的价值应该在一千万到两千万美元之间。[40] 刚果民主联盟军队的刚果指挥官让–皮埃尔·翁代卡内公然闯入基桑加尼的中央银行办公室，抢走了总金额在一百万到八百万美元之间的刚果法郎，之后他把这笔钱送到了基加利。[41] 在乌干达军队控制的地区也发生了多起类似的抢劫。

绝大多数情况下，起初的这些劫掠行为都是针对国有企业和大商人。在许多城镇，卢旺达军队的军纪相对严明，还会逮捕或处决抢劫的士兵。然而，占领军在向刚果腹地推进时越来越难维持有效顺畅的后勤补给，于是他们通常默许先头部队通过抢劫补充给养。一位在加丹加省北部孔戈洛传教的比利时传教士描述了卢旺达军队

抵达时的情景：

> 他们挨家挨户地搜，一开始是抢所有能找到的食物，包括羊和鸡。他们还会把房子里的家具抢走当柴火烧，甚至连婴儿的摇篮也不放过！后来，当他们打算长期驻扎下来的时候，他们就去抢床、床垫和床单。他们也不会放过发电机和重型材料，然后通过公路或空运把这些物资运回卢旺达……他们抢走了超过五百加仑的燃料和两辆本来用作医疗救援的车辆，更别提他们毒打教会牧师并抢劫他们的财产等暴行了。[42]

占领军随后搭建了可以开掘更多新资源的设施。他们对占领区进行了系统性的建设，控制了从采矿到空运再到出口基加利等一整套矿产生产流程。卢旺达军队把数百名犯人——大多数是被指控参与大屠杀的胡图族人——从卢旺达西部的监狱送到了这里的钴矿、钶钽铁矿和锡矿的矿坑里做苦力。“你应该看看那些人脸上的表情，”皮埃尔回忆他曾经运送过的犯人时说道，“他们满面愁容、精疲力竭、抑郁苦闷。”还有一些地方的采矿工人是自愿前来的，他们能赚取报酬，但通常要受军人的监督。在飞机起降的跑道上，总是有卢旺
299 达的士兵或者他们的刚果民主联盟盟友在护送钶钽铁矿和未经精炼的锡矿石。

根据皮埃尔的说法，只有少数几个跟基加利方面关系密切的商人有权力将矿石运出卢旺达军队控制的矿山。“他们垄断了这些矿山。”他坚称。刚果民主联盟的前南基伍省副省长本杰明·塞鲁基扎确认了这一说法：“我必须在当地商人和卢旺达军队司令官中间斡旋。司令官只想让一个跟卢旺达政府关系密切的卢旺达商人来参与这个矿山的生意。他说自己是出于安全方面的考虑，但我们都清楚，事实根本不是这么回事。”[43]

* * *

然而，跟后来的收益相比，一开始的这点利润简直不值一提。“在2000年，当钶钽铁矿价格暴涨之后，一切都变了。”皮埃尔·奥利维耶回忆说。当时完全是天降横财。那一年恰好赶上信息科技泡沫、手机需求上涨和圣诞节时索尼公司推出的新款Playstation游戏机。所有这些产品都需要用到金属钽，也就是精加工后的钶钽铁矿，过去几年钶钽铁矿的价格就在稳步上涨，但现在的市场已经陷入疯狂抢购之中。短短几个月间，根据矿石品位的差异，当地钽金属的价格由十美元一千克飞涨到了三百八十美元一千克，而国际市场上精炼金属钽的价格一度高达六百美元一千克。[44] 布卡武和戈马一夜之间新开数十家矿产交易所，每个人都想借着这次钽价格的疯涨捞上一笔。

这次交易热潮给当地经济注入了数千万美元的热钱。刚果东部和卢旺达的出口量在2000年一年就猛涨到一亿五千万美元到两亿四千万美元之间，而且出口利润率相当可观。[45] 该地区的城市涌入大量现金，坊间流传着夸张的谣言，传说一文不名的小角色在几个月内便成了百万富翁。由于大多数刚果人都没有国内的银行账户，很多投资或者流向海外，或者进入当地的房地产行业，推动当地地产兴起建设热潮。到处都能看到用桉树苗搭的脚手架，尤其是在可以欣赏湖景的周边地带更是热闹。当地的夜总会人满为患，金主们用百元面额的美元大钞付账的情况稀松平常。

奥利维耶则有自己的致富故事。2000年，当钶钽铁矿最炙手可热的时候，他坐飞机到了基加利，一个男人在那里上了飞机，他穿着廉价西装，带着一吉普车的破烂纸箱，纸箱用最便宜的胶带封
着。当时已经是晚上了，飞机第二天才会飞往布卡武，可那个男人 300
和他的几个保镖都坚持要在飞机上过夜。后来一直到了要下飞机的

时候，这个奇怪的男人才走过来，带着狡黠的笑容向他坦白：昨晚和他一起过夜的箱子里面装了价值一千五百万美元的刚果法郎和美元现钞。男人嘎嘎笑了几声，然后便急匆匆地下了飞机。奥利维耶摇摇头说："现金流一直是巨大的问题。银行失去了正常功能，于是人们只好在出行时随身带着数十万美元。"

* * *

钶钽铁矿的价格在 2000 年 6 月和 2001 年 7 月间一直保持在高位，这让刚果民主联盟叛军、卢旺达政府和他们的生意伙伴们一个个都赚得盆满钵满。一些研究者估计，在这段时间仅靠钶钽铁矿一项，卢旺达公司赚取的利润就高达一亿五千万美元，而另外一些研究者估计，在整个卢旺达占领时期，每年他们靠矿产交易赚取的利润高达两亿五千万美元。[46] 那一时期，卢旺达的全年财政预算也只有三亿八千万美元，对卢旺达人来说，这笔收入使他们得以花费重金展开对刚果的军事干预。卡加梅总统用"自给自足"来描述他们在刚果的军事行动。[47] 他这个说法再贴切不过了。2001 年，卢旺达政府官方的军事预算是五千五百万美元，几乎占整个国家财政总支出的三分之一，但伦敦的国际安全研究所认为其实际的军事支出应为一亿三千五百万美元。[48]

但这场战争仅仅是因为各方利欲熏心吗？就像吸血鬼们吸血难道仅仅是为了解渴吗？这其中有没有更微妙的原因和解释呢？那些卢旺达军官个人确实获得了可观的财富——你很难忽视在战争期间那些大量涌现的高级越野车以及基加利新建的大批豪华别墅。但尽管如此，绝大多数利润还是被用在了战争本身。卢旺达政府需要养活六万名军人。与此同时，执政当局还面临着自身的政治挑战。他们的前两任总理都叛逃了，其他出逃的还有数十位高级法官、部长、外交官、军官，甚至还有足球运动员。他们出逃全都是为了抗议安全保卫部门大规模滥用暴力、高压政治气氛以及威权统治作风。和许多一党专政的政府面对反抗时的作风一样，卢旺达爱国阵线日益倾向于采取收买和镇压的手段来对付那些异见者。

“如果仅仅把这些视作个人的贪欲无疑是错误的，”一位前刚果民主联盟的高级官员对我说，“他们的组织非常严密；他们用军队护送运输矿产，这样我们就无法在边境上阻止他们；哪位商人可以 301
跟他们做生意由他们决定。但我也见过有卢旺达官员因为中饱私囊被毒打和关进监狱！”[49] 的确，根据一项人权调查报告显示，尽管有从刚果赚回的大笔利润，卢旺达所有的公务员仍然被要求每年捐献一个月工资来支持战争。[50] 从总统到老师，许多卢旺达人都认为，刚果的战争是一场意识形态事业，而不仅仅是一次发财致富的机会。

卢旺达政府专门在外部情报部门设立了一个刚果办公室（Congo Desk），负责所有与刚果行动相关的事务。所有想在刚果做生意的人必须经过刚果办公室的许可，办公室会为他们提供安全服务和争取税务减免。“有许多卢旺达商人来刚果做生意——这一点确实没错，”帕特里克·凯雷盖亚对我说，他曾经担任卢旺达的情报头子，在为这些商人提供保护方面起到过关键作用，“但那些都是合法的生意，他们没做任何非法的事情。”[51]

然而，这些公司中有相当一部分都跟卢旺达政府有非常密切的家族或财务关系，他们聘请军队官员管理公司，或者给他们大量分红。卢旺达金属公司是执政党控制的一家公司，他们是刚果东部矿产的最大采购商，公司总裁也是由卢旺达总统亲自任命。还有一些小一点的公司，例如大湖区贸易公司，它的管理者中就有丹·穆尼尤扎少校（Major Dan Munyuza），他是一位颇具影响力的卢旺达爱国阵线军官，在外部情报部门工作。驻刚果的卢旺达安全部门负责人让–博斯科·卡朱拉少校（Major Jean Bosco Kazura）是另外一家驻基加利公司的合伙人，这家公司的主要业务是从刚果出口咖啡和钻石。联合国调查人员发现，詹姆斯·卡巴雷贝将军本人有时候也会插手经由卢旺达的钶钽铁矿、锡矿和黄金采购或运输事务。[52]

* * *

“我只是在做生意而已。”当我问皮埃尔在战争期间是否后悔跟叛军和他们的矿业公司合作时，他这样回答说。这是在整个战争地区每个商人都会经常说的一句话。这位身材魁梧的飞行员接着说：“不管怎么说，我们为叛军提供的每一架飞机几乎都是在枪口的威胁下完成运输的。”

你很难不相信这位好脾气的飞行员所说的话。说完后他笑了起来。他的潜台词是：当然，很多时候我们不得不走捷径，贿赂官员，
302 和可疑的客户打交道。但这就是刚果——如果我们不偶尔干点脏活，那我们就要破产了。

他说得有一定的道理。根据世界银行的一项研究，如果你按法律规定足额缴税——一共有三十二种不同的税种——那你需要缴纳相当于全部利润230%的税款。[53] 换句话说，只有走捷径你才能生存。刚果的整个税务系统已经混乱不堪，因为多年来税务征收机构不断增多，所有机构都在用高昂的税率敲诈商人索取贿赂。税法在制定时就不是为了让人遵守的，政府制定这套规章时巴不得你违法，而且它自己也知法犯法，将大部分经济行为放到非正规领域，这样个人才有钱赚。

很明显，赚钱的人都是当权的人。在叛军统治刚果东部期间，大部分在当地发财的商人都是善于给政治和军事领导拍马屁的人。“我们所有人在叛军的高级指挥官中都有朋友，遇到问题的时候，我们就可以给他们打电话，”皮埃尔·奥利维耶说道，“他们需要我们，

因为我们负责运输他们的人员和物资。我们也需要他们，因为他们才是真正的老板。”他会对这种合作关系感到不舒服吗？“这就是这里所有事情运作的方式。难道我有别的选择吗？”

在刚果做生意需要有适当的实用主义态度。对许多人来说，非黑即白的道德标准在这里是不适用的。对那些驻扎在戈马、向战争暴力的受害者们提供食物和医疗服务的国际慈善组织来说，同样的难题也摆在他们面前。许多组织所租房子的房东跟叛军关系密切，因为只有他们的房子才有茂盛的花园和宜人的湖景。人道救援组织还会租用与军方有关的企业的卡车，或者到他们经营的杂货店买东西。你几乎不可能完全避免与这些人发生关系。

* * *

同样的道德困境还困扰着经济富裕的西方消费者。从中大发横财的不仅仅是卢旺达人和刚果人。那些矿产经过运输、加工后被卖给了其他地区，尤其是欧洲、亚洲和美国的公司与消费者。有的公司和叛军集团有着非常密切的关系。例如，比利时的考格考姆公司就直接从刚果民主联盟叛军的垄断组织购买锡矿和钶钽铁矿，把钱源源不断地送进了叛军的金库里。还有一家由美国人和荷兰人合资 303
成立的公司鹰翼资源，聘请卡加梅的内弟做公司的当地商业代表，这样他们就能以更低的价格更便捷地拿到刚果的矿产资源。还有一些公司把矿产卖给更大的矿产加工企业，包括美国卡博特公司、中国宁夏和德国斯塔克公司（H. C. Starck）。相关产品由比利时航空等大型国际物流企业负责承运，还有大型地区银行在背后提供资金支持，包括花旗银行。[54]

这一供应链被联合国调查员和其他分析人员挖掘出来之后，立刻在国际商业圈内引起了连锁反应。有些人随即否认相关指控，还有一些人抗议说从东部刚果购买和运输矿产没有任何违法之处。从一定程度来说，事实情况确实如此。国际法中对于和践踏人权相关的贸易确实没有过多的约束。经济与合作发展组织制定了《跨国企业准则》(Guidelines for Multinational Enterprises)，但并非强制性文件，即使企业违反也不会有什么严重后果。美国等国在本国制定的一些法律可以约束本国公司在海外的经营行为。例如，在20世纪90年代和2000年前后，美国法院接到了一系列与《外国人侵权索赔法》(Alien Torts Statute)相关的法律诉讼，但原告必须要证明，这些公司不仅知晓践踏人权的情况，而且犯有主观过错，可即使这些公司与叛军有直接联系，也很难有效证明这两点，更别提经过供应链的重重环节后，涉事公司在过程中承担的角色会变得十分模糊。一些国际律师认为，可以用国际法中的法条来起诉这些公司购买不当所得的货物，有点类似于国内针对购买盗抢赃物的指控，但这一逻辑在联合国法院之外并没有得到什么响应。[55]

换句话说，消费者不应该对这些矿产品是在什么样的情况下生产出来的负责任。在刚果，尽管偶尔有媒体呼吁和关注，但企业责任问题还是被基本忽略——而供应链更加错综复杂，因为牵扯贸易商、代理人、冶炼厂和加工厂等各个环节。产自刚果的钶钽铁矿与来自巴西、俄罗斯和中国的矿石混在一起，被制成我们日常使用的手机和手提电脑。现在国际法已经逐渐形成一个共识：我们都应该关心日常消费的产品是在什么样的条件下生产出来的，包括我们的
304 运动服、球鞋甚至是木材。如果我们能让所有公司对自己的经营行为负责，那我们就能设法鼓励刚果政府整顿整个矿产行业。2010年，奥巴马总统签署了“冲突矿产”的相关法令，尽管这仅仅是一小步，但至少是在朝着正确的方向迈进。

第四部分

既非战争亦非和平

第二十章

下蛋的人

2001年1月，刚果·金沙萨

有关洛朗·卡比拉选择约瑟夫·卡比拉接任总统之位的故事有好几个说法。广为流传的一个说法是这样的：在洛朗·卡比拉被刺杀之后的第二天，总统内阁举行会议，要决定出总统人选。圆桌上坐着的都是在刚果政权上举足轻重的“某某人物”：加丹加的铁腕人物、军队的高层领导人以及国家的经济首脑。

这群人争论着究竟谁最适合接任总统之位的问题，引起了一片嘈杂。有人提出，加埃唐·卡库吉（Gaetan Kakudji）是卡比拉最中意的人；另一人又提出，维克多·姆波约（Victor Mpoyo）与安哥拉和津巴布韦的关系最为紧密。[1] 最后，随着紧张局势达到高潮，国家陷入内战的边缘，武装部队年老虚弱的指挥官同时也是一位著名巫师的西尔韦斯特雷·卢韦查将军（General Sylvestre Lwetcha），一拳狠狠地敲在了桌子上。

“安静！”在丛林起义期间便与洛朗·卡比拉并肩战斗的西尔维斯特雷将军掏出了他的配枪，一把九毫米的马格南大口径手枪，扣动扳机对着自己的太阳穴，连开了六枪。烟雾在他的头上环绕，房间里也都是烟雾，他的同事咳嗽了起来，难以置信地挥手驱散着烟雾。

当烟雾散尽后，这位刀枪不入的将军将手枪砰的一声拍在了桌子上，慢慢地清了清嗓子，说道："我决定让约瑟夫 · 卡比拉将军成为刚果民主共和国的总统！"他慢慢地环顾了下四周冷静地问道："有什么问题吗？"

308 * * *

当然，这肯定不是真的。真相淹没在数百种谣言中，可能永远也无法被完全揭露。但是据参加会议的人表示，下面这种说法可能是我们能听到的最准确的版本。

卡比拉去世的第二天一早，他的心腹在非洲联盟城（City of the African Union）举行会议，这是一片坐落在刚果河畔的政府大楼建筑群。卡比拉的实力派军事顾问埃迪 · 卡彭德主持会议。[2] 总统的儿子，寡言少语的约瑟夫 · 卡比拉在前一天晚上便从卢本巴希飞了过去，他还没从父亲被刺的噩耗中缓过来。

卡彭德先是宣布了卡比拉的口头遗嘱，几年前，已故的总统在重病时就已经跟他的几名亲信提过遗嘱。"他跟我们说，如果他去世了，就让他的儿子约瑟夫来继承他的位置。"卡彭德告诉一小群当时在场的人。那几个人点了点头。其他人对遗嘱提出异议，声称约瑟夫只能掌握军队，而政治领导权应该交由别人。有人建议成立一个委员会，专门研究总统继任人选问题。

随后他们在空调房里争论不断，卡彭德突然打断了他们的争论，展开了一张刚果东部的军事图。明显的红色箭头标记着卢旺达进攻的地方，卢本巴希和姆布吉–玛伊面临的威胁已经迫在眉睫。"如果你们愿意，我们可以彻夜争吵，但如果让我们的敌人知道我们这般软弱又不团结，他们必然有机可乘。我们现在就需要做出决定。”

争吵之后，房间里的人都意识到如今已别无选择。他们需要一个能够赢得军队和盟友尊重的人。如果他们选择约瑟夫以外的其他人，那么政府就会面临陷入内斗的危险。约瑟夫年轻、腼腆，在政治舞台上几乎默默无闻，但这也许也是件好事。“从逻辑上来说，我们选择的人越弱，就越不可能有人对他提出异议，因为他们会觉得他们可以支配他。”其中参会的一人跟我说道。[3]

可后来的事是这些刚果政府的阿亚图拉*都始料未及的。这位软
弱、内向的继承者原比他们设想的要更加聪明和独立。就任不到一
年，约瑟夫摆脱了几乎所有帮他上台的人。他还发起了一个和平进 309
程，加速结束战争，为选举铺平道路。

* * *

很难找到像洛朗 · 卡比拉和约瑟夫 · 卡比拉这样如此不相像的父子了。洛朗专断好斗，而约瑟夫却腼腆内向。2001 年 1 月 26 日在面向全国的首次演讲中，在念事先写好的冗长乏味的法语演讲稿时，他时常停顿，显得结结巴巴。他的法语不太流利，因为他主要是在坦桑尼亚长大，说斯瓦希里语和英语倒是更自在些。几天后，他请一位顾问帮助他完成与外交使团的首次会晤。“你来发言。”他不安地说道。[4]

对于刚果民众来说，二人的差异还是相当令人震惊。“他不抽烟，不喝酒，不喜欢出去吃饭，没有大衣柜，没有很多好朋友，也不会说他要统治的这个国家的语言。”一位美国记者观察道。[5] 在美国

---

* 伊斯兰教什叶派的宗教领袖称号。此处使用的并非是它的原义，而是指“大佬，元老”之意。

早期的电视采访中——在他精通法语之前，他从不接受国内的媒体采访——他的表情木讷，双手搭在身前，在回答问题时一动不动。

那么约瑟夫·卡比拉究竟是谁呢？从他担任总统的第一天起，刚果有关他的传闻谣言四起。和往常一样，有关他的大部分话题都无关政治事务，而是关于他的族裔和出身。有人说，他真正的父亲不是卡比拉。其他人则闲谈道，他其实是坦桑尼亚人——因为他不会说法语。甚至有人说：他是为了夺权才杀了自己的父亲洛朗·卡比拉！

* * *

约瑟夫·卡比拉和他的孪生妹妹珍妮特（Janet）出生于1971年6月4日，出生地是在南基伍的姆皮基（Mpiki）他父亲叛军总部的稻草屋里。营地背靠高耸的“血之山”（Mlima ya damu），这里是卡比拉与蒙博托军队交战的地方，故而得名。

大多数人相信约瑟夫就是洛朗·卡比拉的儿子。他们两人之间的深厚感情证实了这一点：卡比拉在任职期间就非常宠爱约瑟夫，将他从一个普通的士兵升到了军队指挥官。然而，由于二人并没有做过DNA检测，所以我们很难弄清楚约瑟夫和珍妮特的亲生母亲到底是谁。

310 官方的说法是，约瑟夫的母亲西法·马哈尼亚（Sifa Mahanya）于1970年与叛乱领袖洛朗·卡比拉结婚，虽然卡比拉有很多情妇，但是西法到他去世为止一直是他的合法妻子。她负责反叛运动的妇女联队，也是革命法院的成员之一。“西法妈妈”是如今大多数人更熟悉的称呼，卡比拉大部分前同事都将她视为现任总统的母亲。[6]

第二个比较可信的说法是约瑟夫·卡比拉的随行人员说的。他们说约瑟夫的母亲是卢旺达图西族人，叫作马塞利娜·穆坎布古耶

（Marcelline Mukambuguje），是加入卡比拉丛林游击的诸多卢旺达人之一，希望将扎伊尔作为后方基地推翻胡图人在卢旺达施行的独裁统治。据称，当洛朗·卡比拉担任总统时，穆坎布古耶被禁止出现在公众视野，以防公众发现她是约瑟夫真正的母亲。显然，在与卢旺达人交战的时候，图西族母亲这样的身份是不合时宜的。

他一当选总统，就把他名誉上的母亲送到美国生活。不仅网上有这种流言——就连博客圈也都是这些传闻——即使与总统关系密切的人，包括与他亲近的一名前任顾问、一名保镖以及他的家人，也都转述了这一说法。[7] 一位神秘的老妇人在总统内阁或花园中出现的传言时不时就会在金沙萨的外交官和精英们之间流传。当然，这个谣言被反对派和许多当地人添油加醋，他们认为卡比拉一直在为卢旺达政府工作，他其实就是图西人的傀儡。

* * *

约瑟夫出生不久，卡比拉的部队从坦桑尼亚的黑猩猩研究所绑架了一批美国学生，因此在国际上臭名昭著。虽然这些叛军确实获得了大笔赎金，但是蒙博托的军队对卡比拉发起了新的攻势，将他的士兵从高地的堡垒中赶入了荒凉的西部丛林。危险和艰苦的生活条件让洛朗·卡比拉决定将家人送到坦桑尼亚，因为他与坦桑尼亚的安全部门关系密切。

在达累斯萨拉姆，约瑟夫和珍妮特用化名上了法语学校，他们假装是来自坦桑尼亚的一个西部部落，以免引起那里活跃的扎伊尔情报机构的注意。洛朗·卡比拉的副手就是被这些间谍围捕，并被带到了金沙萨，之后便再也没有他的消息。

约瑟夫的一名同学表示，约瑟夫很聪明，精通英文，还热衷武术和跑车。尽管如此，他仍然是一个沉默孤独的人。当他谈论政治时， 311

他喜欢谈及他父亲这一代的英雄人物——切·格瓦拉、托马斯·桑卡拉（Thomas Sankara）* 和约韦里·穆塞韦尼的英雄事迹。[8]

他的母亲西法·马哈尼亚回忆说，“这个孩子很小的时候就已经具备了领袖气质，他的梦想就是成为一名军人去领导军队。”坦桑尼亚安全部门表示，在约瑟夫的童年时期，西法一直陪伴在他的身边。他曾经在家里玩小的模型汽车和卡车，并把它们称为军事车队。[9]

约瑟夫在坦桑尼亚南部进行了短暂的军事训练，但他的大部分时间都在为父亲做生意，包括曾在坦噶尼喀湖沿岸大批量运输鱼类。这个年轻人曾经驾驶卡车从赞比亚途径坦桑尼亚再到乌干达，行程数千里。[10]

当洛朗·卡比拉在 1995 年与卢旺达军队取得联系以准备入侵扎伊尔时，约瑟夫陪同他一起参加了会议。战争一打响，二十五岁的约瑟夫便被交托给卢旺达野战指挥官詹姆斯·卡巴雷贝上校。两人住在同一屋檐下，前往前线巡视部队。军官们回忆，当时他们在前线各处都能看到约瑟夫·卡比拉的身影，他的士兵都叫他阿方德卡班盖（Afande Kabange），[11] 但是他平时很少说话。从那时起，大多数人对他的印象就只是个年轻人，他的军帽拉得很低，帽檐就在那双凹陷的眼睛上方，总是安静地待在房里。战争对他的心灵造成了很大的冲击。“我见过的最糟糕的事情就是一场大屠杀过后的村庄里的景象。你永远无法抹去这段记忆。”[12]

民主力量同盟胜利之后，约瑟夫在金沙萨一直很低调。他住进了和几名卢旺达指挥官住所一样的房子里，然后便开始游览金沙萨。他来到了著名的酒吧，班达尔和马唐盖夜总会，在那里，爱好夜生

---

* 西非国家布基纳法索的首任总统，有“非洲的切·格瓦拉”之称。

活的雅士和萨普分子*引领着最新的风潮，用佩里姆斯或狮威啤酒淋在羊肉上烤着吃。直到今天，一些粗鄙无礼的当地人仍然声称他们曾经与约瑟夫一起醉酒，或者曾看到他试着跳舞的场景。（“他过去很喜欢女人，”有人说，“不，他太胆小了，甚至都不会跳舞。”“他喜欢穿鳄鱼皮鞋，他的第一双皮鞋就是在我小弟那儿买的！”）

1998 年初，他的父亲将他送到中国接受军事训练。他的父亲卡
比拉几十年前曾亲自去过南京的军事院校。然而，这次训练很短暂，312
因为当第二次战争打响时，他便被叫回家了。虽然他的军事生涯很短暂——当时他已经服役了三年，包括一年在坦桑尼亚进行的基础训练——但后来他依然被提拔为将军，并被任命为陆军代理参谋长。

这一切对他而言来得非常突然。他在军事行动方面没什么经验。[13]如今，他却要指挥成千上万的刚果部队抵抗曾经训练过他的卢旺达人。他一从中国飞回来，就赶到了金沙萨与他的前导师和朋友詹姆斯·卡巴雷贝作战。

在接下来的几年里，人们大多不太记得约瑟夫·卡比拉的事。他很少会见外国军事顾问，甚至在和自己的工作人员会面时，大部分时间也都是在听。无论如何，关于这位年轻的将军究竟掌握多大的权力，人们尚不清楚。许多重要的军事决定都是他的父亲做出的，例如 2000 年发起的普韦托战役，此外他父亲对津巴布韦和安哥拉的将军也影响甚大。

刚果人民军队是由前蒙博托官员、在安哥拉受过训的加丹加猛虎、基伍省的马伊–马伊叛军以及新招募的娃娃兵组合而成。虽然经验不足，但是约瑟夫却表现出善于驾驭不同群体之间的紧张局势、爱交朋友和愿意倾听他人意见的一面。他成立了一个年轻的军官小

---

* 指萨普协会（La Sape，Société des Ambianceurs et des Personnes Élégantes 的首字母简称，意思是“氛围制造者和雅士协会“），流行于金沙萨等刚果城市的亚文化团体，讲究衣着打扮，意图借此革新西非的粗野风气。

圈子，其中一些人也在中国受过训——虽然算不上是经验丰富的军官，但对他忠心耿耿。

* * *

虽然约瑟夫很崇拜他父亲，但他也意识到了父亲的观点已经过时了。约瑟夫在父亲去世几天后便发表了第一次全国讲话，宣布他的外交政策将发生彻底转变。乔治 · W. 布什刚在美国当选总统，约瑟夫 · 卡比拉便发表了针对他的发言 :“我就不拐弯抹角了，我承认之前我国与贵国政府之间的确存在误解。刚果民主共和国想要与布什政府重新建立外交关系。”[14] 与此同时，他承诺放开钻石贸易和货币管制，推行新的矿业法规，最重要的是立即恢复和平进程。几个月后，他再次开放了政党活动。他的父亲用意识形态统治国民，而约瑟夫则以务实之风管理国家。

313 为了强调自己的政策并巩固自身地位，约瑟夫立即展开了外交攻势。正如该地区的一位政治分析家所言，“在任何国家都不愿给予支持的情况下，他决定将国际社会视为他的强大后盾”。[15] 美国驻金沙萨大使威廉 · 斯温（William Swing）邀请他来华盛顿参加全国祈祷早餐会*，之前他的父亲洛朗 · 卡比拉也参加过这个活动。他首先去了巴黎，会见了雅克 · 希拉克总统，然后去了华盛顿会见了国务卿科林 · 鲍威尔，后来私下与卡加梅总统会面，一起讨论了和平协议的可能性。在成为总统的几个月后，他的总统出访之旅最后以在纽约联合国安理会发表演说画上了句点。

他的当选标志着政府政策的突然转变。他的父亲坚持认为，这

---

* 每年 2 月的第一个星期四，美国总统与政界、宗教界和工商界领袖人士在华盛顿举办的集体活动，以推动相关领域的建设性关系。

场战争将会是一场“持久的人民战争”。此前或许是这样，但以后必定不会这样。他的儿子很快便放弃了这种纯粹的军事手段。

在联合国发表演讲后，外交官排成一列与约瑟夫·卡比拉握手，为他想要重启和平进程的愿望拍手叫好。他急切地希望遵守联合国的要求，这使得卢旺达自战争爆发以来第一次处于被动地位。其他因素也有利于他。美国驻联合国代表说：“我们认为卢旺达想要通过与刚果政府进行军事对抗的政策以确保其长期的安全利益是不可能的。”英国驻联合国大使要求卡加梅总统结束在刚果东部的掠夺行径。[16] 几个月后，联合国的一份报告得出结论：卢旺达和乌干达为了给战争筹备资金正在刚果东部地区进行掠夺，并积累个人财富。

这位新上位的卡比拉总统可不是和平主义者。他从未停止与敌人战斗，他只不过是改变了战术而已。他十分尊重前线的停火协议，但仍然为马伊–马伊叛军提供武器和补给，推动这支军队在敌人的地盘发动叛乱。他的逻辑想法有多绝妙，他的手段就有多残酷。行将瓦解的马伊–马伊起义军对刚果民主联盟及其拥有更大火力的卢旺达盟友的军事威胁微乎其微，但却引发了卢旺达及其盟国残酷的镇压行动，使后者更不得人心。这是一场毛泽东和切·格瓦拉都践行过的典型的游击战：让敌人挥舞着大锤来拍苍蝇。

突然，卢旺达和乌干达便被视为和平的绊脚石。刚果民主联盟
叛军拒绝让联合国维和部队进入他们的领地，认为维和部队的进入 314
就是一种“宣战”行径，并在基桑加尼和戈马煽动示威游行。[17] 另外，约瑟夫则促请安理会加紧部署，重新展开他父亲曾经坚决阻挠的难民营大屠杀事件调查活动。

* * *

新任总统在金沙萨政府体制内采取了相当激进的措施。上台

三个月后，他解散了几乎整个内阁，包括大多数选他继任总统的人。自 20 世纪 60 年代以来与洛朗 · 卡比拉并肩战斗的老将领们领了一大笔养老金便退休了。然后他任命了一批新的技术官员接任退休将领们空出来的位置，这些年轻的刚果人还没有受到腐败和好战作风的污染。新任的财政部长来自国际货币基金组织，新闻部长是一名有美国教育背景的新闻记者。这些新任部长的平均年龄是三十八岁。[18]

但是，是谁在主导这场动荡的改革呢？是谁允许约瑟夫 · 卡比拉采取如此激进的措施来推翻他父亲的政策？

在一定程度上，在约瑟夫担任总统初期，政府是由他的国际伙伴操纵的。西方国家的大使提出了一些他们想要撤换的人员名单，并做出了为推动和平进程需要做出的决定。安哥拉人和津巴布韦人都厌倦了战争，鼓励卡比拉结束冲突。毕竟，大多数民众都将这些反叛组织——可能除了让-皮埃尔 · 本巴领导的刚果解放运动组织之外——视为外国代理人，不会在选举中为他们投票。西方国家和非洲外交官纷纷向他建议：“签订和平协议，参加选举，巩固权力”。

总的来说，约瑟夫 · 卡比拉在对国家掌控方面比起他那采取铁腕手段管理国家事务的父亲要差得远了。约瑟夫很少上电视，也几乎不管内阁会议的事务。他父亲掌权期间总会将他的部长们关进监狱几天，而约瑟夫上台后从未逮捕过合作伙伴。如果他们不再拥戴他，他会慢慢地边缘化他们。

面对总统，政府官员们往往不知道该如何自处，这种管理方式让每个人都在猜测他的心思。当他们报告项目时，他会点点头，但什么也不说。他们猜想总统可能是想让他们多解释一些，于是他们
315 便会进一步阐述，没想到等到的却是更深的沉默或者寥寥几句话。看到他礼貌的微笑和沉默，他们会以为自己已经成功说服了他，却在几周后才发现他已经取消了项目。

在与国际合作伙伴的接触中，他也经常摆出这种推诿敷衍的态度。一位参加过各国首脑会议的联合国官员告诉我，“他的这种态度曾激怒过卡加梅和穆塞韦尼。”“约瑟夫 · 卡比拉在整个会议中都一言不发，直到有人来到他的身边耳语些什么，他才会做出答复。”[19]

* * *

卡比拉的沉默和低调也表现在他的个人生活中。为了避免引起公众的关注，他尽量不去参加鸡尾酒会和其他社交活动。他会在早上 6 点左右醒来，看一下新闻和电子邮件，然后在私人健身房锻炼身体，举重，在健身脚踏车上练到出汗。在他继任总统之前，他和妻子住在一个不太大的别墅里，民主力量同盟起义期间，他在刚果东部认识了他的妻子——肤色较浅的奥利芙 · 伦巴（Olive Lemba）。他还非常宠爱以他母亲名字命名的小女儿西法。

面对身边那些衣着讲究的官僚，约瑟夫才意识到自己的背景不够硬。他在抵达金沙萨后不久就开始上法语课，并在华盛顿国际大学注册了国际关系学的在线课程，华盛顿国际大学是宾夕法尼亚州普鲁士国王区（King of Prussia）的一个小型学校，他在线完成了十门课程，获得了学士学位。他的法语进步迅速，自信心也随之提升。

与他定期见面的外交官对他关于世界事务的了解和对区域的理解印象深刻。他最喜欢使用的一套话术就是通过对比刚果与西方国家来捍卫自己的执政成果。他对美国外交官说：“你批评这里的民主，但是我们的选举投票率超过了 80%——而在美国，你们的选民勉强只有一半到场。”[20] 面对腐败的指控，他大谈美国的安然丑闻和西尔维奥·贝卢斯科尼（Silvio Berlusconi）* 为了保护自己免受起诉而

* 意大利前总理。曾以逃税罪被判入狱，并因放荡的个人生活而饱受争议。

操控法律的丑闻来反驳对方。

他的亲密好友不多。他的孪生姐妹珍妮特和弟弟佐伊（Zoé）
经常来访，还有一名坦桑尼亚的朋友不时会来看望他。在晚上，他
316 会看电视放松身心，和兄弟一起玩电子游戏，因为这个习惯，一名
对他并不信任的法国大使给他取了个绰号“任天堂”。[21]

他逐渐对高档手表、衣服和跑车产生兴趣。周末的时候，他会来到金沙萨城外的金加卡蒂（Kingakati）牧场放松，沿着一条泥土赛道开车，会见经他挑选过的外交官和商人。一个被充满了压抑的男人，正在寻找释放的方法。在金沙萨，外国人会沿着刚果河进行晨跑——这是一片绿树成荫的僻静地带，有阴凉的街道和大使馆——有时会被年轻的总统呼啸而过的摩托车吓到，后面还跟着一辆皮卡，载满窘迫的总统卫队。不过，他只能在金沙萨总统府外的那条街上开他的玛莎拉蒂，而且只能开到最高速度的一半，因为那儿的路大多都坑坑洼洼。

* * *

约瑟夫·卡比拉最伟大的成就是与对手签订了和平协议。当然，签订和平协议是符合他的利益的，因为这件事他作为现任总统得到了认可，控制了大部分的经济资产和国家行政权力，而他主要军事对手的形象却因为与卢旺达和乌干达的联盟关系而受损。

2002 年 2 月，在经过几次试探之后，卡比拉终于在南非与主要军事和政治对手见面，开始了“刚果人内部对话”（Inter-Congolese Dialogue），十个月的和平谈判最终达成了全面实现统一全国的协议。

在当时的社会背景下进行“刚果人内部对话”是超出现实条件的。南非政府将曾经是南非种族隔离精英的娱乐场所太阳城（Sun City）的部分豪华度假村租了出去。开幕仪式在娱乐中心的“超级

碗”区进行，距离丛林赌场（Jungle Casino）和时代之桥（Bridge of Time）仅一步之遥，那里的建筑华丽，装饰着石象和人造瀑布。三百三十名刚果代表在空闲时间会去老虎机上赌上两把，或去酒吧喝上两杯。

经过两个月的谈判，在协调人确定的最后期限前夕，刚果政府和刚果解放运动震惊了谈判的与会方。双边代表团在附近的一家酒店深夜举行会晤后，宣布达成双边协议，让约瑟夫·卡比拉和让-皮埃尔·本巴分别在联合政府中担任总统和总理。谈判在抗议声中破裂，卡比拉和本巴回到各自的总部设立政府，而刚果民主联盟则 317
回到了战壕中。

此次谈判的失败是必然的。本巴因为安全考虑而拒绝前往金沙萨任职。同时，区域关系的裂痕开始有所转变。美国与英国外交官对卢旺达和乌干达展开全力还击。华盛顿在对国际货币基金组织向卢旺达提供贷款的投票表决中弃权，而伦敦则向坎帕拉公开表示：如果不撤回部队，就不会再增援贷款。2002 年 6 月，卡加梅总统承诺在三个月内撤出所有的卢旺达部队。穆塞韦尼在 11 月份也紧随其后撤出了部队。记者们在边境哨所排着队见证共计三万名外国军队行军穿越边境线撤了出去，刚果人为此欢呼不已。

刚果民主联盟和刚果解放运动已经因同盟撤军而实力受损，而在战场上的一连串失利进一步削弱了他们的地位。2002 年 5 月，刚果民主联盟指挥官在基桑加尼残酷地镇压了一场叛乱，造成一百六十名平民丧生。遇难者的内脏被掏空，尸体里塞满了石头后被扔在了湖里，后来尸体浮出水面之后，被记者和联合国调查人员发现。在北部，刚果解放运动向刚果民主联盟中的一支敌对势力发动袭击，同时部署部队支持邻国中非共和国的帕塔塞总统。在这两条战线上，本巴的士兵都犯下了严重的侵犯人权的罪行。

11 月份，代表们迈着沉重的步伐回到南非。这一次，姆贝基总统对太阳城那些“马戏团”谈判代表的缓慢进展已经失去耐心，开始亲自处理各项事务。他主动提出计划，给代表们确定的期限，然后回来跟他报告对策，而不是让委员提出权力分配的提议。“姆贝基采用了一种强行推进的策略”，组织者之一评论道，“他告诉代表们，如果他们无法就解决方案达成一致意见，他就会中止谈判，让他们通通回家。”[22] 而在本国，教会和人权活动家正在全国各地的街头游行，表达他们对领导人的愤慨。在布卡武，妇女在街头裸露上身游行抗议。

姆贝基采取了恩威并施的方式。卡比拉当选总统并兼任副总统时，刚果民主联盟、刚果解放运动和其他的政治对手一起把持了另外几个副总统之位。六十一个部委、六百二十个议会席位和五十多
318 家国企被各方瓜分。以前相互敌对的各方为了瓜分丰厚的战利品走到了一起。在一定程度上，对罪行的免责以及腐败是维持脆弱和平局面的黏合剂。塞拉利昂和利比里亚在成立过渡政府时，所有参战的军阀不得担任公职；与之相反，在刚果的过渡期，那些将刚果拉进内战泥潭的人却负责重新组建新政府。“这是唯一的出路，”协调主任菲利普·温特（Philip Winter）表示，“这是否对未来产生了不利影响？是的。但这是摆脱困境的唯一办法。”[23]

12 月 16 日，姆贝基在全体会议上向代表们提交了最后建议，并给他们半小时的审议时间。一个小时过后，当困惑的代表们仍然在讨论条款和细节时，他邀请民间社会团体负责人让–卢克·库耶（Jean-Luc Kuye）登上讲台签署协议。在主办方几乎要动武的压力逼迫下，台下剩余的代表团领导们面色沉重地走上演讲台，身后的掌声随之响起，起初大家还有些犹豫不情愿，但渐渐地掌声越来越响。会议整整开了一个晚上，早上 7 点 30 分，姆贝基让代表们起立合唱刚果国歌。经过五年的内战和数百万人的牺牲，这个国家再次统一了。

* * *

了解金沙萨的权力如何运作是一件很复杂的事情。欧洲或中国的外商来到这儿得花上几个星期的时间才能在刚果政府里找到合适的办事人。关系就是一切。“他有一本完整的通信录”是首都商界对一个人的最高评价。

法院体制存在缺陷，其官员由政府直接任命，在刚果没有传统根基的政党更容易成为总统身边一个小的政治掮客团体，由十几个人组成“厨房内阁”，直接受命于总统，协助他管理国家。

约瑟夫·卡比拉在军队任职期间，国家发展缓慢；当他将全国走了个遍时，才意识到他父亲狂妄的军国主义路线根本行不通。他与一群年轻老练的刚果官员成了朋友，这些人通通认为洛朗·卡比拉的道路是错误的，特别是他在对待与美国、南非和欧洲的关系上展现出的消极态度。

这批少壮派中最重要的是卡通巴·姆万凯（Katumba Mwanke）。
他在金沙萨法院政治中获得了几乎神话般的地位，被认为是王权背 319
后的实际掌控人。他在年轻的时候离开扎伊尔，来到南非学习并在汇丰赤道银行工作。当战争开始时，他发现自己处在一个绝佳的位置上，因为他成了自身家族与南非商界之间的纽带。他与洛朗·卡比拉政府的前任财政部长的妹妹结婚了，重要的是，这位部长也来自卡比拉的家乡加丹加省，虽然是来自不同的部落。

卡通巴在叛乱的初期带着银行指派的任务而来，由于洛朗·卡比拉急需能干的官员，于是他很快就得到了一个财政部的职位。你很难不喜欢他：他个子很矮，为人却朴实又有礼貌，激动的时候说起话来有些结巴。加丹加的两个主要民族伦达（Lunda）和卢巴卡特都声称洛朗·卡比拉是自己民族的人，因为他的母亲和父亲分别属于这两个民族，他们从 1998 就开始争夺该省的领导地位，卡比拉想在加丹加找一位好官员，既不是来自这两个种族，也不是蒙博托党派的。而卡通巴就是那位来自少数民族泽拉族（Zela）的完美人选。

卡通巴在接下来的三年中掌管着这个国家最富有的省份，他与卡比拉家族的关系非常亲密，并且与活跃在该省的大矿业公司的关系也越来越密切。他在向津巴布韦商人转让矿业特许权的过程中扮演了重要角色，代表国家与包括比利·劳滕巴赫（Billy Rautenbach）在内的诸多高管签署了合同。[24]

2000 年，当卢旺达军队在卢本巴希发起进攻时，洛朗·卡比拉派遣约瑟夫·卡比拉率领军队保卫家乡，卡比拉家族的人纷纷来到了矿业之都，想要从约瑟夫手里讨些好处，那时卡通巴便帮约瑟夫挡回了许多这样的困扰。联合国一名分析人士这样跟我说，当问题接踵而来时——士兵的薪水没有按时发放，车辆没了燃料或零配件，卫星电话接不通——卡通巴总能想到“绝妙的办法”。“和其他许多人不同的是，当他许诺了一些事情，他总会兑现。”[25] 他既有商业头脑又非常可靠，这一点难能可贵。

当约瑟夫成为总统时，他把卡通巴调到了金沙萨，授予他总统府主管和国务部长这样职责非常宽泛的头衔。他在贡贝区一间不太大的办公室里办公，开始正式负责管理国家资产，包括拥有特许权主经营钻石贸易和铜矿生意的国有企业以及钢铁厂、咖啡种植园和国家水电公司。

320 然而，实际上，卡通巴的任务不仅仅是运营这些公司，而且还要利用这些公司趁机牟利，为总统提供可自由支配的预算资金。例如，银行记录显示，他签署命令，让国营钻石公司绕过中央银行和财政部，直接向东欧的几家武器制造商转账二百三十万美元。[26]

卡通巴也是为刚果引入急需投资的核心人物。在一定程度上，实现这一操作也有赖于世界银行协助制定的投资和采矿改革的相关规定。但是，虽然采矿的相关规定已经被简化了，但投资者必须获得总统批准才能进行大笔投资。卡通巴的工作便是协调和审批与国际公司的贸易。采矿业的许多人表示，想要拿到一份重要的合同，卡通巴的办公室是绕不过去的一关。联合国调查称，卡通巴是“矿业和外交贸易中最重要的掮客”，并建议对他进行制裁；《金融时报》称他为“刚果的首席百夫长，刚果的迪克 · 切尼（Dick Cheney）*。”[27]

在战争期间，由于缺乏投资，矿业部门一直处于相对停滞的状态，但是在卡通巴的努力下，矿业突然出现了大规模的私有化狂潮。2004 年 2 月至 2004 年 11 月，刚果政府签订了一系列贸易协定，出售了 75% 的铜矿储量。

这种资产大甩卖的出售方式违反了国际采矿业的所有最佳原则。几家拿到类似协定的非营利公司都属于丹 · 格特勒和比利时富豪乔治 · 福里斯特（George Forrest），这些合同一直处于严格的保密状态，他们把合同拿给知名矿业律师事务所“菲斯肯–马蒂诺迪穆兰”(Fasken Martineau DuMoulin)进行分析。律师给出的结论是，合同结构很乱，民营企业“所有贷款和垫款的资本和利息都能得到完全补偿，并可以在刚果民主共和国的合作伙伴收到它们出资的回报前通过操控这些矿产的运作获得很多好处”。[28]

世界银行的顶尖矿业专家长期以来一直致力于推动矿业部门私有化，他在内部备忘录中警告说，现在拥有世界上最大的一些铜矿特许权的格特勒公司和福里斯特公司都没有任何工业采矿经验。他写道：“在谈判和批准这些合同方面，完全缺乏透明度，”他担心这些交易会使世界银行陷入窘境。”[29]

外交官和行业专家表示，匆忙签订这些漏洞百出的合同是因为 321

---

* 乔治 · W. 布什任内的美国副总统。

2006 年即将进行选举。业内人士同样这么跟我说道：格特勒和福里斯特为卡比拉的竞选提供了大量资助，虽然双方都予以否认。[30] 在这么大的国家游说拉票可是要耗费巨资的，要在一百四十五个地区设立办事处，打印成千上万的 T 恤和海报，还得笼络收买乐手、地方酋长、牧师和政客。

* * *

刚果词汇里描述腐败的一个关键词就是“红包”。如果你想收买国会议员以逃过对你经营的国有公司的审计，你就得给一些人发红包。如果你想获得为警察部门供应大米和豆子这样一份利润丰厚的合同，就必须要保证采购委员会的每一个成员能有红包可拿，并亲自送上门去。

送红包常用的动词是“流通”，而且通常是被动语态，好像红包自己长了腿一样。常见的说法是：“红包已经流通起来了。”红包给受贿的人保留了一点尊严：你不必因为直接接受对方现金而感到尴尬。毕竟，谁能拒绝一个来自匿名人士也不知道装了什么的红包呢？

卡通巴可以说是送红包方面的大师。反对党议员告诉我，在接到通知去总统府开会讨论即将到来的投票后，卡通巴为了对他的到来表达感谢，额外给了他一个白色小信封。“这是给您的路费。”他说道。信封里包着崭新的一千美元的百元大钞。[31] 另一位不得不定期和他打交道的律师朋友告诉我，卡通巴有一本“红宝书”，里面写着各种人的名字。和毛主席那本红宝书完全不同的是，这本小册子上记的名字旁边有一系列的箭头、格子和星号。我的朋友告诉我，“这是一个记录灰色收入的‘工资表’。”上面的人有法官、将军、部长、反对党议员和记者。做好自己的本职工作，卡通巴就会给你加好几千美元的工资；如果表现不佳，你就有可能破产，流落街头。[32]

这是典型的卡比拉式管理方式，金沙萨的有些人将之称为“非正式化”的政府。联合国资深政治分析家告诉我，“总统偏爱非正式的管理体系，设置平行的指挥体系”。“这样他统治起来更有余地。”[33] 例如，卡比拉会跨过内政部长，直接召见州长或军事指挥 322
官。他不会给公务员发很多薪水，而是让他们中的许多人靠每月不足一百美元的薪水勉强度日，然后酌情决定发给他们装有数千美元的红包，让他们高兴。这种平行管理模式削弱了体制机能，但却让官员直接依赖于总统。

* * *

直到 2006 年卡比拉赢得选举，许多观察家才决定放他一马。当他第一次上台时，国家因战争而分裂，他在统一国家和边缘化对手方面所做的工作令人赞赏。2003 年至 2006 年过渡政府期间，他不得不与七个不同的政党分享权力，在各方掣肘的情况下管理政府。在这种贪污横行和权力分享的混乱局面中，他很难做出任何事情。他因结束了分裂国家的战争而受到赞扬。为此，他在 2006 年赢得了全国 58% 的选票。人们对他的竞选宣言深信不疑：“约瑟夫 · 卡比拉——和平的守卫，反对争吵，反对斗争。”卡比拉亲手维持着脆弱的和平，人们相信他不会再发动战争。

但是，在选举过去三年后，卡比拉已经很难再给国民描绘一个清晰的愿景。在经济方面，刚果人的平均生活水平改善不大。在金沙萨，很少有人欣赏约瑟夫·卡比拉阴沉和乏味的性格，他们说：“以前蒙博托用叉子填饱肚子时，至少会有一些面包屑从叉子缝中间掉落，落到我们这些人身上。但是卡比拉，他用的是勺子。他把盘子里的食物吃得一干二净，没有给穷人留下任何东西。”

最重要的是，卡比拉总统任职期间持续受到刚果东部叛乱的威胁。2004 年，在过渡政府期间，洛朗 · 恩孔达（Laurent Nkunda）将军发动叛乱，对抗羽翼未丰的刚果政府。他是来自北基伍的图西人，曾是刚果民主联盟的指挥官，他表示发动起义是为了保护他的社群免受仍然潜伏在金沙萨的前卢旺达武装部队和联攻派民兵的伤害。

但是，他叛乱背后的真正原因倒没有那么高尚。刚果民主联盟意识到自身在刚果民众中缺乏人气支持，赢得 2006 年选举的机
323 会很渺茫。刚果民主联盟的领袖和卢旺达政府纷纷支持恩孔达的叛乱，这一场新的叛乱是它们在选举失败的情况下保持对刚果东部影响力的一种手段。他们的担忧成真了：在总统和议会的民意调查中，刚果民主联盟连 5% 的选票都没有拿到。他们曾经控制刚果近三分之一的地区，包括一些最赚钱的贸易区和采矿区，而如今却一无所有。[34] 对反图西族迫害的恐惧，加上商业和政治利益的驱动，推动了新一场叛乱的发生。

卡比拉试图发动抗击恩孔达的军事行动，却都以失败告终。他发动了四次平叛运动，派遣了两万多名士兵前往基伍。屡遭失败之后，卡比拉政府试图在停战期间进行和平谈判。最后，2009 年，卡比拉直接与卢旺达政府达成协议，允许他们派兵进入刚果追捕卢旺达解放民主力量（Democratic Forces for the Liberation of Rwanda）的人员，作为条件，他们要逮捕恩孔达，将其部队并入卢旺达国家军队。

与此同时，卡比拉还要面对刚果西部偏远的下刚果省的挑战，神秘的统一刚果教（Bundu dia Kongo）抗议当局滥用暴力，要求享有自决权，这些抗议活动有时还会诉诸暴力。卡比拉还必须应付几百名忠于前副总统让–皮埃尔 · 本巴的保镖，在他们的领导人本巴以微弱的劣势竞选失败后，他们拒绝解除武装，并入国家军队。

面对这两种挑战，约瑟夫·卡比拉采取了不同程度的武力回应。他没有采取谈判的方式，而是派出了数百名警察和士兵对挑战他权威的双方进行武力镇压。数百名手无寸铁的下刚果平民遇难，有些甚至被残忍地肢解了；在夺取金沙萨市中心的战役中，有三百多人死亡。数以百计的人被卷入其中，受尽折磨。[35] 用反对派的话说，“这位和平的守卫者已经把一切弄得一团糟”。因为脆弱的国家安全局势，政府似乎被困在残酷镇压和苍白无力的谈判之间进退两难。

* * *

但约瑟夫·卡比拉面对的不仅仅是国家体制软弱的问题。他身边都是些只顾自身利益和权力根基的商人和政治领导人。他就像一个局外人，总统的位置是别人双手奉上的，不用他一步步地在党或 324
军队中慢慢晋升，赢得追随者的尊重和忠诚。他知道自己的权力很容易被剥夺，他父亲的教训还历历在目。

要改革国家，就得解决这些遍布于政府之中、根深蒂固的既得利益者和黑手党一般的网络势力。这样做很可能会得罪那些有钱有势的人，然后这些人便会想尽办法赶他下台。2004 年，金沙萨市中心发生了一场未遂的政变，事后我记得那些愤怒的安全人员跟我说：“我们知道［企图政变］的背后主使是谁，但我们什么也做不了！”[36]

因此，卡比拉选择不推行中立、高效率的国家机构，而是加强个人安全和商业网络，这也许并不奇怪。在安全部门改革方面，这种态度或许最为明显。选举之后，卡比拉拥有了一支十五万人的军队，由十几个不同的武装团体组合而成。其中许多官员都是文盲，从未进行过正式的军事训练。北基伍全省有两万多名士兵，却只有几名军事检察官。因为没有正式的采购流程，陆军军官经常强行征用民用卡车和飞机运输货物。一位将军告诉我，“这支军队的管理非常不正规。”“真正掌权的是总统或总统身边的人，而不是官方的指挥系统。”[37]

在过渡期间，国家出现这种状况是可以理解的，当时卡比拉担心以前在战场上的对手会对他使诡计。毕竟，他不想步父亲的后尘。但是自从选举以来，他却没有表现出更多的改革意愿。军事装备的采购继续由总统亲近的官员而不是后勤部门负责，而卡比拉自己也因事无巨细地管理对抗恩孔达的军事行动而闻名，有时对军官下达命令后又撤回，导致一片混乱。他直接管理着规模相对庞大、装备精良的一万余名总统卫队士兵，但却无法改善其余部队的表现。就和蒙博托的统治手段一样，这种做法可能会避免军队叛乱，但无法巩固全国其他地方的和平。

卡比拉真的想要国家强大起来吗？还是他会觉得强大的机构，
325 如独立的司法机构和活跃的反对派，会挑战他的权威？他是不得不与全国各地的民兵和其他权力大佬谈判吗？他有能力压制这些分庭抗礼的权力网络吗？

这也许是决定刚果未来的最重要的问题。他的顾问们的态度并不令人感到乐观：

> 政治总是充满了肮脏和斗争。这里和瑞士的情况不一样！如果我们放开政治和经济领域，允许自由民主，那些把蒙博托推上国家统治地位的自大之徒就会再次上台掌权！你看到的是自由的新闻和政治活动，而我们看到的是对手正在密谋置我们于死地。为了改革和促进发展，我们需要限制一些公民自由并控制部分经济。这是行小恶为大善。[38]

这些话令人回想起蒙博托当政之初的日子。卡比拉总统致力于集中权力，却损害了国家官僚机构的效率和法治。2009 年，他建议修改宪法，防止权力下放，延长任期期限，进一步控制司法机构。他的政府从跨国公司那里没收了几份利润丰厚的石油和采矿特许权，据说是为了将这些石油和采矿特许权发给跟他关系密切的公司。在政治上也经常如此，对掌权者来说的权宜之计往往似乎很少同时顾及公共利益。小恶是行了，可大善却从未实现。

结语

站在刚果的立场看刚果

非洲从来没有被认为拥有“人性”中应该具有的内涵和特质。或者说，当谈到这些内涵和特质时，非洲人所具备的总体来说无论从价值、重要性和品质上都要更低一些。正是这种初级的、原始的部分，使得非洲成了平庸无能、残缺不全和无疾而终的典型，它的历史只是在追求人性的历程中所经历的一次又一次挫败而已。

——阿希尔·姆本贝（Achille Mbembe）

刚果在许多游客心中留下了魔咒。很难解释这到底是为什么。作家菲利普·古雷维奇（Philip Gourevitch）曾经写道：“噢，刚果！真的是满目疮痍。看着她、聆听她让人心痛。转身离去也让人心痛。”[1] 刚果的悲剧的确有些像车祸一样会吸引人的目光。九个国家的政府在像西欧一样大小的国土上混战，战士们徒步数千英里穿越雨林和沼泽。超过五百万人死于非命，数十万妇女被强奸。[2] 如果有什么是重要的，那就是五百万遇难者的生命。

可它重要吗？实际上刚果战争很少被看作复杂人性的产物。在西方媒体中，它要么被描述成悲惨的乱世——一团乱麻般的叛军集团在一个失败国家的废墟上为了矿产资源互相厮杀——要么被描述成一场正义与邪恶之间的较量，反面角色由卢旺达政府、国际矿业公司、美国政府或者刚果军阀中的一方或数方扮演。国际新闻以全世界二十四小时不间断的新闻报道关注反恐战争和相关的纷纷扰扰，却没有人有兴趣深入了解这场非洲冲突的根源，有兴趣关注
328 五百万遇难者这样无法想象的庞大数字。能登上新闻头条的都是一些极具视觉冲击力的新闻图片。社会活动家、著名戏剧《阴道独白》（*Vagina Monologues*）的作者伊芙·恩斯勒（Eve Ensler）在给《赫芬顿邮报》（*Huffington Post*）的文章中写道，她听说过许多骇人听闻的故事，从“一位妇女在一天之内遭到五十个男人的轮奸，到一位妇女被逼吃下自己死去的孩子”等等，[3] 同时《纽约时报》也曾报道过，一个女人“被一群暴徒绑架捆在树上，然后被他们反复轮奸。她说，那些人的行径令她难以启齿，他们曾在她面前活活剖开了一个孕妇的肚子”。[4]

所有这些故事都是真实发生过的。在这场战争冲突中，我们见过人吃人、年仅五岁的女孩被人用枪管和棍棒性侵、妇女被活埋等人间惨剧。记者有责任报道这些暴行，恐怖的惨剧也会引起人们的关注，唤醒人们的良知。除此以外，深入当地的人道救援组织和医疗服务团队收到了数百万美元的资金，用于帮助当地的幸存者重建自己的生活。

然而，这些呼吁和努力也造成了一些意想不到的结果。他们巩固了人们对刚果的印象：刚果暴力横行，乱象丛生，人们为权力和贪欲疯狂。对暴力恐怖的关注令人们忽略了造成这些冲突的政治因素和流血背后的深层原因。如果我们看到的只是黑人用惨无人道的手段进行强奸和杀戮，我们可能会难以相信这场暴力冲突中有任何逻辑可循。我们会回到小说家约瑟夫 · 康拉德（Joseph Conrad）的

观点：刚果会带你走进黑暗之心，走进无法解释和解决的混乱。如果我们想改变这个国家的政治局势，首先我们就得理解这场冲突本身。要做到这一点，第一步就要了解这里的政治权力是如何运作的。

* * *

在为这本书做调查和下笔撰写时，在我心中始终挥之不去，也是最困扰我的一个问题就是这个国家的领袖集团是多么缺乏远见和公德心。刚果人和外国人总是会问：为什么大多数刚果的政治官员都如此道德败坏？如果改变局面只能靠刚果人自己，那在这样的情况下还有可能改变吗？

一次从刚果回到美国之后，我找时间到图书馆读了西方政治思想的奠基人托马斯·霍布斯（Thomas Hobbes）的著作。他在“三十年战争”（1618—1648）爆发后开始创作，这场战争使得整个中欧文明遭受重创，造成数百万平民死亡。它是政治斗争、暴力的地方 329
主义、意识形态和贪婪人性在复杂结合之下的产物。数百个封建王国彼此征战不休，被天主教和新教的对峙以及神圣罗马帝国内部的权力斗争所分裂。这场战争中的雇佣军臭名昭著，他们无恶不作，谁出价最高，就为谁效力，为了赏金，将一片片地区变成废墟。历史学家通常用拉丁语“bellum se ipsum alet”来描述这一现象：战争以自己为食。对于这个概念，许多刚果的军队指挥官应该都能理解。

在“三十年战争”结束三年后完成创作的霍布斯有充分的理由对自然状态感到失望，他认为，自然状态就是“人与人之间的战争”。在自然状态下的生活是“孤独、贫困、污秽、野蛮和短暂的”。这一观点认为，向国家放弃个人权利——在霍布斯的著作中，国家的代名词是“利维坦”（Leviathan）——以换取保护是符合公共利益的。

这是“社会契约”的概念被首次提出，为政府的统治和政府对公民的责任提供了理论支持。

但刚果并没有一个利维坦，没有一个可以为公民提供保护，甚至垄断暴力的国家。“三十年战争”催生了欧洲的“民族国家”体系，可刚果战争却不可能铸造一个强权国家。本书前面的章节已经清楚地阐述，刚果的政府孱弱无能，导致叛军集团不断滋生，到 2010 年末，叛军数量依然高达二十九支左右。这些武装集团就像美国在越南和伊拉克看到的那样，相互进行叛乱与反叛乱的残酷斗争，抢地盘，更抢对平民的控制权，而平民为了争夺资源和报复敌人，也被战争变得残暴无比。

刚果政府和社会并非一直如此孱弱不堪。15 世纪，刚果中部和西部的大草原上开始形成拥有成熟治理体系的大型王国。当时的刚果王国位于非洲西端的大西洋沿岸，在顶峰时期，这个国家通过完善的税收体系，可以支撑两万名步兵和弓兵出征打仗，并且在葡萄牙、西班牙和罗马教廷派有外交使节。位于如今刚果国土中部的隆达王国和卢巴王国在与安哥拉接壤的大草原上发展出了一套成功的
330 政府管理体系，政府以神圣的王位为权力中心，在整个周边地区都设立了地方管理部门。

然而，在那以后，刚果经历了长达四百年的政治分裂。从 16 世纪开始，欧洲和阿拉伯的奴隶贩子从刚果掳走了数百万名奴隶，致使敌对的王国之间因为这项利润丰厚的贸易爆发了毁灭性的战争，部分地区的人口严重短缺。之后，从 19 世纪开始，比利时殖民者肢解了剩下的大多数刚果王国，重新任命了数百名新酋长，作为殖民统治者与地方机构之间的纽带，没收了大量土地，并允许比利时官员接管传统酋长的许多权力和职能。他们成立殖民政府是为了掠夺资源，以及（在后来）为当地民众提供基础服务，但这个政府从一开始就无意对其治下的公民负责。直到殖民统治的最后一刻，

工会、政党和其他形式的政治动员活动都在遭到殖民政府的残酷镇压。

随后，殖民统治者把政府交给了毫无准备的刚果人民，让他们来管理这个庞大的国家。这个国家有一些律师和大学生。在比利时殖民政府统治时期，非洲人没有资格成为军队的正式军官，政府中的重要职位全部由外国白人把持。与此同时，比利时出于商业利益和冷战政策的需要，为这一地区的军事强人提供了大量的外部支援，同时对本地的民族主义运动进行打击镇压。

这一历史遗产对当代产生了重大影响。自独立开始，从约瑟夫·蒙博托到约瑟夫·卡比拉，每个政治强人的目的都是夺取和维持权力，而不是为了建立一个强大、负责的国家。不过这也可以理解。在刚果，一切都要由政治权力部门经手：最佳的商业机会、影响力和社会地位。对那些权力圈之外的人来说，获得飞黄腾达的机会微乎其微。在这些当权者眼里，强有力的公共机构是对他们权力的一种威胁，会削弱对军队的控制力，从而无法维持他们对社会关键领域的牢牢把控，并且助长独立司法和国会对他们的钳制。蒙博托和卡比拉政权最大的恐惧不在于国外势力的入侵——蒙博托一直到最后也没有想到一个邻国会把他赶下台——而是内部的崩溃。他们甚至害怕自己的保镖或者是部长们会在背后给自己捅上一刀。如
今的刚果在某些方面更类似于16世纪马基雅维利时期的意大利—— 331
它们的宫廷权力斗争颇有几分相似之处——而不是21世纪的现代国家。

因此，刚果之所以始终缺乏具有远见的领导者，核心原因在于这个政治体制会奖励那些不计后果的莽夫，淘汰那些小心谨慎的领导人。他们更看重的是一个人的忠诚度而不是能力，他们更崇尚的是财富和权力而不是道德品格。像万巴·迪亚·万巴这样心怀善意（尽管被人误导）的政治领袖被孤立权力中心之外，而那些更狡猾的人

则大权在握。金沙萨的大酒店是政客们社交和谈判政治交易的主要场所，在这里待上一段时间，你就会发现，刚果人民的福祉根本不在这些人的考虑之列，他们热衷的只是尔虞我诈的政治斗争。

这并不是说刚果就没有意识形态。正如一位朋友所说的那样，这里到处是好煽动的民族主义者，他们早就恨透了“刚果作为中非的脚垫，每支随意来去的军队都要在上面把脚擦干净”这种耻辱。但是在刚果的政治体制下，这样的意识形态和民族情绪并没能催生出一个负责的领导人。唯一能够有效动员民众的手段仍是族裔身份，但在政府多年的压制以及对数代地方传统酋长的任命和替换后，甚至就连族裔身份的道德内核也早被剥离殆尽。这些以族裔身份为基础的团体，不论是政党还是武装力量，都只会为自己的小团体争取资源和利益，而不是为了公共的福利。这反而加剧了体制的腐败程度，因为那些族裔领袖会为了犒赏自己的支持者去贪污，占用公共资源和资金。

* * *

在欧洲，国家是通过战争、贸易和科技而形成的。那些无法征收足够的税金去养活一支大型常规军的领袖最后都被推翻了。战争需要靠纳税支撑，从而催生了大规模的官僚队伍去征收和管理这些税金。

在刚果，统治者们在组建强大的军队和官僚体系方面并没有太大压力。多年来，蒙博托依靠外界的帮助镇压叛军，用现金或者商品收买来自南非的雇佣军或者摩洛哥、比利时和法国的军人。建立一个强有力的行政管理体系对他毫无必要——这一体系后来可能会成为滋生政治反对派的土壤——因为他可以从铜矿收益和外国支持者那里获得充裕的资金。约瑟夫·卡比拉在很大程度上将经济私有

化，并且加强了税务征收，但是他却对建立强有力的法治体系兴致 332
寥寥，因为这会反过来让他束手束脚。就连基伍地区持续至今的暴力冲突也没有推动他对军队或者警察部门进行大的改革；对异见者，他更倾向于采取绥靖或者镇压手段，而不是推动建立一个公正自律的安全部门。国内的商业精英非但没有要求建立可靠和廉洁的政府，反而通常会攀附金沙萨方面的权力人物，为自己谋求更多的利益。

有这样一个贪污腐败、肆意枉法的政治精英团体，不是单单某一个人的责任。当然社会和教育问题也是导致这一局面的原因。但很明显的一点是，只要这些政治精英可以从当下的政治体制中获利，而这一政治体制又反对建立强大有效的社会机构，那么这个体制就不会发生什么有意义的变革。在外国支持和国内铜矿、油田、钻石矿产等高额收益的帮助下，当局感觉服务国内公民、推动可持续发展毫无必要。如果只会让自己感觉束手束脚，为什么还要费力劳神去成立什么国会、法院和审计机构？

在当前的局势下，国外的捐助机构应该认真考察其行为的长远效果和影响，慎重考虑对刚果进行动辄数十亿美元的发展援助。这些捐助人——主要包括世界银行、国际货币基金组织、欧盟、美国和英国——常常坚称这些资金是中立的，不会让那些政治精英团体直接受益。这个说法没错，因为这些钱大多数都被用来建造学校、公路、医疗服务设施和引水灌溉系统。但所有的经济发展援助都无法跟政治脱离干系。由于国际机构代替政府承担了大多数公共服务设施的投资和建设，刚果政府也就更没有压力和动力去满足国内公民的需求。归根结底，法治社会不是靠财政部门的能力建设项目来建成的，而是要靠政府、地方精英和商业组织之间的斗争和妥协来实现。国际捐助机构应该弄清楚如何才能尽可能负责任地参与这一局势，而不是一味地修路架桥、盖医院和改革财政体系。

* * *

但我们为什么应该提供援助呢？首先，这并非一种纯粹出于人道主义精神的行为。这是我们亏欠刚果人民的。最明显的原因是几百年的奴役和殖民，以及对橡胶、铜矿和钻石等资源的掠夺，使得许多西方公司从中受益，比利时许多城市的建设资金也是来源于此。
333 历史上的种种不公足以让我们在道德和良心上对这个国家感到愧疚，但我们不需要做到这个地步。如今大多数在刚果运营的外国公司都有在股票市场上市，它们多是在欧洲和北美成立，或者从这两个地区的银行获得资金支持。这些公司中有许多都参与过有问题的交易，如果在其本国的话，这些交易行为肯定是被法律禁止的。大型矿业公司签署的合同给这个国家带来的收益寥寥无几，并且据说都会给政府官员提供巨额回扣。小一点的贸易公司不经任何审查就从刚果东部地区购买矿产品，哪怕收益最终会流向交易背后的武装集团。因此我们应该尽自己所能去帮助刚果人民从他们的资源和财富中受益，而不是被这些资源和财富所累。

这并不是说这场战争是由急于染指刚果财富的西方国家和政府推动的。我们并没有什么证据来提出这一指控。但是一个显著的事实是，许多公司，无论是刚果的还是外国的，都从这场冲突中获得了巨大的利益。不过，从中发大财的是一些相对较小的机构和公司——因为战争冲突将大规模工业化采矿和投资推迟了十年以上。同样，一些西方的外交官和商人确实从刚果各种腐败的交易中获利颇丰，但我们不能因此颠倒了因果关系，说是他们导致了战争。我们最多可以说，哪里有利可图，那些矿业公司就到哪里去，而在金沙萨的外交官们则是在做自己的本职工作，帮助这些公司在当地运作。问题在于监管的失灵；问题在于那些矿产行业的淘金者通过大规模的欺诈行为，利用注册在加勒比群岛的离岸公司，通过和刚果政府高层的腐败政客合作，谋得了惊人的利润，但我们却让他们就这样逍遥法外；问题在于西方政府毫不关心他们国家的公司在国外到底是怎样运作的。

其次，我们应该给刚果人一次机会，让他们决定到底如何对待自己历史上的暴力。在国际干预中，有一个典型的谬论，认为为过去冲突中的受害者讨回公道会阻碍当下的和平进程。外交官们一次又一次地逃避，不愿意组织一个国际法庭，指控和惩罚在这场战争中犯下滔天罪行的军方和政府人员。在我调查的过程中，最让我感到沮丧的就是一次又一次听到幸存者们控诉没有任何人帮他们讨回公道——那些杀人犯没有被绳之以法，很多时候受害者甚至不知道自己的亲人被杀害后到底埋在了哪里。从这一意义上来看，刚果倒成了例外：塞拉利昂、科索沃、东帝汶、卢旺达以及前南斯拉夫， 334
所有这些遭受战火蹂躏的国家和地区最后都有法庭来解决历史遗留问题。然而在刚果，许多当年的施暴者依然大权在握，而那些受害者则只能默默地吞下苦果。

恰恰是由于之前的那些军阀依然当权，外国的外交官们才不愿意发起对他们的审判。这导致军队和政府中满是犯下整个罪行的罪犯，他们毫无顾忌，随时有重新拿起屠刀的可能。2010 年 10 月，也是我写这本书的时候，联合国发布了一项报告，记录了 1993 年到 2003 年间这个国家发生的最为臭名昭著的战争罪行，并建议成立一个特别法庭处理这些问题。国际捐助者和刚果政府必须要抓住这次机会。这并不是说我们要针对刚果设立一个国际法庭，这或许并不是最好的解决办法。但刚果人民应该有权利了解过去战争中所发生的一些事情，并把罪魁祸首绳之以法。二百二十个刚果的民间社会组织发文支持联合国的报告，呼吁召开会议讨论一套最佳的可行方案。这样的行动对精英阶层来说会是一个重要的信号，证明在这套政治体制中，逍遥法外并非永恒的主旋律。

* * *

然而，在很大程度上，我们的罪已被遗忘。我们纯粹是不够关心。和许多刚果人一厢情愿认为的不同，奥巴马总统一早醒来吃早餐的时候并不会查看刚果的安全状况简报。总的来说，我们并不关心在非洲中部一场黑人们打的奇怪的战争。这种可悲的虚伪显而易见——1999 年，北约派了一批五万人的精锐军队去了科索沃，而科索沃的国土面积只有南基伍省的五分之一。在刚果，联合国维和部队最多的时候只有两万人，其中大多数来自南亚地区，他们装备极差，也毫无意愿去开展高风险的军事行动。作为补偿，刚果收到了大量的人道主义援助——这只是对大问题的一种短期的缓解办法。

这种冷漠使得国际社会不愿多花一点心思去制定对待这一地区的相关政策。最显而易见的就是对待乌干达和卢旺达事务的政策。整个冲突期间，捐助者的援助占了卢旺达全部政府预算的一半以上，
335 乌干达同样高达三分之一以上。最大的捐助方是欧盟委员会、英国和美国，可以理解的是，这些国家和地区的政府都因为在卢旺达大屠杀期间没有出手干预而略感愧疚。

除此之外，这两个中非国家在发展速度和降低贫困率方面都有令人赞叹的纪录：十多年来，国际援助分别帮助卢旺达和乌干达令贫困率降低了 13% 和 20%。相比其他非洲国家，例如刚果，至少在这里，国际捐助者知道自己的援助资金被用在了正确的地方。

然而，这些捐助者都是目光短浅的。他们非常清楚地看到卢旺达国内的发展和进步，但却对国境线另外一边正在发生的冲突和杀戮无动于衷。当卢旺达在 1998 年 8 月再次入侵刚果时，华盛顿和伦敦表示谴责，却并没有用强有力的外交手段或者经济制裁来对付刚果的这个邻居。“我们对卢旺达采取了正确的政策，”前英国驻卢旺达大使苏 · 霍格伍德（Sue Hogwood）说道，“我们需要帮助他

们在大屠杀之后重建家园。我们干预并督促他们改善人权问题，但他们确确实实是有国土安全方面的顾虑。”[5]

卢旺达确实有安全方面的顾虑。卡加梅的一位政治顾问向我表述了一个典型的观点：“当美国在2001年遭受9·11恐怖袭击时，他们决定打击阿富汗，以报复该国收容发动这场袭击的恐怖分子。许多无辜平民在美国的军事行动中遇难。这难道不是非常不幸的吗？但有多少美国人对入侵阿富汗感到遗憾和悔恨？非常少。”[6]

这种观点不会对不同情况下的道德处境加以区分。一旦我们确认哪些种族屠杀分子藏在刚果，那我们就可以不择手段地去对付他们，哪怕这些手段和方法并不一定真的是为了追究那些种族屠杀分子。为了对付这些人，难道真的有必要把基桑加尼毁掉吗？有必要杀害数万平民吗？有必要巧取豪夺成百上千万美元投入战争吗？

这一地区的决策者们在处理复杂局面的问题时，手里常常只有简单粗暴的办法。例如，在应对卢旺达难民危机时，最好的办法应该是派遣一支国际军事力量解除难民营内的武装，将军人和平民区分开来。但这需要花费数亿美元的资金，而在经历索马里的混乱局面之后，联合国不愿意再卷入一场高风险的军事干预行动。[7]

在缺少大规模军事干预的局面下，处理难民问题，尤其是在卢旺达入侵之后，就像是戴着一双厚厚的隔热手套去做脑外科手术。由于数十万难民逃亡到了扎伊尔，美国驻基加利大使告诉自己在华 336
盛顿的上司说，“我们能选择的最好的援助办法就是切断对那些杀人凶手的支持和援助，这样他们就会留下手中的人质，跑去寻找新的支持和资源了。如果我们不这样做的话，就是在用廷吉廷吉的孩子们的生命去交换那些卢旺达孩子的生命，（因为那些杀人凶手回到卢旺达后肯定会大开杀戒）。”[8]他没有提到的一点是，要切断对杀人凶手的支援，必须同时切断对平民的支援。

不加大投入，缺少足够的外交和资源支持，就没有办法维持和平。这种情况下，相关政策不仅无法奏效，还会导致各方用简单粗暴的态度和政策来应对复杂的局势，从而造成更多的不良后果。

* * *

刚果战争不是由单个原因引起的，也无法用几张图表就能清晰地描绘出整体的脉络。就像一部古希腊史诗一样，整场战争充满了错综复杂的故事线——一些是英勇壮烈的，一些是肮脏腐败的，所有的线索混杂在一起，层层叠叠，不断变化，残缺不全，无法窥一斑而知全豹。它不是一台精密的战争机器，它交织着复杂的人性。

本书试图尽可能以更高的视野、下更多的功夫去抽丝剥茧，更好地了解这一复杂局面下的故事。刚果的苦难可以引起人类强烈的共鸣。这是一场大规模的长期灾难，其中的受害者是我们的邻居、我们的贸易伙伴、我们的政治同盟和对手。他们并非外星人，他们并不邪恶，我们完全可以理解他们的所有感情。刚果所经历的一切错综复杂。这需要所有卷入其中的人花时间认真思考整理。这需要我们深入刚果政治体系的基本面，帮助更名正言顺、更有责任心的政治家执掌最高的政治权力。这需要我们拿出更好的策略，找出更主动、更聪明的维和措施与解决冲突的方案；更多的外国援助要以政治改革为条件和衡量标准，而不单单只看财务数据；在参与跟刚果政府有关的贸易和投资时，应该更加负责，更加审慎。

我们没有理由绝望。如果说在对刚果进行了十年研究之后的我了解到了什么，那就是刚果人民无比坚韧的精神和旺盛的生命力。正如别具一格的刚果歌手科菲·奥隆米代歌里所唱到的这个国家："这里就是人间地狱。地狱之火肆虐，我们却安然无恙。"有人可能会因为刚果人民经历的种种苦难认为他们会变得死气沉沉、怨天尤人。但他们没有。

对刚果来说，没有简单易行的解决方案，也不会一夜之间就出 337
现一个可靠负责的政府与和平盛世。这个国家的命运最终还是掌握在刚果人民手中。西方人也有自己的责任，一方面是因为他在历史上亏欠这个国家的，另一方面是因为这种援助是符合道义的。这并不是说要把外国人的愿景和想象强加到刚果人身上，也不是说仅仅捐献一些食品和资金就足够了。这需要我们真正理解他们，站在他们的立场去理解这里的政治体系和脉动，然后努力为他们提供一个可以实现发展和稳定的环境。

注释

引言　理解暴力

1. Julie Hollar, “Congo Is Ignored, Not Forgotten,” Fairness and Accuracy in Reporting,May 2009, www. fair. org/index. php?page=3777, 2010 年 3 月 8 日存档。
2. Nicholas Kristof, “Darfur and Congo,” *On the Ground*（博客）, *New York Times*, June 20,2007, kristof. blogs. nytimes. com/2007/06/20/darfur-and-congo/, 2010 年 3 月 8 日存档，被 Hollar, “Congo Is Ignored” 引用。
3. 刚果人平常称呼比利时人为“noko”，意思是“大叔”，他们还喜欢拿比利时人吃薯条时爱蘸蛋黄酱来开玩笑。
4. Achille Flor Ngoye, *Kin-la-joie, Kin-la-folie* (Paris: L' Harmattan, 1993), 147（作者译本）.
5. 1997 年，国家的名字换回了刚果民主共和国。在探讨 1991 年到 1997 年间的相关事务时，我会使用“扎伊尔”作为国名。
6. Gauthiers de Villers and Jean-Claude Willame, *Republique democratique du Congo: Chronique politique d'un entre-deux-guerres, octobre 1996–juillet 1998*, Cahiers Africains 35 (Paris: L' Harmattan, 1998), 85.
7. 为了保护当事人，此处使用化名。

第一章　屠杀的遗产

1. 围绕坠机事件依然有很多争议。当局反对派和一些学者坚持认为飞机是被卢旺达爱国阵线击落的，而爱国阵线和另外一些区域问题专家则依然认为罪魁祸首是哈比亚利马纳政府内部的极端分子。

2. Scott Straus, “How Many Perpetrators Were There in the Rwandan Genocide?” *Journal of Genocide Research* 6, no. I (2004): 85–98.

3. Kathi L. Austin, *Rearming with Impunity: International Support for the Perpetrators of the Rwandan Genocide*, Human Rights Watch, vol. 7, no. 4 (May 1995).

4. 除非另外指出，本章中关于卢瓦拉卡比耶生活的信息都来自 2007 年至 2009 年间在基加利对他一系列的采访。

5. Hannah Arendt, *Eichmann in Jerusalem: A Report on the Banality of Evil* (New York: Penguin, 2006), 135.

6. 本部分关于卢旺达身份认同的讨论参考了 David Newbury, *Kings and Clans: Idjwi Island and the Lake Kivu Rift* (Madison: University of Wisconsin, 1991); 以及 Jean-Pierre Chrétien, *The Great Lakes of Africa: Two Thousand Years of History*, trans. Scott Straus (New York: Zone Books, 2003), 171–190, 281–290; 以及 Catherine Newbury, *The Cohesion of Oppression: Clientship and Ethnicity in Rwanda, 1860-1960* (New York: Columbia University Press, 1988), 73–150.

7. 引用见 Chrétien, *The Great Lakes of Africa*, 283.

8. Gérard Prunier, *The Rwanda Crisis: History of a Genocide* (London: Hurst, 1997), 143n27.

9. Philip Verwimp, *An Economic Profile of Peasant Perpetrators of the Genocide: Micro-level Evidence from Rwanda*, HiCN Working Paper 8, Households in Conflict Network, University of Sussex, 2003, www. hicn. org/papers/perp. pdf.

10. Straus, “How Many Perpetrators?,” 94. 其他作者并不认同这一数字；这一数字的说法从数万到数百万不等。

11. Jean-Paul Kimonyo, *Un genocide populaire* (Paris: Karthala, 2008); Scott Straus, *The Order of Genocide: Race, Power, and War in Rwanda* (Ithaca, NY: Cornell University Press, 2006).

12. Prunier, *The Rwanda Crisis*, 100–102, 147, 148; Alison Des Forges, Eric Gillet, and Timothy Longman, *Leave None to Tell the Story: Genocide in Rwanda* (New York: Human Rights Watch, 1999), 506–507.

13. Austin, *Rearming with Impunity*, www. hrw. org/reports/1995/Rwanda 1. htm, n25.

14. Des Forges, Gillet, and Longman, *Leave None to Tell the Story*, 506.

15. Linda Melvern, *A People Betrayed: The Role of the West in Rwanda's Genocide* (London: Zed Books, 2000), 131.

16. African Rights, *Rwanda: The Insurgency in the Northwest* (London: African Rights, 1998), 103.

17. African Rights, *Rwanda: Death, Despair, and Defiance*, rev. ed. (London: African Rights, 1995), 657, 引文见 Prunier, *The Rwanda Crisis*, 314.

18. Amos Elon, “Introduction,” in Arendt, *Eichmann in Jerusalem*, xiv.

第二章 救援和教唆

1. Gérard Prunier, *Africa's World War: Congo, the Rwandan Genocide, and the Making of a*

Continental Catastrophe (Oxford: Oxford University Press, 2009), 30.

2. Joel Boutroue, *Missed Opportunities: The Role of the International Community in the Return of the Rwandan Refugees from Eastern Zaire, July 1994–December 1996*, Rosemarie Rogers Working Paper I, Inter-University Committee on International Migration, Massachusetts Institute of Technology, June 1998 援引此文。
3. Beatrice Umutesi, *Fuir ou Mourir au Zaire* (Paris: L'Harmattan, 2000), 95.
4. Prunier, *Africa's World War*, 26, 援引"联合国难民署"的现场笔记。
5. Johan de Smedt, "Child Marriages in Rwandan Refugee Camps," *Africa: Journal of the International African Institute* 68, no. 2 (1998): 211–237.
6. Umutesi, *Fuir ou Mourir au Zaire*, 93, 94.
7. *Breaking the Cycle: Calls for Action in the Rwandese Refugee Camps in Tanzania and Zaire*, Doctors Without Borders, November 10, 1994, http://www. doctorswithout borders. org/publications/article. cfm?id=1465.
8. John Eriksson, "Synthesis Report" of the *International Response to Conflict and Genocide: Lessons from the Rwanda Experience*, Danish International Development Assistance, March 1996, 29, 援引见 Fiona Terry, *Condemned to Repeat? The Paradox of Humanitarian Action* (Ithaca, NY: Cornell University Press, 2002), 175.
9. Umutesi, *Fuir ou Mourir au Zaire*, 88.
10. Terry, *Condemned to Repeat?* 186, 187.
11. Ibid., 204, 205.
12. Ibid., 190.
13. 作者于 2007 年 7 月在纽约对一名联合国官员进行的非正式采访。
14. Kurt Mills, "Refugee Return from Zaire to Rwanda: The Role of UNHCR," in *War and Peace in Zaire/Congo: Analyzing and Evaluating Intervention, 1996–1997*, ed. Howard Adelman and Govind C. Rao (Trenton, NJ: Africa World Press, 2004), 163–185; *Final Report of the United Nations Technical Mission on the Security Situation in the Rwandan Refugee Camps in Zaire*, 1994, www. grandslacs. net/doc/2745. pdf.
15. Boutroue, *Missed Opportunities*, 62–64.
16. 引文见 Boutroue, *Missed Opportunities*, 31, 32.
17. Terry, *Condemned to Repeat?* 171.
18. Boutroue, *Missed Opportunities*.
19. *Rwanda/Zaire: Rearming with Impunity, Human Rights Watch Arms Project, May 1995.*
20. 非洲大湖区由大裂谷附近的湖泊组成。该地区的划分尚不明确，但通常包括乌干达、卢旺达、刚果民主共和国、布隆迪、肯尼亚和坦桑尼亚。
21. Gérard Prunier, *The Rwanda Crisis: History of a Genocide* (New York: Columbia University Press, 1995), 279n139.
22. Agence France-Presse, Brussels, October 29, 1996.
23. 引文见 Simon Massey, "Operation Assurance: The Greatest Humanitarian Intervention

that Never Happened," *Journal of Humanitarian Assistance*, February 15,1998, jha.ac/1998/02/15/operation-assurance-the-greatest-intervention-that-never –happened.

24. Ibid.

第三章 废墟中的国家

1. Stephen Kinzer, *A Thousand Hills: Rwanda' s Rebirth and the Man Who Dreamed It* (Hoboken, NJ: Wiley & Sons,2008), 254.
2. Philip Gourevitch, "After Genocide," *Transition* 72 (1996):188.
3. Kinzer, *A Thousand Hills*, 232.
4. Gérard Prunier, *The Rwanda Crisis: A History of the Genocide* (London: Hurst & Co. , 1997), 62.
5. Richard Grant, "Paul Kagame: Rwanda's Redeemer or Ruthless Dictator?" *Daily Telegraph* (London), July 22, 2010.
6. "When Kagame Turned 50," *New Times* (Kigali), October 25, 2007.
7. 作者于 2010 年 3 月在美国康涅狄格州纽黑文市对安德鲁 · 姆文达（Andrew Mwenda）的采访。
8. 作者于 2007 年 7 月在内罗毕对前卢旺达爱国阵线的战士进行的采访。
9. 作者于 2009 年 6 月对美国情报官员进行的电话采访。
10. Steve Vogel, "Student of Warfare Graduates on Battlefields of Rwanda; Rebel Leader Ran a Textbook Operation," *Washington Post*, August 25, 1994.
11. Prunier, *The Rwanda Crisis*, 62.
12. Filip Reyntjens, *La Guerre des Grands Lacs* (Paris: L'Harmattan, 1999), 52; *Report of the Joint Mission Charged with Investigating Allegations of Massacres and Other Human Rights Violations Occurring in Eastern Zaire (Now Democratic Republic of the Congo) Since September 1996*, United Nations General Assembly, A/51/942, July 2, 1997, 17, 18.
13. 引文见吉汉 · 塔赫兰（Jihan El Tahran）导演的电影 *Afrique en morceaux* (1999)。
14. Peter Rosenblum, "Irrational Exuberance: The Clinton Administration in Africa," Current History (May 2002): 197.
15. 乌干达叛军包括圣主抵抗军（Lord's Resistance Army），这是一支残暴的叛军武装，最初得到乌干达北部阿乔利人（Acholi）的支持，他们是米尔顿 · 奥博泰（Milton Obote）政府军的主要组成力量，在穆塞韦尼当权后被边缘化。圣主抵抗军在扎伊尔并不活跃，但另外几支乌干达的叛军在蒙博托和苏丹喀土穆政府的支持下在扎伊尔境内十分活跃。此后不久，驻扎在扎伊尔东北部的苏丹情报机构协助创立了尼罗河西岸解放阵线（West Nile Bank Liberation Front），这支叛军主要由跟乌干达独裁统治者伊迪 · 阿明关系密切的前党派成员和士兵组成。除此之外，苏丹还向另外几支叛军提供支持，包括两个乌干达小型伊斯兰组织 Tabliq 和乌干达穆斯林解放军（Uganda Muslim Liberation Army），两支叛军都声称要为被穆塞韦尼政权屠杀的穆斯林兄弟复仇。让局面更为复杂的是，有一群巴干达人（Baganda）的领袖发起了联合民主运动（Allied Democratic Movement），抨击穆塞韦尼政权持续迫害巴干达人，巴干达是前殖民时代这一地区最大的一个王权，他们同时还开始招募士兵。由于联合民主运动和乌干达穆斯林解放军都没有广泛的群众基础，苏丹人介绍他们和前乌干达国民解放军（National Army for the Liberation of Uganda）的余部取得联系，这支余部在乌干达西部鲁文佐里山脉一带孔乔族（Konjo）的领土上活动，自殖民时代之后这支武装力量就被排挤在乌干达政治核心圈之外。这三个组织共同成立了联合民主武装（Allied Democratic Forces）。

16. "Congo Rebels Were Museveni's Idea," *Monitor* (Kampala), June 1, 1999.

17. "Supplementary Report of the Monitoring Mechanism on Sanctions Against UNITA," Security Council Document S/2001/966, October 8, 2001.

18. 流离失所者的人数来自 1996 年 1 月到 12 月期间联合国发出的针对安哥拉的联合捐助呼吁；军事开支相关信息来自斯德哥尔摩国际和平研究所。

19. Matthew Hart, "How to Steal a Diamond," *Atlantic Monthly*, March 1999.

20. 作者于 2009 年 1 月在南非对卢旺达情报官员进行的采访。

21. 作者于 2007 年 6 月在纽约对前美国驻安哥拉大使唐·斯坦伯格（Don Steinberg）进行的采访。

22. "Kabila Shouts Down Museveni," *Monitor* (Kampala), June 2, 1999.

23. Thabo Mbeki, "Statement on Behalf of the African National Congress, on the Occasion of the Adoption by the Constitutional Assembly of 'The Republic of South Africa Constitution Bill 1996.'"

第四章　六天

1. 作者于 2008 年 3 月在布卡武对人权活动家进行的采访。

2. 1996 年 10 月 9 日，据英国广播公司对"扎伊尔之声电台"的监测。他是在面对一位国际记者的采访中提到六天的。

3. 可见他于 2008 年提交给戈马和平会议的提案："Reaction de Monsieur Lwabanji Lwasi Ngabo, Vice-Gouverneur Honoraire du Sud Kivu, à la declaration du porte parole des Banyamulenge à la conference de Goma," January 15, 2008.

4. 本章的大部分内容都基于作者于 2007 年 11 月在金沙萨对塞鲁基扎的采访。此后不久，他便因癌症并发症去世。

5. Isidore Ndaywel, *Histoire Générale du Congo: De l'héritage ancien à la République démocratique* (Paris: Duculot,1998), 382–383(作者译本). 也可参考 Koen Vlassenroot, "Citizenship, Identity Formation and Conflict in South Kivu: The Case of the Banyamulenge," *Review of African Political Economy* 29, nos. 93–94 (2002): 499–515.

6. 该见解出自毛罗·德洛伦佐（Mauro DeLorenzo），他在牛津大学的博士论文中研究过穆伦盖人。

7. 卢旺达的历史学家也记录了该期间从卢旺达南部到刚果的移民活动。Catherine Newbury, *The Cohesion of Oppression: Clientship and Ethnicity in Rwanda, 1860–1960* (New York: Columbia University Press, 1988), 48–49.

8. Lazare Sebitereko Rukundwa, "Justice and Righteousness in Matthean Theology and Its Relevance to the Banyamulenge Community," PhD thesis, University of Pretoria, November 2005, 317.
9. Ibid., 292.
10. Ibid., 129.
11. Cosma Wilungula, Le Maquis Kabila, *Fizi 1967–1986* (Paris: L'Harmattan, 1997), （作者译本）援引此文。
12. Manassé Ruhimbika, *Les Banyamulenge entre deux guerres* (Paris: L'Harmattan, 2001),25.
13. Leslie Crawford, "Hutus See France as Their Saviour," *Financial Times* (London), June 27, 1994.
14. 安朱卢尼 · 本贝是国民议会议长，来自南基伍省，他起草了这一法令，表明穆伦盖人是卢旺达移民，他们以欺诈手段获得了刚果国籍。
15. Haut Conseil de la République, Parlement de Transition, "Resolution sur les réfugiés et population déplacés dans les regions du Nord et du Sud-Kivu," signed in Kinshasa, April 28, 1995.
16. Letter from the Commissaire de Zone d'Uvira, October 26, 1995, 引文见 Ruhimbika, *Les Banyamulenge*, 32
17. 一群穆伦盖人的领导人在他们省唯一的议员杜古 · 瓦 · 穆伦盖（Dugu wa Mulenge）的率领下，写信谴责招募穆伦盖人。关于卢旺达爱国阵线里的穆伦盖人数量，见 Ruhimbika, *Les Banyamulenge* (300) 和 Serukiza (1,000)。

第五章 洋葱瓣

1. 本章大部分内容都基于作者 2008 年 4 月在约翰内斯堡对德奥格拉蒂亚斯 · 布盖拉的采访。此外，布盖拉的前参谋长托马斯 · 恩奇拉提马纳（Thomas Nziratimana）也提供了有用的信息。
2. 作者于 2007 年 11 月在金沙萨对前民主力量同盟成员进行的采访。
3. 具体面积仍有争议。根据 Brooke Grundfest Schoepf and Claude Schoepf, "Gender, Land, and Hunger in Eastern Zaire," in African Food Systems in Crisis, vol. 2, Contending with Change, ed. Rebecca Huss-Ashmore and Solomon H. Katz, Food and Nutrition in History and Anthropology, vol. 7 (New York: Gordon and Breach, 1990)，利奥波德国王割让了一千两百万公顷，即四万六千平方英里给基伍省国民议会（National Committee），这是一个国家机构，但很快这一数字就被减少到三十万公顷，大约是比利时国土面积的十分之一。
4. Séverin Mugangu, "Les politiques legislatives congolaise et rwandaise relatives aux refugiés et émigrés rwandais," in *Exilé, réfugiés et deplacés en Afrique Centrale et orientale*, ed. André Guichaoua (Paris: Karthala, 2004), 639.
5. Paul Mathieu and Mafikiri Tsongo, "Enjeux fonciers, déplacements de population et escalades conflictuelles (1930–1995)," in *Conflits et guerres au Kivu et dans la région des grands lacs: Entre tensions locales et escalade régionale*, ed. P. Mathieu and Jean-Claude Willame, Cahiers Africains 39 (Paris: L'Harmattan, 1999), 20-25.

6. Jean-Pierre Pabanel, "La question de la nationalité au Kivu," *Politique Africaine* (1993): 41, 43.
7. 直到 1989 年政府开始甄别选民身份时，这部法律才得以实施。这一过程引发了暴力冲突，致使马西西的卢旺达人烧毁了投票站。
8. 联合国驻扎伊尔人权特派员确认的数字是三千人，国际特赦组织则认为这一数字高达七千人，数字引自联合国特派员 Roberto Garretón, *Report on the Situation of Human Rights in Zaire*, December 23, 1994, paragraph 90; Amnesty International, *Zaire: Violence Against Democracy*, September 16, 1993.
9. 布盖拉与两位协调这些行动的卢旺达领导人物都有联系，他们分别是杰克 · 恩齐扎少校（Major Jack Nziza）和卡伊姆巴 · 恩亚瓦萨上校（Colonel Kayumba Nyamwasa），两个人在后来卢旺达入侵刚果行动中也扮演了重要角色。
10. Joel Boutroue, *Missed Opportunities: The Role of the International Community in the Return of the Rwandan Refugees from Eastern Zaire, July 1994–December 1996*, Rosemarie Rogers Working Paper 1, Inter-University Committee on International Migration, Massachusetts Institute of Technology, June 1998.
11. 后来在重新夺回难民营后发现的文件证实了这一点。
12. 刚果爱国者团体（Collective of Congolese Patriots）编制的无名小册上标注的日期是 2000 年 2 月 10 日。

第六章 "长者"

1. Erik Kennes with collaboration by Munkana N'Ge, *Essai biographique sur Laurent Désiré Kabila* (Paris: L'Harmattan, 2003), 29.
2. Ibid., 29.
3. Piero Gleijeses, *Conflicting Missions: Havana, Washington, and Africa, 1959–1976*, Envisioning Cuba (Chapel Hill: University of North Carolina Press, 2002), 72 援引此文。
4. Kennes, *Essai biographique*, 72.
5. Ernesto "Che" Guevara, *The African Dream: The Diaries of the Revolutionary War in the Congo*, trans. Patrick Camiller (New York: Grove, 2000), 6.
6. Ibid., 86.
7. Ibid., 244.
8. William Galvez, Le rêve Africain de Che (Antwerp: EPO, 1998), 302, 引文见 Kennes, *Essai biographique*, 174.
9. Wilungula Cosma, *Le Maquis Kabila, Fizi 1967–1986* (Paris: L'Harmattan, 1997), 112; Kennes, *Essai biographique*, 264.
10. Kennes, *Essai biographique*, 302.
11. 金沙萨的医院院长让－巴蒂斯特 · 桑德吉成了洛朗 · 卡比拉手下的卫生部长，早在 1993 年他便在布鲁塞尔会见了穆塞韦尼指定的刚果总统候选人之一的卡金达 · 奥塔法尔（Kahinda Otafire）一起讨论该国的政权变化。他向齐塞克迪提及了乌干达的提议，但是这位反对派领导人不想与武装起义有任何关系。帕特里克 · 卡雷盖亚证实了这一点。信息源自作者于 2008 年 2 月在金沙萨对让–巴蒂斯特 · 桑德吉进行的采访。

12. 莱梅拉是南基伍的一个小镇，民主力量同盟的第一个训练营落于此处。巧合的是，刚果反政府武装在基加利的居住区也叫作莱梅拉。

第七章　战争中的战争

1. 这一描述来自布盖拉的前参谋长、基伍省省长托马斯 · 恩奇拉提马纳，2006 年 7 月我在金沙萨采访了他；此外，2007 年 11 月我还在金沙萨采访了穆伦盖高级指挥官马利克将军。
2. “West ‘Fooled’ by Banyamulenge,” Voix du Zaire, Bukavu, October 25, 1996.
3. 作者于 2008 年 3 月对本贝族社会活动家巴拉的采访。
4. Manassé Ruhimbika, *Les Banyamulenge entre deux guerres* (Paris: L’Harmattan, 2001), 47.
5. Ibid., 49.
6. 出于保护当事人的目的，亚历克斯采用了化名。
7. 此外可参考 *Report of the Mapping Exercise Documenting the Most Serious Violations of Human Rights and International Humanitarian Law Committed Within the Territory of the Democratic Republic of the Congo Between March 1993 and June 2003*, United Nations High Commissioner for Human Rights, October 2010, 74. 联合国调查人员认定此次事件造成的死亡人数为一百五十二人。
8. 几天后，一位德国记者冒险进入卢旺达国境线内肮脏不堪的难民营，图西族的幸存者大多逃到了这里。在联合国人道救援组织的蓝色帐篷中间，一位形容枯槁的图西族难民手里拿着一个黑色本子走到他跟前。这个人叫穆萨菲利 · 穆山巴罗（Musafiri Mushambaro），他是当地乌维拉族的族长，他一页页地翻开本子，上面记录着死者的姓名和数字：“桑盖死亡二十人，穆图鲁莱九人，布鲁盖拉三人，卢韦巴八十九人，卡曼尼尤拉三十七人。”他的本子上一共记录了二百一十七个名字，全部都是男性。他说这些人被迫跟家人分开后被赶到一起集中枪决。
9. 根据联合国 2010 年发表的调查报告，当天阿巴拉一共有一百零一人死亡。*Report of the Mapping Exercise*, 135.

第八章　推倒多米诺骨牌

1. 有关普罗斯珀 · 纳比奥尔瓦的经历信息是作者于 2005 年 7 月、2007 年 12 月以及 2008 年 7 月在金沙萨对纳比奥尔瓦将军的采访所得。
2. “Declaration of the Population of South Kivu Following the ‘March of Anger, Protest and Denunciation Against the Aggression by Tutsi Rwandans of Which Zaire and Its People Have Become Victims,’” Bukavu, September 18, 1996, 引文见 Olivier Lanotte, *Guerres sans frontiers: De Joseph-Désiré Mobutu a Joseph Kabila* (Brussels: GRIP, 2003), 42.
3. *Demain le Congo*, no. 244 (1997): 7, 引文见 Isidore Ndaywel, *Histoire Générale du Congo: De l’ héritage ancien à la République démocratique* (Paris: Duculot, 1998).
4. 作者于 2008 年 3 月在莱梅拉对医院工作人员进行的采访；Amnesty International, *Zaire:*

Violent Persecution by State and Armed Groups, November 29, 1996, 5.

5. "A Hole in the Middle of Africa," *Economist*, July 8, 1995.

6. Library of Congress, Country Study: Zaire, 1994, 312.

7. Crawford Young and Thomas Turner, *The Rise and Decline of the Zairian State (Madison: University of Wisconsin Press*, 1985), 275.

8. Honoré Ngbanda Nzambo, *Ainsi sonne le glas: Les derniers jours du Maréchal Mobutu* (Paris: Editions Gideppe, 1998), 46 (作者译本).

9. William Reno, "Sovereignty and Personal Rule in Zaire," *African Studies Quarterly* I, no. 3(1997), www.africa.ufl.edu/asq/vI/3/4. htm.

10. 作者于 2007 年 12 月在金沙萨对普罗斯珀 · 纳比奥尔瓦将军进行的采访。

11. Young and Turner, *Rise and Decline*, 259.

12. Michael G. Schatzberg, *The Dialectics of Oppression in Zaire* (Bloomington: Indiana University Press, 1988), 59.

13. Library of Congress, *Zaire*, 303.

14. 作者于 2007 年 12 月在金沙萨对一名大型航空公司的总裁何塞 · 恩敦多进行的采访。

15. Nzambo, *Ainsi sonne le glas*,88.

16. 作者于 2008 年 3 月在约翰内斯堡对德奥 · 布盖拉进行的采访。

17. 作者于 2008 年 1 月在达累斯萨拉姆市对帕特里克 · 卡雷盖亚进行的采访。

18. "PlusjamaisleCongo," *Observatoire de l'Afrique centrale* 6, no. 10, March 4, 2003, www.obsac.com.

19. Cherif Ouazani, "James Kabarebe et la mémoire de la guerre de libération de l'AFDL," *Jeune Afrique Intelligent*, April 29, 2002 (作者译本).

20. 当约瑟夫 · 卡比拉上台后，他的一些最亲密的军事顾问便包括前加丹加猛虎。

21. 作者于 2009 年 7 月在金沙萨对前卢旺达武装部队的指挥官进行的采访。

22. Stephen Smith, "L'Armada de mercenaires au Zaïre: Commandés par un Belge, 'affreux' mènent la contre-offensive," *Libération*, January 24, 1997; Philippe Chapleau and Francois Misser, *Mercenaires S. A.* (Paris: Desclée de Brouwer, 1998), Chapter 6.

23. Gérard Prunier, *Africa's World War: Congo, the Rwandan Genocide, and the Making of a Continental Catastrophe* (Oxford: Oxford University Press, 2009), 129.

24. 吉汉 · 塔赫兰在导演的电影 *Afrique en morceaux* (1999) 中援引了此文。

25. Gordana Igri, "Alleged 'Assassins' Were No Strangers to France," in Balkan Crisis Report, Institute for War and Peace Reporting, November 26, 1999.

26. 詹姆斯 · 阿斯蒂尔于 2004 年 5 月在基加利对詹姆斯 · 卡巴雷贝将军的采访。

27. 作者于 2006 年 7 月在金沙萨对菲力 · 比卡巴上校（Colonel Fely Bikaba）进行的采访。

28. Prunier, *Africa's World War*, 142.

29. "Canadian Deal Worth Millions to Zaire's Rebels: $50 Million Investment Likely to Find Its Way into Kabila's War Chest," Associated Press, May 10,1997.

30. Mark Sherman, "McKinney Reassured About Zairian Refugees, Elections," *Atlanta*

Constitution, May 14, 1997.

第九章　穿越千里雨林

1. Robert Gribbin, *In the Aftermath of Genocide*, U. S. Congress Hearing before the Subcommittee on International Operations and Human Rights, December 4, 1996, 198.
2. 没有人知道扎伊尔到底还有多少难民。联合国难民机构一度认为这一数字高达六十万，联合国人权事务部声称难民数量为四十三万九千五百人，而美国将军埃德温·史密斯（Edwin Smith）则认为是二十万零两千，加拿大将军莫里斯·巴里尔（Maurice Baril）认为有十六万五千人。Filip Reyntjens, *The Great African War: Congo and Regional Geopolitics, 1996–2006* (Cambridge: Cambridge University Press, 2009), 85–86.
3. 引文见 Johan Pottier, *Re-imagining Rwanda: Conflict, Survival and Disinformation in the Late Twentieth Century* (Cambridge: Cambridge University Press, 2002), 175.
4. Ibid., 175.
5. Beatrice Umutesi, *Fuir ou mourir au Zaire* (Paris: L'Harmattan, 2000), 131.
6. Ibid., 147.
7. *Forced Flight: A Brutal Strategy of Elimination in Eastern Zaire, Médecins Sans Frontières* (Doctors Without Borders), May 1997, www.msf.org/msfinternational/invoke.cfm?component=report&objectid=A63A4532-BEA0-4BB1-A7AE1EEB4BD27AC7&method=full_html.
8. 无国界医生组织的数据显示，在一些难民营中，死亡率高达万分之二十一。相比之下，健康人口的死亡率是万分之零点六，紧急状态下人群的死亡率是万分之二，失控紧急状态下的死亡率是万分之四。
9. *Forced Flight*.
10. Ibid.
11. 参考 Kisangani Emizet, "The Massacre of Refugees in Congo: A Case of UN Peacekeeping Failure and International Law," *Journal of Modern African Studies* 33, no. 2 (2000): 173–179; Gérard Prunier, *Africa's World War: Congo, the Rwandan Genocide, and the Making of a Continental Catastrophe* (Oxford: Oxford University Press, 2009), 148. 然而，这两位作者都采用一百一十万作为难民数量的基数，而由于难民营中缺少人口统计措施，这一基数的准确性待考。
12. Alan L. Heil Jr., Voice of America: A History (New York: Columbia University Press, 2003), 264.
13. *Report of the Mapping Exercise Documenting the Most Serious Violations of Human Rights and International Humanitarian Law Committed Within the Territory of the Democratic Republic of the Congo Between March 1993 and June 2003*, United Nations High Commissioner for Human Rights, October 2010, 278.
14. Ibid., 77–116, 273–277.
15. Colin Nickerson, "Refugee Massacre Unfolds in Congo: Witnesses Tell of Slaughter of Hundreds by Kabila's Soldiers," *Boston Globe*, June 1, 1997, A1. 被埋葬的九百具尸体这一数字来自 Andrew Maykuth, "Tutsis Slaughter Hutu Refugees," Knight-Ridder Newspapers,

June 8，1997。联合国调查员被阻止进入姆班达卡难民营，他们认为那里大概有两百到两千人被杀害。

16. Nickerson, “Refugee Massacre Unfolds in Congo.”
17. 作者于 2009 年 8 月在布鲁塞尔对贝亚特丽斯・翁泰希进行的采访。
18. Thomas P. Odom, “Guerrillas from the Mist: A Defense Attaché Watches the Rwandan Patriotic Front Transform from Insurgent to Counter-Insurgent,” Small Wars Journal, n.d., smallwarsjournal.com/documents/swjmag/v5/odom.htm#_ftn11, accessed March 20, 2009.
19. Howard French, “Kagame's Hidden War in the Congo,” *New York Review of Books*, September 24, 2009.

第十章　打仗就是这样

1. 本章的大部分内容来自 2008 年初在布卡武对基齐托（为了保护他，我用了一个化名）进行的几次采访。我还采访了六名前解放刚果—扎伊尔民主力量同盟的士兵，他们都有类似的经历。
2. 所有的指挥官都被称为阿方德，这个词来自斯瓦希里语和土耳其语，意思是备受尊敬的人。
3. Watchlist on Children in Armed Conflict, *Country Report: DR Congo*, www.watchlist.org/reports/files/dr_congo.report.20060426.php?p=25, accessed July 29, 2010.
4. 作者于 2007 年 11 月在金沙萨对菲力・比卡巴上校进行的采访。
5. 作者于 2009 年 7 月在金沙萨对希亚提洛・恩吉佐（Siatilo Ngizo）将军进行的采访。
6. 作者于 2009 年 7 月在金沙萨对特雷索（Trésor）进行的采访。

第十一章　受伤的猎豹

1. Michela Wrong, *In the Footsteps of Mr. Kurtz: Living on the Brink of Disaster in the Congo* (London: Fourth Estate, 2000), 263.
2. 吉汉・塔赫兰导演的电影 *Afrique en morceaux* (1999) 中引用了此文。
3. 这里具有讽刺意味的是，班加拉族的身份认同很大程度上是殖民政权实施部落融合政策的产物，而蒙博托则试图借此把自己塑造成一个前殖民时代就存在的权威代表。
4. Michael G. Schatzberg, *The Dialectics of Oppression in Zaire* (Bloomington: Indiana University Press, 1988), 72.
5. 此类示例之一可参考蒂埃里・米歇尔（Thierry Michel）导演的电影 *Mobutu, Roi du Zaire* (1999).
6. Valentin Nagifi, *Les derniers jours de Mobutu a Gbadolite* (Paris: L'Harmattan, 2003), 52（作者译本）.
7. Scott Straus, “Americans Meddling, Zairians Charge U. S. Unpopular with Residents Convinced It Backed First Mobutu and Now Rebel Leader,” *Globe and Mail* (Toronto), April 12, 1997.

8. Nagifi, *Les derniers jours de Mobutu*, 77.
9. Howard French, "Ending a Chapter, Mobutu Cremates Rwandan Ally," *New York Times*, May 16, 1997.
10. Wrong, *In the Footsteps of Mr. Kurtz*, 272.
11. Félix Vundwawe Te Pemako, *A l'ombre du Léopard: Vérités sur le régime de Mobutu Sese Seko* (Brussels: Editions Zaïre Libre, 2000), 322（作者译本）。
12. Wrong, *In the Footsteps of Mr. Kurtz*, 274-277.
13. Tshilombo Munyegayi, "La chute de Mobutu et la mort Mahele racontées par le général Likulia," *Le Potentiel*, July 10, 2005（作者译本）。
14. Tshilombo Munyengayi, "La chute de Mobutu et la mort Mahele racontées parle général Likulia," *Le Potentiel*, June 25, 2005.
15. 根据事件幸存者的说法，故事的这一版本牵涉到了希亚提洛 · 恩吉佐、普洛斯珀 · 纳比奥尔瓦和马蒂厄 · 阿戈洛瓦（Matthieu Agolowa）三位将军。

第十二章　国王已死；国王万岁

1. Eric Tollens, "Food Security in Kinshasa: Coping with Adversity," in *Reinventing Order in Congo: How People Respond to State Failure in Kinshasa*, ed. Theodore Trefon (London: Zed Books; Kampala, Uganda: Fountain, 2004), 48.
2. 作者于 2007 年 11 月在金沙萨对内斯特·迪亚姆布瓦马（Nestor Diambwama）进行的采访。
3. 卡比拉生活方式的信息分别源自作者于 2007 年 10 月在金沙萨对迪迪埃 · 穆门吉（Didier Mumengi）、让 · 姆布尤（Jean Mbuyu）和莫伊塞 · 尼亚鲁加博的采访，以及 2008 年 4 月在约翰内斯堡对德奥格拉蒂亚斯 · 布盖拉进行的采访。
4. 作者于 2007 年 11 月在金沙萨对前规划和发展部部长巴比 · 姆巴伊进行的采访。
5. Ibid.
6. "Mandela, Museveni Meet Over Regional Issues," Xinhua News Agency, May 27, 1997.
7. Tom Cohen, "Kabila Sworn in as President, Promises Elections Within Two Years," Associated Press, May 29, 1997.
8. Gauthiers de Villers and Jean-Claude Willame, *Republique democratique du Congo: Chronique politique d'un entre-deux-guerres, octobre 1996–juillet 1998*, Cahiers Africains 35(Paris: L'Harmattan, 1998), 76.
9. Ibid., 107; *Uncertain Course: Transition and Human Rights Violations in the Congo*, Human Rights Watch, vol. 9, no. 9 (December 1997); Howard French, "Congo's Opposition Pays Price of Defying Kabila," *New York Times*, December 3, 1997.
10. Olivier Lanotte, *Guerre sans frontiers en RDC* (Brussels: Complexe, 2003), 74.
11. Human Rights Watch, *Uncertain Course: Transition and Human Rights Violations in the Congo* (New York: Human Rights Watch, 1997), 41.
12. 在叛乱期间，解放刚果–扎伊尔民主力量同盟有一个负责非政府组织的办公室。

13. International Crisis Group, *How Kabila Lost His Way*, DRC Report #3, May 21, 1999, 15.
14. 作者于 2007 年 11 月在金沙萨对前信息部长迪迪埃 · 穆门吉进行的采访。
15. Laura Myers, "Be Democratic, Albright Tells Congo's Kabila," Associated Press, December 13, 1997.
16. 作者于 2008 年 2 月在布卡武对霍华德 · 沃尔普（Howard Wolpe）进行的采访。
17. Howard French, "In Congo, Many Chafe Under Rule of Kabila," New York Times, July 17, 1997.
18. 作者于 2009 年 7 月在金沙萨对矿业部官员进行的采访。
19. 作者于 2009 年 7 月在金沙萨对商界官员进行的采访。
20. De Villers and Willame, Republique democratique du Congo, 121.
21. 作者于 2007 年 11 月在金沙萨对迪迪埃 · 穆门吉进行的采访。
22. 作者于 2007 年 11 月在金沙萨对巴比 · 姆巴伊进行的采访。
23. 作者于 2007 年 11 月在金沙萨对迪迪埃 · 穆门吉进行的采访。
24. Robert Reid, "Security Council Struggles to Get Act Together over Congo," Associated Press, May 29, 1997.
25. Gérard Prunier, *Africa's World War: Congo, the Rwandan Genocide, and the Making of a Continental Catastrophe* (Oxford: Oxford University Press, 2009), 157.
26. Kisangani Emizet, "The Massacre of Refugees in Congo: A Case of UN Peacekeeping Failure and International Law," *Journal of Modern African Studies* 38, no. 2 (2002): 170.
27. 作者于 2007 年 7 月在华盛顿特区对托尼 · 甘比诺（Tony Gambino）进行的采访。
28. Prunier, *Africa's World War*, 166.
29. 作者于 2008 年 1 月在金沙萨对马比 · 穆伦巴进行的采访。
30. 作者于 2007 年 11 月在金沙萨对马比 · 穆伦巴进行的采访。
31. 作者于 2007 年 11 月在金沙萨对莫伊塞 · 尼亚鲁加博和 2008 年 3 月在约翰内斯堡对德奥格拉蒂亚斯 · 布盖拉进行的采访。他们的可靠性不高，因为他们后来与卡比拉闹翻并加入了武装反对派。
32. 作者于 2007 年 10 月在金沙萨对尼亚鲁加博进行的采访。

第十三章　一场无法承受的战争

1. Charles Onyango-Obbo, "Interview with Kagame: Habyarimana Knew of Plans to Kill Kim," *Monitor* (Kampala), December 19, 1997.
2. Final Report of the International Commission of Inquiry (Rwanda), S/1998/1096, November 18, 1998. 其他包括人权组织非洲权利组织在内所发布的报告都认为实际数字远比这个高，从三万到四万不等。
3. 作者于 2008 年 3 月在基加利对保罗 · 卢瓦拉卡比耶进行的采访。
4. African Rights, Rwanda: *The Insurgency in the Northwest* (London: African Rights, 1999), 45.

5. 关于卢旺达爱国阵线实施的屠杀是有计划系统性开展的还是个别成员目无军纪滥用暴力造成的，不同的人权组织观点不尽相同。国际特赦组织在报告 *Ending the Silence* (1997) 和 *Civilians Trapped in Armed Conflict* (1997) 中倾向于前一种观点，而非洲权利组织 1999 年发表的报告 *Rwanda* 中则称没有找到针对平民进行政策性屠杀的证据。
6. 作者于 2007 年 10 月在金沙萨对匿名情报提供者的采访。
7. 作者于 2007 年 10 月在金沙萨对马利克将军的采访。
8. Ibid.
9. 这一部分是基于作者在金沙萨对迪迪埃 · 穆门吉进行的四次采访，采访时间分别是 2007 年 10 月、2008 年 1 月和 2009 年 6 月。
10. Comer Plummer, "The Kitona Operation: Rwanda's African Odyssey," May 6, 2007, www.MilitaryHistoryOnline.com/20thcentury/articles/kitona.aspx, accessed March 17, 2010.
11. 作者于 2007 年 11 月在金沙萨对匿名信息提供者进行的采访。
12. Howard French, "Pilot's Account Seems to Confirm Rwanda Role in Congo Strife," *New York Times*, August 10, 1998.
13. 作者于 2008 年 1 月对卢旺达情报官员进行的电话采访。
14. 作者于 2007 年 10 月在金沙萨对迪迪埃 · 穆门吉进行的采访。
15. 作者于 2006 年 7 月在布卡武对托德 · 皮特曼（Todd Pitman）进行的采访，托德是在这一系列事件发生后不久造访基托纳的美联社记者。
16. Gérard Prunier, *Africa's World War: Congo, the Rwandan Genocide, and the Making of a Continental Catastrophe* (Oxford: Oxford University Press, 2009), 189; 作者于 2007 年 7 月在纽约对美国驻安哥拉大使唐纳德 · 斯坦伯格的采访；作者于 2007 年 7 月在华盛顿对美国国务院官员的采访。
17. 对斯坦伯格的采访。
18. 作者于 2009 年 7 月在金沙萨对安哥拉官员进行的采访。
19. Ian Stewart, "Angolans Seize Congo Rebel Stronghold," Associated Press, August 24, 1998. 热拉尔 · 普吕尼耶在 *Africa's World War*, 421n59 中通过引用南非杂志 *Business Day* 中的文章，也提出了同样的数字。
20. Prunier, Africa's World War, 192.
21. Ibid., 189.
22. Mary Braid and Ross Herbert, "Congo Civil War Draws in Rival Neighbours," *Independent* (London), August 23, 1998.
23. Gauthiers de Villers with Jean Omasombo and Erik Kennes, *Republique democratique du Congo: Guerre et politique: Les trente derniers mois de L. D. Kabila, août 1998–janvier 2001* (Paris: L'Harmattan, 2001), 28（作者译本）。
24. 这一决定是国家间防御和安全委员会做出的，这是穆加贝亲自领导的南部非洲发展共同体的机构。十四个成员国中只有四个派遣本国国防部长参会，其他国家则派出了低级别官员。根据南部非洲发展共同体的章程，发给地区军事武装的指令需要南部非洲发展共同体总统峰会才能做出。
25. Patrick Lawrence, "Mugabe and Mandela Divided by Personalities and Policies," *Irish Times*,

August 21, 1998, 引文见 Katharina P. Coleman, *International Organisations and Peace Enforcement: The Politics of International Legitimacy* (Cambridge: Cambridge University Press, 2007), 153.

26. 刚果政府试图让安哥拉人相信卢旺达是支持安哥拉争取彻底独立全国同盟叛军的，但在进攻基托纳时，情况是不是如此尚不清楚。不过，当卢旺达人率领的部队遭到安哥拉炮火袭击撤退时，他们跑到了全国同盟控制下的安哥拉北部地区避难，这更加剧了人们对他们早有接触的猜测。在联合国报告和其他文件中，有确凿的证据证明全国同盟最晚从1999 年就已经开始通过基加利进行钻石贸易了。

27. Norimitsu Onishi, "Congo Recaptures a Strategic Base," *New York Times*, August 23, 1998.

28. Norimitsu Onishi, "Threat Eased, Congo Leader Arrives Back in His Capital," *New York Times*, August 25, 1998.

29. "Race Charge Against Congo Minister," BBC World Service, July 5, 2000.

30. 作者于 2000 年 10 月在马西纳区对刚果民众进行的采访。

31. Ross Herbert, "Rebel Suspects Die at Hands of Mob in Congo," *Independent* (London), August 30, 1998. 卢旺达和乌干达士兵向北逃到了安哥拉。为了返回卢旺达，他们必须要在安哥拉争取彻底独立全国同盟的帮助下从安哥拉军队手中夺取当地的一条机场跑道。由于跑道太小，他们花了一个月时间，用三十个班次的飞机才把士兵疏散完毕，在此期间，他们还不断遭受装备精良的安哥拉军队的袭击。参考 Charles Onyango-Obbo, "Daring RPA Raid in Congo, Angola; And a Heroic UPDF Unit," *Sunday Monitor* (Kampala), April 16, 2000.

32. 这一部分基于 2008 年 3 月在布琼布拉对前布隆迪驻刚果大使马丁 · 辛达比泽拉和前布隆迪情报组织的领导马丁 · 恩库里基耶上校（Colonel Martin Nkurikiye）的采访。

第十四章　叛乱教授

1. 本章的大部分内容都基于作者于 2007 年 11 月和 2009 年 7 月对万巴 · 迪亚 · 万巴的采访。德利 · 塞桑加（Delly Sessanga）、托马斯 · 鲁哈卡，姆布萨 · 尼亚姆维西（Mbusa Nyamwisi）、莫伊塞 · 尼亚鲁加博、本杰明 · 塞鲁基扎和何塞 · 恩敦多提供了刚果民主联盟的信息。

2. Randy Kennedy, "His Father Is a Rebel Leader…," *New York Times Magazine*, August 29, 1999.

3. 卡比拉情报部门的未来负责人迪迪埃 · 卡扎迪 · 尼耶姆布韦（Didier Kazadi Nyembwe）与拉希德 · 卡瓦瓦的女儿结了婚。

4. 作者于 2007 年 11 月在金沙萨对欧内斯特 · 万巴 · 迪亚 · 万巴进行的采访。

5. 作者于 2008 年 1 月在达累斯萨拉姆对前坦桑尼亚情报官员进行的采访。

6. 作者于 2008 年 1 月在达累斯萨拉姆对帕特里克 · 卡雷盖亚进行的采访。

7. Michael Colin Vazquez, "The Guerrilla Professor: A Conversation with Ernest Wamba dia Wamba," *Transition* 10, no. I (2000): 146.

8. Ernest Wamba dia Wamba, "On the State of African Philosophy and Development," *Journal of African Philosophy* 2 (2003), www.africanphilosophy.com/issue2/ diawamba.html.

9. 作者于 2007 年 11 月在金沙萨对刚果民盟的副主席莫伊斯 · 尼亚鲁加博进行的采访。
10. 指挥官是詹姆斯 · 卡齐尼将军。作者于 2007 年 10 月在金沙萨对前刚果民盟领导人进行的采访。
11. 作者于 2007 年 11 月对托马斯 · 鲁哈卡进行的采访。这个故事是关于埃塞俄比亚皇帝海尔 · 塞拉西（Haile Selassie）的寓言版本。
12. 作者对托马斯 · 鲁哈卡进行的采访。
13. 参考 1998 年 12 月 31 日的欧内斯特 · 万巴 · 迪亚 · 万巴的手写新年演讲稿。
14. 作者于 2007 年 10 月在金沙萨对莫伊塞 · 尼亚鲁加博进行对采访。
15. 作者于 2007 年 12 月在纽约对苏利曼 · 巴尔多（Suliman Baldo）进行的采访。
16. 这就是德西雷 · 伦布 · 伦布（Desiré Lumbu Lumbu）的案子，他被指控分别与叛军马伊—马伊和原来的刚果民主联盟有所合谋，并于1999年12月在布滕博（Butembo）被殴打致死。
17. Gauthiers de Villers with Jean Omasombo and Erik Kennes, *Republique democratique du Congo: Guerre et politique: Les trente derniers mois de L. D. Kabila, août 1998–janvier 2001* (Paris: L' Harmattan, 2001), 79（作者译本）.

第十五章　叛乱发动

1. 作者于 2009 年 5 月在金沙萨对前 BBC 记者阿尔诺 · 扎特曼（Arnaud Zajtmann）的采访。
2. Jean-Pierre Bemba, *Le choix de la liberté* (Gbadolite, D. R. Congo: Editions Venus, 2002), 241.
3. 作者于 2009 年 5 月在金沙萨对托马斯 · 鲁哈卡的采访。
4. Christopher Clapham, ed., *African Guerrillas* (Oxford: James Currey; Kampala: Fountain; Bloomington: Indiana University Press, 1998), 5.
5. 本巴本人坚称自己是用飞机通过乌干达向欧洲送鱼，但其他很多人坚持认为他运送的是军火，这些军火从坎帕拉被运送给安哥拉军阀乔纳斯 · 萨文比以换取钻石。
6. Bemba, *Le choix de la liberté*, 10.
7. 作者于 2007 年 12 月在坎帕拉对沙班 · 班塔里扎上校进行的采访。
8. Bemba, *Le choix de la liberté*, 35-36.
9. 作者于 2008 年 6 月在金沙萨对本巴的一个朋友进行的采访，这个朋友不愿透露自己的姓名。
10. 作者于 2007 年 11 月在金沙萨对一位前刚果解放运动指挥官进行的采访，这位指挥官不愿透露自己的姓名。
11. 作者于 2007 年 11 月在金沙萨对何塞 · 恩敦多的采访。
12. 这是 1999 年对巴桑库苏（Basankusu）发起的一场袭击行动，而乌干达人并不愿意发起这次进攻。
13. 作者于 2007 年 11 月在金沙萨对弗朗索瓦 · 姆万巴的采访。
14. 作者于 2007 年 11 月在金沙萨对托马斯 · 鲁哈卡和弗朗索瓦 · 姆万巴进行的采访。
15. Tatiana Caryannis, *Elections in the Congo: The Bemba Surprise*, United States Institute of Peace Special Report, February 2008, 7.

16. 第二个例外是加丹加省，这里是约瑟夫·卡比拉的故乡，当地民众一边倒地投票支持卡比拉。

17. *Ituri: "Covered in Blood" : Ethnically Targeted Violence in Northeastern DR Congo*, Human Rights Watch report, July 7, 2003, 32.

18. 作者于 2007 年 11 月在金沙萨对刚果解放运动领导人进行的采访。

19. Ibid.

20. Ernesto "Che" Guevara, *The African Dream: The Diaries of the Revolutionary War in the Congo*, trans. Patrick Camiller (New York: Grove, 2000), 227.

第十六章 该隐和亚伯

1. V. S. Naipaul, *A Bend in the River* (London: Vintage, 1989), 27.

2. UN Security Council, *Report of the Inter-Agency Mission to Kisangani*, S/2000/ 1153, December 4, 2000, paragraph 51.

3. 作者于 2008 年 2 月在坎帕拉对沙班·班塔里扎进行的采访。

4. 军队的指挥官是弗雷德·鲁维吉耶马（Fred Rwigyema），他与穆塞韦尼是最初参与乌干达全国抵抗运动叛乱的三十名士兵之一；医疗服务的负责人是彼得·巴英加纳（Peter Bayingana），而军警负责人是山姆·卡卡（Sam Kaka）；卡加梅婚礼上的伴郎是阿龙达·尼亚卡伊里马（Aronda Nyakairima），他后来成了乌干达军队的指挥官。

5. 作者于 2008 年 2 月在坎帕拉对军事情报署署长詹姆斯·穆吉拉上校进行的采访。

6. Mahmood Mamdani, When Victims Become Killers: Colonialism, Nativism, and the Genocide in Rwanda (Princeton, NJ: Princeton University Press, 2001), 174.

7. 有其他消息证实，基萨塞·恩甘杜是被卢旺达人杀害的，也许是在卡比拉的指使下。他的一名前保镖成员告诉我，卢旺达安全部门已经向他通风报信，挽救了他的生命。热拉尔·普吕尼耶分别在他书上的两个部分也描述过，Africa's World War: Congo, the Rwandan Genocide, and the Making of a Continental Catastrophe (Oxford: Oxford University Press, 2009), 403n112.

8. Charles Onyango-Obbo, "Kabila Shouts Down Museveni," Monitor (Kampala), June 2, 1999. 乌干达人深受他们自身经历的启发。穆塞韦尼的叛乱最初开始于 1980 年，受到了有意推翻伊迪·阿明独裁统治的坦桑尼亚军队的支持。当坦桑尼亚人撤退后，已建立的乌干达同盟内部凝聚力涣散，他们分裂成了各派，迫使穆塞韦尼回到了丛林。在他的第二次尝试中，穆塞韦尼几乎没有外部的支持，六年多的游击战争让他们受到了基层群众的支持以及衍生出了强大的内部组织。正是这第二次的经历，至少在理论层面上，让穆塞韦尼相信太多的外部影响是会导致叛乱失败的。

9. 作者于 2008 年 2 月在基加利对总统顾问进行的采访。

10. 作者于 2007 年 11 月在金沙萨对万巴·迪亚·万巴进行的采访。

11. 作者于 2008 年 2 月在坎帕拉对乌干达记者进行的采访。

12. Ibid.

13. Ibid.

14. Levi Ochieng, "Machtpoker am grossen Fluss," *Die Tageszeitung*, June 22,1999（作者译本）.
15. *Report of the United Nations Panel of Experts on the Illegal Exploitation of Natural Resources and Other Forms of Wealth of the Democratic Republic of the Congo*, S/2001/357, United Nations, April 12, 2001, 21.
16. Lara Santoro, "Behind the Congo War: Diamonds," *Christian Science Monitor*, August 16, 1998.
17. Prunier, *Africa's World War*, 215.
18. 作者于 2004 年 6 月对基桑加尼的居民进行的采访。
19. 作者于 2004 年 6 月在金沙萨对这段时间正在基桑加尼的刚果解放运动领导人进行的采访。
20. 这里的"叛军"指的是圣主抵抗军，曾使乌干达北部的近百万人流离失所。
21. 作者于 2007 年 6 月在内罗毕对当时驻基桑加尼的乌干达记者利维·奥奇恩（Levi Ochieng）进行的采访。
22. 作者于 2007 年 11 月在金沙萨对托马斯·鲁哈卡进行的采访。
23. 本部分是基于作者于 2004 年 6 月在基桑加尼对菲利普牧师进行的采访。
24. Prunier, *Africa's World War*, 240. 出生在乌干达的学生对必须用法语进行考试一事进行抗议，因为他们从不说法语。
25. David Kibirige, "UPDF Commanders Hooligans," *Monitor* (Kampala), June 11, 2000.

第十七章　魔法师学徒

1. Richard Brennen et al. , "Mortality in the Congo: A Nationwide Survey," *Lancet* 367, no. 9504 (January 2006): 44–51.
2. 罗伯特的方法论遭到了其他一些研究者的质疑，但大多数人还是认同他的主要结论。最初开展的两项研究只对几个小型的随机的健康区域样本进行了调查，这让人们怀疑这些研究是否具有代表性。此外，他们用来进行结果比对的 1998 年的道德基线也没有足够的数据支撑。
3. 对卢旺达来说，这包括刚果民主联盟、刚果爱国者联盟、"穆敦杜 40"以及几个半独立的依附于刚果民主联盟的当地民兵武装，例如北基伍省省长尤金·塞鲁富利（Eugene Serufuli）和南基伍省省长沙维尔·奇里巴尼亚（Xavier Chiribanya）麾下的地方防卫军。在乌干达方面，这包括伊图里爱国抵抗力量（Patriotic Resistance Forces of Ituri）、国家一体化阵线（National and Integrationist Front）、刚果革命运动（Congolese Revolutionary Movement）、刚果解放运动和刚果争取民主国家联盟。刚果政府还跟数个马伊–马伊团体结盟，这些武装力量从八千人到几百人不等，分布在基伍各个地区。
4. 这一部分内容基于作者 2008 年 3 月在卡西卡对当地居民的采访。联合国测绘小组于 2008 年和 2009 年在卡西卡所做的一系列采访已经证实了这些时间，测绘小组的调查报告为 *Report of the Mapping Exercise Documenting the Most Serious Violations of Human Rights and International Humanitarian Law Committed within the Territory of the Democratic Republic of the Congo between March 1993 and June 2003*, 176。无数的刚果非政府组织也记录了这场屠杀；他们发表的报告包括 *Massacres de Kasika au sud-Kivu*, CADDHOM,

1998; *Report of 20 November 1998*, COJESKI, 1998; *Report of January 1999*, COJESKI, 1999; 以及 Jean Migabo Kalere, *Génocide au Congo? Analyse des massacres des populations civiles*, Broederlijk Delen, 2002. 此外请参阅 Ambroise Bulambo, *Mourir au Kivu: Du génocide tutsi aux massacres dans l' est du Congo RCD* (Paris: L' Harmattan, 2001).

5. 对卡西卡居民的采访。
6. 为了保护当事人，此处采用了化名。
7. 作者于 2008 年 3 月在布卡武对帕特里斯进行的采访。
8. 为了保护当事人，此处采用了化名。
9. 作者于 2008 年 3 月在布卡武进行的采访。
10. *Report of the Mapping Exercise*, 176.
11. 这一部分的内容基于作者于 2008 年 3 月在基隆古推进行的采访。
12. George Lerner, "Activist: Rape of Women, Girls a Weapon of War in Congo," CNN, October 30, 2009, edition.cnn.com/2009/WORLD/africa/10/24/amanpour.congo.rape.documentary/index.html; *Demographic and Health Survey*, 2007, Ministry of Development and Ministry of Health, Democratic Republic of Congo, August 2008; Kirsten Johnson et al., "Association of Sexual Violence and Human Rights Violations with Physical and Mental Health in Territories of the Eastern Democratic Republic of the Congo," *Journal of the American Medical Association* 304, no. 5 (August 2010): 553–562.
13. 作者于 2007 年 11 月在金沙萨对本杰明 · 塞鲁基扎进行的采访。
14. "Interview with Julius Nyerere," *PBS Newshour*, December 27, 1996.
15. Tatiana Carayannis and Herbert Weiss, "Reconstructing the Congo," *Journal of International Affairs* 58, no. 1 (2004): 134.

第十八章　刺杀"长者"

1. 这些事件的描述是根据作者于 2009 年 6 月在金沙萨对国家安全顾问让 · 姆布尤、卡比拉的军事顾问埃迪 · 卡彭德、内政部长姆文泽 · 孔戈洛进行的采访。
2. 作者于 2007 年 11 月在金沙萨对卡比拉的一位匿名前助理进行的采访。
3. 这个名单一眼就能看出当时总统身边掌权的人都有谁：内政部长加埃唐 · 卡库吉，在 20 世纪 80 年代曾一直是卡比拉在欧洲的代表；石油部长维克多 · 姆波约在总统身边举足轻重，一直在处理与跨国企业的金融交易；古怪的教育部长叶罗迪亚 · 恩多姆巴西（Yerodia Ndombasi），在早期叛乱时期，就已经与总统交好；年轻的军事顾问埃迪 · 卡彭德，与安哥拉关系密切。
4. 作者于 2007 年 11 月在金沙萨对迪迪埃 · 穆门吉进行的采访。
5. Herbert Weiss, *War and Peace in the Democratic Republic of the Congo*, Current African Issues no. 22 (Uppsala, Sweden: Nordiska Afrikaninstitutet, 2000), 15.
6. Gauthiers de Villers and Jean-Claude Willame, *Republique democratique du Congo: Chronique politique d' un entre-deux-guerres, octobre 1996–juillet 1998*, Cahiers Africains 35(Paris: L' Harmattan, 1998), 233.

7. 对穆门吉的采访。
8. International Monetary Fund, *Country Report No 01/123*, July 2001, 29.
9. *Addendum to the United Nations Report of the Panel of Experts on the Illegal Exploitation of Natural Resources and Other Forms of Wealth of DR Congo*, S/2001/1072, United Nations, November 10, 2001, paragraphs 67–68.
10. 作者于 2009 年 6 月在金沙萨对让 · 姆布尤进行的采访。
11. 作者于 2009 年 5 月在布琼布拉对让－博斯科 · 恩达伊肯古鲁基耶（Jean-Bosco Ndayikengurukiye）进行的采访。
12. International Crisis Group, *Scramble for the Congo: Anatomy of an Ugly War*, Africa Report no. 26, December 20, 2000, 52.
13. 作者于 2008 年 3 月在布琼布拉对莫里斯 · 加泰雷泽上校进行的采访。
14. Karl Vick, "Desperate Battle Defines Congo's Warlike Peace," *Washington Post*, January 2, 2001.
15. 对恩达伊肯古鲁基耶的采访。
16. 对姆布尤的采访。
17. Vick, "Desperate Battle."
18. International Crisis Group, *Scramble for the Congo*, 64.
19. 2009 年 6 月在金沙萨对卡比拉助手进行的采访。
20. 2009 年 6 月在金沙萨分别对卡比拉的两名助手进行的采访。
21. 对穆门吉的采访。
22. 此处对事件的描述是根据作者于 2009 年 6 月在金沙萨对国家安全顾问让 · 姆布尤和卡比拉的军事顾问埃迪 · 卡彭德进行的采访。
23. Stephen Smith and Antoine Glaser, "Ces enfants soldats qui out tué Kabila," *Le Monde* (Paris), February 9, 2001.
24. 这个故事频繁传诵于金沙萨。也可参见 Norimitsu Onishi, "Slain Congo Leader Buried to Pomp and Confusion," *New York Times*, January 24, 2001.
25. State Department Report on Human Rights Practices, Democratic Republic of the Congo, 2001; 作者于 2007 年 10 月在金沙萨对前娃娃兵进行的采访。
26. Smith and Glaser, "Ces enfants soldats."
27. 对姆布尤的采访。
28. 作者于对 2010 年 6 月对前卢旺达安全官员进行的电话采访。
29. "Kabila cherche à vendre ses pierres," *La Lettre du Continent*, August 24, 2010; "Dropping Kabila," *Africa Confidential* 41, no. 20, October 13, 2000, Gérard Prunier, *Africa's World War: Congo, the Rwandan Genocide, and the Making of a Continental Catastrophe* (Oxford: Oxford University Press, 2009), 263nn152, 153 在此文中有援引 .
30. Marie-France Cros, "L'assassinat de Kabila: Un quasi-témoin parle," *La Libre Belgique*, December 24, 2001.
31. Norimitsu Onishi, "Suspects by the Score and, Oh, Such Digressions!" *New York Times*, April 21, 2001.

第十九章　战争的代价

1. 作者于 2009 年 7 月在金沙萨对姆文泽 · 孔戈洛进行的采访。
2. Richard Morais, "Friends in High Places," *Forbes*, August 10, 1998.
3. 作者于 2009 年 7 月在金沙萨对刚果国家矿业公司的官员进行的采访。
4. Andrew Maykuth, "Outside Mining Firms Find Zaire an Untapped Vein," *Philadelphia Inquirer*, May 11, 1997.
5. Ibid.
6. Ibid.
7. "Huge Fortunes at Stake in Zaire," *Business Times* (Johannesburg), April 20, 1997; 作者于 2008 年 2 月在开普敦对前美国矿业公司负责人进行的采访。
8. 作者于 2008 年 2 月在开普敦对伦丁公司负责人进行的采访。
9. Maykuth, "Outside Mining Firms. "
10. 并非只有这些公司参与其中。据报道，一家加拿大公司第一量子矿业也在叛军到达金沙萨之前就提前支付了数百万美元的预付款，以换取一处采矿权。
11. James G. Stewart, *Corporate War Crimes: Prosecuting the Pillage of Natural Resources* (New York: Open Society Justice Initiative, 2010), 33-36.
12. Ludo de Witte, *The Assassination of Lumumba*, trans. Ann Wright and Renée Fenby (London: Verso, 2001), 31.
13. "Demands and Derailment," Africa Energy & Mining, May 21, 1997.
14. *Special Commission Charged with Examining the Validity of Economic and Financial Conventions Concluded During the Wars of 1996–1997 and 1998: The Lutundula Report*, National Assembly of the Democratic Republic of the Congo, February 26, 2006, 35.
15. 作者于 2007 年 12 月在金沙萨对马比 · 穆伦巴的采访。
16. 作者于 2007 年 11 月在金沙萨对前总统顾问的采访。
17. Ibid.
18. Lutundula Report, 32-33.
19. 这些武装力量的指挥官是维塔利斯 · 兹维纳瓦什将军和国防部长西德尼 · 塞克拉马伊 (Sidney Sekeramayi)。
20. 作者于 2008 年 2 月在巴黎对商人的采访。
21. "Rautenbach Denies Murder Allegation," South African Press Agency, December, 16, 1999.
22. 作者于 2009 年 7 月在金沙萨对国家矿业公司官员的采访。
23. *Report of the United Nations Panel on the Illegal Exploitation of Natural Resources in the Democratic Republic of the Congo*, United Nations, October 8, 2002, 11; Gérard Prunier, *Africa's World War: Congo, the Rwandan Genocide, and the Making of a Continental Catastrophe* (Oxford: Oxford University Press, 2009), 218.
24. 作者于 2009 年 5 月对一位矿业公司负责人不公开的采访。

25. 作者手中的一份南非机密情报。
26. *Report of the United Nations Panel on the Illegal Exploitation of Natural Resources in the Democratic Republic of the Congo*, United Nations, April 12, 2001, 33.
27. International Monetary Fund, *Democratic Republic of the Congo: Selected Issues and Statistical Appendix*, Country Report 1/123, July 2001, 16.
28. 作者于 2007 年 11 月在金沙萨对让·姆布尤的采访；作者于 2009 年 5 月在金沙萨对姆文泽·孔戈洛的采访。
29. 2000 年 8 月 10 日针对比利·劳滕巴赫的一份机密产业情报。
30. Ibid。
31. Cliff Taylor, "Congo Wealth Lures Africa's Power-Players," *Independent* (London), October 31, 1998; Michael Nest, "Ambitions, Profits and Loss: Zimbabwean Economic Involvement in the DRC," *African Affairs* 100, no. 400 (2001): 484.
32. *Report of the United Nations Panel*, 8.
33. Martin Meredith, *Our Votes, Our Guns: Robert Mugabe and the Tragedy of Zimbabwe* (New York: PublicAffairs, 2002), 142.
34. 作者于 2009 年 5 月在金沙萨对矿业官员的采访；不幸的是，在刚果几乎没有法律条文可以制止此类转移定价。
35. 作者于 2009 年 7 月在金沙萨对多纳·坎帕塔的采访。
36. Prunier, *Africa's World War*, 239.
37. 为了保护当事人，此处采用了化名。
38. 这一部分的内容基于 2008 年 3 月在刚果东部对多名飞行员的采访。
39. 关于需要多长时间才能将这些货物空运到基加利，调查刚果境内非法掠夺自然资源的联合国专家小组当时也得到了类似的信息。
40. 根据非政府组织“全球证人”的调查数据，1998 年在戈马，锡的售价是一公斤六美元，而当时世界钶钽铁矿价格飙升，精炼钽的价格为一公斤六十美元。戈马出售的钶钽铁矿中钽含量大约在 20% 到 40%。参考 Didier de Failly, "Coltan: Pour comprendre…," in *L'Afrique des Grands Lacs: Annuaire 2000–2001* (Paris: L'Harmattan, 2001), 13, 以及 "Under-Mining Peace," *Global Witness* (June 2005): 28.
41. *Report of the United Nations Panel*, 8.
42. Gauthiers de Villers with Jean Omasombo and Erik Kennes, *Republique democratique du Congo: Guerre et politique: Les trente derniers mois de L. D. Kabila, août 1998 –janvier 2001* (Paris: L'Harmattan, 2001), 114-115.
43. 作者于 2007 年 10 月在金沙萨对刚果民主联盟前基伍省副省长本杰明·塞鲁齐扎和另外一位穆伦盖群体的重要任务所进行的采访。
44. Jeroen Cuvulier and Tim Raeymaekers, *Supporting the War Economy in the DRC: European Companies and the Coltan Trade*, International Peace Information Service (IPIS), January 2002, 8.
45. 如平常一样，在这一地区想获得可靠的数据十分困难。根据美国地质调查局的数据，2000 年卢旺达和刚果的铌钽铁矿总出口量达到了一千零一十一吨，而联合国的一支专家小组所评估同一时期的出口量为一千两百吨上下。卢旺达有数个小型钶钽铁矿，但他们的大宗出口主要来自刚果东部。刚果本地的矿产品价格在 2000 年下半年达到顶峰，当时品位 20% 到 40% 的钶钽铁矿售价为每公斤七十五美元，而更高级别的产品售价高达一公斤一百五十美元。不过，当时世界精炼钽的售价一度高达一公斤六百美元，因此中间商还能拿到相当可观的利润。参考 George Coakley, *The Mineral Industry of Congo-Kinshasa*, U. S. Geological Survey Country Report, 2002, 10.3, www.usgs.gov.

46. Stephan Marysse and C. Andre, "Guerre et pillage économique en République Democratique du Congo," in *L'Afrique des Grands Lacs*; 也参见 Bjorn Willum, "Purely Beneficial or Contributing to War," PhD diss. , October 21, 2001, University of Copenhagen. Willum 对刚果东部出口的金、钶钽和钻石等矿产进行了综合分析，发现卢旺达军队和商业合作伙伴们在战争最激烈的时期，通过刚果东部的矿产出口贸易获得了两亿五千万美元的净利润。

47. *Report of the United Nations Panel*, 27.

48. International Institute for Security Studies, *The Military Balance* (Oxford: Oxford University Press, 2002).

49. 作者于 2008 年 7 月在金沙萨对文森特 · 基托科上校（Colonel Vincent Kitoko）的采访。

50. *Rwanda: The Search for Security and Human Rights Abuses*, Human Rights Watch, vol. 12, no. 1(A), April 2000.

51. 作者于 2008 年 1 月在达累斯萨拉姆对帕特里克 · 卡雷盖亚的采访。

52. *Final Report of the United Nations Panel of Experts on the Illegal Exploitation of Natural Resources and Other Forms of Wealth of the Democratic Republic of the Congo*, S/2002/1146, United Nations, October 16, 2002, 15.

53. *World Bank: Doing Business* (Washington: World Bank, 2008), 43.

54. *Final Report of the United Nations Panel*; *Report of the United Nations Panel*; Cuvulier and Raeymaekers, *Supporting the War Economy*.

55. Stewart, *Corporate War Crimes*, 34-36.

第二十章　下蛋的人

1. 加埃唐 · 卡库奇一直是卡比拉身边的长期助手，于 20 世纪 80 年代一直在比利时代表卡比拉，一掌权便是内政部长，维克多 · 姆波约多年来一直担任国家投资组合部部长，并帮卡比拉处理大部分的金融交易。

2. 据埃迪 · 卡彭德所说，参加了这次会议的人有：洛朗 · 卡比拉早期的几位反叛老同志，即塞莱斯坦 · 基弗瓦将军、西尔韦斯特 · 卢韦查将军、弗朗索瓦 · 奥伦加将军（General Francois Olenga）、维克多 · 姆波约将军、加埃唐 · 卡库奇和叶罗迪亚 · 恩多姆巴西，以及新的先锋队的成员，包括姆文泽 · 孔戈洛、迪迪埃 · 穆门吉、诺诺 · 鲁图拉（Nono Lutula）和亨利 · 莫瓦。其他人则表示，该组织规模要比上述情况更小，但没有提到其他人名。

3. 作者于 2009 年 7 月在金沙萨对一位匿名的总统助理进行的采访。

4. Ibid.

5. Danna Harman, "A Shy Son in Congo's Hot Seat," *Christian Science Monitor*, January 23,

2001.

6. Munkana N'Ge and Erik Kennes, *Biographies des acteurs de la transition* (Terveuren, Belgium: Musée Royale de l'Afrique Centrale, 2006), 70. 坦桑尼亚的安全官员和约瑟夫 · 卡比拉的随行人员已经证实了这一点。

7. 作者于 2007 年至 2009 年期间在金沙萨进行的采访；有趣的是，这种说法也得到了与约瑟夫 · 卡比拉并肩作战的洛朗 · 恩孔达的支持，虽然他只是刚果—扎伊尔民主力量同盟中的一名初级军官。

8. Erik Kennes with collaboration by Munkana N'Ge, *Essai biographique sur Laurent Désiré Kabila* (Paris: L'Harmattan, 2003), 300.

9. Colette Braeckman, "Mama Sifa, la mère du president parle," *Le Soir* (Brussels), June 6, 2006(作者译本).

10. 作者于 2009 年 6 月在内罗毕对肯尼亚安全官员进行的采访；"Portrait: Joseph Kabila," *La Revue* (July/August 2006): 37.

11. 卡班盖是洛朗 · 卡比拉的母语 Kiluba 中的"第二对双胞胎出生"的意思。

12. Francois Soudan, "Portrait: Joseph Kabila," *La Revue* (July/August 2006): 41.

13. 他在民主力量同盟的强势期在名义上负责一些军事行动，但根据当时服役的士兵表示，他一直在卢旺达指挥官的影响下工作。

14. Gérard Prunier, *Africa's World War: Congo, the Rwandan Genocide, and the Making of a Continental Catastrophe* (Oxford: Oxford University Press, 2009), 258.

15. Ibid.

16. Chris McGreal, "Western Allies Urge Rwanda to Leave Congo," *Guardian* (Manchester, U. K.), February 9, 2001.

17. "Congo Rebels Deny Clearance to U. N. Troops Trying to Land," Associated Press, April 16, 2001.

18. Prunier, *Africa's World War*, 263.

19. 作者于 2009 年 6 月在内罗毕对联合国官员进行的采访。

20. 作者于 2009 年 7 月在金沙萨对美国外交官进行的采访。

21. 作者于 2008 年 7 月在金沙萨对外国记者进行的采访。提问题的大使是乔治·塞尔(Georges Serre)。

22. 作者于 2008 年 6 月在内罗毕对联合国官员进行的采访。

23. 作者于 2008 年 6 月在金沙萨对菲利普 · 温特的采访。

24. Netherlands Institute for Southern Africa (NIZA), *The State vs. The People*, 2006, 41.

25. 作者于 2008 年 6 月在内罗毕对联合国官员进行的采访。

26. *Special Commission Charged with Examining the Validity of Economic and Financial Conventions Concluded During the Wars of 1996–1997 and 1998: The Lutundula Report*, National Assembly of the Democratic Republic of the Congo, February 26, 2006, 63–64.

27. *Final Report of the United Nations Panel of Experts on the Illegal Exploitation of Natural Resources and Other Forms of Wealth of the Democratic Republic of the Congo*,

#S/2002/1146, United Nations, October 16, 2002, 7; Toby Heaps, "A Glimpse of the World: Joseph Kabila," Tea with the FT, *Financial Times* (London), April 9, 2006.

28. Brooderlink Delen, "Memorandum to the Attention of the Ministers of Foreign Affairs of the Member States of the International Committee of Support for the Transition in the DRC," Rights and Accountability in Development, 11. 11. 11, February 20, 2006, 8.
29. "Office Memorandum from Craig Andrews, Principle Mining Specialist, to Pedro Alba, Country Director for the DRC," September 4, 2005, 在作者的档案库中。
30. 作者于 2007 年 11 月在金沙萨对总统顾问的采访；作者于 2008 年 6 月在金沙萨对总统的飞行员进行的采访；格特勒的名字也见于 *Report of the United Nations Panel on the Illegal Exploitation of Natural Resources in the Democratic Republic of the Congo*, United Nations, April 12, 2001.
31. 作者于 2009 年 7 月在金沙萨对刚果政客进行的采访。
32. 作者于 2009 年 7 月在金沙萨对刚果矿业律师进行的采访。
33. 作者于 2007 年 1 月在金沙萨对热拉尔 · 热罗尔（Gérard Gerold）进行的采访。
34. 对洛朗 · 恩孔达的研究，参见 Jason Stearns, "The Emergence of a New Rebellion in North Kivu," in *Afrique des Grands Lacs: Annuaire 2007–2008*, eds. Stefaan Marysse and Filip Reyntjens (Paris: L'Harmattan, 2008); for Rwandan support to Nkunda, 参见 *Final Report of the United Nations Group of Experts on the DR Congo*, S/2008/773, United Nations, December 12, 2008.
35. *We Will Crush You*, Human Rights Watch Report, November 2008.
36. 在 2004 年 7 月埃里克 · 伦盖少校（Major Eric Lenge）进行的一次政变失败之后，我正在和总统情报官员谈话。
37. 作者于 2009 年 7 月在金沙萨对总部的工作人员进行的采访。
38. 作者于 2009 年 7 月在金沙萨对总统顾问进行的采访。

结语　站在刚果的立场看刚果

1. Philip Gourevitch, "Forsaken," *New Yorker*, September 25, 2000, 65.
2. 国际救援委员会发表于 2007 年的一份伤亡调查报告指出，1998 年到 2007 年期间，刚果的暴力冲突共造成五百四十万人死亡，这还不包括 1996 到 1998 年之间以及 2007 年后持续的暴力冲突造成的死亡人数。见 "IRC Affirms Congo Mortality Findings," January 21, 2010, www.irc.org. 强奸罪的数字难以统计，但联合国调查人员相信从 1998 年起有超过二十万妇女成为性犯罪的受害者。见 "Nearly 200 Women and Children Raped in Systematic Attack in Eastern DRC" Medical Foundation for the Care of Victims of Torture, August 27, 2010, www.torturecare.org.uk/news/latest_news/3173, accessed September 30, 2010.
3. Eve Ensler, "The Beginning of Hope or the End of It," *Huffington Post*, October 30, 2008, www.huffingtonpost.com/eve-ensler/the-beginning-of-hope-or_b_139423.html.
4. Jeffrey Gettleman, "Rape Victim's Words Help Jolt Congo into Change," *New York Times*, October 17, 2008.

5. 作者于 2008 年 3 月在布琼布拉对苏 · 霍格伍德的采访。
6. 作者于 2008 年 2 月在基加利对总统顾问的采访。
7. 1993 年，联合国在索马里开展了一项大型行动，为向当地灾民提供粮食救济和安保服务。结果联合国士兵卷入了与当地民兵武装的激战，参与行动的美军士兵遭受严重伤亡，并受到媒体的广泛关注。
8. "Code Cable 00283 from American Embassy in Kigali to Rwanda Collective, Secretary of State, Washington DC," January 6, 1997.

致谢

我要向众多刚果、卢旺达、布隆迪和乌干达的朋友表示感谢，他们中一些人默默地为我提供无私的帮助，一些人的名字也出现在了书中。他们慷慨地献出自己的时间，在长短不等的面谈中分享他们自己的经历。为了避免惹来不必要的麻烦，还有一些人的名字我无法提及——但你们的帮助我没齿难忘，谢谢你们。

我要特别感谢基齐托·穆希齐（Kizito Mushizi）、拉斐尔·瓦肯盖（Raphael Wakenge）、克里斯蒂安·穆科萨（Christian Mukosa）和他们的家人，从我初到布卡武开始，他们热心的帮助和支持让我得以深入了解这个国家的复杂和美妙之处。我还要感谢雷米·恩加博、甘迪·鲁盖敏托雷（Gandy Rugemintore）、巴尔扎克·布泽拉（Balzac Buzera）、帕斯卡尔·坎巴莱（Pascal Kambale）、威利·尼多拉（Willy Nindora）、诺埃尔·艾塔马（Noel Atama）、阿代拉尔·米武姆巴（Adelar Mivumba）、詹姆斯·哈比亚利马纳（James Habyarimana）、苏拉娅·阿齐兹（Soraya Aziz）、齐武·恩蒂特（Tshivu Ntite）、托马斯·恩齐拉提马纳、姆韦姆巴·迪佐莱莱（Mvemba

Dizolele)、托马斯·鲁哈卡和米切尔·卢桑贝(Michel Losembe),他们帮我打开了认识这个国家的大门,并帮我厘清了诡谲多变的刚果政治局势。

我的调查研究在很大程度上离不开朋友和陌生人的善意。感谢在金沙萨兢兢业业全心付出的几代新闻工作者,感谢他们好心收留,感谢他们的出谋划策和无私分享的内幕消息。我尤其要感谢路透社的同行,其中有迪内希·马哈塔尼(Dinesh Mahtani)、戴维·刘易斯(David Lewis)和若埃·巴维耶(Joe Bavier),同时还有弗朗茨·维尔德(Franz Wild)、阿尔诺·扎耶特曼、托马斯·菲希(Thomas Fessy)和迈克尔·卡瓦纳(Michael Kavanagh)。在这本书的初期调查阶段,詹姆斯·阿斯蒂尔和马科斯·洛伦扎纳(Marcos Lorenzana)是我非常重要的伙伴,而维姆·韦贝肯(Wim Verbeken)、艾迪·卡利萨(Eddie Kariisa)和让-雅克·西蒙(Jean-Jacques Simon)也提供了热情的帮助。费德里科·博雷洛(Federico Borello)、卢阿兹纳·卡洛塔(Louazna Khalouta)、马特·格林(Matt Green)、乔·蒙加(Djo Munga)和约翰·佩雷曼(Johan Peleman)也时常向我们伸出援手,并提供了许多专业意见。

关于大湖区的政治局势,社会上流传着许多刻板的偏见和失实的信息。我很幸运能认识一些资深的学者和研究人员帮我去芜存菁,这其中包括戴维·纽伯里(David Newbury)和凯瑟琳·纽伯里(Catherine Newbury)夫妇,赫伯特·维斯(Herbert Weiss)、彼得·罗森布拉姆(Peter Rosenblum)、安尼克·范·沃登博格(Anneke van Woudenberg)和艾达·索耶(Ida Sawyer)。我的挚友塞尔日·马哈希(Serge Mahashe)和艾莉森·戴斯·福尔热斯(Alison Des Forges)见证了我这本书的开始,并在一路上给了我许多支持和鼓励,但令人遗憾的是他们两个都没看到我最后完成这本书。我会深深地怀念他们。

这是我第一次写书并发表出版。在整个过程中，我得到了许多人的帮助。感谢我的父母、妻子和哥哥，他们耐心读完我一版又一版的手稿，并提出了许多看法和建议。米凯拉·朗（Michela Wrong）从一开始就对这本书表现出了极大的信心，并提供了精神上的支持和文字上的建议，我的经纪人罗伯特·古恩斯勒（Robert Guinsler）和编辑克莱夫·普里德尔（Clive Priddle）也扮演了同样的角色。

洛克菲勒基金会为这本书提供了很大支持，他们慷慨授予了我研究员的身份，让我能在毫无干扰的状态下，在贝拉吉奥中心花上一个月的时间认真整理我的调查笔记。

索引

（按汉语拼音顺序排列，页码见本书边码）

H

N

W

X

M 译丛

imaginist [MIRROR]

001 没有宽恕就没有未来

[南非]德斯蒙德·图图 著

002 漫漫自由路：曼德拉自传

[南非]纳尔逊·曼德拉 著

003 断臂上的花朵：人生与法律的奇幻炼金术

[南非]奥比·萨克斯 著

004 历史的终结与最后的人

[美]弗朗西斯·福山 著

005 政治秩序的起源：从前人类时代到法国大革命

[美]弗朗西斯·福山 著

006 事实即颠覆：无以名之的十年的政治写作

[英]蒂莫西·加顿艾什 著

007 苏联的最后一天：莫斯科，1991 年 12 月 25 日

[爱尔兰]康纳·奥克莱利 著

008 耳语者：斯大林时代苏联的私人生活

[英]奥兰多·费吉斯 著

009 零年：1945：现代世界诞生的时刻

[荷]伊恩·布鲁玛 著

010 大断裂：人类本性与社会秩序的重建

[美]弗朗西斯·福山 著

011 政治秩序与政治衰败：从工业革命到民主全球化

[美]弗朗西斯·福山 著

012 罪孽的报应：德国和日本的战争记忆

[荷]伊恩·布鲁玛 著

013 档案：一部个人史

[英]蒂莫西·加顿艾什 著

014 布达佩斯往事：冷战时期一个东欧家庭的秘密档案

[美]卡蒂·马顿 著

015 古拉格之恋：一个爱情与求生的真实故事

[英]奥兰多·费吉斯 著

016 信任：社会美德与创造经济繁荣

[美]弗朗西斯·福山 著

017 奥斯维辛：一部历史

[英]劳伦斯·里斯 著

018 活着回来的男人：一个普通日本兵的二战及战后生命史

[日]小熊英二 著

019 我们的后人类未来：生物科技革命的后果

[美]弗朗西斯·福山 著

020　奥斯曼帝国的衰亡：一战中东，1914—1920
[英] 尤金 · 罗根 著

021　国家构建：21 世纪的国家治理与世界秩序
[美] 弗朗西斯 · 福山 著

022　战争、枪炮与选票
[英] 保罗 · 科利尔 著

023　金与铁：俾斯麦、布莱希罗德与德意志帝国的建立
[美] 弗里茨 · 斯特恩 著

024　创造日本：1853—1964
[荷] 伊恩 · 布鲁玛 著

025　娜塔莎之舞：俄罗斯文化史
[英] 奥兰多 · 费吉斯 著

026　日本之镜：日本文化中的英雄与恶人
[荷] 伊恩 · 布鲁玛 著

027　教宗与墨索里尼：庇护十一世与法西斯崛起秘史
[美] 大卫 · I. 科泽 著

028　明治天皇：1852—1912
[美] 唐纳德 · 基恩 著

029　八月炮火
[美] 巴巴拉 · W. 塔奇曼 著

030　资本之都：21 世纪德里的美好与野蛮
[英] 拉纳 · 达斯古普塔 著

031　回访历史：新东欧之旅
[美] 伊娃 · 霍夫曼 著

032　克里米亚战争：被遗忘的帝国博弈
[英] 奥兰多 · 费吉斯 著

033　拉丁美洲被切开的血管
[乌拉圭] 爱德华多 · 加莱亚诺 著

034　不敢懈怠：曼德拉的总统岁月
[南非] 纳尔逊 · 曼德拉、曼迪拉 · 蓝加 著

035　圣经与利剑：英国和巴勒斯坦——从青铜时代到贝尔福宣言
[美] 巴巴拉 · W. 塔奇曼 著

036　战争时期日本精神史：1931—1945
[日] 鹤见俊辅 著

037　印尼 Etc.：众神遗落的珍珠
[英] 伊丽莎白 · 皮萨尼 著

038　第三帝国的到来
[英] 理查德 · J. 埃文斯 著

039　当权的第三帝国
[英] 理查德 · J. 埃文斯 著

040　战时的第三帝国

[英] 理查德 · J. 埃文斯 著

041　耶路撒冷之前的艾希曼：平庸面具下的大屠杀刽子手

[德] 贝蒂娜 · 施汤内特 著

042　残酷剧场：艺术、电影与战争阴影

[荷] 伊恩 · 布鲁玛 著

043　资本主义的未来

[英] 保罗 · 科利尔 著

044　救赎者：拉丁美洲的面孔与思想

[墨] 恩里克 · 克劳泽 著

045　滔天洪水：第一次世界大战与全球秩序的重建

[英] 亚当 · 图兹 著

046　风雨横渡：英国、奴隶和美国革命

[英] 西蒙 · 沙玛 著

047　崩盘：全球金融危机如何重塑世界

[英] 亚当 · 图兹 著

048　西方政治传统：近代自由主义之发展

[美] 弗雷德里克 · 沃特金斯 著

049　美国的反智传统

[美] 理查德 · 霍夫施塔特 著

050　东京绮梦：日本最后的前卫年代

[荷] 伊恩 · 布鲁玛 著

051　身份政治：对尊严与认同的渴求

[美] 弗朗西斯 · 福山 著

052　漫长的战败：日本的文化创伤、记忆与认同

[美] 桥本明子 著

053　与屠刀为邻：幸存者、刽子手与卢旺达大屠杀的记忆

[法] 让 · 哈茨菲尔德 著

054　破碎的生活：普通德国人经历的 20 世纪

[美] 康拉德 · H. 雅劳施 著

055　刚果战争：失败的利维坦与被遗忘的非洲大战

[美] 贾森 · 斯特恩斯 著